Sommaire

PARTIE 1 / REPÈRES DISCIPLINAIRES SUR L'EPS À L'ÉCOLE PRIMAIRE

Concours Professeur des écoles

ADMISSION

M1 • M2

CRPE 2023

EPS

Enjeux, sécurité, développement et psychologie de l'enfant

Ouvrage dirigé par Marc Loison
Docteur en histoire de l'éducation et sciences de l'éducation, maître de conférences honoraire en histoire contemporaine de l'université d'Artois, ancien conseiller pédagogique chargé de mission académique pour l'éducation prioritaire, ancien président de jury CRPE

Co-écrit par Haimo Groenen, coordinateur de l'ouvrage
Professeur agrégé d'EPS, maître de conférences en STAPS, Inspé Académie de Lille Hauts-de-France, Université de Lille, URePSSS (ULR 7369)

Aurore Huchez
Maître de conférences en STAPS, faculté des Sciences du Sport et de l'Éducation Physique, UFR 3S, Université de Lille, chercheure associée URePSSS (ULR 7369)

Philippe Kapusta
Professeur certifié d'EPS, Inspé Académie de Lille Hauts-de-France, Université de Lille

Thibaut Kuehn
Professeur agrégé d'EPS, Inspé Académie de Lille Hauts-de-France, Université de Lille

Sophie Necker
Maître de conférences en STAPS, Inspé Académie de Lille Hauts-de-France, Université de Lille, RECIFES-CIREL (ULR 4354)

Sylvain Pasqualini
Professeur honoraire agrégé d'EPS, Inspé Académie de Lille Hauts-de-France, Université de Lille

Vuibert

N°1 DES CONCOURS

Ressources numériques pour réussir le CRPE

Téléchargez :

- **notre guide du concours ;**
- **2 sujets blancs corrigés ;**
- **50 QCM interactifs.**

sur www.vuibert.fr/site/213966

ISBN : 978-2-311-21396-6

Conception et réalisation de la couverture : Delphine d'Inguimbert et Valérie Goussot, adaptation Caroline Joubert (Atelier du livre)

Conception de l'interieur : Bleu T, adaptation Caroline Joubert (Atelier du livre)

Composition : Émili Loriel

Édition : Nicolas Waszak

Illustrations : coordination Marie-Christine Liennard

Réalisation : Valérie Goncalves, Christel Parolini

Site Internet : http://www.vuibert.fr

Avant-propos

Depuis quelques années, de manière récurrente, il est indiqué dans les rapports de jury CRPE que l'on attend des candidats qu'ils manifestent leur **engagement dans la construction des compétences professionnelles** telles qu'elles sont définies dans le référentiel des compétences professionnelles des métiers du professorat et de l'éducation (arrêté du 1er juillet 2013).

L'arrêté du 25 janvier 2021, relatif à la réforme du CRPE, indique clairement qu'une **dimension fortement professionnalisante** est désormais dévolue aux épreuves écrites et orales d'admissibilité et d'admission : épreuve d'application (construction et analyse de démarches d'apprentissage en sciences et technologie ; histoire, géographie et EMC ; arts) ; conception et animation d'une séance d'enseignement en français et en mathématiques ; analyse et échange à propos de deux mises en situation professionnelle portant sur l'enseignement et la vie scolaire ; élaboration d'une proposition de situation d'apprentissage en EPS.

Au regard de ce constat nous avons opéré plusieurs choix éditoriaux qui se caractérisent par leur originalité mais aussi et surtout leur volonté de répondre aux réels besoins des candidats.

Ainsi, dans ce manuel consacré à l'enseignement de l'éducation physique et sportive (EPS) et à la connaissance scientifique du développement et la psychologie de l'enfant, nous avons pris le parti de porter l'accent sur **la compétence P1 : « Maîtriser les savoirs disciplinaires et leur didactique »**. Pour ce faire, l'ouvrage est organisé en deux grandes parties : les repères disciplinaires sur l'EPS à l'école primaire ; les repères didactiques sur l'enseignement des activités physiques en EPS à l'école primaire.

Dans chaque chapitre, une autoévaluation assortie de conseils précède les éléments de cours. Ces derniers sont ponctués d'exercices d'application et d'entraînement de type concours.

Par ailleurs, ce manuel propose quelques outils innovants qui viendront compléter et structurer la préparation au CRPE, à savoir :

- un **mode d'emploi visuel** pour vous orienter dans le manuel ;
- un **test d'autoévaluation générale** en début d'ouvrage portant sur la **compétence P1** ;
- un **parcours de révisions** personnalisé faisant suite à cette évaluation générale ;
- de **nombreux repères didactiques et conseils de formateurs** pour élaborer des propositions de situations d'apprentissage conformément aux attendus de l'épreuve ;

- de nombreux **schémas** pour appréhender les **compétences visées** et les **niveaux de difficulté** de certaines activités physiques en EPS.

Les auteurs de cet ouvrage et moi-même espérons que ce manuel ainsi conçu et doté de ses multiples outils méthodologiques vous permettra de vous préparer efficacement à l'épreuve d'EPS.

Sa mise en œuvre éditoriale n'aurait pas été possible sans l'aide précieuse de Michel Ringeisen et Nicolas Waszak, éditeurs, que je tiens ici personnellement à remercier.

Marc Loison,
maître de conférences honoraire, docteur en histoire de l'éducation
et sciences de l'éducation, directeur de l'ouvrage

Mode d'emploi

En début de manuel

Un QCM d'autoévaluation pour identifier vos forces et vos faiblesses et vous aider à organiser vos révisions

Dans chaque chapitre

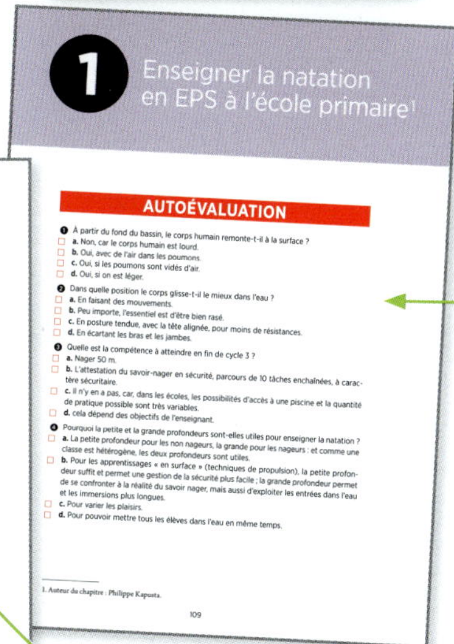

Un QCM pour faire le point sur vos connaissances

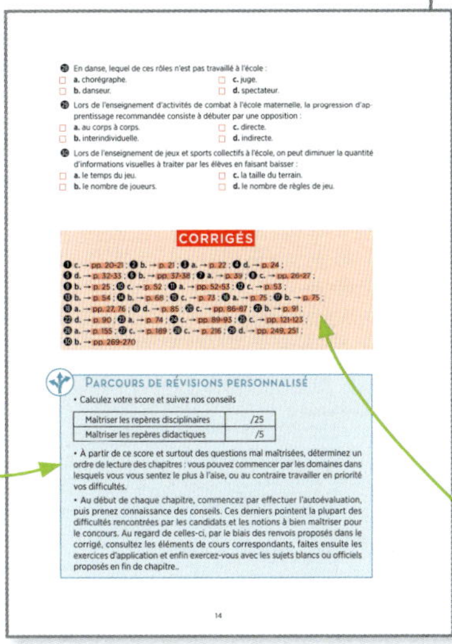

Un parcours de révisions pour répondre au mieux à vos besoins

Des renvois vers le cours pour vous reporter aux notions non maitrisées

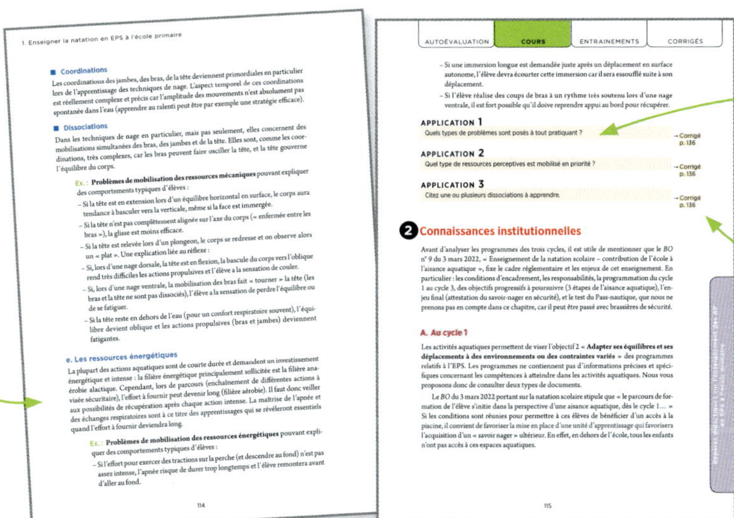

Des exercices d'application pour mettre en pratique les principales notions

Des renvois vers les corrigés pour vous évaluer

Un cours illustré d'exemples pour bien assimiler les notions

Des sujets blancs ou officiels pour vous entraîner dans les conditions du jour J

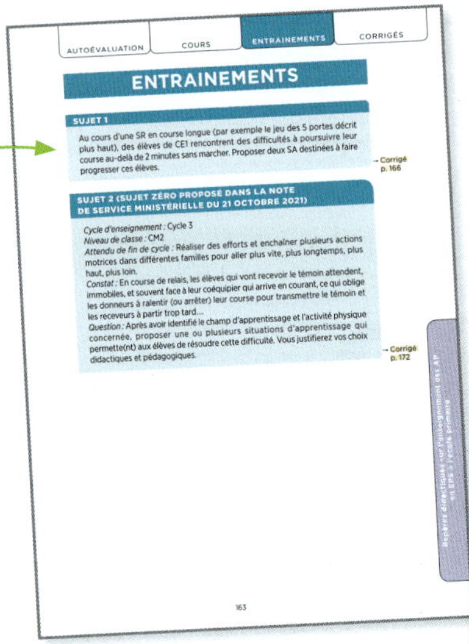

AUTOÉVALUATION | COURS | ENTRAINEMENTS | CORRIGÉS

ENTRAINEMENTS

SUJET 1

Au cours d'une SR en course longue (par exemple le jeu des 5 portes décrit plus haut), des élèves de CE1 rencontrent des difficultés à poursuivre leur course au-delà de 2 minutes sans marcher. Proposer deux SA destinées à faire progresser ces élèves.

→ Corrigé p. 166

SUJET 2 (SUJET ZÉRO PROPOSÉ DANS LA NOTE DE SERVICE MINISTÉRIELLE DU 21 OCTOBRE 2021)

Cycle d'enseignement : Cycle 3
Niveau de classe : CM2
Attendu de fin de cycle : Réaliser des efforts et enchaîner plusieurs actions motrices dans différentes familles pour aller plus vite, plus longtemps, plus haut, plus loin.
Constat : En course de relais, les élèves qui vont recevoir le témoin attendent, immobiles, et souvent face à leur coéquipier qui arrive en courant, ce qui oblige les donneurs à ralentir (ou arrêter) leur course pour transmettre le témoin et les receveurs à partir trop tard....
Question : Après avoir identifié le champ d'apprentissage et l'activité physique concernée, proposer une ou plusieurs situations d'apprentissage qui permette(nt) aux élèves de résoudre cette difficulté. Vous justifierez vos choix didactiques et pédagogiques.

→ Corrigé p. 172

163

Des corrigés détaillés pour vous autoévaluer et progresser

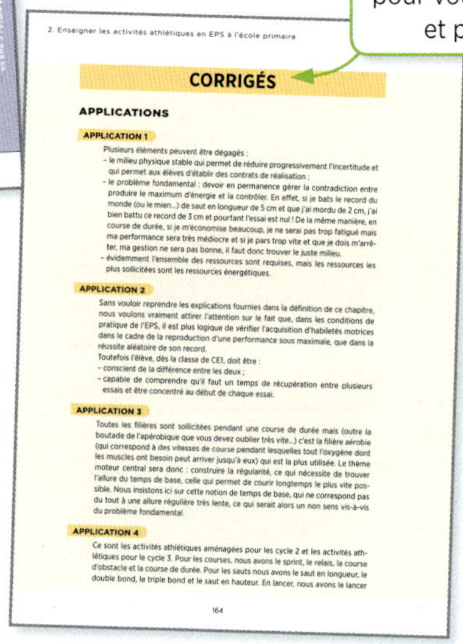

2. Enseigner les activités athlétiques en EPS à l'école primaire

CORRIGÉS

APPLICATIONS

APPLICATION 1

Plusieurs éléments peuvent être dégagés :
- le milieu physique stable qui permet de réduire progressivement l'incertitude et qui permet aux élèves d'établir des contrats de réalisation ;
- le problème fondamental : devoir en permanence gérer la contradiction entre produire le maximum d'énergie et la contrôler. En effet, si je bats le record du monde (ou le mien...) de saut en longueur de 5 cm et que j'ai mordu de 2 cm, j'ai bien battu ce record de 3 cm et pourtant l'essai est nul ! De la même manière, en course de durée, si je m'économise beaucoup, je ne serai pas trop fatigué mais ma performance sera très médiocre et si je pars trop vite et que je dois m'arrêter, ma gestion ne sera pas bonne, il faut donc trouver le juste milieu.
- évidemment l'ensemble des ressources sont requises, mais les ressources les plus sollicitées sont les ressources énergétiques.

APPLICATION 2

Sans vouloir reprendre les explications fournies dans la définition de ce chapitre, nous voulons vraiment attirer l'attention sur le fait que, dans les conditions de pratique de l'EPS, il est plus logique de vérifier l'acquisition d'habiletés motrices dans le cadre de la reproduction d'une performance sous maximale, que dans la réussite aléatoire de son record.
Toutefois l'élève, dès la classe de CE1, doit être :
- conscient de la différence entre les deux ;
- capable de comprendre qu'il faut un temps de récupération entre plusieurs essais et être concentré au début de chaque essai.

APPLICATION 3

Toutes les filières sont sollicitées pendant une course de durée mais (outre la boutade de l'apérobique que vous devez oublier très vite...) c'est la filière aérobie (qui correspond à des vitesses de course pendant lesquelles tout l'oxygène dont les muscles ont besoin peut arriver jusqu'à eux) qui est la plus utilisée. Le thème moteur central sera donc : construire la régularité, ce qui nécessite de trouver l'allure du temps de base, celle qui permet de courir longtemps le plus vite possible. Nous insistons ici sur cette notion de temps de base, qui ne correspond pas du tout à une allure régulière très lente, ce qui serait alors un non sens vis-à-vis du problème fondamental.

APPLICATION 4

Ce sont les activités athlétiques aménagées pour les cycle 2 et les activités athlétiques pour le cycle 3. Pour les courses, nous avons le sprint, le relais, la course d'obstacle et la course de durée. Pour les sauts nous avons le saut en longueur, le double bond, le triple bond et le saut en hauteur. En lancer, nous avons le lancer

164

QCM d'autoévaluation

Pour chaque question, une seule réponse est correcte.

Questions sur la partie 1 : Maîtriser les repères disciplinaires

❶ L'EPS peut être définie comme étant :

☐ **a.** du sport.
☐ **b.** la pratique d'activités physiques et sportives à l'école.
☐ **c.** une discipline scolaire à part entière mais singulière.
☐ **d.** une pratique sportive obligatoire à l'école.

❷ Le corps est :

☐ **a.** une finalité de l'EPS.
☐ **b.** au cœur de l'identité de l'EPS.
☐ **c.** le moyen de l'EPS.
☐ **d.** la priorité éducative de l'école dans le cadre du dualisme de Descartes.

❸ Les enjeux éducatifs de l'EPS :

☐ **a.** sont définis en référence à la fois à ses finalités et objectifs, et aux finalités de l'école.
☐ **b.** sont définis par les activités physiques.
☐ **c.** dépendent des choix de l'enseignant.
☐ **d.** sont définis en référence à ses finalités et objectifs.

❹ Les programmes scolaires prévoient d'initier les élèves au plaisir de la pratique sportive :

☐ **a.** à partir du cycle 1.
☐ **b.** au cycle 2.
☐ **c.** au cycle 3.
☐ **d.** aux cycles 2 et 3.

❺ Les horaires de l'EPS sont :

☐ **a.** définis librement par chaque enseignant.
☐ **b.** identiques sur toute l'école primaire.
☐ **c.** de 3 heures hebdomadaires par semaine.
☐ **d.** de 108 heures par an à l'école élémentaire.

❻ Les problématiques sociétales relatives à la santé :

☐ **a.** sont déterminées par des facteurs génétiques.
☐ **b.** dépendent de facteurs conjoncturels et des connaissances scientifiques disponibles.
☐ **c.** ont toujours été les mêmes.
☐ **d.** n'impactent pas l'école.

❼ Pour les enfants jusque 5 ans, on recommande qu'ils soient actifs physiquement grâce à :

☐ **a.** 3 heures d'activités physiques et de jeux par jour.
☐ **b.** 2 heures d'activités physiques et de jeux par jour.
☐ **c.** 1 heure d'activités physiques et de jeux par jour.
☐ **d.** 30 à 45 minutes d'activités physiques et de jeux par jour.

❽ À l'école élémentaire, les APSA programmées sont choisies en lien avec :

☐ **a.** 2 champs d'apprentissage.
☐ **b.** 3 champs d'apprentissage.
☐ **c.** 4 champs d'apprentissage.
☐ **d.** 5 champs d'apprentissage.

❾ L'EPS participe au socle commun de connaissances, de compétences et de culture :
☐ **a.** à travers 5 compétences spécifiques.
☐ **b.** à travers 5 compétences générales.
☐ **c.** à travers 5 compétences méthodologiques.
☐ **d.** à travers 5 compétences sociales.

❿ Le développement de l'enfant est à la croisée des processus suivants :
☐ **a.** la croissance et l'éducation.
☐ **b.** l'apprentissage et la maturation.
☐ **c.** la croissance et la maturation.
☐ **d.** l'apprentissage et la croissance.

⓫ La psychologie de l'enfant étudie :
☐ **a.** le développement de l'enfant.
☐ **b.** le développement de l'enfant à travers tous les éclairages scientifiques.
☐ **c.** le développement de l'enfant à travers la théorie de Piaget.
☐ **d.** le développement de l'enfant scolarisé.

⓬ Le développement de l'enfant résulte d'une interaction entre :
☐ **a.** un patrimoine génétique et l'éducation familiale.
☐ **b.** un patrimoine génétique et les apprentissages scolaires.
☐ **c.** un patrimoine génétique et les expériences du sujet.
☐ **d.** un patrimoine génétique et l'environnement physique.

⓭ Le développement de l'enfant aboutit à des évolutions :
☐ **a.** qui surviennent de façon identique chez tous les individus.
☐ **b.** qui traduisent des variations interindividuelles et intra-individuelles.
☐ **c.** qui traduisent des variations interindividuelles.
☐ **d.** qui traduisent des variations intra-individuelles.

⓮ Les catégories de ressources sollicitées lors de la pratique des AP :
☐ **a.** sont différentes selon les APSA.
☐ **b.** sont identiques quelles que soient les APSA.
☐ **c.** dépendent du développement de l'enfant.
☐ **d.** dépendent des choix faits par l'enseignant.

⓯ Lors d'un apprentissage moteur, quelle information est importante pour l'élève :
☐ **a.** connaissance de l'action.
☐ **b.** connaissance du but.
☐ **c.** connaissance du résultat.
☐ **d.** connaissance du mouvement.

⓰ Lequel des éléments suivants n'est pas constitutif d'une séance d'EPS :
☐ **a.** l'appel.
☐ **b.** l'échauffement.
☐ **c.** le corps de la séance.
☐ **d.** le retour au calme.

⓱ En EPS, le retour au calme :
☐ **a.** se situe à la fin de chaque situation.
☐ **b.** permet aux élèves de récupérer des efforts fournis durant la séance.
☐ **c.** a une durée qui est toujours la même.
☐ **d.** se déroule toujours de la même façon.

⓲ La programmation de l'EPS à l'école élémentaire doit prendre en compte :
☐ **a.** tous les champs d'apprentissage de l'EPS.
☐ **b.** 3 champs d'apprentissage au choix de l'enseignant.
☐ **c.** 2 champs d'apprentissage au choix de l'enseignant.
☐ **d.** 1 champ d'apprentissage au choix de l'enseignant.

19 Dans une situation d'apprentissage, un critère de réussite :

- ☐ **a.** précise le but de la tâche.
- ☐ **b.** est toujours formulé selon un critère quantitatif.
- ☐ **c.** est toujours formulé selon un critère qualitatif.
- ☐ **d.** permet à l'élève de savoir s'il a réussi la tâche.

20 Les formes de groupement des élèves en EPS :

- ☐ **a.** sont identiques comparativement aux autres disciplines.
- ☐ **b.** conduisent à séparer les filles et les garçons.
- ☐ **c.** permettent de gérer l'hétérogénéité des élèves.
- ☐ **d.** dépendent uniquement de l'AP pratiquée.

21 En EPS, lors de la pratique d'une AP, les risques subjectifs renvoient :

- ☐ **a.** aux risques perçus par l'enseignant.
- ☐ **b.** aux risques perçus par les élèves.
- ☐ **c.** aux risques caractéristiques de l'AP.
- ☐ **d.** aux risques caractéristiques de l'environnement physique.

22 Lors d'un cours d'EPS, l'enseignant peut décider de solliciter un intervenant extérieur :

- ☐ **a.** sans faire de démarche administrative.
- ☐ **b.** en le laissant faire cours seul.
- ☐ **c.** en le laissant décider seul des orientations du cours.
- ☐ **d.** en conservant la responsabilité des choix faits pour ses élèves.

23 Lors de l'apprentissage d'une habileté motrice telle un tir en basket-ball, une pratique en variabilité consiste à faire varier :

- ☐ **a.** les caractéristiques spatiales et temporelles du mouvement.
- ☐ **b.** la durée de la situation selon les élèves.
- ☐ **c.** le but de la situation.
- ☐ **d.** l'aménagement matériel de la situation.

24 La gestion par l'enseignant de la sécurité des élèves ne dépend pas :

- ☐ **a.** de l'âge et du développement des élèves.
- ☐ **b.** de l'AP pratiquée.
- ☐ **c.** du goût du risque de l'enseignant.
- ☐ **d.** de l'environnement physique.

25 L'attestation du savoir-nager en sécurité (ASNS) est à valider :

- ☐ **a.** en fin de cycle 2.
- ☐ **b.** en CM2.
- ☐ **c.** au cycle 3.
- ☐ **d.** en fin de cycle 4.

Questions sur la partie 2 : Maîtriser les repères didactiques

26 En course de durée, le fait de conduire l'élève à un état proche de l'épuisement :

- ☐ **a.** est risqué.
- ☐ **b.** est une condition de progrès.
- ☐ **c.** est adapté à son niveau de développement.
- ☐ **d.** est bénéfique pour sa santé.

27 La réalisation d'un enchaînement gymnique destiné à être vu et jugé est prévue :

- ☐ **a.** au cycle 1.
- ☐ **b.** au cycle 2.
- ☐ **c.** au cycle 3.
- ☐ **d.** aux cycles 2 et 3.

28 En danse, lequel de ces rôles n'est pas travaillé à l'école :

- ☐ **a.** chorégraphe.
- ☐ **b.** danseur.
- ☐ **c.** juge.
- ☐ **d.** spectateur.

29 Lors de l'enseignement d'activités de combat à l'école maternelle, la progression d'apprentissage recommandée consiste à débuter par une opposition :

- ☐ **a.** au corps à corps.
- ☐ **b.** interindividuelle.
- ☐ **c.** directe.
- ☐ **d.** indirecte.

30 Lors de l'enseignement de jeux et sports collectifs à l'école, on peut diminuer la quantité d'informations visuelles à traiter par les élèves en faisant baisser :

- ☐ **a.** le temps du jeu.
- ☐ **b.** le nombre de joueurs.
- ☐ **c.** la taille du terrain.
- ☐ **d.** le nombre de règles de jeu.

CORRIGÉS

1 c. → pp. 20-21 ; **2 b.** → p. 21 ; **3 a.** → p. 22 ; **4 d.** → p. 24 ;
5 d. → p. 32-33 ; **6 b.** → pp. 37-38 ; **7 a.** → p. 39 ; **8 c.** → pp. 26-27 ;
9 b. → p. 25 ; **10 c.** → p. 52 ; **11 a.** → pp. 52-53 ; **12 c.** → p. 53 ;
13 b. → p. 54 ; **14 b.** → p. 68 ; **15 c.** → p. 73 ; **16 a.** → p. 75 ; **17 b.** → p. 75 ;
18 a. → pp. 27, 76 ; **19 d.** → p. 85 ; **20 c.** → pp. 86-87 ; **21 b.** → p. 91 ;
22 d. → p. 90 ; **23 a.** → p. 74 ; **24 c.** → pp. 89-93 ; **25 c.** → pp. 121-123 ;
26 a. → p. 155 ; **27 c.** → p. 189 ; **28 c.** → p. 216 ; **29 d.** → pp. 249, 251 ;
30 b. → pp. 269-270

Parcours de révisions personnalisé

- Calculez votre score et suivez nos conseils

Maîtriser les repères disciplinaires	/25
Maîtriser les repères didactiques	/5

- À partir de ce score et surtout des questions mal maîtrisées, déterminez un ordre de lecture des chapitres : vous pouvez commencer par les domaines dans lesquels vous vous sentez le plus à l'aise, ou au contraire travailler en priorité vos difficultés.
- Au début de chaque chapitre, commencez par effectuer l'autoévaluation, puis prenez connaissance des conseils. Ces derniers pointent la plupart des difficultés rencontrées par les candidats et les notions à bien maîtriser pour le concours. Au regard de celles-ci, par le biais des renvois proposés dans le corrigé, consultez les éléments de cours correspondants, faites ensuite les exercices d'application et enfin exercez-vous avec les sujets blancs ou officiels proposés en fin de chapitre.

PARTIE 1
Repères disciplinaires sur l'EPS à l'école primaire

1 Les fondements de l'EPS en tant que discipline d'enseignement à l'école primaire[1]

AUTOÉVALUATION

1 Le sigle EPS désigne :

☐ **a.** l'éducation physique scolaire
☐ **b.** l'enseignement physique scolaire
☐ **c.** l'éducation physique et sportive
☐ **d.** l'enseignement du sport à l'école

2 L'enseignement de l'EPS à l'école :

☐ **a.** est facultatif.
☐ **b.** est depuis longtemps obligatoire.
☐ **c.** dont le caractère obligatoire a souvent été remis en question.
☐ **d.** est devenu récemment obligatoire.

3 L'éducation physique et sportive :

☐ **a.** s'adresse uniquement au corps.
☐ **b.** a une utilité sociale mais aucune utilité scolaire.
☐ **c.** a une utilité scolaire mais aucune utilité sociale.
☐ **d.** est une éducation du corps tout en étant au service de visées intellectuelles, morales et sociales.

4 Contribuer au développement moteur, sensoriel, affectif, intellectuel et relationnel des enfants :

☐ **a.** est la finalité de l'EPS tout au long de la scolarité.
☐ **b.** est la finalité de l'EPS en maternelle.
☐ **c.** est une compétence générale de l'EPS au C2.
☐ **d.** est un objectif de l'EPS en maternelle.

5 Communiquer avec les autres au travers d'actions à visée expressive ou artistique :

☐ **a.** est un objectif de l'EPS au C1.
☐ **b.** est un objectif de l'EPS au C2.
☐ **c.** est un objectif de l'EPS au C3.
☐ **d.** est un objectif de l'EPS sur les trois cycles de l'école primaire.

1. Auteur du chapitre : Haimo Groenen.

❻ À quel domaine du socle commun de connaissances, de compétences et de culture, la compétence générale de l'EPS « Apprendre à entretenir sa santé par une activité physique régulière » contribue-t-elle ?

- ☐ **a.** Domaine 1 : les langages pour penser et communiquer.
- ☐ **b.** Domaine 2 : les méthodes et outils pour apprendre.
- ☐ **c.** Domaine 3 : la formation de la personne et du citoyen.
- ☐ **d.** Domaine 4 : les systèmes naturels et les systèmes techniques.

❼ La natation est enseignée pour amener les élèves à adapter leurs déplacements à des environnements variés :

- ☐ **a.** au C1.
- ☐ **b.** au C2.
- ☐ **c.** aux C2 et C3.
- ☐ **d.** sur les trois cycles de l'école primaire.

❽ Les programmes de maternelle fixent l'horaire de l'EPS :

- ☐ **a.** à 3 heures par semaine.
- ☐ **b.** à une séance hebdomadaire de 30 à 45 minutes.
- ☐ **c.** à plusieurs séances de 30 à 45 minutes par semaine.
- ☐ **d.** à une séance quotidienne de 30 à 45 minutes.

❾ Les fiches ressources proposées sur le site Éduscol :

- ☐ **a.** correspondent à des textes officiels.
- ☐ **b.** visent à aider les professeurs dans la compréhension et la mise en œuvre des programmes.
- ☐ **c.** couvrent uniquement le C1.
- ☐ **d.** couvrent uniquement les C2 et C3.

❿ Les activités physiques :

- ☐ **a.** sont des activités sportives.
- ☐ **b.** sont l'objectif de l'EPS à l'école primaire.
- ☐ **c.** sont les moyens et supports éducatifs de l'EPS.
- ☐ **d.** sont des activités artistiques.

⓫ Les activités physiques enseignées en EPS :

- ☐ **a.** ont toujours été les mêmes indépendamment des périodes historiques.
- ☐ **b.** ont évolué au fil du temps.
- ☐ **c.** ont toujours été des activités sportives.
- ☐ **d.** ont toujours été des activités physiques sportives et artistiques.

⓬ Le sport peut être défini dans un sens restreint comme :

- ☐ **a.** la pratique d'une activité physique.
- ☐ **b.** une compétition.
- ☐ **c.** un règlement.
- ☐ **d.** l'ensemble des situations motrices codifiées et réglementées sous forme d'institutions et de compétitions.

⓭ On considère aujourd'hui la santé comme :

- ☐ **a.** une absence de maladie.
- ☐ **b.** une absence d'infirmité.
- ☐ **c.** un état complet de bien-être physique, mental et social qui ne consiste pas seulement en une absence de maladie ou d'infirmité.
- ☐ **d.** le fait de ne prendre aucun traitement médical.

⓮ L'école se préoccupe de la santé des élèves depuis :
- ☐ **a.** la fin du XIXe siècle.
- ☐ **b.** le début du XXe siècle.
- ☐ **c.** les années 1980.
- ☐ **d.** le début du XXIe siècle.

⓯ L'éducation à la santé est une finalité de l'EPS :
- ☐ **a.** au C1.
- ☐ **b.** au C2.
- ☐ **c.** au C3.
- ☐ **d.** sur les trois cycles de l'école primaire.

⓰ L'activité physique est :
- ☐ **a.** toujours bénéfique pour la santé.
- ☐ **b.** toujours néfaste pour la santé.
- ☐ **c.** bénéfique pour la santé sous certaines conditions.
- ☐ **d.** recommandée par les autorités publiques sous une forme intense et compétitive.

⓱ L'éducation à la santé apporte des effets bénéfiques :
- ☐ **a.** à court terme.
- ☐ **b.** à long terme.
- ☐ **c.** à moyen terme.
- ☐ **d.** à l'école.

CORRIGÉS

❶ **c.** → p. 20 ; ❷ **b.** → p. 20 ; ❸ **d.** → p. 21 ; ❹ **b.** → p. 24 ; ❺ **a.** → p. 26 ; ❻ **d.** → p. 30 ; ❼ **c.** → p. 27 ; ❽ **b.** → p. 33 ; ❾ **b.** → p. 34 ; ❿ **c.** → pp. 27, 28, 34-35 ; ⓫ **b.** → pp. 34-35 ; ⓬ **d.** → pp. 34-35 ; ⓭ **c.** → p. 37 ; ⓮ **b.** → p. 38 ; ⓯ **d.** → p. 41 ; ⓰ **c.** → pp. 39-40 ; ⓱ **b.** → p. 41.

CONSEILS

- Pour comprendre l'EPS à l'école primaire, il est important de situer ses origines et son évolution historique, et de saisir ce qui fait son identité, sa spécificité scolaire, ses relations avec l'école et avec le sport.
- Afin de pouvoir répondre à ces questions, il est impératif de bien maîtriser les orientations des programmes de maternelle et de l'élémentaire, en étant vigilant aux points communs éventuels entre l'EPS aux C1, C2 et C3, mais aussi aux spécificités qui apparaissent entre les cycles. Il faut également distinguer ce qui relève des textes officiels ou des autres ressources à disposition des professeurs.
- Il est essentiel de bien comprendre, différencier et relier EPS, AP et sport.
- L'éducation à la santé est à la croisée d'enjeux sociétaux, économiques et scolaires. Il est important de bien cerner les particularités de l'éducation à la santé (à ne pas confondre avec la finalité santé), la place de l'EPS dans l'éducation à la santé, et sa contribution spécifique dans le cadre des finalités de l'école et des dispositifs éducatifs qu'elle met en place.

COURS

1 Définitions et spécificités de l'EPS

A. L'EPS : une discipline à part entière à l'école

Enseigner une discipline d'enseignement implique d'en maîtriser les caractéristiques et les fondements scolaires. Soulignons tout d'abord que l'éducation physique et sportive (EPS) peut être considérée comme une **discipline scolaire à part entière**. Les programmes de l'école élémentaire le confirment en perpétuant le **caractère obligatoire de l'EPS** et en déterminant les savoirs à enseigner aux différents cycles d'enseignement, critère essentiel d'une discipline scolaire (Pierre Arnaud, « L'évolution de l'éducation physique », in *La gymnastique volontaire*, n° 18, septembre 1981).

L'EPS est le fruit d'une longue histoire, faite de continuités et de ruptures qui marquent son appellation même. La gymnastique scolaire du XIXe siècle laisse place à l'éducation physique (EP) au début du XXe siècle, laquelle évolue vers l'EPS durant la Seconde Guerre mondiale. L'avènement de l'EPS traduit un processus de sportivisation de la discipline, l'utilisation d'activités sportives (sports athlétiques, collectifs, de combat…) en complément d'autres activités physiques (AP), comme les jeux traditionnels ou les activités artistiques. Pour plus de clarté, nous dirons que l'EPS est **une forme sportivisée et scolarisée d'EP** (Yves Gougeon, « EP, EPS : identité, identification, différenciations », *in Textes parcourus, Préparation Écrit 1 Capeps, Session 2000*, IUFM Nord – Pas-de-Calais, Université Charles-de-Gaulle – Lille 3, 1999).

Les cinq domaines d'apprentissage structurant les programmes de l'école maternelle ne mentionnent pas l'EPS, mais c'est dans le domaine « Agir, s'exprimer, comprendre à travers l'activité physique » que trouve place l'éducation du corps, même si elle ne s'y limite pas. Nous utiliserons néanmoins l'expression générique « EPS » pour désigner le domaine d'apprentissage (maternelle) ou la discipline d'enseignement (élémentaire) à l'école primaire. Sur les trois cycles, l'EPS repose en effet sur la pratique par les élèves d'activités physiques variées, source d'expériences corporelles diversifiées chez les élèves, et moyen d'éducation de ces derniers.

B. L'EPS : une discipline essentielle à l'école

L'importance accordée par les acteurs politiques et scolaires à cette discipline est confirmée par les textes ayant réglementé sa place et ses missions à l'école. Après avoir été rendue facultative en 1850, la gymnastique scolaire devient obligatoire en 1880 pour les garçons dans tous les types d'enseignements du primaire et du secondaire, et ce avant même l'obligation scolaire proclamée en 1882. Cette année-là, l'EP est également rendue obligatoire pour les jeunes filles. Le caractère obligatoire de l'EPS à l'école n'a depuis jamais été remis en question (Édouard Solal, *L'Enseignement de l'éducation physique et sportive à l'école primaire (1789-1990). Un parcours difficile*, éd. Revue EPS, 1999).

Cette situation fait écho à la définition de l'éducation proposée par le sociologue Émile Durkheim : « L'éducation est l'action exercée par les générations adultes sur celles qui ne sont pas encore mûres pour la vie sociale. Elle a pour objet de susciter et de développer chez l'enfant un certain nombre d'états physiques, intellectuels et moraux que réclament de lui et la société politique dans son ensemble et le milieu social auquel il est particulièrement destiné. » (Émile Durkheim, « Éducation », in Ferdinand Buisson, *Nouveau dictionnaire de pédagogie*, Paris, Hachette, 1911, p. 532. Cette définition fait encore référence actuellement.)

L'idée même d'éducation inclut ainsi une éducation du corps. Le philosophe et historien Jacques Ulmann argumente dans le même sens : « La notion même d'éducation implique l'existence d'une éducation physique [...] il n'est pas d'éducation en l'absence d'une éducation corporelle. » Il précise aussi : « La disponibilité du corps aux fins éducatives constitue le premier et le plus urgent des impératifs de l'éducation, une sorte de condition *sine qua non*. » (Jacques Ulmann, « Sur quelques problèmes concernant l'éducation physique », *Revue EPS*, n° 81, 1966, p. 7-11.) Pour Ulmann, **la santé est la condition de toutes les autres finalités éducatives** (Jacques Ulmann, « Les rapports historiques entre l'éducation physique et le sport », *Revue EPS*, n° 238, 1992). Par son action sur le corps de l'individu et sa portée hygiénique, l'EP joue un rôle décisif dans le processus éducatif dans son ensemble.

Le corps est au cœur de l'identité de l'EP, ce qui participe à sa singularité. Selon la formule consacrée, l'EPS est une « discipline à part entière mais entièrement à part » (Hébrard, *EPS : Réflexions et perspectives*, Paris, Éditions Revue EPS, 1986). Pour autant, si l'EPS est une éducation du corps et pour le corps par la pratique d'AP, elle ne se limite pas à la dimension corporelle de la conduite humaine. L'EP a également toujours été au service **de visées morales et sociales**, ce qui accentue sa spécificité et son identité éducative. En transmettant des valeurs conformes au pouvoir politique (formation du citoyen par exemple) et aux besoins sociaux (notamment en matière de santé publique par exemple), la discipline a construit et perpétué **son utilité sociale**.

L'EP a enfin toujours tissé des liens avec des **visées éducatives intellectuelles**. Comme l'a parfaitement montré Pierre Arnaud à travers sa thèse sur l'homomorphisme scolaire, l'EP a dû participer au développement chez les élèves des fonctions intellectuelles si chères à l'école française pour asseoir et renforcer sa légitimité scolaire. L'école française a en effet longtemps été marquée par un dualisme conduisant à une séparation du corps et de l'esprit, et à une valorisation de ce dernier dans l'enseignement. Deux types de pédagogies ont alors été utilisés en EP : les pédagogies corporelles de l'intelligence visant le développement des fonctions intellectuelles sur la base d'exercices corporels, puis les pédagogies intellectualistes de la motricité utilisant les processus cognitifs pour développer les habiletés motrices.

Les programmes et textes officiels permettent d'aller plus loin dans la compréhension des fondements de l'EPS en tant que discipline d'enseignement. Ils orientent les contenus et les modalités d'enseignement de la discipline.

2 Programmes scolaires et textes officiels

L'enseignement implique de connaître et de maîtriser un certain nombre de textes officiels, dont les programmes scolaires pour la maternelle et l'élémentaire. Les textes officiels ne constituent pas une vérité intangible, mais un cadrage général et évolutif.

Les **programmes** publiés dans le *Bulletin officiel* (*B.O.*) permettent d'identifier **les visées éducatives** (au sens de ce qui est visé, recherché, sur le plan éducatif) **et les contenus** (au sens générique de ce que l'on veut enseigner aux élèves) assignés à chaque domaine d'apprentissage (maternelle) ou discipline (élémentaire), **les moyens** prévus à cet effet, la spécificité de chaque cycle d'enseignement, **la progression** établie entre ceux-ci, et plus largement la contribution de chaque domaine ou discipline aux missions et finalités de l'école. Parallèlement, d'autres textes officiels régissent ou orientent l'enseignement de l'EPS à l'école.

Citons en particulier le socle commun de connaissances, de compétences et de culture de (*B.O.* de l'Éducation nationale n° 17 du 23 avril 2015) développé plus loin, ou encore le parcours éducatif de santé (circulaire n° 2016-008 du 28 janvier 2016), mais aussi la circulaire n° 2017-116 du 6 octobre 2017 relative à l'encadrement des activités physiques et sportives et le décret n° 2017-766 du 4 mai 2017 sur l'agrément des intervenants extérieurs aux activités physiques et sportives (ces deux derniers textes officiels sont publiés au BO n° 34 du 12 octobre 2017).

Les caractéristiques de certaines AP et les contraintes liées à leur enseignement s'accompagnent de **textes officiels spécifiques**. C'est le cas en particulier des **activités aquatiques et nautiques** (AAN) qui font l'objet d'une attention particulière de la part du législateur, comme en témoignent les textes officiels encadrant et réglementant leur enseignement et leur pratique à l'école (voir la partie dédiée à la natation dans le chapitre 2).

L'enseignement de certaines AP doit également respecter **la circulaire n° 99-136 du 21 septembre 1999** (complétée par plusieurs circulaires depuis 2000) relative à l'organisation des **sorties réalisées à l'école primaire**.

A. Enjeux, finalités et objectifs de l'EPS à l'école primaire

Si l'EPS possède des **finalités** et **objectifs** qui lui sont propres, son enseignement est au service des missions et des finalités de l'école, des priorités éducatives fixées pour chaque cycle d'enseignement, et de la construction du socle commun de connaissances, de compétences et de culture.

Selon les programmes, la mission principale de l'école maternelle « est de donner envie aux enfants d'aller à l'école pour apprendre, affirmer et épanouir leur personnalité ». Les programmes du cycle 2 (C2) stipulent que « la maîtrise des langages, et notamment de la langue française, est la priorité ». Le cycle 3 (C3) « a tout d'abord pour objectif de stabiliser et d'affermir pour tous les élèves les apprentissages engagés dans le cycle 2, à commencer par ceux du langage », et doit assurer une meilleure transition entre l'école et le collège.

Le socle commun de connaissances, de compétences et de culture « définit les finalités de la scolarité obligatoire », en étant « composé de cinq domaines de formation qui définissent les grands enjeux de formation durant la scolarité obligatoire » :

– les langages pour penser et communiquer ;

– les méthodes et outils pour apprendre ;

– la formation de la personne et du citoyen ;

– les systèmes naturels et les systèmes techniques ;

– les représentations du monde et l'activité humaine.

Et « chacun de ces domaines requiert la contribution transversale et conjointe de toutes les disciplines et démarches éducatives », donc de l'EPS.

Les contenus transmis en EPS en lien avec les AP supports répondent à des visées éducatives (ce qui est visé, recherché au plan éducatif) plus larges qui participent à la spécificité de l'EPS en tant que discipline d'enseignement. Les visées éducatives de l'EPS peuvent être formulées à plusieurs niveaux, du plus général au plus spécifique, et sur plusieurs échelles temporelles, allant du court au long terme. Nous choisissons ici de décliner ces visées éducatives en finalités et objectifs, bien que la terminologie des programmes des cycles 1, 2 et 3 et celle du socle commun ne soit pas uniformisées[2]. Ces visées éducatives traduisent, à des échelles différentes, les **enjeux** de l'EPS, au sens de ce qu'il y a à gagner pour un élève à travers les enseignements dispensés dans le cadre de la discipline.

Nous définissons une **finalité** comme étant une visée éducative générale **à long terme**, qui constitue une sorte **d'idéal**. Le développement moteur ou l'autonomie illustrent cette définition car ils peuvent toujours être perfectionnés. Souvent, une finalité de l'EPS concerne également **d'autres domaines d'apprentissages ou disciplines scolaires** et tisse des liens avec le socle commun (*cf.* la citoyenneté ou l'autonomie par exemple).

Nous définissons un **objectif** comme **une visée à court ou moyen terme** et en lien direct avec **les savoirs de la discipline**. Adapter ses équilibres et ses déplacements à des environnements ou des contraintes variés est l'un des objectifs des programmes de maternelle. Produire une performance optimale, mesurable à une échéance donnée est l'un des quatre champs d'apprentissage de l'EPS aux cycles 2 et 3, et peut être considéré comme l'un des objectifs de la discipline.

Le terme de compétence connaît des définitions très variées dans le champ éducatif et scolaire. Nous pouvons définir simplement **une compétence comme étant un savoir-faire** permettant **d'être efficace dans une situation donnée**, mobilisant un ensemble de **ressources**, et **réinvestissable** dans une situation proche. Le socle commun définit d'ailleurs une compétence par « l'aptitude à mobiliser ses ressources (connaissances, capacités, attitudes) pour accomplir une tâche ou faire face à une situation complexe ou inédite ».

2. Les programmes de maternelle parlent de missions de l'école, de fonction de l'école, d'enjeux de formation et d'objectifs visés à l'échelle de chaque domaine d'apprentissage. Les programmes d'EPS des C2 et C3 parlent de finalités, de compétences générales, de champs d'apprentissages, de compétences travaillées. Le socle commun parle de finalités de l'école obligatoire, d'enjeux de formation, d'objectifs de connaissances et de compétences.

En EPS, il est possible de distinguer **une compétence propre** à un groupe d'AP ou à un domaine d'apprentissage (exemple au C2 : comprendre le but du jeu et orienter ses actions vers la cible, en jeux traditionnels, jeux pré-sportifs…), **d'une compétence relative** ou **spécifique** à une AP (exemple au C2 : se déplacer dans l'eau sur une quinzaine de mètres sans appui et après un temps d'immersion) voire à une situation donnée. Réaliser une performance mesurée est un savoir-faire que l'on peut développer dans la famille des activités athlétiques et en natation. Nager 15 mètres ne devient une compétence précise que si les **conditions de réalisation** de cette performance sont définies, à travers le milieu (environnement naturel ou piscine, profondeur de l'eau…), le type de nage (nage ventrale, tous types de nages autorisés), le matériel mis à disposition éventuellement (lunettes de natation, utilisation d'engins améliorant la flottaison…), etc. Le professeur doit ainsi préciser et définir les compétences et éventuellement les connaissances qu'il veut transmettre à ses élèves tout en se plaçant en conformité avec les programmes.

a. Finalités de l'EPS à l'école primaire

Les programmes permettent d'identifier pour l'EPS trois grandes finalités au C1, et cinq finalités communes aux C2 et C3. La première en C2 et C3 – « former un citoyen lucide, autonome, physiquement et socialement éduqué, dans le souci du vivre ensemble » – constitue selon les programmes la finalité de l'EPS tout au long de la scolarité.

Finalités de l'EPS à l'école primaire	
C1	**C2 et C3**
- Contribuer au **développement moteur, sensoriel, affectif, intellectuel et relationnel** des enfants : permettre aux enfants d'explorer leurs possibilités physiques, d'élargir et d'affiner leurs habilités motrices, de maîtriser de nouveaux équilibres, de construire leur latéralité, l'image orientée de leur corps, de mieux se situer dans l'espace et le temps. - Contribuer à la **socialisation** : développer la coopération, établir des rapports constructifs à l'autre, lutter contre les stéréotypes, contribuer à la construction de l'égalité entre filles et garçons. - Participer à une **éducation à la santé**, en conduisant tous les enfants à éprouver le plaisir du mouvement et de l'effort, à mieux connaître leur corps pour le respecter.	- Former un **citoyen** lucide, autonome, physiquement et socialement éduqué, dans le souci du vivre ensemble. - L'EPS développe l'accès à un riche champ de pratiques, à forte **implication culturelle et sociale**, importantes dans le développement de la vie personnelle et collective de l'individu. - Amener les enfants et les adolescents à rechercher le **bien-être** et à se soucier de leur santé. - Assurer l'**inclusion**, dans la classe, des élèves à besoins éducatifs particuliers ou en situation de handicap. - Initier au **plaisir** de la pratique sportive.

Les **finalités** de l'EPS concernent donc différentes dimensions de la conduite humaine : **motrices**, **psychologiques** et **sociales**. Des continuités et des spécificités apparaissent au fil des cycles. Le **développement moteur** et l'**éducation physique** sont une permanence dans les finalités de l'EPS, conformément à la spécificité de son objet.

L'**éducation à la santé**, le **plaisir** de l'activité physique et la **socialisation** sont également permanents.

À partir du cycle 2, l'EPS vise la transmission d'une **culture physique sportive et artistique, issue et constitutive des APSA**. Les APSA sont dès lors à la fois le moyen éducatif de l'EPS et l'une de ses finalités. Ulmann (1966) a montré que les activités physiques constituent des phénomènes de civilisation et des faits de culture. Les APSA font partie du mode de vie des sociétés contemporaines, dont témoigne leur place croissante dans les loisirs et les médias par exemple. Ulmann trouve ainsi dans la dimension culturelle des activités physiques un facteur de légitimation de l'EP. Si chaque discipline scolaire **transmet un domaine de la culture jugée légitime**, l'EP est chargée de transmettre le secteur culturel relatif à la culture physique sportive et artistique, constitutive des APSA.

Les finalités de l'EPS aux C2 et C3 sont par ailleurs fortement liées et en **cohérence** avec le **socle commun** de connaissances, de compétences et de culture. Elles en constituent souvent une sorte de traduction (par exemple : « Former un citoyen lucide, autonome, physiquement et socialement éduqué, dans le souci du vivre ensemble » renvoie au 3e domaine du socle : « La formation de la personne et du citoyen » ; « L'accès à un riche champ de pratiques, à forte implication culturelle et sociale » renvoie au 5e domaine du socle : « Les représentations du monde et l'activité humaine »). À l'école élémentaire, c'est bien le socle commun qui oriente les enseignements disciplinaires, même si chaque discipline y contribue de façon originale.

Aux C2 et C3, les compétences générales de l'EPS permettent d'ailleurs de préciser les visées éducatives poursuivies en EPS de façon transversale aux APSA et à long terme. **Cinq compétences générales** concourent respectivement aux **cinq domaines du socle commun**, et sont à décliner en lien avec les quatre champs d'apprentissage de l'EPS et les APSA enseignées.

Domaines du socle	Compétences générales (CG) de l'EPS aux C2 et C3
Domaine 1 : Les langages pour penser et communiquer	**CG1 :** Développer sa motricité et construire un langage du corps
Domaine 2 : Les méthodes et outils pour apprendre	**CG2 :** S'approprier seul ou à plusieurs par la pratique, les méthodes et outils pour apprendre
Domaine 3 : La formation de la personne et du citoyen	**CG3 :** Partager des règles, assumer des rôles et responsabilités
Domaine 4 : Les systèmes naturels et les systèmes techniques	**CG4 :** Apprendre à entretenir sa santé par une activité physique régulière
Domaine 5 : Les représentations du monde et l'activité humaine	**CG5 :** S'approprier une culture physique sportive et artistique

APPLICATION 1

Quelle est la finalité de l'EPS tout au long de la scolarité ?

→ Corrigé p. 45

b. Objectifs de l'EPS à l'école primaire

Les programmes fixent quatre objectifs au cycle 1 pour le domaine d'apprentissage « Agir, s'exprimer, comprendre à travers l'activité physique » (traduit ici en EPS), et quatre champs d'apprentissage (CA) (traduits ici en termes d'objectifs) aux C2 et C3.

Les objectifs de l'EPS à l'école primaire	
Domaine « Agir, s'exprimer, comprendre à travers l'activité physique » au C1 : 4 objectifs	**EPS aux C2 et C3 : 4 champs d'apprentissage**
O1 : Agir dans l'espace, dans la durée et sur les objets **O2 :** Adapter ses équilibres et déplacements à des environnements ou des contraintes variés **O3 :** Communiquer avec les autres au travers d'actions à visée expressive ou artistique **O4 :** Collaborer, coopérer, s'opposer	**CA1 :** Produire une performance optimale, mesurable à une échéance donnée **CA2 :** Adapter ses déplacements à des environnements variés **CA3 :** S'exprimer devant les autres par une prestation artistique et/ou acrobatique **CA4 :** Conduire et maîtriser un affrontement collectif ou interindividuel

Ces objectifs sont adaptés au niveau de développement de l'enfant et visent à le favoriser. Une cohérence et des points communs apparaissent entre le cycle 1 d'une part, et les cycles 2 et 3 d'autre part, malgré des formulations différentes : agir dans l'espace et la durée, l'adaptation de ses déplacements à l'environnement, l'expression et l'activité artistique, l'opposition et la coopération.

Les programmes de la maternelle fixent des attendus de fin de cycle (AFC). Chaque AFC renvoie à un, voire plusieurs, des quatre objectifs présentés plus haut.

Attendus de fin de cycle 1	Lien/objectifs
AFC1 : Courir, sauter, lancer de différentes façons, dans des espaces et avec des matériels variés, dans un but précis	O1
AFC2 : Ajuster et enchaîner ses actions et ses déplacements en fonction d'obstacles à franchir ou de la trajectoire d'objets sur lesquels agir	O1 ou O2
AFC3 : Se déplacer avec aisance dans des environnements variés, naturels ou aménagés	O1 ou O2
AFC4 : Construire et conserver une séquence d'actions et de déplacements, en relation avec d'autres partenaires, avec ou sans support musical	O3
AFC5 : Coordonner ses gestes et déplacements avec ceux des autres, lors de rondes et jeux chantés	O3
AFC6 : Coopérer, exercer des rôles différents complémentaires, s'opposer, élaborer des stratégies pour viser un but ou un effet commun	O4

Les programmes de l'école maternelle fixent quelques repères généraux sur la progression des apprentissages. Par exemple, pour « Agir dans l'espace, dans la durée et sur les objets », il faut apprendre à parcourir plus de distance dans un temps donné.

Les programmes des C2 et C3 précisent que chaque champ d'apprentissage permet aux élèves de construire des compétences intégrant trois dimensions : **motrice, méthodologique** et **sociale**, en s'appuyant sur une diversité d'APSA. Chaque cycle devant permettre aux élèves de rencontrer les quatre champs d'apprentissage.

Les programmes de C2 et C3 fixent également des attendus de fin cycle dans les quatre champs d'apprentissage de l'EPS, et des repères sur les compétences travaillées pendant le cycle. Nous ne ferons qu'illustrer cette démarche pour le champ d'apprentissage « Adapter ses déplacements à des environnements variés » par quelques exemples non exhaustifs. Ils montrent que ces AFC et les compétences sont plus ou moins larges ou précis.

	Cycle 2	Cycle 3
Attendus de fin de cycle	Se déplacer dans l'eau sur une quinzaine de mètres sans appui et après un temps d'immersion	Valider l'attestation scolaire du savoir nager (ASSN), conformément à l'arrêté du 9 juillet 2015. En février 2022, l'ASSN a été abrogé et remplacé par l'ASNS.
Compétences travaillées pendant le cycle	Transformer sa motricité spontanée pour maîtriser les actions motrices	Adapter son déplacement aux différents milieux
	Respecter les règles essentielles de sécurité	Gérer son effort pour pouvoir revenir au point de départ

Une comparaison des programmes laisse apparaître des axes de progression au fil de la scolarité, selon des critères généralement qualitatifs, voire quantitatifs, tant à l'échelle des quatre champs d'apprentissage qu'à celle des compétences générales. Dans l'exemple ci-dessus de la natation, un élève de cycle 2 doit être capable de nager une quinzaine de mètres sans appui, alors qu'en fin de cycle 3, l'élève doit être capable de nager 40 mètres (*cf.* le contenu du parcours à réaliser pour l'attestation scolaire du savoir-nager en sécurité).

Avant même de décliner les acquisitions visées dans les quatre champs d'apprentissage, les programmes présentent également les compétences générales travaillées aux C2 et C3 en lien avec le socle commun. Les quatre CA viennent donc bien au service des CG et du socle (voir détails plus loin), en lien avec les dimensions motrices, méthodologiques et sociales inhérentes aux compétences visées.

APPLICATION 2

Quels points communs et différences peut-on identifier entre les objectifs de l'EPS en maternelle et en élémentaire ?

→ Corrigé p. 45

B. Les activités physiques : supports et moyens éducatifs de l'EPS

L'EPS repose sur la pratique par les élèves d'AP variées. Nous utiliserons l'expression générique AP pour aborder les activités physiques supports de l'EPS sur les trois cycles, et nous réserverons l'expression APSA pour aborder les activités physiques enseignées en C2 et C3, conformément aux orientations des programmes. De plus, certaines activités physiques ne sont ni sportives, ni artistiques (ex : le jeu du béret). La nature de ces AP varie selon les cycles et les objectifs poursuivis, car la pratique de **chaque AP** peut contribuer de manière singulière à l'éducation de l'élève en le confrontant à des situations et à des **problèmes spécifiques**. Chaque AP renvoie ainsi à des **enjeux éducatifs**. L'enseignant choisit les AP et des formes de pratique afin qu'elles soient adaptées aux caractéristiques développementales et aux capacités des enfants.

Les programmes du C1 ne citent que rarement les AP associées aux quatre objectifs de l'EPS. L'accent n'est pas mis sur l'AP en tant que support culturel, mais sur le développement des capacités des élèves (d'où l'utilisation pour le cycle 1 du sigle AP et non de celui d'APSA). Un objectif peut mobiliser plusieurs AP, et une même AP peut être utilisée pour atteindre plusieurs objectifs. Les possibilités relatives au choix des AP sont donc très étendues, sachant qu'une AP sera enseignée sous une forme adaptée à l'objectif poursuivi (les formes jouées occupant une place privilégiée). La déclinaison de ces quatre objectifs dans les programmes laisse toutefois apparaître en filigrane certaines AP. Le tableau suivant, sans prétendre à l'exhaustivité, illustre ces liens possibles.

Objectifs	Apprentissages visés	AP support
O1 : Agir dans l'espace, dans la durée et sur les objets	Enchaîner des comportements moteurs pour assurer une continuité d'action ; fournir des efforts dans la durée ; reproduire un effet obtenu par hasard ; constater les résultats de ses actions ; expérimenter les propriétés des objets	Parcours moteurs, activités athlétiques (courses, sauts, lancers)
O2 : Adapter ses équilibres et déplacements à des environnements ou des contraintes variés	Découvrir leurs possibilités ; mettre en jeu des conduites motrices inhabituelles ; développer de nouveaux équilibres ; permettre de nouveaux modes de déplacement ; découvrir des espaces inconnus ou présentant de l'incertitude	Activités gymniques, activités aquatiques, escalade, activités de roule et de glisse (tricycle, vélo, trottinette, draisienne, patin, etc.), marche, course...
O3 : Communiquer avec les autres au travers d'actions à visée expressive ou artistique	Découvrir et affirmer ses possibilités d'improvisation, d'invention et de création ; s'inscrire dans une réalisation de groupe, participer à un projet collectif ; tenir des rôles d'acteurs, de spectateurs	Rondes, danses, arts du cirque, jeux chantés...
O4 : Collaborer, coopérer, s'opposer	Intégrer des règles communes ; atteindre un but commun ; entrer au contact du corps de l'autre en le respectant ; s'approprier différents rôles sociaux (arbitre, observateur...)	Jeux moteurs, jeux traditionnels (exemple : jeu des déménageurs, du chat et de la souris), jeux de lutte

Les programmes des C2 et C3 illustrent de façon plus ou moins précise et exhaustive les APSA supports pour chaque champ d'apprentissage. Souvent, les activités sont identiques sur les deux cycles, mais il peut y avoir des activités spécifiques à tel ou tel cycle. Le tableau suivant, sans être exhaustif, illustre cette situation en précisant le cycle concerné.

Champs d'apprentissage	APSA
CA1 : Produire une performance optimale, mesurable à une échéance donnée	Activités athlétiques aménagées (C2) Activités athlétiques (courses, sauts, lancers) et natation (C3)
CA2 : Adapter ses déplacements à des environnements variés	Activités de roule et de glisse, activités nautiques, équitation, parcours d'orientation, parcours d'escalade (C2 et C3) Natation (C2) Savoir nager (C3)
CA3 : S'exprimer devant les autres par une prestation artistique et/ou acrobatique	Danses collectives, danses de création, activités gymniques, arts du cirque (C2 et C3)
CA4 : Conduire et maîtriser un affrontement collectif ou interindividuel	Jeux collectifs avec ou sans ballon, jeux de raquettes (C2 et C3) Jeux de lutte (C2) Jeux de combat (de préhension) (C3)

APPLICATION 3

À quel objectif de l'EPS au C1 l'enseignement des danses peut-il contribuer ?

→ Corrigé p. 45

APPLICATION 4

En quoi les APSA enseignées aux C2 et C3 dépendent-elles des champs d'apprentissage de l'EPS ?

→ Corrigé p. 45

C. EPS, socle commun de connaissances, de compétences et de culture, et interdisciplinarité

À l'école primaire, l'action éducative des différents domaines d'apprentissage et disciplines n'est **pas à envisager de façon isolée**, mais à travers les complémentarités et convergences que permet l'interdisciplinarité, et dans le cadre du socle commun à partir du C2. Les programmes de maternelle précisent d'ailleurs que « dans la mesure où toute situation pédagogique reste, du point de vue de l'enfant, une situation riche de multiples possibilités d'interprétations et d'actions, elle relève souvent pour l'enseignant de plusieurs domaines d'apprentissage ». Et par exemple, les domaines « Agir, s'exprimer, comprendre à travers l'activité physique » et « Agir, s'exprimer, comprendre à travers les activités artistiques » « permettent de développer les interactions entre l'action, les sensations, l'imaginaire, la sensibilité et la pensée ». La partie dédiée spécifiquement à l'EPS dans les programmes de C2 et C3 intègre par ailleurs un paragraphe consacré aux croisements entre divers enseignements et propose des pistes pour l'interdisciplinarité.

Le socle commun de connaissances, de compétences et de culture va plus loin dans les **liens établis entre disciplines.** Le *B.O.* renseigne la façon dont chaque discipline ou enseignement peut contribuer à la construction du socle (même si les disciplines ne sont généralement pas citées puisque les contenus se veulent transversaux). Certains objectifs et savoirs sont transversaux à toutes les disciplines (par exemple : maîtrise de la langue, compétences méthodologiques pour apprendre, accès à des valeurs morales, civiques et sociales, formation du jugement...).

Le *B.O.* définit, pour chacun des cinq domaines du socle, des objectifs de compétences et de connaissances. Si les disciplines ne sont pas citées, la contribution spécifique de l'EPS transparaît en filigrane. Par exemple pour le domaine 1, le socle définit quatre types de langages, dont les langages des arts et du corps. L'élève s'exprimant par des APSA impliquant le corps, il apprend ainsi le contrôle et la maîtrise de soi.

Le tableau suivant illustre les contributions possibles de l'EPS à la construction du socle commun, en référence au *B.O.* qui régit celui-ci.

Domaines du socle	Illustrations de la contribution de l'EPS
Domaine 1 : Les langages pour penser et communiquer	- Comprendre, s'exprimer en utilisant les langages mathématiques, scientifiques et informatiques : L'EPS permet de donner un sens concret aux données mathématiques en travaillant sur le temps, la distance et la vitesse (C2). - Comprendre, s'exprimer en utilisant les langages des arts et du corps : L'EPS apprend aux élèves à s'exprimer en utilisant des codes non verbaux, gestuels et corporels originaux (C3).
Domaine 2 : Les méthodes et outils pour apprendre	Le parcours d'éducation artistique et culturelle (PEAC) permet des croisements disciplinaires, notamment ceux liés au corps (danse en lien avec l'EPS, théâtre en lien avec le français-C2).
Domaine 3 : La formation de la personne et du citoyen	L'EPS permet tout particulièrement de travailler sur le respect des autres, sur le refus des discriminations et l'application des principes d'égalité fille/garçon (C3).
Domaine 4 : Les systèmes naturels et les systèmes techniques	En EPS, les élèves s'approprient des principes de santé, d'hygiène de vie, de préparation à l'effort (principes physiologiques) et comprennent les phénomènes qui régissent le mouvement (principes biomécaniques) (C3).
Domaine 5 : Les représentations du monde et l'activité humaine	Les enseignements « Questionner le monde », les mathématiques et l'EPS mettent en place les notions d'espace et de temps (C2).

Les programmes des C2 et C3 précisent davantage les contributions essentielles des différents enseignements au socle commun. Les parties des programmes des C2 et C3 dédiées à l'EPS précisent aussi la contribution de la discipline au socle commun en définissant les compétences générales développées. Si certaines sont communes aux deux cycles, d'autres laissent apparaître potentiellement des axes de progression. Ces compétences générales peuvent illustrer certaines finalités de l'EPS.

Compétences générales de l'EPS	Compétences travaillées au C2	Compétences travaillées au C3
CG1 : Développer sa motricité et construire un langage du corps	- Prendre conscience des différentes ressources à mobiliser pour agir avec son corps - Adapter sa motricité à des situations variées - S'exprimer par son corps et accepter de se montrer à autrui	- Adapter sa motricité à des situations variées - Acquérir des techniques spécifiques pour améliorer son efficacité - Mobiliser différentes ressources (physiologiques, biomécaniques, psychologiques, émotionnelles) pour agir de manière efficiente
CG2 : S'approprier seul ou à plusieurs par la pratique, les méthodes et outils pour apprendre	- Apprendre par essai-erreur en utilisant les effets de son action - Apprendre à planifier son action avant de la réaliser	- Apprendre par l'action, l'observation, l'analyse de son activité et de celle des autres - Répéter un geste pour le stabiliser et le rendre plus efficace - Utiliser des outils numériques pour observer, évaluer et modifier ses actions
CG3 : Partager des règles, assumer des rôles et responsabilités	- Assumer les rôles spécifiques aux différentes APSA (joueur, coach, arbitre, juge médiateur, organisateur...) - Élaborer, respecter et faire respecter règles et règlements - Accepter et prendre en considération toutes les dimensions interindividuelles au sein d'un groupe	- Assumer les rôles spécifiques aux différentes APSA et à la classe (joueur, coach, arbitre, juge, observateur, tuteur, médiateur, organisateur...) - Comprendre, respecter et faire respecter règles et règlements - Assurer sa sécurité et celle d'autrui dans des situations variées - S'engager dans les activités sportives et artistiques collectives
CG4 : Apprendre à entretenir sa santé par une activité physique régulière	- Découvrir les principes d'une bonne hygiène de vie, à des fins de santé et de bien-être - Ne pas se mettre en danger par un engagement physique dont l'intensité excède ses qualités physiques	- Évaluer la quantité et la qualité de son activité physique quotidienne dans et hors l'école - Connaître et appliquer des principes d'une bonne hygiène de vie - Adapter l'intensité de son engagement physique à ses possibilités pour ne pas se mettre en danger

CG5 : S'approprier une culture physique sportive et artistique	- Découvrir la variété des activités et des spectacles sportifs - Exprimer des intentions et des émotions par son corps dans un projet artistique individuel ou collectif	- Savoir situer ses performances à l'échelle de la performance humaine - Comprendre et respecter l'environnement des pratiques et sportives

Enfin, les AFC et les compétences travaillées pendant le cycle définies dans les programmes des C2 et C3 pour les quatre champs d'apprentissage font implicitement un lien avec les CG de l'EPS. Par exemple, en C2, pour le CA2 « Adapter ses déplacements à des environnements variés », l'un des attendus de fin de cycle est « respecter les règles de sécurité qui s'appliquent » et, parmi les compétences travaillées pendant le cycle, nous distinguons « reconnaître une situation à risque », en lien direct avec la CG3 « Partager des règles, assumer des rôles et responsabilités ».

Ainsi, la contribution au socle commun influence les différents niveaux d'objectifs de l'EPS. Il est important de préciser que les compétences générales présentées plus haut ne doivent pas être appréhendées de façon décontextualisée et indépendamment des compétences spécifiques à l'APSA que veut développer l'enseignant chez les élèves. C'est bien dans le cadre d'une situation d'apprentissage liée au développement d'une compétence spécifique à l'APSA que l'enseignant développe parallèlement une – voire plusieurs – compétence(s) générale(s) liée(s) au socle commun. De même, la construction de ces compétences générales implique une réflexion didactique sur les contenus à transmettre, en lien avec les caractéristiques de la situation d'apprentissage (par exemple, si l'on veut que les élèves apprennent à assumer le rôle d'observateur, il faut veiller à ce que tous les élèves puissent passer par ce rôle, sur une ou plusieurs séances). Il faut donc bannir l'idée selon laquelle les compétences générales se construisent automatiquement, *ipso facto* (par exemple, il suffirait de faire observer les élèves entre eux pour qu'ils développent des compétences en matière d'observation, ou qu'ils apprennent à assumer le rôle d'observateur).

APPLICATION 5

À quel cycle travaille-t-on la compétence générale suivante en EPS : « Apprendre par essai-erreur en utilisant les effets de son action » ?

→ Corrigé p. 45

APPLICATION 6

En quoi l'EPS contribue-t-elle de façon originale au socle commun de connaissances, de compétences et de culture ?

→ Corrigé p. 45

D. Horaires et organisation de l'EPS

a. Horaires

Les horaires de l'EPS sont un paramètre déterminant car ils influent sur la **fréquence** et la **durée des séances** d'EPS, deux paramètres décisifs pour l'efficacité de l'enseignement et la qualité des apprentissages (voir aussi la partie relative aux apprentissages moteurs).

Les programmes de l'école maternelle fixent comme « impératif d'organiser une séance quotidienne (de 30 à 45 minutes environ) ».

La durée est à déterminer selon « la nature des activités, l'organisation choisie, l'intensité des actions réalisées, le moment dans l'année, les comportements des enfants, etc. » Ces séances doivent être « organisées en cycles de durée suffisante pour que les enfants disposent d'un temps qui garantisse une véritable exploration et permette la construction de conquêtes motrices significatives ». Le terme de cycle est à entendre ici au sens de séquence, ou d'unité d'apprentissage.

Les textes officiels pour l'élémentaire fixent un horaire annuel pour l'EPS de 108 heures, soit une moyenne de 3 heures par semaine.

b. Organisation de l'enseignement de l'EPS

Les programmes de maternelle dressent plusieurs principes pédagogiques généraux qui valent pour l'ensemble des domaines d'apprentissage. Ils orientent les contenus enseignés, le type de pédagogie mise en place, mais aussi l'organisation de l'enseignement de l'EPS :

- une école qui s'adapte aux jeunes enfants (notamment à leur développement, en pratiquant une évaluation positive) ;
- une école qui organise des modalités spécifiques d'apprentissage (notamment apprendre en jouant, en réfléchissant et en résolvant des problèmes, en s'exerçant, en se remémorant et en mémorisant) ;
- une école où les enfants vont apprendre ensemble et vivre ensemble.

Concernant le domaine « Agir, s'exprimer, comprendre à travers l'activité physique », les programmes précisent que « le choix des activités physiques variées, prenant toujours des formes adaptées à l'âge de l'enfant, relève de l'enseignant, dans le cadre d'une programmation de classe et de cycle pour permettre d'atteindre les quatre objectifs caractéristiques de ce domaine d'apprentissage ». Il convient donc à la fois de varier les AP programmées tout en prévoyant des unités d'apprentissage suffisamment longues pour autoriser des apprentissages significatifs.

Les programmes des C2 et C3 précisent que chaque cycle doit permettre aux élèves de rencontrer les quatre champs d'apprentissage de l'EPS. Ils indiquent qu'un projet pédagogique doit définir un parcours de formation équilibré et progressif, adapté aux caractéristiques des élèves, aux capacités des matériels et équipements disponibles, aux ressources humaines mobilisables. Il importe donc de définir une programmation cohérente des APSA sur l'année et sur les différents cycles.

APPLICATION 7

Pourquoi l'horaire journalier d'EPS peut-il varier au cours de l'année en C1 ?

→ Corrigé p. 45

APPLICATION 8

Quels sont les paramètres à prendre en compte aux C2 et C3 pour construire une programmation d'APSA en EPS ?

→ Corrigé p. 45

E. Fiches ressources et documents d'accompagnement Éduscol

Le ministère de l'Éducation nationale, de l'Enseignement supérieur et de la Recherche a élaboré des ressources susceptibles d'aider les professeurs dans la compréhension et la mise en œuvre des nouveaux programmes. Il ne s'agit pas de textes officiels et ils n'ont donc pas de fonction prescriptive. Les documents sont accessibles sur le site Éduscol du ministère (eduscol.education.fr).

Pour la maternelle, les quatre objectifs du domaine « Agir, s'exprimer, comprendre à travers l'activité physique » sont ainsi illustrés sur le plan didactique et pédagogique (documents datés de septembre 2015). Chaque document situe en particulier les enjeux de l'objectif, les conditions de la réussite, la progressivité en fonction de l'âge des élèves, et certaines thématiques spécifiques au regard de l'objectif considéré (par exemple, pour l'objectif « Adapter ses équilibres et ses déplacements à des environnements et contraintes variés », deux thématiques sont développées : investir des espaces aménagés et explorer le milieu aquatique), tout en réservant une partie spécifique pour l'enseignement à des enfants de moins de 3 ans.

Plusieurs ressources sont également disponibles sur l'EPS aux C2 et C3, en lien avec une pluralité de thématiques couvrant notamment la programmation de l'EPS, la conception d'un module d'apprentissage, d'une séance et de situations d'apprentissage, l'évaluation, et ce en lien avec les différents CA et une diversité d'APSA, sous forme de fiches écrites et de vidéos, ou encore l'évaluation du socle commun.

3 Les moyens éducatifs de l'EPS : les AP

A. Le statut culturel et éducatif des AP

Si les AP sont actuellement le moyen et support éducatif de l'EPS (voire également l'un de ses objets d'enseignement), cette situation résulte d'un processus historique. Les activités physiques sont devenues, en particulier à partir du XXe siècle, des phénomènes de culture et de civilisation, à l'image d'autres domaines culturels (peinture, musique, cinéma...). Le passage de la gymnastique à l'EPS souligne un changement dans la nature de ses activités physiques supports.

Pour comprendre ce processus, il faut **différencier et relier sport et activités physiques** (ou pratiques physiques corporelles). Nous définissions le sport comme l'ensemble des situations motrices codifiées et réglementées sous forme d'institutions et de compétitions. Parler de **sport** au sens restreint du terme, en opposition avec le sens générique conféré par la langue anglaise ou le sens commun, implique que l'activité physique soit régie par un **règlement**, puisse donner lieu à des **compétitions** et soit administrée par une **institution**, telle une fédération par exemple. La place grandissante du sport dans les moyens et objets de l'EPS tient à l'évolution du statut et de la fonction du sport dans la société, et à la reconnaissance de sa portée éducative par les instances scolaires.

La **démocratisation** du sport se réalise progressivement durant le XXe siècle et franchit un cap décisif dans les années 1960. Le sport devient alors un **phénomène culturel de masse**, dans une société des **loisirs** naissante. Sans nier les dérives possibles du sport, une majorité d'acteurs issus des milieux politiques et éducatifs le considère alors comme un **moyen d'éducation** de la jeunesse. Parallèlement, des éducateurs et scientifiques élaborent des méthodes éducatives reposant sur les activités sportives. Le sport acquiert ainsi une nouvelle légitimité scolaire.

La spécificité de la pratique scolaire des activités physiques concerne les **visées éducatives** et les **moyens** de l'EPS. Celle-ci poursuit des finalités liées au corps qui lui sont propres, tout en participant aux finalités scolaires. Par ailleurs, les **AP** ne sont pas pratiquées telles quelles en EPS mais **adaptées** aux **objectifs éducatifs** poursuivis et aux caractéristiques des **élèves**. De plus, l'EPS n'enseigne pas toutes les AP présentes socialement : des **choix** sont faits en fonction des intentions éducatives et des contraintes scolaires. Ces choix s'imposent d'autant plus que les AP constituent un champ évolutif.

Depuis les années 1980, nous assistons à une diversification des AP et des modalités de pratique d'une même AP (logiques de loisir, de santé, de compétition...), notamment pour répondre aux attentes de publics variés (enfants de plus en plus jeunes, public féminin, troisième âge, personnes présentant un handicap...). On observe aussi un intérêt croissant pour des modes de pratiques à faibles contraintes s'écartant des pratiques encadrées par les fédérations sportives (exemple : course à pied), une individualisation ou personnalisation des pratiques et une écologisation des activités (AP de pleine nature).

L'EPS ne peut donc transmettre l'ensemble du champ culturel composé par les AP et doit **sélectionner** ses **supports** et objets **d'enseignement**. Il importe alors de pouvoir classer les AP.

APPLICATION 9

À quelle période la pratique du sport s'est-elle démocratisée dans la société française ?

→ Corrigé p. 46

APPLICATION 10

Pourquoi ne peut-on pas enseigner toutes les AP en EPS ?

→ Corrigé p. 46

APPLICATION 11

En quoi la pratique des AP en EPS diffère-t-elle de celle des AP en dehors de l'école ?

→ Corrigé p. 46

B. Classifications des AP

Plusieurs classifications ont été proposées (notamment par Michel Bouet, Bernard Jeu, Jacqueline Marsenach, Pierre Parlebas et Claude Pineau), les AP induisant un **rapport particulier** entre l'**individu** et son **environnement physique** et **social**.

La classification de Parlebas repose sur le concept de **logique interne** de l'**activité**, articulé à celui de **conduite motrice**. Souhaitant unifier l'EP face à l'éparpillement induit par une multitude d'activités physiques et sportives dans les programmes d'EP, Parlebas propose un concept unificateur permettant une approche cohérente de l'enseignement de l'EPS par une intégration pertinente des AP. La logique interne dépend du **but** poursuivi par le pratiquant et du **règlement**. Par exemple, la logique interne des activités athlétiques est de produire une performance mesurée dans l'espace et/ou le temps en projetant son corps, voire un objet, dans l'espace. La logique interne des sports collectifs est de s'organiser collectivement dans un espace délimité pour vaincre l'équipe adverse en atteignant une cible avec un objet. Pour Parlebas (1985), la conduite motrice (« organisation signifiante du comportement ») assure une spécificité à l'EP scolaire. Chaque AP étant régie par une logique interne propre, elle implique des conduites motrices différentes et constitue donc potentiellement un élément fondamental de l'éducation corporelle. Parlebas identifie trois critères qui déterminent la logique interne des APSA et orientent les conduites motrices associées : la présence ou non d'une **incertitude** liée à l'**environnement physique** (exemple : activités de pleine nature en forêt, montagne, rivière), la présence ou non de **partenaires** et d'**adversaires**. Si les partenaires et adversaires sont sources d'incertitude (qui va faire quoi ? quand ? comment ? avec qui ?), ils débouchent aussi sur une communication motrice en vue d'une coopération (avec le(s) partenaire(s)) ; et/ou de la contre-communication motrice (avec le(s) adversaire(s)) en vue d'une opposition. En distinguant, d'une part, les activités réalisées seul (**psychomotricité**) ou à plusieurs (**sociomotricité**) et, d'autre part, celles présentant ou non une incertitude liée à la présence de partenaires et/ou d'adversaires, Parlebas définit ainsi huit catégories d'AP.

Type de motricité	Définition	Incertitude liée au milieu physique	Exemples d'AP
Sociomotricité	Coopération avec partenaire(s)	Incertitude	Escalade, voile, canoë, plongée
		Pas d'incertitude	Relais (natation, athlétisme), danse classique
	Opposition contre adversaire(s)	Incertitude	Ski de fond, course d'orientation
		Pas d'incertitude	Sports de combat, sports de raquette (individuel)
	Coopération et opposition	Incertitude	Jeux sportifs de groupe en pleine nature
		Pas d'incertitude	Sports collectifs, balle au prisonnier
Psychomotricité	En isolé (individu seul)	Incertitude	Ski, canoë-kayak, planche à voile
		Pas d'incertitude	Natation, gymnastique, athlétisme

APPLICATION 12

Pourquoi peut-il être pertinent de disposer de classifications des AP pour enseigner l'EPS ?

→ Corrigé p. 46

APPLICATION 13

Quels sont les paramètres et critères utilisés par Pierre Parlebas pour classer les AP ?

→ Corrigé p. 46

4 L'EPS et l'éducation à la santé à l'école

A. Contextualisation et définitions préalables

Comme l'a montré Georges Vigarello (*Le Saint et le Malsain,* 1993), la santé est inscrite dans l'histoire de l'humanité. Il constate de longue date une attention portée à l'entretien du corps, et une attitude visant à prévenir toute atteinte à celui-ci. Mais la santé a été représentée, définie et appréhendée de manière variable selon les époques, les cultures et les milieux sociaux.

Les frontières et les définitions entre le sain et le pathologique ont évolué depuis le Moyen Âge, en lien avec l'état des connaissances scientifiques disponibles, mais aussi les systèmes philosophiques ou religieux, un ensemble de croyances et le rapport à la norme. La santé est donc une notion complexe. La santé ne peut par ailleurs pas être appréhendée indépendamment des acteurs (notamment le corps médical), des organisations et des politiques publiques qui se sont progressivement saisies de cette question.

Depuis le XIXe siècle, les acteurs politiques ont témoigné une attention croissante envers la santé. De véritables politiques publiques ont ainsi vu le jour au XXe siècle, qui ont visé à la fois une lutte contre certaines maladies, mais aussi une prévention des maladies et un contrôle des populations. D'ailleurs, le dictionnaire Petit Robert distingue bien la santé individuelle de la santé publique, laquelle renvoie à un sens collectif, social.

La définition de la santé dépend alors de la manière d'appréhender les **normes** sanitaires et hygiéniques. Deux approches peuvent être identifiées à partir des travaux de Canguilhem. Dans une **conception normative**, on détermine comme étant normal ce qui correspond à ce qui doit être. Ici, la norme définit une moyenne vis-à-vis de laquelle seront positionnés les individus (comme étant sains ou malades).

Selon une seconde acception (**conception qualitative** de la moyenne), c'est la moyenne des individus qui détermine la norme. Canguilhem (*Le Normal et le Pathologique,* 1996) a par ailleurs montré que **la santé** est devenue progressivement **relative** et **individuelle**. À partir des années 1960-1970, la prise en compte de la douleur a modifié la perception de la santé et a contribué à l'individualisation de la notion de bien-être. Historiquement, on constate donc un ajustement entre des politiques sanitaires et des exigences privées, qui s'affirment toutes deux.

La santé a longtemps été associée à **l'absence de maladie**. Cette définition restrictive a toutefois été dépassée. En 1946 déjà, l'organisme mondial de la santé (OMS) (conférence internationale sur la santé, New York, juin) propose la définition suivante : « La santé est un état de complet bien-être physique, mental et social et ne consiste pas seulement en une absence de maladie ou d'infirmité. » Cette acception, encore largement admise et utilisée dans les milieux professionnels et scientifiques, intègre donc une dimension **psychologique** et **sociale**.

Ulmann témoigne d'une autre évolution du concept, en y associant une capacité **d'adaptation et de dépassement de soi** : « L'homme en bonne santé est celui qui affronte des problèmes ou des difficultés qu'il n'a pas encore rencontrés et qui trouve en lui de quoi les surmonter » (1966, *op. cit.*, p. 11). Par ailleurs, nous constatons une évolution qui va d'une volonté de **préserver** un état de santé à celle de l'**améliorer** sans cesse. Plus largement, la santé est un état qui dépend d'une multitude de facteurs en interaction.

Nous exposons ici certains des douze facteurs mentionnés sur le site de l'INPS (consulté le 7 juillet 2017), qui s'appuie sur les déterminants retenus par l'Agence de santé publique du Canada :

- génétiques
- économiques
- sociaux
- culturels
- environnementaux
- éducatifs
- sociétaux

Les connaissances scientifiques sur la santé sont en perpétuelle évolution, tout comme les conjonctures qui orientent les problématiques relatives à la santé. Parmi les questions prégnantes actuellement dans la société et les politiques publiques, citons l'augmentation des phénomènes de surpoids et d'obésité (elle même liée à la sédentarité et à l'évolution des habitudes alimentaires) ; la pollution de l'air en milieu urbain, rural et dans les habitations ; la présence de produits potentiellement dangereux dans l'alimentation, les produits cosmétiques ou encore les produits ménagers ; les maladies sexuellement transmissibles ; ou encore la consommation de tabac, d'alcool et de produits stupéfiants.

APPLICATION 14

Pourquoi la façon de définir la santé a-t-elle évolué historiquement ?

→ Corrigé p. 46

APPLICATION 15

Quels sont les principaux facteurs en interaction qui influent sur la santé ?

→ Corrigé p. 46

B. Les rapports historiques entre santé, école et EPS

a. Repères historiques

Le XVIIIe siècle et la période des Lumières conduisent à une « nouvelle conception de la vie, de la mort, de la santé et du corps » (Didier Nourrisson et Séverine Parayre, « Histoire de l'éducation à la santé à l'école : une lente et complexe ascension - XVIIIe – XXIe siècles -, *Spirale*, 50, 2012, pp. 81-94). Cette évolution touche progressivement l'école. Dans le contexte d'un mouvement hygiéniste, **des médecins** interviennent en direction de l'élite sociale scolarisée, tandis que se met en place l'**hygiène publique** à l'école.

Au début du XXe siècle, les programmes scolaires intègrent un souci de santé publique, alors que s'affirment des craintes en termes de dégénérescence de la population. La gymnastique puis l'EP jouent un rôle central dans ces politiques publiques et scolaires en matière de santé. À partir des années 1920, les médecins vont même exercer un monopole sur les finalités, les moyens, l'organisation et le contrôle de l'EP scolaire.

Plus largement, deux logiques peuvent être identifiées en EPS. Certaines **pratiques** ont été **prescrites** pour favoriser ou renforcer l'état de santé physique des élèves (comme la gymnastique à la fin du XIXe siècle). À l'inverse, certaines **pratiques** ont été **proscrites** en raison de leur **dangerosité** supposée (comme le sport pour les enfants au début du XXe siècle). Soulignons par ailleurs une particularité en EPS vis-à-vis des autres disciplines scolaires, puisqu'un élève peut en être dispensé par un médecin (certificat médical).

b. Santé, activité physique et EPS

Si la santé constitue une justification essentielle de l'EP scolaire (Ulmann, 1966, 1992), cette situation tient aux bénéfices associés à l'activité physique. Aujourd'hui, l'**activité physique** est reconnue comme étant un **facteur** important de santé, de **bien-être physique** mais aussi **psychologique** et **social**. Cela éclaire l'instauration en 2022 de 30 minutes d'activités physiques par jour à l'école, en complément des horaires d'EPS (circulaire du 12/01/22, in *BO* n° 3 du 20/01/22). L'AP régulière peut prévenir certaines maladies cardiovasulaires, cancers et le surpoids par exemple. Pour autant, cet **effet** bénéfique n'est **pas automatique** et cette relation est **complexe**. La pratique physique peut en effet avoir des **effets néfastes** sur la santé (blessures, douleurs, dommages corporels, sentiment de mal-être...). Suite au Programme national nutrition santé (PNNS) initié en 2001, de nouvelles recommandations sont données sur l'activité physique et la sédentarité dans un rapport de 2016 de l'Anses, vulgarisé en août 2017 dans Santé publique France. Si les recommandations portent toujours sur une activité physique quotidienne et une augmentation de celle-ci pour lutter contre la sédentarité, des recommandations spécifiques sont adressées selon les publics concernés, et notamment leur âge. Jusqu'à 5 ans, il est recommandé que les enfants soient actifs pendant au moins 3 heures par jour grâce à des AP et des jeux. Pour les enfants de 6 à 11 ans, il est recommandé au moins une heure par jour d'AP d'intensité modérée et élevée. Dans les deux cas, il est recommandé qu'ils ne restent pas plus d'une heure d'affilée en position assise ou allongé (hors temps de sommeil, repas et sieste) dans des activités sédentaires (consulter le rapport pour plus de précisions). D'autres recommandations concernent les précautions à prendre, le lien entre AP, sédentarité et sommeil, les risques liés à la pratique d'AP.

La santé physique gagne à être analysée en lien avec l'effet de l'EPS sur le **développement corporel** de l'enfant (*cf.* les finalités de l'EP au C1). Une activité physique journalière au C1 peut favoriser un développement harmonieux et complet du corps si elle prend appui sur des supports variés et pertinents (adaptés au niveau de développement de l'enfant). La santé physique gagne aussi à être appréhendée en lien avec les **qualités physiques** développées chez les élèves, car elles peuvent constituer un facteur de bien-être, à court et à long terme. C'est le cas par exemple de la **condition physique** et de l'**endurance**, les capacités aérobies de l'individu influençant positivement sur sa santé.

La capacité à fournir un **effort** peut aussi participer à la santé des élèves, car elle permet de s'adapter à différentes situations de la vie quotidienne. Néanmoins, l'action directe de l'EPS en matière de santé présente forcément des **limites** en raison des horaires attribués à la discipline à l'école. Les transformations corporelles, et le développement des qualités physiques en particulier, requièrent du **temps**, souvent supérieur à celui dont on dispose à l'école. La pratique physique extra-scolaire constitue dès lors un enjeu important, auquel peut contribuer l'EPS.

La santé psychologique gagne à être appréhendée en lien avec les **émotions positives** procurées par la **pratique des APSA** en EPS, ou encore le **sentiment de compétence** développé chez les élèves. Des travaux scientifiques ont également montré que l'activité physique pouvait procurer un état de bien-être psychologique. Il est alors important de poser la question de la **réussite** des élèves, de valoriser leur estime de soi et le développement de leur **personnalité**, et de tenir compte des **facteurs motivationnels**. L'enseignant gagne alors à valoriser les buts d'accomplissement et non les buts de performance, la motivation intrinsèque et non la motivation extrinsèque.

La finalité santé doit être appréhendée en EPS notamment sous l'angle des AP programmées, des contenus enseignés, des situations d'apprentissages (SA), de la relation pédagogique, des relations instaurées entre élèves, ou encore des évaluations mises en place. Mais la contribution de l'EPS à la santé doit aussi être analysée spécifiquement sous l'angle de l'éducation à la santé.

APPLICATION 16

Quelles sont les deux grandes logiques ayant permis à l'EPS de participer, selon son rapport aux activités physiques, à la finalité santé ?

→ Corrigé p. 47

APPLICATION 17

Pourquoi l'action de l'EPS sur la santé des élèves est-elle limitée ?

→ Corrigé p. 47

C. Repères sur l'éducation à la santé à l'école et en EPS

a. Éléments de définitions

Les « éducations à » sont généralement appréhendées à travers une double finalité à l'école (voir notamment les contributions au numéro spécial de Spirale coordonné par Maria Pagoni et Nicole Tutiaux-Guillon : *Les éducations à... : nouvelles recherches, nouveaux questionnements ?, Spirale*, 50, 2012) : les **apprentissages** et les **attitudes sociales**. L'« éducation à » implique que l'**élève** soit **acteur** de ses apprentissages et **expérimente** des situations concrètes. Les « éducations à » visent à **transformer les pratiques sociales** des individus. Si l'on regarde du côté des textes officiels (voir par exemple la circulaire n° 98-237 du 24 novembre 1998), l'éducation à la santé vise à permettre à l'enfant de faire des **choix**, d'adopter des comportements responsables pour lui-même, autrui et son environnement. L'éducation à la santé vise la construction de **compétences**, l'appropriation de **connaissances**, la maîtrise de méthodes de pensée et d'action permettant le développement d'**attitudes** et d'un **esprit critique**. Elle est donc liée au développement de l'**autonomie** et de la **responsabilité**, finalités centrales à l'école.

La circulaire relative au parcours éducatif de santé précise que l'éducation à la santé est l'une des composantes de l'éducation à la citoyenneté. Nous pouvons ajouter que l'éducation à la sécurité contribue à l'éducation à la santé, tout au moins pour certaines catégories de risques. L'OMS a défini en 1998 l'éducation à la santé comme « tout ensemble d'activités d'information et d'éducation qui incitent les gens à vouloir être en bonne santé, à savoir comment y parvenir, à faire ce qu'ils peuvent individuellement et collectivement pour conserver la santé, à recourir à une aide en cas de besoin ».

Finalement, dans un souci synthétique, nous dirons que l'éducation à la santé renvoie à ce que doit apprendre l'élève (**connaissances**, **compétences**, **attitudes**) pour préserver voire améliorer sa santé (physique, psychique, sociale) dans le **temps présent**, à **court** et **long terme**, **à l'école** et **en dehors** de celle-ci , et à l'ensemble des moyens pédagogiques mis en œuvre. (→ voir entraînement, question 1, p. 44)

b. Vers une éducation à la santé à l'école

La santé constitue une finalité permanente de l'EP scolaire qui oriente ses pratiques et ses contenus, bien que sa définition ait évolué. L'expression « **éducation à la santé** » apparaît dans le cadre scolaire dans les années 1980. Des textes officiels récents confirment cette préoccupation envers la santé à l'école, et notamment en EPS.

Les programmes et le socle commun mettent l'accent sur le rôle de l'école en matière d'éducation à la santé, en EPS mais aussi ailleurs. Les programmes de la maternelle mettent en avant l'éducation à la santé, à travers, par exemple, l'accompagnement des moments d'hygiène. Cette finalité est explicite dans les domaines « Agir, s'exprimer, comprendre à travers l'activité physique ». C'est également le cas dans le domaine d'apprentissage « Explorer le monde » : « Les enfants apprennent à mieux connaître et maîtriser leur corps. Ils comprennent qu'il leur appartient, qu'ils doivent en prendre soin pour se maintenir en forme et favoriser leur bien-être. Ils apprennent à identifier, désigner et nommer les différentes parties du corps. Cette éducation à la santé vise l'acquisition de premiers savoirs et savoir-faire relatifs à une hygiène de vie saine. Elle intègre une première approche des questions nutritionnelles qui peut être liée à une éducation au goût ». Cette finalité illustre les liens tissés entre plusieurs domaines d'apprentissage en maternelle.

Le socle commun prévoit la contribution de plusieurs domaines, disciplines et enseignements à l'éducation à la santé. Par exemple, le domaine 4 vise à ce que l'élève connaisse l'importance d'un comportement responsable vis-à-vis de la santé, qu'il soit conscient des enjeux de bien-être et de santé et des pratiques alimentaires et physiques, qu'il sache que la santé repose notamment sur des fonctions biologiques coordonnées, et le rôle des conduites sociales et choix personnels.

Les documents d'accompagnement pour l'évaluation des acquis du socle commun présentent, pour le C2, ce que parvient à faire l'élève qui a une maîtrise satisfaisante du domaine 4 et de l'élément « Mettre en œuvre des premiers principes d'hygiène de vie et de respect de l'environnement ». Ils donnent aussi des précisions sur les contextes ou situations d'évaluation. L'évaluation vise ainsi à identifier les premières connaissances des élèves dans ces domaines : par exemple, reconnaissance de comportements adaptés à telle situation évoquée par un texte ou par d'autres formes de représentation.

Au-delà des aspects déclaratifs, l'observation-évaluation porte sur les comportements en situation réelle aussi souvent que possible, notamment pour ce qui concerne l'hygiène personnelle, des précautions liées à sa santé et des actions simples – individuelles ou collectives – liées aux premières notions d'éco-gestion de l'environnement (gestion des déchets, du papier ; économies d'eau et d'énergie – éclairage, chauffage...). L'auto-évaluation ou la co-évaluation peuvent être sollicitées.

Les programmes des C2 et C3 précisent les orientations en matière d'éducation à la santé en lien avec le socle commun. Par exemple, l'enseignement « Questionner le monde » amène les élèves à développer un comportement responsable vis-à-vis de l'environnement et de la santé (C2) en lien avec la formation de la personne et du citoyen (domaine 3 du socle).

Les programmes précisent qu'au C3, l'EPS assure une contribution essentielle à l'éducation à la santé en permettant, par la pratique physique, de s'approprier des principes de santé, d'hygiène de vie, de préparation à l'effort (principes physiologiques) et de comprendre les phénomènes qui régissent le mouvement (principes biomécaniques). La CG4 porte spécifiquement sur l'éducation à la santé. Une page du site Éduscol intitulée « École promotrice de santé » propose des « ressources pédagogiques » traitant de 18 thèmes transversaux ou liés spécifiquement à l'EPS (ex. : éducation à la responsabilité et à la sécurité, hygiène et sécurité sanitaire, promotion de l'activité physique).

c. L'éducation à la santé en EPS

Il ne suffit pas pour l'enseignant de veiller à l'état de santé des élèves, ou de contribuer à l'amélioration de celle-ci, pour réaliser une éducation à la santé à l'école. L'éducation à la santé en EPS nécessite d'articuler un développement de compétences, de connaissances mais aussi d'attitudes chez les élèves. Elle invite à se placer dans une perspective temporelle allant du **court au long terme**. Les élèves sont amenés à pratiquer des AP non seulement à l'école, mais aussi en dehors de celle-ci. Il est donc important de construire chez eux des repères permettant une pratique en toute **sécurité** et respectueuse de leur santé, voire de celle d'autrui, et de développer le **goût** pour la **pratique** d'une **activité physique régulière**.

Les programmes précisent les objectifs que l'on peut poursuivre dans la CG 4 de l'EPS et donnent une progression des apprentissages dans ce secteur.

Compétences générales de l'EPS : apprendre à entretenir sa santé par une pratique physique régulière	
C2	C3
- Découvrir les principes d'une bonne hygiène de vie, à des fins de santé et de bien-être - Ne pas se mettre en danger par un engagement physique dont l'intensité excède ses qualités physiques	- Évaluer la quantité et la qualité de son activité physique quotidienne dans et hors de l'école - Connaître et appliquer des principes de bonne hygiène de vie - Adapter l'intensité de son engagement physique à ses possibilités pour ne pas se mettre en danger

Des contenus d'enseignement relatifs à l'importance et nature d'un **échauffement** et d'un **retour au calme** avant et après l'effort sont à envisager (à adapter aux caractéristiques des élèves et de l'AP). Des **règles d'hygiène** simples peuvent concerner **l'alimentation** : par exemple ne pas prendre un repas conséquent à moins de 3 h d'un effort intense ; avoir une alimentation équilibrée (cf. les préconisations du PNNS) ; **s'hydra-**

ter après – voire pendant – l'AP selon sa durée et la météorologie ; éviter l'AP quand les températures sont trop élevées (risque d'insolation), et protéger la tête du soleil si besoin (ex : casquette) ; proscrire l'activité physique à l'extérieur en cas de pollution de l'air. Il est possible de tirer parti des spécificités des AP. Par exemple, les jeux de lutte permettent de sensibiliser les élèves à l'importance d'une bonne hygiène corporelle (de par les contacts physiques induits et le fait de pratiquer éventuellement pieds nus). La natation peut contribuer au même objectif (les élèves devant prendre une douche avant d'aller dans la piscine). En course, on peut transmettre des connaissances et compétences sur la **récupération** (récupération marchée, ou active en courant à faible allure), et l'**intensité** de l'**effort adaptée** aux possibilités de chacun. Plus largement, il est pertinent de développer chez les élèves un **regard critique** sur certains **excès** dans la **pratique sportive**. Il est important de les sensibiliser à l'importance d'une pratique physique régulière tout au long de la vie, en tant que facteur de santé physique et plus largement de bien-être. Il est donc important de faire vivre aux enfants des expériences et émotions positives permettant de développer chez eux le **goût** pour une **pratique physique régulière**, des connaissances et compétences permettant une **autonomie** suffisante pour la pratique d'AP.

Pour éduquer au bien-être psychologique, il convient de transmettre aux élèves des connaissances et compétences leur permettant de faire face à des situations difficiles, de développer le goût de l'activité physique et de l'effort, de veiller à la **réussite** des élèves dans des situations valorisantes pour eux, de développer un sentiment de compétence, **estime** et **confiance en soi** ainsi qu'en leurs capacités de progrès, et de privilégier les **buts d'accomplissement** (et non de performance) et la **motivation intrinsèque**. Il convient aussi de transmettre des méthodes, outils et connaissances sur soi permettant de se fixer des objectifs réalistes et de progresser de façon autonome (dans et hors de l'école).

Les rapports établis par certaines APSA entre l'individu et son environnement permettent également d'envisager une éducation à la santé sous un angle social et psychologique (connaissances, compétences et attitudes permettant le vivre ensemble, le respect d'autrui durant les activités de coopération et d'opposition, une ouverture d'esprit à même de dépasser les différences individuelles). Il est alors essentiel d'une part que les élèves comprennent que chacun est différent et a droit à la différence, et d'autre part de leur enseigner des capacités d'écoute, de tolérance, et de communication constructive.

APPLICATION 18

Quels sont les principaux axes de définition de l'éducation à la santé que vous pourriez mettre en avant ?

→ Corrigé p. 47

APPLICATION 19

En quoi l'EPS participe-t-elle de façon spécifique à l'éducation à la santé des élèves ?

→ Corrigé p. 47

APPLICATION 20

Illustrez les dispositifs ou les orientations développés à l'école en matière d'éducation à la santé.

→ Corrigé p. 47

ENTRAINEMENTS

ÉNONCÉ

1. En quoi consiste l'éducation à la santé ?

2. Qu'est-ce qui justifie sa mise en oeuvre à l'école primaire ?

→ Corrigé p. 47

CORRIGÉS

APPLICATIONS

APPLICATION 1

Comme indiqué dans les programmes d'EPS du C2 et du C3, la finalité de l'EPS tout au long de la scolarité est de former un citoyen lucide, autonome, physiquement et socialement éduqué, dans le souci du vivre ensemble.

APPLICATION 2

Les points communs concernent plusieurs objectifs même si leur formulation diffère légèrement (agir dans l'espace et la durée, adapter ses déplacements à des environnements variés, s'exprimer à travers des activités artistiques, s'opposer et coopérer). Aux C2 et C3, l'un des objectifs concerne spécifiquement la production d'une performance, contrairement au C1.

APPLICATION 3

L'enseignement de la danse peut contribuer à l'objectif « Communiquer avec les autres au travers d'actions à visée expressive ou artistique ».

APPLICATION 4

Chacun des quatre champs d'apprentissage de l'EPS est associé à plusieurs APSA. La spécificité de chaque APSA conduit à la situer dans un seul champ d'apprentissage. Une exception est à souligner pour la natation, enseignée en lien avec le CA1 au C3, et le CA2 au C2.

APPLICATION 5

Cette compétence générale est travaillée au C2 (*cf.* les programmes).

APPLICATION 6

L'EPS contribue de façon originale aux cinq domaines du socle commun à travers cinq compétences générales. Celles-ci participent aux cinq domaines du socle, en lien avec la spécificité disciplinaire de l'EPS et les contenus de la discipline.

APPLICATION 7

Cet horaire peut varier car il dépend de plusieurs paramètres, notamment : nature des activités, organisation choisie, intensité des actions, moment de l'année, comportement des enfants.

APPLICATION 8

Ces paramètres sont :
- les quatre champs d'apprentissage à couvrir sur chacun des deux cycles ;
- l'équilibre de la formation proposée ;
- les caractéristiques des élèves ;

- les capacités des matériels et équipements disponibles ;
- les ressources humaines exploitables.

APPLICATION 9

Ce processus survient à partir du XXe siècle tout en étant amplifié durant les années 1960, qui conduisent à l'avènement du sport en tant que phénomène culturel de masse.

APPLICATION 10

Il existe trop d'AP dans le champ social pour pouvoir toutes les enseigner au regard des contraintes horaires de l'EPS à l'école. Par ailleurs, certaines AP ne sont pas adaptées au regard des orientations éducatives prônées par l'école et l'EPS (par exemple des AP considérées comme violentes comme certaines activités de combat), des infrastructures à disposition des écoles, et/ou au regard des caractéristiques et possibilités des élèves.

APPLICATION 11

La pratique des AP en EPS diffère de la pratique des AP en dehors de l'école sous deux aspects : les intentions éducatives retenues en lien avec les programmes, les caractéristiques et besoins éducatifs des élèves, et les formes de pratique proposées.

APPLICATION 12

Ces classifications permettent à l'enseignant de choisir entre plusieurs AP qu'il est possible d'enseigner pour atteindre un même objectif en maternelle ou développer un champ d'apprentissage en élémentaire (plusieurs AP sont en effet proposées par les programmes pour un même objectif et pour un même champ d'apprentissage). Ces classifications peuvent donc aider l'enseignant à concevoir une programmation des AP équilibrée et cohérente.

APPLICATION 13

Pierre Parlebas classe les activités en lien avec leur logique interne et le concept de conduite motrice. Les critères de classement des AP sont la présence ou non d'incertitude(s) liée(s) à l'environnement physique, la présence ou non de partenaires, la présence ou non d'adversaires.

APPLICATION 14

Cette évolution tient notamment à la pluralité des facteurs qui influent sur la définition de la santé : les connaissances scientifiques, les systèmes philosophiques et religieux, les croyances et le rapport à la norme.

APPLICATION 15

Parmi les multiples facteurs de santé qui sont en interaction, on peut citer les facteurs génétiques, économiques, sociaux, culturels, éducatifs, environnementaux, sociétaux et individuels.

APPLICATION 16

Certaines activités physiques ont été prescrites en raison des vertus hygiéniques qui leur ont été associées, alors que d'autres activités physiques ont été proscrites en raison des dangers pour la santé qui leur étaient associés.

APPLICATION 17

Cette action reste limitée notamment en raison des horaires de l'EPS et du temps que requièrent certains apprentissages et transformations motrices. Par ailleurs, l'école n'est pas le seul acteur qui influe sur la santé, son action intervenant parallèlement à celle de la famille, voire celle exercée par les médias par exemple.

APPLICATION 18

L'éducation à la santé peut être définie selon quatre axes :
- la nature des apprentissages visés : connaissances, compétences, attitudes ;
- le type de transformation visé en matière de santé : préservation ou amélioration ;
- l'échelle temporelle de l'action éducative : court, moyen ou long terme ;
- l'échelle sociale des bénéfices attendus : à l'école, en dehors de l'école.

APPLICATION 19

L'EPS participe de façon spécifique à l'éducation à la santé des élèves en raison
- du statut et de la fonction accordés au corps (au cœur de l'identité de la discipline) et aux activités physiques (moyen voire objet d'éducation) ;
- du rôle bénéfique potentiel des AP en matière de santé ;
- et de la compétence générale 4 développée aux C2 et C3 (contribuant de façon originale à la construction du domaine 4 du socle commun).

APPLICATION 20

L'école accorde une importance décisive à l'éducation à la santé notamment à travers les finalités et objectifs poursuivis (exemple : finalités de l'EPS en maternelle, socle commun en élémentaire, ou encore dispositif spécifique : le parcours éducatif de santé).

ENTRAINEMENTS

1. L'éducation à la santé est une finalité apparue à l'école dans les années 1980. Il s'agit d'un enseignement transversal par rapport aux différents domaines d'apprentissages et des disciplines, comme le soulignent les programmes scolaires et le socle commun.
Elle occupe une place centrale dans les programmes d'EPS en maternelle et en élémentaire, et la compétence générale 4 de la discipline. L'Organisation Mondiale de la Santé a défini l'éducation à la santé en 1998 comme « tout ensemble d'activités d'information et d'éducation qui incitent les gens à vouloir être en bonne santé, à savoir comment y parvenir, à faire ce qu'ils peuvent individuellement et collectivement pour conserver la santé, à recourir à une aide en cas de besoin ».
À l'école plus précisément, l'éducation à la santé renvoie aussi à ce que va apprendre l'élève (connaissances, compétences, attitudes) pour préserver, voire

améliorer, sa santé physique, psychique et sociale dans le temps présent, à court et à long terme, à l'école et en dehors de celle-ci, ainsi que l'ensemble des moyens pédagogiques associés.

Certaines thématiques développées à l'école sont spécifiques à l'EPS (comme la promotion de l'activité physique), d'autres sont transversales (éducation à la responsabilité et à la sécurité, hygiène et sécurité sanitaire, éducation alimentaire, prévention des conduites addictives...).

Le parcours éducatif de santé vise à contribuer à la santé des élèves dans tous les établissements scolaires. Il est structuré autour de trois axes : éducation à la santé, prévention, et protection.

2. Plusieurs problèmes contemporains liés à la santé, constatés dans la société, justifient l'éducation à la santé à l'école primaire[3]. Citons notamment : – l'augmentation des phénomènes de surpoids et d'obésité, en lien avec l'évolution des modes de vie : sédentarité (elle-même liée notamment à la diffusion des technologies numériques), alimentation... ; – la consommation d'alcool et de produits stupéfiants chez des publics de plus en plus jeunes, et plus largement les addictions ; – le harcèlement, et plus largement les violences ; – les MST ; – les jeux dangereux ; – une mauvaise gestion du sommeil ; – les problèmes de posture et le mal de dos ; – un environnement inadapté ; – la pollution de l'air ; – la présence de produits toxiques dans l'alimentation, dans les cosmétiques, dans les meubles... ; – la sécurité routière.

3. D'après Marc Loison (dir.), Haimo Groenen, *300 questions sur l'EPS et le système éducatif*, Paris, Vuibert, 2021.

2 Repères sur l'enseignement de l'EPS et les apprentissages à l'école primaire[1]

AUTOÉVALUATION

1 L'apprentissage conduit à des modifications de l'activité, des comportement et conduites de l'individu :

☐ **a.** de façon non systématique.
☐ **b.** de façon non durable.
☐ **c.** de façon durable et systématique (sur des échelles de temps et selon une fréquence variables).
☐ **d.** de façon durable (sur des échelles de temps variables) mais non systématique.

2 La pratique d'une activité physique (AP) sollicite :

☐ **a.** seulement certaines catégories de ressources parmi les différentes catégories de ressources existantes (motrices, cognitives, perceptives, affectives, sociales).
☐ **b.** seulement certaines catégories de ressources (motrices, et/ou cognitives, et/ou perceptives, et/ou affectives ; et/ou sociales) selon les caractéristiques de l'AP.
☐ **c.** les différentes catégories de ressources (motrices, cognitives, perceptives, affectives, sociales) indépendamment des caractéristiques de l'AP.
☐ **d.** les différentes catégories de ressources (motrices, cognitives, perceptives, affectives, sociales) de façon spécifique en fonction des caractéristiques de l'AP.

3 Le développement de l'enfant :

☐ **a.** consiste seulement à révéler un patrimoine génétique.
☐ **b.** résulte d'une interaction historique entre un patrimoine génétique et l'expérience vécue par l'individu.
☐ **c.** ne dépend que de facteurs strictement personnels.
☐ **d.** s'effectue à travers des stades (correspondant à des âges), qui surviennent strictement de façon identique pour tous les individus.

---

1. Auteurs du chapitre : Haimo Groenen, Thibaut Kuehn. Ce chapitre s'inspire de *EPS - Système éducatif. Entretien à partir d'un dossier*, Vuibert, octobre 2017.

❹ Pour un élève d'école primaire, les textes officiels et ressources institutionnelles prévoient de :

- ☐ **a.** produire tous les types d'efforts physiques.
- ☐ **b.** produire seulement des efforts modérés.
- ☐ **c.** produire des efforts intenses (s'ils sont brefs) et des efforts modérés (ils peuvent être prolongés dans le temps).
- ☐ **d.** produire seulement des efforts modérés brefs.

❺ Les apprentissages moteurs :

- ☐ **a.** sont des apprentissages comme les autres.
- ☐ **b.** requièrent beaucoup de quantité de pratique.
- ☐ **c.** requièrent peu de quantité de pratique.
- ☐ **d.** sont innés.

❻ La programmation de l'EPS sur l'année scolaire et les différents cycles est :

- ☐ **a.** entièrement libre et à l'appréciation de chaque enseignant.
- ☐ **b.** fixée par les programmes.
- ☐ **c.** réalisée en tenant compte de plusieurs paramètres, dont les contraintes locales en termes d'infrastructures, et les orientations des programmes.
- ☐ **d.** réalisée en fonction des souhaits des élèves.

❼ La transposition didactique des AP en EPS renvoie :

- ☐ **a.** à la transposition de la didactique d'une AP à la didactique d'une autre AP.
- ☐ **b.** à la transposition d'une AP à une autre AP.
- ☐ **c.** au passage d'un objet de savoir à l'objet à enseigner et à l'objet d'enseignement.
- ☐ **d.** au passage d'une AP à un objet d'enseignement.

❽ Un contenu d'enseignement :

- ☐ **a.** est indépendant de la compétence que l'on cherche à développer.
- ☐ **b.** est toujours le même quel que soit l'élève en question.
- ☐ **c.** renvoie aux ressources que l'élève va solliciter.
- ☐ **d.** renvoie aux savoirs théoriques et pratiques que l'élève va apprendre et intérioriser pour acquérir une compétence donnée.

❾ L'évaluation diagnostique :

- ☐ **a.** permet de diagnostiquer les manques des élèves.
- ☐ **b.** permet d'évaluer le niveau des élèves en fin d'unité d'apprentissage.
- ☐ **c.** permet d'évaluer le niveau des élèves en début d'unité d'apprentissage.
- ☐ **d.** précède la phase de familiarisation avec l'activité physique.

❿ Une progression d'apprentissage dans une AP :

- ☐ **a.** est organisée autour d'un ou plusieurs objectifs.
- ☐ **b.** est identique quel que soit le niveau de classe.
- ☐ **c.** comprend toujours une phase de familiarisation.
- ☐ **d.** couvre un minimum de six séances.

⓫ Dans une situation d'apprentissage (SA), un critère de réussite :

- ☐ **a.** permet à l'élève de savoir s'il a réussi ou non la situation.
- ☐ **b.** permet à l'élève de savoir s'il est compétent.
- ☐ **c.** permet à l'enseignant de savoir s'il a réussi à atteindre son objectif.
- ☐ **d.** permet à l'enseignant de savoir s'il est compétent.

CORRIGÉS

❶ **c.** → pp. 67-68 ; ❷ **d.** → p. 68 et suivantes ; ❸ **b.** → p. 53 ; ❹ **c.** → pp. 70-72 ; ❺ **b.** → pp. 72-73 ; ❻ **c.** → p. 76 ; ❼ **c.** → p. 78 ; ❽ **d.** → p. 80 ; ❾ **c.** → p. 81 ; ❿ **a.** → pp. 82-84 ; ⓫ **a.** → p. 85.

CONSEILS

- Il est important de comprendre que :
  - les apprentissages en EPS répondent à des principes communs à tous les apprentissages, tout en présentant des spécificités ;
  - les AP pratiquées en EPS présentent des points communs du point de vue des ressources sollicitées, mais aussi des spécificités selon la nature de ces ressources et la façon dont elles sont sollicitées.
- Il est important en EPS de mener une réflexion didactique et pédagogique en lien avec plusieurs paramètres et facteurs, tout en étant conscient que ces derniers sont en interaction et que l'enseignant doit souvent faire des compromis pour parvenir à la meilleure solution, sans qu'elle puisse toujours être parfaite.

COURS

1 Connaissances scientifiques sur le développement et la psychologie de l'enfant

A. Éléments de définition

Le développement renvoie à un ensemble de phénomènes participant à la transformation de l'être humain, de sa conception (embryon) jusqu'à la fin de vie. Il peut ainsi être étudié du point de vue évolutif, sur plusieurs périodes selon l'âge de l'individu. On distingue ainsi le développement de l'enfant (nouveau-né, nourrisson, petite enfance, enfant, préadolescence).

Le développement est en particulier à la croisée de deux processus : la croissance et la maturation. La croissance (en poids, en taille) peut être appréciée à l'échelle de l'individu appréhendé dans sa globalité (ex. : la courbe de croissance présente dans le carnet de santé), mais aussi de celle des organes (ex. : le cœur, le cerveau, etc.). La maturation renvoie quant à elle à une évolution qualitative des structures et des fonctions (d'un organe comme le cœur, d'une fonction neuromotrice comme la préhension manuelle, ou d'une fonction cognitive comme la mémoire, etc.) du sujet. Toutefois, croissance et maturation interagissent. Le développement peut être appréhendé dans plusieurs secteurs ou domaines, également potentiellement en interaction, et dont la formulation peut varier selon les références. A. Florin (2003), citée sur Éduscol, distingue le développement :

– moteur (capacités physiques, coordinations motrices...) ;

– sensoriel (lié aux sens : vue, ouïe, toucher, odorat, proprioception) ;

– cognitif (attention, abstraction, mémoire, représentations...) ;

– langagier (oral, écrit, compréhension, production...) ;

– affectif (émotions, motivation...) ;

– social (relations avec son environnement familial et plus large...).

D'autres domaines sont essentiels, tels la croissance ou l'ossification. De plus, certains domaines sont en interaction. On parle ainsi de développement psychomoteur, la motricité étant liée à des processus psychologiques : la marche, par exemple, implique le traitement d'informations et des commandes adressées au système locomoteur par le système nerveux central. On parle également de développement sensori-moteur, la motricité et la mobilisation de différents sens étant intrinsèquement liées : la prise d'informations est nécessaire pour se déplacer dans un environnement, ou pour y déplacer un objet par exemple. Le développement langagier relève du domaine cognitif, sans se limiter à celui-ci car il engage aussi, pour le langage oral et écrit, des dimensions motrices et sensorielles notamment.

L'épreuve EPS du concours du CRPE interpelle sur les différences entre développement de l'enfant et psychologie de l'enfant. Plusieurs courants de recherche ont étudié ces processus. La psychologie de l'enfant a comme objet d'étude le développement de l'enfant (Maury, 2008). Mais la connaissance scientifique du développement ne se limite pas au champ de la psychologie.

B. Repères théoriques généraux

a. Développement, patrimoine génétique, expériences et environnements

Les recherches sur le développement ont montré à la fois une unité dans les processus et évolutions à l'échelle de l'espèce humaine dans son ensemble, et des particularités, pouvant être situés à différentes échelles, allant des ethnies aux individus proprement dits. Le développement de l'individu est ainsi, pour partie seulement, programmé génétiquement, depuis la création de l'embryon jusqu'à l'âge adulte, en passant par des étapes clés. Il convient donc d'expliquer ces variations interindividuelles, à partir de l'« inné » et de l'« acquis ». Les théories qui prévalent actuellement envisagent les processus en jeu dans le développement à travers une approche interactionniste. Elles considèrent qu'il y a une interaction historique – c'est-à-dire durant le temps et la vie de l'individu – entre un patrimoine génétique et les expériences du sujet. De nombreux débats ont agité les communautés scientifique et éducative sur la part de l'inné et de l'acquis dans le développement. Des chercheurs comme Wallon, Piaget, Vygotski ou encore Bruner ont révélé l'importance de l'action de l'enfant et de ses expériences vécues dans son environnement physique (objets, l'espace…), social (parents, fratrie, pairs, adultes…) et culturel (langage, pratiques…), et de ses interactions avec ces derniers. Ces approches conduisent à rejeter toute approche déterministe du développement, dans laquelle tout serait « écrit à l'avance » en référence au patrimoine génétique et à des structures innées du sujet. Il est infondé, et éthiquement condamnable, de dire à un enfant qu'il n'arrivera jamais à réaliser telle ou telle activité adaptée à son âge. Tous les enfants sont « programmés » génétiquement pour apprendre. De même, il faut rejeter l'idée selon laquelle l'enfant serait comparable à une page blanche, sur laquelle l'environnement aurait un pouvoir illimité. Ainsi, le patrimoine génétique pondère les effets potentiels de l'environnement (éducatif en particulier) et des expériences d'un sujet sur son développement. Le champ des possibles reste contraint. Et l'environnement, les actions et expériences du sujet interagissent sur l'influence de son patrimoine génétique sur son développement. D'ailleurs, deux vrais jumeaux (homozygotes) évoluant dans des environnements distincts peuvent connaître des développements différents. Et les actions, l'expérience, sont indispensables au développement. Si l'enfant monte et descend un escalier généralement vers 2-3 ans, cette habileté ne se développera pas si, à cet âge, l'enfant n'a jamais pu s'exercer.

b. Stades, normes, variations interindividuelles et intra-individuelles

Des théories ont mis en évidence des stades, c'est-à-dire des périodes durant lesquelles telle ou telle fonction se développe par exemple. Chez Piaget, dans le domaine de la psychologie de l'enfant, durant le stade opératoire (de 7-8 ans à 11-12 ans), l'enfant devient notamment capable d'opérations mentales plus complexes, soit des actions intériorisées et réversibles. Il comprend qu'à chaque action réalisée correspond une action inverse permettant de retourner à l'état initial. Mais des recherches récentes ont mis en cause le concept de stade (en particulier dans le cadre de la théorie de Piaget), en révélant que le développement de l'enfant n'était ni linéaire ni régulier, et qu'il pouvait s'accompagner de stagnations et de régressions, en lien avec des variations interindividuelles.

Plus largement, des temps ou périodes ont été identifiés durant lesquels s'opèrent des changements qualitatifs, tels le développement d'une fonction ou habileté. Par exemple, un enfant court en général avec aisance vers 3-4 ans, mais tous les élèves ne se développent pas au même rythme et au même âge précis dans tous les domaines. Certains peuvent être « en avance », tandis que d'autres peuvent développer une fonction avec un certain « retard », sans que cela ne traduise un trouble du développement ou une pathologie. En reprenant l'exemple vu plus haut, si l'enfant n'a pu s'exercer suffisamment à la course, cette habileté n'apparaîtra pas subitement à 3 ou 4 ans. De plus, il existe aussi une variabilité intra-individuelle, c'est-à-dire qu'un enfant ne se développe pas de façon identique en fonction de la nature des problèmes qu'il va résoudre. Le développement ne va pas forcément du concret vers l'abstrait. Les repères associant un âge, ou une période, et le développement de tel ou tel élément doivent donc être appréhendés avec précaution pour éviter des conclusions erronées, des inquiétudes ou des prises en charge spécialisées inutiles.

Pour autant, certains enfants peuvent présenter des troubles du développement. Ces derniers renvoient à des perturbations dans l'acquisition ou l'expression d'habiletés développementales pouvant concerner notamment la motricité, le langage, des compétences sociales, la cognition ou des activités de la vie quotidienne. Ces troubles incluent par exemple le handicap mental, toutes les formes de « dys » comme la dysphasie (trouble primaire du langage) ou la dyslexie (trouble de la capacité à lire), mais aussi le trouble du spectre de l'autisme, le trouble du spectre de l'attention ou encore les troubles d'apprentissage. Alors qu'un retard de développement se traduit par une lenteur d'acquisition par rapport aux normes, un trouble du développement traduit une désorganisation dans la séquence d'acquisition des habiletés développementales. Des dispositifs éducatifs spécifiques sont prévus pour les élèves concernés, en tant qu'élèves à besoins éducatifs particuliers (EBEP), dans le cadre de l'école inclusive promue par l'État. L'intervention de professionnels spécialisés sur ces questions est requise pour poser un diagnostic et accompagner les élèves selon leurs besoins.

c. Développement, apprentissage, éducation et école

Comme l'a montré J. Piaget, l'apprentissage ne peut être dissocié du développement en général. D'une part, les deux processus aboutissent à l'acquisition de nouvelles habiletés, capacités, représentations, connaissances, etc. D'autre part, développement et apprentissage sont en interaction. Le développement dans tel ou tel domaine favorise de nouveaux apprentissages, tandis que les apprentissages concourent au développement.

Ces liens, et l'importance cruciale des actions et expériences de l'enfant, tout comme celle de ses environnements, pointent le rôle central de l'école dans le développement de l'enfant, en complément de celui non moins fondamental joué par les parents et le contexte familial. Comme souligné dans une ressource proposée sur Éduscol en 2012 : « C'est dans l'interaction entre développement et apprentissage, avec le guidage de l'enseignant, que l'enfant va évoluer, construire des concepts, développer son langage en lien avec le développement de ses capacités motrices, émotionnelles et sociales ». Le rôle de l'école et de l'enseignant est donc à la fois de s'adapter aux caractéristiques développementales des enfants et de favoriser son développement grâce à un environnement éducatif propice et des choix didactiques et pédagogiques pertinents, avec toutes les difficultés et limites induites, notamment liées aux variabilités inter et intra-individuelles. Si certaines sollicitations ne sont pas pertinentes car en rupture avec les caractéristiques et possibilités développementales des élèves (ex. : faire courir longtemps et sans s'arrêter des élèves de maternelle pendant 8 minutes), il peut être pertinent de les amener à s'exercer dans des habiletés non maîtrisées, si elles sont à leur portée (ex. : tricycle à 3 ans).

d. Vigilance épistémologique face à un champ de recherche en plein essor

Si certaines connaissances anciennes sont largement diffusées dans la communauté éducative, les recherches récentes ont remis partiellement en question certaines théories reconnues. Elles ont aussi mis en cause une vision « cumulative » du développement mettant l'accent sur les nouvelles représentations ou capacités acquises par les enfants. Or le développement le conduit également à inhiber des stratégies, structures et comportements antérieurs concurrents, au profit d'autres plus pertinents et efficaces. Les recherches ont permis de mieux comprendre le développement de sujets de plus en plus jeunes, loin de l'idée qu'ils n'auraient que des capacités très limitées. Des chercheurs ont montré que les enfants élaborent des représentations du monde physique, mais aussi une « théorie de l'esprit » à travers une représentation des désirs, savoirs, croyances d'autrui. Elles renouvellent les connaissances sur les rapports des enfants à l'imaginaire et à la fiction, et leur rôle dans la résolution de problèmes et la pensée logique.

La pluralité, complexité et spécialisation des recherches empêchent la généralisation des résultats, et rendent difficiles leur diffusion dans la communauté éducative. Elles invitent donc à une vigilance épistémologique.

C. Repères sur quelques théoriciens du développement

Plusieurs théoriciens ont élaboré des théories du développement de l'enfant, en particulier dans le champ de la psychologie de l'enfant. Elles peuvent se rejoindre sur certains points, mais aussi s'opposer. Chacune se distingue par des orientations particulières, concepts clés, voire des stades. Nous présenterons de façon synthétique quatre théoriciens selon un critère chronologique, à approfondir si besoin à l'aide de la littérature spécialisée.

- **Henri Wallon (1879-1962) :** il étudie l'homme sous l'angle à la fois biologique et social. Les deux principaux concepts de sa théorie sont l'émotion et l'évolution dialectique de la personnalité (avec les lois du développement). Il identifie plusieurs stades de développement pouvant comprendre des stades intermédiaires : construction de la personne (jusqu'à 3 ans, comprenant le stade émotionnel, le stade sensori-moteur), stade du personnalisme (3 à 6 ans, avec les périodes d'opposition, de grâce et d'imitation), achèvement de la personne (période pré-catégorielle, période catégorielle, stade de la puberté, adolescence). Le développement n'est pas continu mais discontinu, et les stades peuvent se chevaucher. « Chaque stade de développement doit rendre compte des rapports alternés et conflictuels et entre affectivité et intelligence » et « de l'évolution des rapports de l'enfant et de son milieu » (Tourrette & Guidetti, 2018, p. 37).

- **Jean Piaget (1896-1980) :** il étudie principalement la construction de l'intelligence chez l'enfant. Il montre en particulier le rôle des actions de l'enfant sur son environnement et les objets. La permanence de l'objet, puis le dénombrement, la catégorisation et le classement des objets, et enfin le raisonnement sur des idées, hypothèses, propositions logiques structurent le développement de l'enfant. Sa théorie repose sur les concepts de schèmes, d'assimilation, d'accommodation et d'adaptation. Il identifie plusieurs stades et périodes du développement : stade sensori-moteur (jusqu'à 2 ans), période préopératoire (2 à 7-8 ans), stade opératoire concret (7-8 ans à 11-12 ans), stade opératoire formel (11-12 ans à 15-16 ans).
- **Lev Vigotsky (1896-1934) :** il étudie les fonctions psychiques et met l'accent sur le rôle de l'environnement social et culturel dans le développement de l'enfant. L'intelligence se développe grâce aux relations interpersonnelles et à des outils psychologiques présents dans l'environnement social et culturel, dont le langage. Pour lui, le développement ne procède pas de l'individuel vers le social, mais du social vers l'individuel. Le concept de zone proximale de développement renvoie à l'espace entre les tâches que l'enfant peut réaliser seul, et celles qu'il peut réaliser grâce à l'aide d'une personne plus avancée dans ce domaine, comme l'adulte. Vigotsky étudie aussi le développement du langage, en particulier durant l'enfance, et montre l'importance du langage égocentrique dans le développement du langage intériorisé.
- **Jérôme Bruner (1915-2016) :** ses travaux ne se cantonnent pas au développement et portent aussi sur l'apprentissage et l'éducation notamment. Il montre en particulier le rôle de l'environnement social et culturel sur le développement de l'enfant. Celui-ci est prédisposé par l'évolution de l'espèce humaine et dispose dès la naissance d'outils intellectuels pour apprendre, mais il a besoin de l'interaction avec l'environnement social et culturel pour apprendre à s'en servir. L'enfant est comparé à un chercheur qui essaie de comprendre le monde et les structures qui relient les éléments entre eux. Bruner pointe l'importance de l'étayage de l'adulte dans le développement et les apprentissages des enfants. Bruner dégage trois modes, qui peuvent s'imbriquer, impliqués dans l'apprentissage : mode énactif ou sensori-moteur, mode iconique (lié aux représentations), mode symbolique (représentations abstraites à l'aide de mots, codes...).

▪ Références bibliographiques pour aller plus loin

– V. Bédin & H. Lhérété (dir.), *L'enfant et le monde. Psychologie de l'enfant. État des lieux*, Sciences humaines éditions, Auxerre, 2015.
– A. Florin, *Introduction à la psychologie du développement. Enfance et adolescence*, Paris, Dunod, 2003.
– O. Houdé, *La psychologie de l'enfant*, Coll. Que sais-je ?, 8e édition, Presses universitaires de France, Paris, 2017.

- L. Maury, *Le développement de l'enfant*, Coll. Que sais-je ?, Presses Universitaires de France, Paris, 2008.
- C. Tourrette & M. Guidetti, *Introduction à la psychologie du développement. Du bébé à l'adolescent*, 4e édition, Dunod, Malakoff, 2018.
- Éduscol • Un guide sur les troubles du développement à l'usage des infirmiers et assistants du service social :
https://eduscol.education.fr/997/ressources-et-outils-pedagogiques-pour-la-protection-de-l-enfance, consulté le 18 février 2021.
• Guide sur le développement de l'enfant :
www4.ac-nancy-metz.fr/ia54-circos/ienbriey/sites/ienbriey/IMG/pdf/cole_maternelle_-_Le_developpement_de_l_enfant_-_Eduscol.pdf, consulté le 20 juin 2021.
• Tableaux synoptiques sur le développement de l'enfant :
https://cache.media.eduscol.education.fr/file/ecole/15/2/Tableaux_synoptiques_developpement_enfant_210152.pdf, consulté le 20 juin 2021.

D. Développement de l'enfant et EPS

Le développement de l'enfant est traité en lien avec l'enseignement de l'EPS en distinguant les trois cycles de l'école primaire. Sur le plan scientifique, il est analysé sur les pôles moteur et sensoriel, cognitif et langagier, et enfin social et affectif, en référence à Florin (2003), citée sur Éduscol. (→ voir entraînement, p. 94) Suivent des repères disciplinaires, didactiques et pédagogiques inspirés notamment des programmes et ressources Éduscol.

a. Développement de l'enfant et EPS au cycle 1

De par sa finalité même qui est de contribuer au développement de l'enfant dans toutes ses dimensions, le domaine d'apprentissage « Agir, s'exprimer et comprendre à travers l'activité physique » joue un rôle fondamental en maternelle. Si, au cycle 1, tous les enfants sont capables d'apprendre, leur développement se réalise selon des rythmes très variables. Les évolutions considérables qui s'opèrent aux plans cognitif et moteur, du langage et de la socialisation justifient de traiter distinctement chaque niveau de classe de la toute petite section (TPS) à la grande section (GS).

Les programmes sont organisés sur la capacité de l'école à s'adapter aux jeunes enfants et donc à leur développement : « les progrès de la socialisation, du langage, de la motricité et des capacités cognitives liés à la maturation ainsi qu'aux stimulations des situations scolaires sont considérables et se réalisent selon des rythmes très variables ». Les différences importantes entre les enfants devront être prises en compte par l'enseignant en utilisant des repères didactiques et disciplinaires permettant de créer un environnement fécond et adapté à travers des apprentissages par le jeu, la résolution de problèmes, l'exercice ou la (re)mémorisation. Des repères pédagogiques permettront aussi de répondre à leurs « besoins de jeu, de mouvement, de repos et de découvertes » qui permettront à l'élève de se sentir en sécurité physique, affective et relationnelle dans un milieu où ils vont apprendre et vivre ensemble tout en se construisant comme personne singulière.

Les tableaux synthétiques suivants permettent une lecture complète du développement à travers les trois repères précités, sur un même niveau d'âge :

TPS/PS : 2/3 ans	**Repères scientifiques : développement de l'enfant**
Moteur et sensoriel	L'enfant effectue des courses, des débuts de sauts et des déplacements sur la pointe des pieds. Il monte et descend les escaliers avec appui(s) manuel(s) en posant les deux pieds sur chaque marche, rampe, roule, marche sur une poutre avec aide. Il évolue dans de grands espaces pour permettre des expérimentations en lien avec son besoin important de mouvement. Il aime les sensations de vertige, de déséquilibre, de glissade (toboggan) et de vitesse.
Cognitif et langagier	Il a un faible temps d'attention (de quelques secondes à quelques minutes). Par rapport au stade sensorimoteur de Piaget, il est dans une logique de l'action et de l'intelligence pratique, nécessitant d'être dans le « faire », en limitant donc au maximum les temps d'attente ou d'inactivité. Le langage se développe avec des réponses à des questions simples, la capacité à combiner 3 mots en moyenne, nécessitant des consignes concises et précises illustrées d'un exemple pratique. L'enfant commence à compter et à reconnaître les couleurs. Il pratique beaucoup l'imitation.
Social et affectif	L'enfant devient une « personne », s'amuse à côté des autres, s'oppose souvent ou veut faire seul. Il est inquiet avec des inconnus et en difficulté avec ses émotions mais se retrouve sécurisé par les routines que l'enseignant devra mettre en place dans les séances (début activité, transition, retour au calme). Il reconnaît s'il est un garçon ou une fille et commence à utiliser des formules de politesse. Il affectionne les situations où l'on joue à « faire semblant ». Il développe la sympathie et la compassion et reste fortement égocentré, et peut ainsi entrer dans un début de phase d'opposition (« non »). Il reste attaché à son objet transitionnel (doudou) et recherche à être encouragé ou validé par l'adulte.
Objectifs de l'EPS	**Repères disciplinaires / didactiques : découverte et exploration**
Objectif 1	Enrichir la motricité globale (marcher, courir, franchir) en proposant de nombreux trajets, jeux ou objets avec un maximum d'aménagements matériels pour permettre à l'enfant de s'engager avec plaisir dans les situations.
Objectif 2	Respecter le besoin de mouvements et d'expérimentations en multipliant les situations d'équilibres / déséquilibres / rééquilibres et en variant les espaces afin de construire de nouveaux repères corporels.
Objectif 3	Permettre d'accéder à la danse par l'utilisation d'objets mis en mouvement dans différents plans (haut / bas), à différentes vitesses (lent / rapide). Danses d'imitation (rondes et jeux dansés) et/ou d'imprégnation (création par des univers sonores ou imagés) favorisant le plaisir de se mouvoir et d'observer ses camarades.
Objectif 4	Réaliser des jeux avec des actions simples (transporter, courir) réalisées sans opposition (ou celle de l'adulte uniquement dans le jeu du « loup » par exemple) dans un espace que l'enfant apprend à reconnaître. Jeux réalisés en parallèle puis associatifs (construction de l'équipe et du but commun).

Accompagnement	Repères pédagogiques : rendre ludique et ritualiser
Solliciter, encourager, féliciter, s'engager avec eux dans l'action	Les enfants ont un fort besoin d'attention. Ils s'identifient à l'adulte (enseignant et ATSEM notamment). Il est primordial de privilégier l'agir en valorisant toutes les actions même les plus modestes, avec un statut de l'erreur positivé pour les engager dans les activités. On peut accompagner l'élève, faire avec lui, lui faire observer un camarade pour prendre confiance et favoriser le mimétisme.
Investir tous les espaces avec un dispositif stable, des adaptations et des aménagements riches	Leur besoin de bouger, leurs inquiétudes par rapport à la nouveauté et leur faible capacité d'abstraction obligent à faciliter au maximum le repérage dans l'espace en le balisant (ex. : plots, zones) et des codes couleurs (ex. : chasubles, départ/arrivée). Compte tenu de la durée des séances et des capacités de compréhension limitées des élèves, on valorise la récurrence des situations au plan organisationnel et du dispositif. Des variables didactiques permettront d'enrichir l'environnement.
Ritualiser les temps de la séance et les espaces	L'enfant étant sécurisé par des routines, les séances seront organisées autour de rituels de déplacements jusqu'au lieu de pratique, et avec une situation jouée pour démarrer la séance, un moment d'exploration et de répétition dans une situation d'apprentissage et un nécessaire retour au calme.

MS : 4 ans	Repères scientifiques : développement de l'enfant
Moteur et sensoriel	L'enfant court, s'arrête et change de directions, s'accroupit et saute à cloche-pied. Il maintient une posture sur un pied, grimpe à l'échelle ou monte les escaliers sans appui manuel avec un pied sur chaque marche. Il parvient à lancer / attraper un ballon et aime rechercher de nouvelles difficultés dans les déplacements (toboggans raides, sauts de plus haut...). On remarque une attirance pour les objets instables (roule et glisse).
Cognitif et langagier	Le temps de mobilisation pour une même activité demeure limité (10 à 15 minutes), ce qui nécessite de varier les activités proposées. L'enfant entre dans la période pré-opératoire de Piaget (développement du symbolisme). Il fait une phrase complète de 4 mots en moyenne, pose de nombreuses questions, maîtrise les couleurs, et assimile le repérage spatial (au-dessus, en dessous...) et temporel (avant, après...) qui facilite la compréhension de consignes mais nécessite toujours de solliciter les différents canaux de traitement de l'information (l'ouïe, la vue, les sensations tactiles).
Social et affectif	À cet âge, les émotions ressenties ne sont pas toujours montrées, d'où l'intérêt de travailler autour de ses ressentis. L'enfant est plus enclin à respecter les règles, se montre plus empathique envers ses camarades facilitant le fonctionnement en petits groupes. Il exprime plus facilement ses besoins par des mots, et ses colères sont moins gestuelles. Il s'amuse avec les autres avec un comportement égocentré (jalousie et/ou agressivité possibles), joue beaucoup à faire semblant pour extérioriser. Il prend plaisir à converser, ce qui est propice au développement du langage oral. Il apprend les formules de politesse.

Objectifs domaine 2	Repères disciplinaires / didactiques : appréciation et association
Objectif 1	S'engager dans des courses, des sauts et des lancers avec des intentions différentes pour faire ensuite ses propres choix. Il est important de travailler la latéralisation et la conquête de la maîtrise de ses mouvements (motricité fine).
Objectif 2	Des parcours gymniques plus complexes et l'utilisation d'engins roulants à piloter contribuent à « dégourdir » l'enfant en lui permettant une plus grande agilité et une plus grande confiance en lui.
Objectif 3	La symbolisation permet à l'enfant de faire danser les objets, favorisant de nouvelles appréciations de l'espace ou de l'énergie. Son développement social favorise les danses à plusieurs (rondes et jeux dansés et/ou danse de création), et permet de commenter à l'oral ce qu'il voit.
Objectif 4	Les jeux collectifs proposés donnent des droits, des devoirs et/ou des intentions différents, permettant de comprendre la notion de partenaire et d'adversaire. L'enfant apprend à construire et identifier la cible et à se soumettre à un système de règles, favorisant le « jouer ensemble ».
Accompagnement	**Repères pédagogiques : rendre concret et faire verbaliser**
Proposer des situations comportant des buts d'action clairs et matérialisés	Parler peu, de façon claire, concise et précise et surtout montrer et/ou faire démontrer par des élèves ce qui est attendu favorisera la compréhension d'élèves avec des profils visuels, auditifs ou kinesthésiques par exemple. Les consignes ont une importance cruciale à cet âge.
Penser l'alternance classe / salle et structurer le lieu de pratique par des repères explicites	Réutiliser le travail fait en classe en EPS ou vice versa doit être recherché pour développer le langage, la construction spatio-temporelle, l'apprentissage du nombre, etc. L'utilisation d'albums de jeunesse ou l'enregistrement d'extraits photos ou vidéos de la séance constituent d'excellents supports permettant aux élèves de donner du sens aux apprentissages.
Mobiliser le langage à partir, à propos, avant et après les situations vécues	Rappeler avec les enfants de ce qui a été vu la séance précédente, faire verbaliser pendant la situation et faire émerger la compréhension en bilan de séance est très important afin d'enrichir leur expression orale, laquelle pourra être croisée avec d'autres langages différents (dessin, peinture, pâte à modeler).

GS : 5 ans	Repères scientifiques : développement de l'enfant
Moteur et sensoriel	L'enfant marche sur une poutre en avançant ou reculant les pieds « collés », saute de différentes façons (jeu de la marelle) et se déplace en tricycle, en trottinette ou à vélo avec 4 roues. Il est capable de lancer / attraper et faire rebondir un ballon. Il aime rechercher l'exploit avec notamment un attrait pour les suspensions et les actions de balancer (balançoires).
Cognitif et langagier	Le temps de mobilisation pour une activité s'accroît face à une tâche (20 à 30 minutes), favorisant des situations et des séances plus longues. Sa capacité de raisonnement logique augmente. Son vocabulaire est plus précis (environ 4 000 mots), il emploie des verbes conjugués (difficulté au passé) et prononce presque tous les sons. L'enfant est donc capable de comprendre une consigne orale plus complexe, d'attendre son tour pour parler et de mieux se repérer dans l'espace et le temps, facilitant un fonctionnement normé en ateliers par exemple.
Social et affectif	Une véritable coopération avec ses pairs est rendue possible dans des jeux simples. Il s'attache beaucoup aux ami(e)s mais les relations demeurent superficielles ou comparatives (« regarde ce que je sais faire »). Il construit la différenciation sexuée, comprend la notion de rivalité possible et peut ne pas accepter la défaite, nécessitant un travail autour de cette notion de gain dans les jeux. Il continue à jouer à faire semblant ou à être dans l'imitation de l'adulte pour gérer ses peurs et frustrations. Son estime de soi progresse et il est capable de persévérer davantage devant une difficulté, ce qui nécessite des dispositifs de mise en réussite de chacun. Il respecte plus facilement les limites de l'adulte avec une conception très manichéenne du bien et du mal.
Objectifs de l'EPS	**Repères disciplinaires / didactiques : expérimentation et élaboration**
Objectif 1	Expérimenter des courses et des lancers reliés à un système de score grâce au vécu de différents rôles (coureur, observateur, scoreur). La régularité des situations proposées et la répétition des actions permettront à cet âge des progrès conséquents.
Objectif 2	Les aménagements devront être variés (ex. : îlots, pays, étoile, ateliers, parcours en activités gymniques) pour permettre à l'enfant de se mettre en projet, consécutivement à une phase d'expérimentation dans différents thèmes moteurs, qu'ils soient gymniques (s'équilibrer, tourner, se renverser…), aquatiques (se déplacer, s'immerger, rester surplace…), ou liés à de petits parcours d'orientation (avec photos, plans ou maquettes).
Objectif 3	Sa capacité d'abstraction permet à l'enfant d'utiliser de nouveaux inducteurs (danser comme…, réagir à différents signaux), qui permettent de quitter la motricité habituelle et de choisir des mouvements expressifs et personnels. La relation à l'autre (miroir, domino, alternance) est davantage investie et favorise les procédés chorégraphiques, sans oublier le lien avec des pratiques artistiques ou culturelles.

Objectif 4	Les possibilités accrues de coopération avec les partenaires, et d'opposition avec ses adversaires permettent une complexification des jeux collectifs proposés en conservant une différenciation des statuts (attaquants contre défenseurs) sans réversibilité des rôles au départ. Les équipes pourront expérimenter des stratégies, les commenter et rechercher les solutions les plus efficaces. Le respect des règles sera vérifié par un recours à l'arbitrage (ou auto-arbitrage) et chacun pourra prendre sa place au sein d'un collectif.
Accompagnement	**Repères pédagogiques : mise en projet et évaluation**
Proposer des projets d'actions explicites et finalisés, s'inscrivant dans la durée	Apprendre à se projeter avec une finalité à la séquence (rencontre USEP, spectacle de fin d'année...) permet de renforcer le sens donné aux apprentissages en recherchant leur transversalité. Les séquences devront donc être suffisamment longues (si possible entre 10 et 15 séances).
Responsabiliser les enfants et leur faciliter l'appropriation de rôles	Participer à l'installation et au rangement du matériel, exercer différents rôles sociaux (observateur, arbitre, compteur des points, etc.) participent à la construction de leur autonomie et favorise la gestion d'une situation.
Faire participer le groupe à l'élaboration de la règle et à son évolution	Ce travail autour de la règle est une étape indispensable dans la socialisation des enfants. À partir de règles minimales, les élèves pourront participer à leur évolution et complexification, favorisant le plaisir de jouer et le vivre ensemble.
Évaluer au quotidien et en situation	Il est primordial de faire réussir les enfants dans des situations avec des buts clairs et évolutifs qui mettent en valeur leurs compétences tout en gardant des traces de celles-ci. Une évaluation « au fil de l'eau » est une solution intéressante.

b. Développement de l'enfant et EPS au cycle 2

Les programmes insistent sur la grande hétérogénéité des élèves et sur les vitesses d'apprentissage différentes. À cet âge, le sens et l'automatisation se construisent de façon simultanée, ce qui leur permet d'articuler ce qu'ils font et pourquoi ils le font. Les apprentissages fondamentaux sont visés dans toutes les disciplines avec notamment, en EPS, la construction du répertoire moteur de base à lier directement au développement de l'enfant par des actions pour se déplacer (courir, sauter, rouler, savoir nager...), des actions pour déplacer les objets (lancer, attraper, tirer, pousser...) et des actions pour s'exprimer (mimer, danser).

« Au cours du cycle 2, le développement des enfants les amène à s'engager spontanément et avec plaisir dans l'activité physique ». Cette caractéristique se combinera avec une verbalisation des actions et des émotions ainsi qu'une recherche d'une plus grande socialisation. Le fait qu'ils soient capables de justifier de façon rationnelle favorisera également les apprentissages culturels, sociaux et méthodologiques.

Nous différencierons ici l'année charnière du CP avec les années du cours élémentaire (CE1 et CE2).

CP : 6 ans	**Repères scientifiques : développement de l'enfant**
Moteur et sensoriel	L'enfant a une plus grande endurance dans les courses, saute dans toutes les directions sur un ou deux pieds avec un plus grand équilibre, a une coordination différentielle des bras et des jambes par exemple. Il se déplace à vélo sans roues stabilisatrices et les jeux pré-sportifs sont possibles.
Cognitif et langagier	Sa capacité de concentration progresse, il raisonne logiquement (compréhension des règles du jeu), son vocabulaire est précis (5 000 à 6 000 mots). L'enfant associe les sons qu'il entend avec ce qu'il écrit. Il est dans l'apprentissage de la lecture et résout des problèmes mathématiques simples (addition et soustraction).
Social et affectif	L'enfant développe l'amitié avec camarades de même sexe, les activités sont codées comme genrées et la coopération avec ses pairs est possible sans adulte. La régulation des conflits s'autogère davantage. Il est plus à l'écoute et plus influençable aussi. L'enfant exprime oralement ses ressentis et ses émotions avec une vision assez dichotomique du monde (bien ou mal), il a conscience du mensonge, une meilleure connaissance de soi sur ses capacités (je sais / je ne sais pas) et la notion de gain ou de défaite est difficile à relativiser avec un besoin de comparaison aux autres.
CE1/CE2 : 7/8 ans	**Repères scientifiques : développement de l'enfant**
Moteur et sensoriel	L'adresse et la force augmentent pour les lancers d'objets. Sa coordination et son habileté favorisent les jeux de balles / ballons (lancer, attraper, dribbler). Il saute depuis une hauteur d'un mètre et son équilibre augmente le champ des possibles (patins, figures gymniques).
Cognitif et langagier	L'enfant a un langage correct avec les bons temps de verbe et un raisonnement logique lui permettant la capacité d'anticipation et les liens de causes à effets. Son vocabulaire est précis (plus de 6 000 mots), sa lecture est courante avec compréhension d'un récit et il aime faire de l'humour.
Social et affectif	Son amitié est plus forte pour des camarades de même sexe, il est beaucoup moins égocentré, peut jouer le rôle d'arbitre et a le goût pour le travail en coopération. L'enfant demeure influençable pour des actions positives comme négatives, sait occuper un rôle dans un groupe. Il développe la sympathie et l'empathie et s'affirme davantage tout en étant sensible aux remarques. Il construit son estime de soi, la notion de justice et d'injustice est souvent très importante. Il est capable d'être responsabilisé mais peut vite culpabiliser s'il fait mal.

Champs d'apprentissage	Repères disciplinaires / didactiques : apprentissages fondamentaux
CA 1	L'enjeu est de différencier courir vite / longtemps, lancer loin / précis et sauter haut / loin. Par exemple, l'enseignant propose des séquences de course très courtes (sur une durée de 6 secondes ou 20 mètres) avec des temps de récupération suffisants tandis que les courses longues n'excèdent pas 6 minutes au CP et 8 minutes au CE1/CE2. Pour les sauts, on attend de franchir la plus grande distance vers l'avant ou vers le haut avec une motricité nouvelle. Pour les lancers, les engins légers sont privilégiés et la recherche de nouveaux repères est encouragée à chaque situation. La performance doit être rendue concrète par la mesure liée à son besoin de comparaison. Un format ludique et collectif permet aux élèves de remplir des rôles spécifiques (juge, chronométreur) en lien avec sa capacité d'autonomie et son besoin de comparaison.
CA2	L'enseignant doit créer un sentiment de sécurité en utilisant des situations ludiques pour lever les obstacles affectifs et l'aider à se familiariser avec le milieu. Pour permettre à l'enfant de dépasser ses peurs, l'incertitude du milieu sera réduite (et non supprimée) doublée de consignes très précises pour des environnements très variés, qui permettra de centrer l'élève sur l'idée du « partir-revenir » favorisant ainsi une construction positive de son estime de soi.
CA3	Dans les activités gymniques, assurer la sécurité des élèves est une priorité à travers une sécurité passive doublée d'une sécurité active mise en œuvre par les élèves eux-mêmes en lien avec le développement de leurs comportements responsables. Les parcours gymniques seront aménagés pour mémoriser, réaliser et/ou enchaîner une séquence simple d'actions motrices fondamentales apprises. En activités artistiques, l'entrée dans l'activité devra rassurer les élèves avec des petites séquences gestuelles inventées s'inspirant du quotidien qu'il sera intéressant d'enrichir avec des contrastes, des imitations, des recherches, des consignes appelant l'imaginaire ou des relations avec le(s) camarade(s) liés à leur monde intérieur et à l'affectivité qui se développent.
CA4	L'enseignant devra faciliter les jeux collectifs en réduisant les problèmes manipulatoires liés au ballon (choix du ballon, pas de dribble au départ…), en réduisant la charge informationnelle (une cible, nombre de joueurs réduit) pour favoriser l'engagement des élèves sur les habiletés motrices fondamentales qui se développent. L'enjeu du gain du match devra toujours être présent avec des règles du jeu simples et peu nombreuses qui se complexifieront au fil des séances. Pour les jeux de combat, une approche ludique est recherchée avec des zones cibles corporelles, des adversaires de gabarits proches, etc. Enfin, pour les jeux de raquettes, le matériel est nécessairement adapté pour travailler déplacements et frappe de balle dans des situations ludiques et aménagées préservant l'affrontement (présence de score) lié au besoin de comparaison.

Accompagnement	Repères pédagogiques : programmation d'APSA
Programmer des enseignements sur le cycle	Il est important de tenir compte des besoins importants de temps de pratique physique des enfants de cet âge et faire des choix d'APSA en fonction du contexte d'établissement (ex. : éviter le badminton si je n'ai que deux terrains à disposition).
Élaborer un module d'apprentissage	Les entrées ludiques seront toujours à privilégier et chaque module pourra faire l'objet d'une petite certification (ex. : athlète performant, danseur engagé, champion de handball) par rapport à la construction de leur estime de soi et dans l'optique de créer un rapport positif à l'activité.
Concevoir une séance d'apprentissage	« Chaque leçon est une réponse à une question » (Dewey). Il est intéressant à cet âge de centrer l'enfant sur un aspect de la pratique pour favoriser les progrès et être en phase avec sa maturité de développement sur l'attention discriminante. Par exemple, quels choix sont plus efficaces pour marquer ?
Contribuer au Socle	L'interdisciplinarité est une occasion intéressante de donner du sens à l'EPS et de tisser les liens avec les compétences générales.

c. Développement de l'enfant et EPS au cycle 3

Les élèves entrent dans le cycle 3 de consolidation des apprentissages fondamentaux. Les programmes insistent sur « la place originale du corps, la motricité, l'action et l'engagement au cœur des apprentissages » et en lien direct avec l'éducation à la santé. Les problèmes moteurs variés et les interactions sociales renforcent leurs compétences dans ces domaines.

Le lien avec le parcours éducatif artistique et culturel (PEAC) (voir p. 34) apparaît pour garantir la formation du citoyen par l'acquisition d'une culture commune physique, sportive et artistique. En EPS, les habiletés motrices essentielles comme courir, sauter, lancer, rouler, s'équilibrer, se renverser peuvent parfois faire l'objet de régressions dues à la croissance et devront faire l'objet de sollicitations dans des contextes variés afin de stabiliser les réponses motrices. Le savoir nager occupera également une place prépondérante.

Nous donnerons ici les mêmes repères scientifiques sur le développement, les repères disciplinaires / didactiques et pédagogiques en CM1 et en CM2, en lien avec les ressources Éduscol.

CM1/CM2 : 9/10 ans	Repères scientifiques : développement de l'enfant
Moteur et sensoriel	À cet âge, la croissance physique importante est davantage marquée chez les filles à la puberté plus précoce. Les enfants ont un besoin important de mouvements. C'est le début de spécialisation ou de préférence plus marquée pour certaines activités chez des jeunes capables d'exercer leur propre créativité. On observe que leur rapport poids / puissance doit être optimisé par les habiletés motrices sous peine de régressions importantes.

Cognitif et langagier	Le pré-adolescent est dans le stade des opérations concrètes avec une capacité d'abstraction qui permet d'entrer dans des raisonnements plus complexes. Il utilise la forme passive, produit des inférences, comprend les sarcasmes et les métaphores.
Social et affectif	Il a une identité de genre en conformité à des référents culturels, différencie le réel et le virtuel et voit ses premiers comportements amoureux. Il s'identifie souvent de façon forte vers une personne ou un groupe (sportif, chanteur...) et attribue une importance considérable à la vie en groupe. Un léger détachement du noyau familial s'opère dans une quête d'identité et la notion de justice demeure très importante. Le jeune apprend à dénoncer le mensonge, la triche ou le chantage, et l'intimité se développe beaucoup.
Champs d'apprentissage	**Repères disciplinaires / didactiques : apprentissages consolidés**
CA1	Les élèves doivent combiner au minimum deux types de motricité différents empruntés dans un format de course (rapide, longue...), de sauts (longueur, hauteur, multi-bonds...) et de lancers (bras cassé, poussée, avec ou sans élan...). Il devra nécessairement mesurer et classer ses performances afin de les mettre en relation, ce qui est rendu possible par l'utilisation d'outils de mesure (chronomètre, décamètre). Les pratiques collectives et autonomes seront à rechercher pour obéir à leur logique de développement décrite ci-dessus en préservant un temps moteur conséquent évitant les régressions.
CA2	Il faudra permettre à l'élève de se préparer et de disposer des procédures de sécurité pour s'engager dans un parcours aquatique, d'escalade ou d'orientation à l'aide de quelques habiletés à enrichir. Il est possible de lui accorder une plus grande autonomie en relation avec sa maturité cognitive tout en lui permettant de multiplier les essais avec un statut de l'erreur bienveillant vécu comme une étape vers le progrès.
CA3	Il sera important de permettre aux élèves de produire, en petit groupe, une séquence acrobatique pour être jugée et une autre séquence artistique pour être appréciée et émouvoir. L'enseignant déclenchera chez les élèves des apprentissages moteurs (motricité gymnique ou créative) mais aussi sociaux, à travers le respect des autres très important pour eux, sans oublier des apprentissages méthodologiques liés à l'utilisation d'une vidéo pour revoir une prestation et la faire évoluer. Il est intéressant d'exploiter les ressources et manifestations artistiques locales dans la mesure où l'enfant aime s'identifier à une personne reconnue experte.
CA4	L'apprentissage de la reconnaissance des situations favorables de marque sera central pour permettre aux élèves de rentrer dans la dimension stratégique et tactique des activités en lien avec une plus grande compréhension. L'enseignant veillera à un engagement moteur efficace et maîtrisé par rapport aux partenaires, aux adversaires et à l'arbitre. Les rôles sociaux liés (joueur, arbitre, observateur, organisateur) seront d'ailleurs confiés et appris aux élèves afin de déclencher une compréhension et une acceptation des résultats des rencontres. Cela peut aussi être le lieu d'une co-éducation filles / garçons dans l'apprentissage du vivre ensemble par rapport à la puberté et l'exacerbation des différences.

Accompagnement	Repères pédagogiques : stabilisation des apprentissages
Programmer des enseignements sur le cycle	L'enseignant recherchera des contextes diversifiés et plus contraignants. Il prévoira différents rôles sociaux dans les APSA (arbitre, observateur...) pour faire comprendre la nécessité de la règle.
Élaborer un module d'apprentissage	Adapter la séquence aux contextes humains, matériels et locaux. Une fois l'APSA retenue, identifier « ce qu'il y a à apprendre » comme acquisitions prioritaires à partir des attendus de fin de cycle pour ensuite définir des repères de progressivité, véritables repères quantitatifs et qualitatifs de l'atteinte de la compétence. Enfin, définir les modalités d'évaluation de ladite compétence.
Concevoir une séance d'apprentissage	Le temps de pratique doit être conséquent et les processus d'apprentissage variés (par l'action, l'imitation, l'observation, la coopération, etc.). Un retour sur la séance est bénéfique pour construire les apprentissages.
Contribuer au Socle	Les élèves sont renseignés de leurs actions par des *feedbacks* ou des fiches (D2), le recours à la verbalisation (D1), les retours de leurs camarades (D3) qui sont des médias pertinents pour progresser.

2 Apprentissages, ressources et efforts physiques

A. Apprentissages et EPS

a. Repères sur l'apprentissage

L'apprentissage doit être situé par rapport au développement de l'enfant, à ses ressources et aux AP. L'apprentissage peut être défini sous plusieurs angles, d'une part comme produit (le fait d'avoir appris), d'autre part comme processus (le fait d'apprendre).

Dans le premier cas, on s'intéresse à **ce qui est appris** : des compétences, connaissances, savoirs, savoir-faire ou savoir-être, etc. Il existe d'ailleurs plusieurs types d'apprentissages : conceptuel ou notionnel, instrumental, moteur, etc. Conformément à ses finalités et objectifs, l'EPS participe à différents types d'apprentissages, moteurs, mais aussi notionnels ou conceptuels par exemple.

Dans le second cas, on se penche sur les **mécanismes en jeu** et l'apprentissage renvoie alors à une « modification stable du comportement ou des activités psychologiques, attribuables à l'expérience du sujet » (Jean-Pierre Changeux, *L'Homme neuronal*, Paris, Fayard, 1983). C'est-à-dire que l'apprentissage n'est pas dû à la croissance morphologique du sujet par exemple. Il en va de même pour l'apprentissage moteur pouvant être défini comme « un ensemble de processus associés à la pratique ou à l'expérience amenant un changement relativement permanent dans la capacité à répondre » (Richard A. Schmidt, *Apprentissage moteur et performance*, Paris, Vigot, 1993). Cette définition souligne une autre caractéristique importante : ces modifications s'inscrivent dans le temps et présentent un caractère durable et relativement systématique (Maurice Reuchlin, *Psychologie*, Paris, PUF, 1995). L'apprentissage n'est pas la modification de la conduite elle-même, mais les processus internes qui en sont à l'origine. L'apprentissage implique des modifications dans les structures internes, notamment cognitives, du sujet.

Pour résumer, l'apprentissage est un **processus** qui conduit à des **modifications de l'activité** du sujet, de **ses comportements**, de **ses conduites** ; il **résulte** d'une **activité**, d'une **expérience** du sujet ; ces modifications sont **durables** (sur des échelles de temps variables) et **systématiques** (selon une fréquence variable). Pour que l'individu apprenne, il faut donc qu'il soit placé dans des **situations**, mis face à des **problèmes nouveaux** face auxquels il n'a pas d'emblée de réponse adaptée.

APPLICATION 1

Illustrez différents types d'apprentissages.

→ Corrigé p. 95

b. EPS, activité physique et ressources

L'EPS vise le développement de compétences et de connaissances par l'intermédiaire de la pratique de diverses AP. Celles-ci mettent l'individu en contact avec des environnements particuliers. La **pratique** de ces **AP** permet de **solliciter** et de **développer** les **ressources** des élèves en les confrontant à des catégories de problèmes spécifiques.

Les ressources peuvent être définies comme des « classes de moyens très hétérogènes susceptibles d'interagir pour supporter le système des échanges entre le sujet et son environnement » (Bernard Boda et Michel Récopé, « Instrument d'analyse et de traitement de l'APS à des fins d'enseignement de l'EPS », *Revue EPS*, n° 231, 1991, pp. 56-59). Les ressources sont constituées des **connaissances**, **capacités**, **aptitudes**, etc., sur lesquelles repose la conduite d'un individu, un répertoire des pouvoirs d'un **sujet**.

Les ressources peuvent être classées de différentes manières. On peut distinguer par exemple des ressources **cognitives** (liées à l'utilisation de représentations mentales, à la prise et au traitement d'informations, à la mémorisation...), des ressources **motrices** (liées à la production d'un mouvement, d'énergie...). Certains auteurs différencient les ressources **motrices** (liées à la production du mouvement), **cognitives** (liées aux représentations mentales, aux connaissances, à la prise de décisions...), **perceptives** (liées à la prise d'informations), **affectives** (liées à la maîtrise des émotions) et **sociales** (liées aux relations établies avec les autres).

La pratique des AP **sollicite** les différentes catégories de **ressources** du sujet, mais de manière **spécifique**, en posant des **problèmes particuliers** de types moteur, énergétique, affectif, cognitif ou encore perceptif-décisionnel.

Les **sports collectifs** posent des problèmes d'opposition et de coopération, et sollicitent les ressources cognitives et informationnelles du sujet qui doit s'informer (informations visuelles) sur la situation qui se présente à lui pour choisir entre les alternatives s'offrant à lui (pour le porteur de balle : aller vers la cible avec la balle, faire une passe...). Elles sollicitent aussi les ressources motrices du sujet en relation avec les contraintes de déplacement (changer d'orientation de course, aller plus ou moins vite, d'où production d'une énergie variable...) et de manipulation de la balle (coordinations et dissociations segmentaires au niveau des membres supérieurs en handball, ou des membres inférieurs en football par exemple) liée au règlement et aux caractéristiques de la balle (en handball possibilité de prendre la balle dans une seule main).

La **course longue** sollicite aussi les ressources informationnelles et motrices, mais de manière différente. Le sujet doit être attentif aux informations proprioceptives (sensation du corps propre, qu'il soit à l'arrêt ou en mouvement) pour apprécier et réguler l'intensité de son effort, et se déplacer à l'aide d'une foulée la plus économe possible impliquant une technique efficace (bien dérouler la cheville, coordonner les membres inférieurs et supérieurs…).

En **gymnastique**, l'élève doit également utiliser des informations proprioceptives, à la fois celles qui renseignent sur son état d'équilibre (pour se réceptionner de manière équilibrée après une impulsion sur un tremplin par exemple) et celles qui renseignent sur la position des différentes parties du corps dans l'espace (garder les jambes tendues lors d'une roue), en même temps que des informations visuelles (pour sauter sur un mouton par exemple). La gymnastique sollicite également les ressources motrices par des dissociations segmentaires (entre les deux bras lors d'une roue par exemple), de coordinations segmentaires (lors d'une impulsion vers le haut par exemple), et la production d'efforts brefs mais pouvant être intenses (ex. : saut par dessus mouton).

Par ailleurs, les ressources affectives jouent également un rôle central lors de la pratique des AP. Comme l'a montré Parlebas, l'affectivité est la clé des conduites motrices. Ainsi, chaque AP sollicite potentiellement les différentes catégories de ressources du sujet, mais de façon singulière.

Mais les apprentissages relevant du développement de telle ou telle ressource ne doivent pas être appréhendés de manière isolée, car ces **ressources** sont en **interaction**. En basket-ball, la prise d'informations repose sur un déplacement de tout ou partie du corps (pour voir un partenaire, la cible, le ballon…). De même, le déplacement en dribble avec la balle repose sur la prise et l'utilisation d'informations visuelles et proprioceptives (informations vestibulaires sur son équilibre, tactiles sur la balle…). La capacité à produire un effort physique intense implique une motivation de la part du sujet.

Les **ressources** en jeu dans la pratique d'une AP permettent de mieux **comprendre l'activité** de l'élève, et les **difficultés** qu'il rencontre durant ses **apprentissages**. Le **comportement** renvoie à la **manifestation visible**, objective, de l'activité du sujet. Prenons une situation en natation où l'élève doit, à partir du bord, pousser contre le mur avec ses pieds pour glisser tout droit vers l'avant le plus loin possible en ayant la tête sous l'eau. Le comportement de l'élève peut être le suivant : il pousse et dévie à droite. **La conduite motrice** désigne **l'organisation signifiante du comportement** (Parlebas, 1985), son sens, ses causes. Un comportement peut renvoyer à différentes sources, explications et conduites motrices.

Dans notre exemple en **natation**, l'élève peut avoir des difficultés pour pousser avec une même intensité sur ses deux jambes (problème moteur). Il peut avoir placé ses pieds sur le mur de manière non symétrique (pieds décalés, ou un pied posé à plat et l'autre non), ce qui oriente la poussée et peut être lié à de mauvaises prises d'informations tactiles, ou à une mauvaise représentation de la tâche (il faut avoir les pieds à plat pour bien pousser et ne pas glisser).

Lors d'un jeu de **lutte** debout en un contre un, un élève peut rester éloigné de son adversaire en gardant les bras tendus (comportement) parce qu'il a peur du contact mais aussi parce qu'il n'a pas compris l'importance de se rapprocher de l'autre pour pouvoir le déséquilibrer (conduite motrice).

Lors d'une situation de match en **basket-ball**, l'élève porteur de balle peut dribbler en regardant constamment vers le sol (comportement) car il est centré sur la possession de la balle, mais aussi car il est incapable de contrôler la balle uniquement grâce à des repères tactiles et à la vision périphérique (il utilise donc la vision centrale).

Lors d'une **roulade avant**, un élève peut dévier vers la droite parce qu'il n'a pas poussé de manière identique sur ses deux jambes ou qu'il n'a pas enroulé son dos correctement. Il peut être incapable de se relever parce qu'il n'a pas compris qu'il fallait ramener les talons près des fesses, ou qu'il est incapable de le faire au bon moment (coordinations segmentaires).

Si **les ressources** sollicitées sont utiles pour comprendre les problèmes rencontrés par les élèves et les obstacles aux apprentissages, elles gagnent aussi à être interrogées en relation avec des **cadres d'analyse** propres aux activités physiques, sportives et artistiques (**APSA**). Par exemple, les activités aquatiques et nautiques posent au pratiquant quatre problèmes fondamentaux : informationnels, respiratoires, de propulsion et d'équilibration. Chaque problème peut être interrogé à travers les ressources mobilisées par l'élève. Un problème respiratoire (l'élève sort systématiquement la tête en dehors de l'eau pour expirer) peut être dû à des problèmes affectifs (peur de l'eau), cognitifs (mauvaise connaissance du milieu aquatique), moteurs (ne souffle pas dans l'eau).

APPLICATION 2

En quoi la pratique de la course de durée et de la gymnastique sollicitent-elles de façon différente les ressources motrices ?

→ Corrigé p. 95

c. EPS, activités physiques et efforts physiques

Toute activité physique implique une production d'**énergie** à partir de **filières**, permettant différents types d'efforts. Elles se différencient notamment par l'utilisation ou non d'oxygène. La filière **aérobie** utilise l'oxygène respiré par l'individu, contrairement aux filières **anaérobies**. La filière **anaérobie lactique** produit de l'acide lactique, contrairement à la filière **anaérobie alactique**. L'acide lactique est le produit des réactions chimiques propres à la filière anaérobie lactique. Il se dissout dans le sang et les muscles. Son accumulation conduit à la nécessité de diminuer, voire d'arrêter l'effort. Plusieurs paramètres définissent ces filières :

- la **quantité d'énergie maximale** qu'elles sont capables de fournir à l'individu par unité de temps. C'est la **puissance**, comparable au débit d'un robinet par exemple, qui peut seulement être maintenue pendant un certain temps ;
- la **quantité totale d'énergie** qu'elles sont capables de fournir en lien avec la durée de l'effort. C'est la **capacité**, comparable à la taille d'un réservoir d'eau par exemple ;
- la **période** durant laquelle la filière peut fonctionner (dépendante des paramètres précédents) ;

– le **délai** à partir duquel la filière peut fonctionner à intensité maximale.

Le tableau suivant présente ces filières pour un sujet adulte. La puissance anaérobie alactique est supérieure à la puissance anaérobie lactique, elle-même supérieure à la puissance aérobie. On peut associer ces filières à des **qualités physiques**.

	Anaérobie alactique	Anaérobie lactique	Aérobie
Délai de mise en route	immédiat	15 à 20 secondes	environ 2 minutes
Puissance	jusqu'à 7 secondes	jusqu'à 30 à 45 secondes	entre 3 et 10 minutes
Capacité	Jusqu'à 15 à 20 secondes	2 à 3 minutes	Théoriquement illimité
Qualité physique	puissance	résistance	endurance

Dans chaque filière, l'individu peut fournir un effort variable, en référence à une intensité maximale individuelle, comme la puissance maximale aérobie (PMA). Il peut courir par exemple à 70 ou 100 % de sa PMA. Lors d'un effort aérobie, la fréquence cardiaque est également un indicateur de l'intensité de l'effort, en référence à la fréquence cardiaque (FC) maximale de l'individu. La FC max théorique peut être estimée pour un adulte à 207 – (0,7 × l'âge) (Gellish *et al.*, 2007).

La faculté à produire de l'énergie à partir de ces filières dépend de plusieurs paramètres, dont l'**âge** (donc le niveau de développement du sujet) et l'**entraînement**. Les outils métaboliques des enfants ne leur permettent pas de solliciter fortement la filière lactique. Par contre, les enfants atteignent 100 % de la filière aérobie plus rapidement (au bout d'une minute environ) qu'un adulte (environ 2 minutes), ce qui permet de leur proposer un effort aérobie intense. Des débats ont cours dans les communautés scientifiques et éducatives sur la possibilité ou non de faire réaliser des efforts de type lactiques aux enfants à l'école primaire. Quoi qu'il en soit, il convient d'adapter la nature, l'intensité et la durée des efforts aux capacités et caractéristiques développementales des élèves. Par ailleurs, les programmes d'EPS et ressources institutionnelles privilégient des efforts intenses et brefs, ou modérés et prolongés, comme en courses athlétiques. Les ressources Éduscol donnent des repères précis en la matière. Un entraînement permet de développer la puissance et la capacité d'une filière, mais la performance augmente surtout à partir de l'âge de 5 ans.

Toutes les APSA ne sollicitent pas les mêmes filières, mais plusieurs filières sont souvent en jeu conjointement. Certaines AP sollicitent principalement la puissance ou la capacité d'une **filière**. Pour la puissance anaérobie alactique, citons les courses (de vitesse, durant moins de 20 secondes), sauts et lancers athlétiques, ou un saut en gymnastique. La capacité aérobie est sollicitée chez un enfant qui court par exemple 12 minutes à allure régulière. Beaucoup d'APSA sollicitent des efforts mixtes, sollicitant plusieurs filières, par exemple les sports collectifs et de combat. Une erreur fréquente consiste à déterminer les filières en jeu uniquement à partir d'un critère, comme le temps d'effort. Mais il faut tenir compte **simultanément** des **paramètres** suivants :

- le **type** d'effort : continu (intensité constante) ou intermittent (variations d'intensité, voire alternance d'efforts et de repos) ;
- l'**intensité** de l'effort au regard des possibilités du sujet ;
- la **durée** totale de l'effort ;
- le niveau de **développement** et d'**entraînement** du sujet.

B. Les apprentissages moteurs en EPS

a. Définitions et repères théoriques

La conception en EPS de SA adaptées implique des connaissances sur les apprentissages moteurs. Ce domaine a vu se développer plusieurs théories, concepts et connaissances, trop nombreux pour pouvoir en proposer ici une synthèse (voir par exemple Richard A. Schmidt, 1993, *op. cit.* ; ou Patrick Fargier, *EPS et apprentissages moteurs*, Paris, Vigot, 2006). Les repères suivants visent néanmoins à aider l'enseignant à optimiser son enseignement.

Si les **apprentissages moteurs** relèvent de principes transversaux aux différents types d'apprentissages, ils présentent des **particularités** susceptibles d'influer sur l'activité didactique de l'enseignant. De par leur nature motrice, les savoirs en jeu dans la pratique d'une AP sont de nature différente que ceux impliqués dans l'acquisition de notions ou concepts fondant la plupart des disciplines scolaires.

Mais il existe diverses **théories** de l'apprentissage moteur. Les théories **cognitivistes**, influencées par les théories du traitement de l'information, expliquent l'apprentissage moteur sur la base de l'utilisation par le sujet de représentations mentales. Ce modèle accorde une grande importance dans l'apprentissage aux *feed-back* (informations en retour) et à la connaissance du résultat à l'issue de, voire pendant, l'action. L'apprentissage aboutit en particulier à la construction de programmes moteurs. Il en découle des procédés pédagogiques tels l'observation, le questionnement, la réflexion, la verbalisation.

Les théories dites « **écologiques** » mettent quant à elles l'accent sur les informations prises et utilisées par le sujet dans son environnement. Mouvement et perception sont liés. Les apprentissages moteurs s'effectuent à travers les régulations des structures motrices du sujet compte tenu de l'environnement. Les procédés pédagogiques privilégiés ici centrent l'attention des élèves sur les informations qu'ils extraient de l'environnement et qu'ils utilisent.

b. Repères sur les conditions d'apprentissage

Plus largement, l'enseignant doit s'interroger sur les conditions d'apprentissage à instaurer, selon des **critères quantitatifs** et **qualitatifs**.

Il faut tout d'abord insister sur l'importance de la **quantité de pratique** physique des élèves. Les apprentissages moteurs s'inscrivent dans un processus généralement long et coûteux. L'apprentissage d'une nouvelle habileté nécessite une grande quantité de pratique. Les conditions d'apprentissage instaurées doivent donc laisser le temps d'expérimenter une situation, de s'exercer autour d'une même habileté motrice, sans pour autant lasser l'élève. La SA résulte en effet de plusieurs variables en interaction, dont les effets peuvent être divergents, voire contradictoires. Une **variable** favorisant l'apprentissage moteur (la répétition d'une même tâche) peut entraîner une lassitude et ainsi faire baisser la motivation des élèves (condition nécessaire aux apprentissages). L'enseignant doit donc faire des **choix** et trouver les meilleurs **compromis**.

Mais la quantité de pratique n'est pas suffisante pour autoriser ou optimiser les apprentissages moteurs. Il est utile d'interroger en particulier deux paramètres qualitatifs : les **informations** dont dispose l'élève et les **conditions de la pratique**.

Les informations

Il existe deux grands types de *feed-back* : la **connaissance du résultat** concernant le produit (ai-je réussi ou pas un tir en basket-ball ?) et la **connaissance de la performance** concernant la manière dont on s'y est pris (ai-je produit une trajectoire tendue ou en cloche lors de mon tir ?).

D'une manière générale, il est possible de dire que la connaissance du résultat favorise les apprentissages moteurs. La compétence générale n° 2 de l'EPS (« S'approprier seul ou à plusieurs par la pratique, les méthodes et outils pour apprendre ») consiste justement à apprendre par essai-erreur en utilisant les effets de son action (à partir du C2). La connaissance de la performance peut également être bénéfique. Tout dépend des processus d'apprentissage privilégiés, des théories de référence, des habiletés concernées et du niveau de développement des élèves (en lien avec les capacités d'abstraction et attentionnelles des élèves).

Les **habiletés motrices** impliquées dans les AP diffèrent des actions réflexes en ce sens qu'elles sont « **programmées** » à partir d'une intention du sujet. Les théories cognitivistes expliquent que le sujet planifie les différents **paramètres spatiaux et temporels** du **mouvement** (pour la trajectoire de lancer d'un objet : moment, intensité, vitesse, hauteur, profondeur). En fonction de la réussite ou de l'échec de l'action, le sujet peut mémoriser ou réorganiser ses réponses. Les SA doivent alors permettre aux élèves de formuler, d'expérimenter, de réajuster des projets d'action en tenant compte des conditions d'enseignement, mais aussi de leur niveau de pratique et de développement. Cette démarche permet de contribuer au socle commun (domaine 2 : « Les méthodes et outils pour apprendre »), notamment à travers le développement de la compétence générale d'EPS n° 2 : « S'approprier seul ou à plusieurs par la pratique, les méthodes et outils pour apprendre ». Au C2, il s'agira en particulier d'apprendre à planifier son action avant de la réaliser. Au C3, il s'agira d'apprendre par l'action, l'observation, l'analyse de son activité et celle des autres.

Il faut bien sûr aussi tenir compte du niveau et des possibilités des élèves, comme des caractéristiques des AP et des conditions d'enseignement et d'apprentissage. Dans nombre d'AP et de SA, l'élève dispose d'emblée de la connaissance du résultat. Il lui est par contre plus difficile, sinon impossible, d'accéder à la connaissance de la performance sans l'aide d'un observateur. En EPS, l'action motrice ne laisse pas de trace figée dans le temps, comme dans d'autres disciplines (un texte, par exemple). Or l'enseignant ne peut observer tous ses élèves en même temps, et ces derniers n'ont généralement pas le niveau requis pour observer correctement la connaissance de la performance. De même, l'élève ne sait pas forcément utiliser correctement la connaissance du résultat et/ou la connaissance de la performance. Les programmes d'EPS préconisent d'ailleurs dans la compétence générale n° 2 que l'élève apprenne par l'analyse de son activité et de celle des autres. Le rôle d'observateur de l'élève peut donc être particulièrement important et l'enseignant devra choisir les informations utiles aux élèves et celles qu'ils devront utiliser. En suivant le cadre de la « tâche motrice » (Jean-Pierre Famose, *Apprentissage moteur et difficulté de la tâche*, INSEP, 1990), chaque SA doit alors présenter un but et un **critère de réussite**. Mais la réussite d'une tâche ne garantit pas l'apprentissage. On estime qu'un apprentissage implique un **taux de réussite significatif**, par exemple 7 à 8 fois sur 10.

Les conditions de pratique

Un second paramètre concerne les **conditions de pratique** d'une habileté motrice. Parmi celles-ci, on différencie la pratique en « **standard** » d'une pratique en « **variabilité** », selon que les paramètres du mouvement sont identiques ou non entre plusieurs essais.

Un mouvement est déterminé par des paramètres spatiaux (orientation, amplitude) et temporels (vitesse, accélération). Les conditions optimales de l'apprentissage dépendent donc de plusieurs facteurs, et notamment du type d'habileté (ouverte ou fermée) concerné et des stades de l'apprentissage moteur :

- les **habiletés fermées** sont réalisées dans un environnement stable, sans incertitude (gymnastique par exemple) ;
- les **habiletés ouvertes** présentent une incertitude liée au milieu physique (escalade en milieu naturel par exemple) et/ou humain (jeux de lutte par exemple).

Par ailleurs, les théories cognitivistes de l'apprentissage ont dégagé trois stades dans les apprentissages moteurs (Schmidt, 1993, *op. cit.*) : cognitif, moteur, autonome. Les conditions de pratiques optimales varient selon ces stades et le type d'habilité motrice. Prenons un exemple d'habileté ouverte comme le tir, importante dans les sports collectifs. L'élève doit mettre en jeu cette habileté dans des conditions environnementales variables (distance et orientation par rapport à la cible, tir à l'arrêt ou en mouvement...). Pour que l'élève comprenne la tâche et construise une approximation de réponse efficace (premier stade de l'apprentissage moteur : **stade cognitif**), il est préférable de le placer dans un premier temps dans des conditions de pratique standard. Une fois ce stade atteint, et pour construire une habileté efficace dans un environnement varié (**stade moteur**), il est pertinent d'introduire une variabilité dans la pratique. Ici l'élève devra par exemple tirer à des distances et à des angles différents par rapport à la cible, à des vitesses variées, en mouvement, etc. L'automatisation des réponses efficaces (**stade autonome**, l'attention peut se détacher de la réalisation motrice) implique une grande quantité de pratique, reposant sur différentes conditions de pratiques et informations à disposition de l'élève.

APPLICATION 3

Illustrez différentes conditions de pratique d'une habileté motrice ouverte, comme le tir en basket-ball.

→ Corrigé p. 95

3 Repères didactiques et pédagogiques sur l'enseignement de l'EPS

L'enseignement de l'EPS doit être programmé sur chaque année de chaque cycle, sur les différentes périodes scolaires, et sur l'emploi du temps hebdomadaire. Ce travail réalisé au sein de l'équipe pédagogique de l'école prend la forme d'une **programmation**. L'enseignement de chaque AP s'effectue dans le cadre d'une unité d'apprentissage (**UA**)[2], elle-même composée de plusieurs séances. Une **séance** se compose, elle aussi, de différentes parties aux objectifs distincts :

- **mise en train** (préparation de l'organisme aux efforts et apprentissages de la séance) ;
- **corps de séance** (apprentissages liés à l'objectif ou au thème de la séance) ;
- **retour au calme** (récupération suite aux efforts physiques voire psychologiques fournis, transition avec les autres temps de la journée scolaire, voire un bilan de la séance).

L'enseignant doit bien sûr **préparer** en amont ces différentes étapes et phases de l'enseignement, et faire des **bilans** intermédiaires pour réguler le cas échéant son projet éducatif (bilan de séance par exemple). L'**évaluation** (initiale, formative) joue un rôle essentiel dans la conception de l'enseignement, et sa régulation.

L'enseignement de l'EPS est conçu sur plusieurs **échelles et niveaux**. L'enseignant conçoit son action éducative en mettant en relation et en prenant en compte **simultanément** différents **paramètres essentiels** :

- les besoins éducatifs des enfants : en lien avec leur âge, caractéristiques développementales, vécu, compétences et connaissances en EPS et dans les AP ;
- les orientations fixées par les textes officiels (TO) (programmes, *B.O.*) : notamment en termes de finalités et d'objectifs poursuivis, de compétences à atteindre, d'AP à enseigner etc. ;
- les AP : en lien avec leur nature, les problèmes qu'elles permettent de poser aux élèves, les ressources sollicitées, les enjeux éducatifs… ;
- les contraintes, possibilités et ressources pédagogiques locales (notamment les infrastructures, les partenariats possibles, etc.) ;
- le projet d'école ;
- les connaissances relatives à l'enseignement.

La conception de l'enseignement de l'EPS s'étend de la programmation sur un cycle à la programmation annuelle, hebdomadaire et journalière, aux UA, séances et situations d'apprentissages (SA), mais va aussi des objectifs aux contenus d'enseignement proprement dits.

2. Nous choisissons cette terminologie, tout en précisant que d'autres expressions sont utilisées dans les différents textes officiels (programmes par exemple) et ressources disponibles sur le site Éduscol notamment : séquence, module d'apprentissage, unité d'enseignement, ou encore cycle. Le principal étant de bien savoir quel sens nous attribuons aux termes utilisés.

A. Programmation de l'EPS et des AP

L'enseignement de l'EPS est planifié dans le temps au moyen d'une **programmation** des **AP** sur les trois **cycles** de l'école primaire, sur chaque **année scolaire** en lien avec les différentes **périodes** scolaires et le **projet d'école**, sur la **semaine** et sur la **journée** (horaires).

La programmation de l'EPS implique de choisir le nombre d'AP pratiquées et d'unités d'apprentissage (UA) par an, ainsi que la durée de chaque UA (celle-ci pouvant varier d'une période à une autre). Le nombre d'AP programmées peut varier entre le C1 et le C3, en lien avec le nombre d'heures et de séances d'EPS par semaine, et la durée des UA. Avec une moyenne de 3 heures hebdomadaires aux C2 et C3, généralement réparties en deux séances par semaine, et 5 périodes scolaires qui découpent souvent l'année en lien avec les vacances scolaires, on peut par exemple proposer 10 AP sur une même année si on change d'AP à chaque période scolaire. Les AP sont choisies en fonction des prescriptions des programmes, des besoins éducatifs des élèves, des contraintes locales en termes d'infrastructures et de ressources humaines, des contraintes météorologiques. Les AP gagnent à être programmées en fonction des objectifs éducatifs assignés à l'EPS au plan institutionnel. Les horaires des séances doivent être adaptés aux rythmes biologiques des enfants. Il est préférable d'éviter par exemple une séance en début de matinée, une séance en tout début d'après-midi juste après le repas.

En maternelle, les AP sont à programmer de façon à couvrir les quatre objectifs et à atteindre les six attendus en fin de cycle. En maternelle, une séance quotidienne doit être proposée, et il est pertinent de varier les AP sur une même semaine afin de varier les expériences motrices des enfants et les apprentissages visés.

Au C2 et au C3, il est nécessaire de couvrir les quatre champs d'apprentissage de l'EPS sur chacun des cycles. Si l'on suit les principes proposés dans les fiches ressources Éduscol relatives à l'EPS au C2, il n'est pas forcément nécessaire de couvrir chaque année ces quatre champs d'apprentissage. Par contre, pour chaque champ d'apprentissage, plusieurs AP doivent être programmées. L'enseignant doit alors choisir les AP présentant la plus grande **pertinence et cohérence éducative** (voir par exemple la fiche ressource Éduscol : « Concevoir une organisation de l'EPS pour les trois années du cycle 2 », et la fiche ressource Éduscol : « Le projet EPS au cycle 3 »). Dans le cadre du respect des programmes, la répartition des horaires hebdomadaire peut être diverse. La fiche ressources Éduscol « Le projet EPS au cycle 3 » propose une démarche pour programmer les AP en deux temps, qui peut s'appliquer également au C2 : déterminer le nombre d'UA à proposer sur les 3 ans du cycle en lien avec les quatre champs d'apprentissage, puis répartir les AP (en lien avec les champs d'apprentissage correspondants) sur chaque année et les différentes périodes scolaires. Cela permet une vision d'ensemble et une cohérence sur l'ensemble du cycle, chaque année et période scolaire. Dans les exemples fournis dans la fiche ressource Éduscol précitée, les quatre CA sont couverts chaque année, et des CA différents sont proposés le cas échéant sur une même période scolaire (ce qui conduit à deux AP différentes pratiquées chaque semaine).

APPLICATION 4

Une école programme l'EPS en classe de CP sur cinq périodes scolaires et deux séances hebdomadaires selon la répartition suivante :

	Période 1	Période 2	Période 3	Période 4	Période 5
Séance 1 de la semaine	Activités athlétiques	Jeux de lutte	Natation (savoir nager)	Natation (savoir nager)	?
Séance 2 de la semaine	Jeux collectifs traditionnels	Activités athlétiques aménagées	?	Jeux collectifs avec ballon	Parcours d'orientation

Ce tableau a été réalisé à partir d'un exemple proposé dans la fiche ressource Éduscol : « Concevoir une organisation de l'EPS pour les trois années du cycle 2 ».

Quelle(s) AP choisiriez-vous pour compléter le tableau afin de proposer une programmation équilibrée, cohérente et pertinente, en particulier du point de vue des champs d'apprentissage de l'EPS ?

→ Corrigé p. 95

B. Analyse et transposition didactique des AP en EPS

a. Analyse didactique des AP

Des analyses didactiques ont été réalisées à l'échelle de nombreuses activités afin d'en faciliter l'enseignement (voir par exemple AEEPS, 1995 ; *op. cit.*). Malgré certaines différences au sein de ces propositions, on distingue généralement un ensemble de rubriques articulées entre elles :

- une **définition** de l'AP : elle est importante pour situer la nature de l'activité. Cette définition est liée à la **logique interne de l'AP** (en référence aux travaux de Parlebas), en lien avec le règlement (lorsqu'il existe) : elle permet de comprendre l'essence, la spécificité de l'activité ;
- les **problèmes fondamentaux** posés par l'activité (en lien avec les travaux de Parlebas notamment) analysés souvent en termes de contradictions essentielles à résoudre par le pratiquant : ils sont au cœur de la pratique, quel que soit le niveau de pratique considéré ;
- les **ressources** sollicitées : liées à la logique interne et aux problèmes fondamentaux, elles déterminent les problèmes posés aux/rencontrés par les élèves, et orientent les apprentissages et les compétences que l'on peut développer ;
- les **enjeux éducatifs** : ce que l'élève a à gagner à travers la pratique de l'AP ; ces enjeux sont liés aux finalités et objectifs de l'EPS, et plus largement de l'école ;
- les **niveaux de pratiques** : ils permettent d'identifier des axes de progrès (pour l'élève) et des progressions (pour l'enseignant) au fil de la scolarité.

Certaines de ces rubriques sont illustrées en partie 2, en lien avec les différentes AP ou familles d'AP traitées.

b. Transposition didactique des AP en EPS

Les AP constituent à la fois le moyen éducatif voire également l'objet de l'EPS. Se pose alors la question de la transposition didactique de cet objet culturel en EPS. En effet, la culture représentée par les AP ne peut être enseignée ni totalement ni telle quelle à l'école. De plus, les AP pratiquées par les élèves doivent être adaptées aux caractéristiques développementales, au niveau de pratique des élèves et aux visées éducatives. Le concept de **transposition didactique** répond à ces questions.

Nous le définissons sommairement ici comme « le travail qui d'un objet de savoir à enseigner en fait un objet d'enseignement » (Yves Chevallard, *La Transposition didactique*, Grenoble, La Pensée sauvage, 1975). Plus largement, il s'agit d'étudier le **passage** de l'**objet de savoir** à l'**objet à enseigner** et à l'**objet d'enseignement**. La transposition didactique ne peut être envisagée de la même manière dans toutes les disciplines scolaires, car l'objet du savoir présente des origines et des caractéristiques variées. En EPS, contrairement à ce qui se produit dans les disciplines scientifiques comme les mathématiques, la transposition didactique ne conduit pas généralement à passer d'un savoir savant à un objet d'enseignement. Comme d'autres disciplines technologiques ou praxiques, les savoirs de l'EPS sont issus principalement de **pratiques sociales de référence** constituées ici par les **AP**. Les **références** de l'EPS pouvant se traduire en **objets d'enseignement** (OE) sont multiples et sources de savoirs variés.

Les AP donnent lieu à des **savoirs techniques**, **scientifiques**, **professionnels** et, plus largement, culturels. Au-delà du **choix** à opérer au sein des différentes **AP** se posent les questions du **choix** et de l'**adaptation** de ces différents savoirs. La transposition didactique des AP est orientée par les programmes, mais le maître participe aussi à ce processus.

Dans tous les cas, il s'agit de tenir compte de plusieurs contraintes. D'une part, les **savoirs** à enseigner doivent être **proches des réalités sociales et culturelles** pour présenter une utilité sociale présente et future. En même temps, nous avons vu plus haut que la dimension **culturelle** des AP n'était valorisée en tant que telle dans les programmes qu'à partir du C2 et du C3. Ainsi, il est possible de prendre plus de distance avec la logique interne de l'AP au C1. D'autre part, il faut assurer une **adéquation des savoirs aux élèves** pour leur conférer une valeur éducative, **une pertinence et une légitimité** au sein du système éducatif. La transposition didactique des AP conduit à des **formes de pratique physique** adaptées de ces activités aux élèves scolarisés. Si l'on vise une représentativité culturelle des savoirs, cette adaptation scolaire doit alors préserver la logique interne de l'AP, faute de quoi on perdrait l'essence de ses fondements culturels.

S'il est important de conserver certaines règles essentielles de l'AP pour préserver sa spécificité (par exemple, en football, ne pas pouvoir attraper la balle avec les mains sauf quand on est gardien), il est recommandé de **faire varier les contraintes spatiales, temporelles ou encore sociales de la pratique de l'AP pour adapter les ressources sollicitées aux possibilités des élèves** et aux savoirs visés. De par le rapport évolutif que l'EPS entretient avec les AP en tant que pratiques culturelles entre le C1 et le C3, la transposition didactique des AP diffère selon le cycle d'enseignement envisagé.

La transposition didactique peut être réalisée en adaptant les règles de l'AP et en jouant sur des **variables didactiques** (VD). Celles-ci permettent de faire varier le processus didactique selon la construction par l'enseignant des contenus ou leur appropriation par les élèves. Les VD dépendent des caractéristiques des AP, mais on peut identifier de grandes catégories communes :

- **l'espace** (taille, zones interdites, obligatoires...) ;
- **le temps** (plus ou moins long, temps forts...) ;
- **les autres** (rôles, pouvoirs attribués...) ;
- **le corps** (parties à utiliser ou pas...) ;
- **les règles** (actions interdites, obligatoires...).

La transposition didactique des AP permet de proposer à l'échelle d'une même AP différentes formes de pratique et **situations repères** (permettant d'évaluer les compétences que l'on veut développer chez les élèves).

APPLICATION 5

Quels sont les principaux paramètres transversaux aux AP qui permettent de réaliser la transposition didactique des AP ?

→ Corrigé p. 96

C. Définition des objectifs et des contenus d'enseignement

Afin d'aller plus loin dans la réflexion didactique engagée plus haut, nous situons ici la réflexion à l'échelle de l'UA qui organise l'enseignement de chaque AP enseignée en EPS.

a. Définition des objectifs

L'enseignant doit définir les objectifs éducatifs poursuivis à l'échelle de l'UA et des différentes SA composant les séances. Les objectifs doivent permettre d'identifier les **compétences** que l'on cherche à développer chez les élèves dans l'AP concernée – donc le savoir-faire en jeu – et la situation dans laquelle il est requis.

Il est également important de déterminer les **connaissances** et les **attitudes** que l'on souhaite développer chez les élèves. Aux C2 et C3, en conformité avec les programmes, les objectifs de l'enseignant doivent concerner non seulement l'EPS et l'AP concernées, mais aussi le socle commun et les compétences générales de l'EPS. Ces deux niveaux d'objectifs ne doivent pas être appréhendés isolément, mais de façon conjointe.

Aux C2 et C3, les compétences retenues doivent être définies en lien avec trois dimensions : **motrices**, **méthodologiques** et **sociales**, comme indiqué dans les programmes. Pour illustration, nous renvoyons le lecteur aux fiches ressources proposées par Éduscol, en particulier celles intitulées « Concevoir un module d'apprentissage en EPS » et « Concevoir une séance d'EPS ». Plus largement, il est utile de préciser que la qualité de l'enseignement dépend de la cohérence et de la pertinence des objectifs, dont le nombre doit être adapté au contexte d'enseignement. Une tendance souvent constatée chez les enseignants qui débutent dans le métier consiste à vouloir poursuivre trop d'objectifs à la fois ou au regard de la durée d'une UA. Il est préférable de viser moins d'objectifs, mais des objectifs que l'on pourra atteindre.

b. Définition des contenus d'enseignement

Ces compétences gagnent ensuite à être traduites en termes de contenus d'enseignement (CE), afin que l'enseignant identifie précisément ce qu'il va enseigner, et ce que vont apprendre les élèves. Les CE désignent les **différents savoirs pratiques et théoriques** à **apprendre et intérioriser** par les **élèves** pour acquérir la **compétence visée**, et **transformer** par conséquent leurs **conduites motrices**. Les CE sont donc situés au plus près de l'**activité de l'élève**, que celle-ci soit de nature motrice, cognitive, perceptive, décisionnelle ou affective.

Les CE peuvent alors être formulés **en lien avec les ressources sollicitées**. Pour une compétence à l'échelle de l'AP, comme une roulade avant en gymnastique, on peut ainsi distinguer des CE moteurs, cognitifs, affectifs, sociaux, méthodologiques, etc. Pour une compétence générale, on peut également distinguer différents CE liés à diverses ressources. Pour assumer le rôle spécifique d'observateur par exemple, on peut distinguer des contenus affectifs (accepter ce rôle...), cognitifs (savoir ce qu'il faut observer...), perceptifs (être capable de relever des informations pertinentes...), sociaux (communiquer de façon adaptée avec son camarade de classe...), moteurs (se déplacer pour être placé à un endroit adapté à l'observation), etc.

Un CE moteur peut être formulé en termes d'actions motrices à réaliser, mais elles sont généralement à appréhender en relations les unes avec les autres, et non de façon isolée. Par exemple, pour réussir une roulade avant sur un tapis horizontal avec un départ accroupi (au CE1), l'élève doit en même temps pousser sur ses jambes vers l'avant, poser ses mains au sol, et enrouler la nuque et le dos pour basculer vers l'avant.

Une même compétence implique donc potentiellement plusieurs CE de différentes natures. Sur l'exemple précédent, il faut également intégrer éventuellement un CE affectif : accepter la bascule avant et la perte de ses repères habituels. Mais, selon les difficultés des élèves, une même compétence nécessitera l'intériorisation de **CE différents**. Dans l'exemple précédent, certains élèves auront du mal à rouler vers l'avant dans l'axe et pourront dévier à droite ou à gauche, d'autres encore ne parviendront pas à se relever. Dans le premier cas, il faut prévoir des CE moteurs et perceptifs permettant à l'élève aussi bien de pousser de façon identique sur ses deux jambes, que de fléchir la nuque dans l'axe du corps (s'il tourne la tête il risque de dévier latéralement). Dans le second cas, il faut prévoir un CE permettant, durant la rotation, de ramener ses talons vers les fesses et de tirer ses épaules et bras tendus vers l'avant. Si un élève roule plat dos, il devra intégrer des CE moteurs et perceptifs permettant d'enrouler le dos durant la rotation. Rappelons que la réalisation d'un mouvement implique généralement la prise en compte d'informations proprioceptives. En gymnastique, pour réaliser un appui tendu renversé (ATR – équilibre) au CM2, l'élève doit « tirer » la jambe arrière vers le haut en la gardant tendue, et en même temps fléchir la jambe avant et poser les mains au sol. Comme il ne peut pas voir la jambe arrière, la réalisation de l'action implique la prise en compte de repères proprioceptifs relatifs à la position de ce segment dans l'espace.

La formulation des CE par l'enseignant va donc l'aider à **concevoir** des SA adaptées et à **réguler** l'apprentissage durant les séances. Lors de la réalisation d'une roulade arrière, des élèves peuvent avoir peur d'aller dans l'espace arrière (espace invisible), d'autres peuvent accepter de basculer vers l'arrière mais, une fois sur le dos, n'arrivent pas à se relever à cause d'une mauvaise pose des mains par exemple. Selon les cas, les **remédiations** de l'enseignant ne seront pas les mêmes. Dans le premier cas, on pourra proposer un **aménagement du milieu** permettant une hauteur de rotation moins élevée (l'élève est en boule, accroupi). Dans le second cas, on pourra donner une **consigne verbale** à l'élève relative à la pose de ses mains (« mains aux oreilles, les doigts vers l'arrière »). La connaissance des CE est donc aussi une condition essentielle à la mise en place d'une **pédagogie différenciée**.

D. Formes et fonctions des évaluations en EPS

À l'image des autres disciplines, l'enseignement de l'EPS prend potentiellement appui sur différents types d'évaluations aux statuts et fonctions variés. La spécificité de l'EPS influe toutefois sur les outils et/ou critères d'évaluation. De plus, la spécificité des cycles peut également influer sur l'évaluation. Notons en particulier le rôle de l'évaluation positive en maternelle, même si elle est importante de façon plus générale à l'école.

a. L'évaluation diagnostique

L'évaluation **diagnostique** situe le niveau initial des élèves au début d'une UA. Elle est réalisée généralement au moyen d'une situation repère (SR) ou d'une forme de pratique adaptée au niveau des élèves et aux orientations des programmes. Dans certains cas, il n'est pas possible de réaliser une évaluation diagnostique. C'est le cas notamment lorsque les élèves ne peuvent s'engager d'emblée dans une SR, soit parce qu'ils n'ont pas le niveau de compétence ou de connaissance requis (élèves débutants dans l'AP, comme en natation ou en escalade par exemple pour l'assurage), soit que la SR est trop complexe pour qu'ils puissent s'y engager d'emblée. À l'école primaire, il est ainsi fréquent de débuter l'UA par une phase de familiarisation qui précède l'évaluation diagnostique mais qui permet aussi aux élèves de se familiariser avec l'AP, et/ou certaines règles de fonctionnement et de sécurité, et/ou d'apprendre des prérequis à la SR.

b. L'évaluation terminale

L'évaluation **terminale** (ou sommative) utilise les mêmes supports pour situer le niveau des élèves en fin d'UA.

c. L'évaluation formative

L'évaluation **formative** est réalisée au cours de l'UA (une à plusieurs fois) pour situer le niveau des élèves, leurs progrès et les difficultés rencontrées. Elle permet de réguler la progression des apprentissages et de différencier l'enseignement.

d. L'évaluation formatrice

L'évaluation **formatrice** est réalisée par les élèves au cours de l'UA. Elle leur permet de prendre connaissance de leur niveau, leurs progrès, réussites et difficultés éventuelles, et d'utiliser ces informations pour construire des projets d'action ou d'apprentissage et de construire la CG2 notamment au cycle 3.

e. Les coévaluations

Il est également possible de mettre en place des **coévaluations** entre élèves. Précisons que ces évaluation peuvent concerner le niveau des élèves dans l'AP, mais aussi en EP, en particulier aux C2 et C3 en lien avec les compétences générales et le socle commun. Il est d'ailleurs important d'évaluer le niveau d'intégration du socle commun.

Ces évaluations sont essentielles pour **concevoir**, voire **réguler**, l'enseignement. Certaines particularités de l'EPS peuvent impacter la nature et la mise en œuvre de ces évaluations. L'élève produit une activité corporelle qui ne laisse pas forcément de trace matérielle ou objective, et cette production ne saurait se résumer à cette trace (un lancer en activité athlétique ne se résume pas à une distance ou à un critère de précision, il dépend également d'une exécution qui précède la performance proprement dite). L'évaluation doit alors reposer sur des **critères précis** (facilement observables) et pertinents (liés à l'objectif poursuivi et au niveau supposé des élèves) permettant d'identifier des comportements à interpréter, puis d'inférer les difficultés d'apprentissage rencontrées et le niveau d'habileté atteint par les élèves.

De plus, les évaluations en EPS peuvent concerner **plusieurs élèves** à la fois (en jeux sportifs collectifs par exemple), mais l'enseignant ne peut pas forcément voir simultanément tous ses élèves. Les évaluations en EPS peuvent aussi concerner :

- un **produit** (une performance, par exemple une distance en natation, un temps en course de durée) ;
- un **processus** (la manière dont s'y est pris l'élève, on parle généralement de « maîtrise d'exécution », par exemple l'horizontalité dans l'eau lors d'une nage ventrale ou la régularité d'allure en course de durée) ;
- une **connaissance** (par exemple : quelle est la durée que je peux réaliser en courant sans m'arrêter ?) ;
- un **projet** (par exemple un projet de course de durée comportant un temps total et une allure de course) ;
- ou encore des **progrès** (entre le début et la fin de l'UA par exemple).

Les évaluations peuvent donner lieu à des **notes** (aspect quantitatif) ou à des **appréciations** relatives à l'atteinte des objectifs poursuivis (aspect qualitatif, en termes d'acquisition partielle ou totale d'une compétence par exemple). L'enseignant doit accorder une grande attention à l'évaluation car elle peut conduire à privilégier une motivation intrinsèque ou extrinsèque, et plus largement influer sur le sentiment de compétence et l'estime de soi des élèves.

APPLICATION 6

Lors d'une évaluation terminale d'élèves de CM2 en course de durée, quels sont les principaux critères d'évaluation que vous pourriez retenir ?

→ Corrigé p. 96

E. Concevoir des unités et des progressions d'apprentissage en EPS

Une progression d'apprentissage peut être définie sur un nombre variable de séances, et couvrir une partie (elle couvre alors néanmoins plusieurs séances) ou la totalité d'une

UA. Une unité d'apprentissage se compose d'une **série de séances** relatives à l'enseignement d'une **même AP** sur un niveau de classe donné, et repose sur une progression d'apprentissage permettant l'atteinte d'un ou plusieurs objectif(s) fixé(s).

Le **nombre** de séances et la **durée** d'une UA peuvent varier entre le C1 et le C3, et selon les AP, et il n'y a pas de fourchette officielle à respecter. Pour autant, les apprentissages moteurs requièrent du temps, c'est pourquoi on conseille généralement un minimum de six à sept séances en EPS, et une durée totale d'enseignement minimale de 10 heures[3]. Dans certaines AP, comme la natation, qui relèvent d'apprentissages fondamentaux à l'école, on peut aller jusqu'à une UA composée de 15 séances par exemple, sachant que plusieurs séances peuvent être programmées sur une même semaine et qu'une séance de natation dure moins d'une heure (compte tenu des contraintes de déplacement, de la perte de temps liée au changement de tenue, des créneaux horaires dans les piscines...).

Une UA peut être découpée en plusieurs **phases** aux **durées**, **objectifs** et **contenus** différents mais complémentaires :

- **familiarisation** : *cf.* la définition donnée plus haut ;
- **évaluation diagnostique** : *cf.* la définition donnée plus haut ;
- **apprentissage** : elle vise à développer de nouveaux apprentissages chez les élèves. Elle peut être divisée en plusieurs **temps** et être organisée autour d'un ou plusieurs **objets d'enseignements**, une ou plusieurs compétence(s) liée(s) à l'AP, une ou plusieurs compétence(s) générale(s) aux C2 et C3.

Un objet d'enseignement est un élément constitutif de l'APSA, quel que soit le niveau de pratique (par exemple en jeux sportifs collectifs : l'échange ou la marque, ou en jeux de lutte : la saisie de l'adversaire). Aux C2 et C3, nous conseillons d'orienter une UA autour d'une seule compétence générale (voire une CG majeure et une CG secondaire) pour éviter de se disperser et favoriser des apprentissages significatifs. L'enseignant peut ainsi construire une cohérence éducative sur l'année et sur chaque cycle, en associant à chaque UA une compétence générale, en veillant à ce que les différentes CG de l'EPS soient développées sur l'année, et en assurant une complémentarité entre les CG développées sur chaque cycle[4].

- **évaluation terminale** : *cf.* la définition donnée plus haut.

La conception d'une progression d'apprentissage implique un à plusieurs objectifs éducatifs pertinents distribués dans le temps. Cela passe par la prise en compte et la mise en relation d'un ensemble d'éléments :

- le **niveau** des élèves dans l'AP considérée et leurs besoins éducatifs en EPS, en faisant si nécessaire des hypothèses sur leurs difficultés d'apprentissage, en prenant en compte leur vécu et leur niveau (réel ou supposé) antérieur en EPS et dans l'AP, leur niveau de développement (en lien avec l'âge et le niveau de classe) ;
- les **orientations** fixées par les TO, concernant l'école en général, l'EPS (principes de programmation des AP, attendus de fin de cycle...) et l'AP considérée en particulier (notamment en termes de compétences visées) ;

3. Voir par exemple la fiche ressource Éduscol « La démarche en EPS » au C2 et au C3, p. 2.
4. Certaines fiches ressources Éduscol proposent toutefois une autre démarche, consistant à travailler chaque CG sur chaque UA. Voir par exemple la fiche « Le projet pédagogique au cycle 3 », p. 7-10.

– les **connaissances didactiques et pédagogiques** relatives à l'enseignement de l'EPS (par exemple la structuration d'une UA) et de l'AP considérée (par exemple les variables didactiques).

Une UA repose en général sur une situation repère ou une forme de pratique de l'AP considérée (donc une transposition didactique). Là encore des connaissances institutionnelles, scientifiques et didactiques sont requises.

APPLICATION 7

En partant du principe que vous devez organiser une UA composée de sept séances, quelle durée de séance proposeriez-vous pour assurer une durée totale d'enseignement et une quantité de pratique motrice des élèves suffisantes ?

→ Corrigé p. 96

F. Concevoir des situations d'apprentissage en EPS

Une SA est conçue à l'échelle d'une AP pour permettre aux élèves d'une classe donnée (ou certains d'entre eux) de développer une compétence identifiée dans l'AP concernée – et éventuellement une compétence générale aux C2 et C3 –, de résoudre des difficultés d'apprentissage et d'intégrer les contenus d'enseignement associés.

La SA est conçue en fonction d'un objectif précis et du développement d'une compétence dans l'AP (voire également d'une compétence générale), pertinents au regard de comportements et de conduites d'élèves hypothétiques ou observés antérieurement. Si les élèves rencontrent des besoins différents dans une même SR ou SA, on peut proposer une seule SA tout en la modulant à l'aide de variables didactiques. Si ces problèmes sont trop différents (problèmes affectifs pour certains, moteurs pour d'autres par exemple), des SA différentes peuvent être proposées à des groupes de besoins.

Une SA est constituée de plusieurs éléments conditionnant l'efficacité de l'enseignement. On peut se représenter une SA comme un système de contraintes et de ressources auquel on confronte l'élève. Les **contraintes** visent à poser un problème porteur de nouveaux apprentissages (par exemple, dans une SA en basket-ball centrée sur l'objectif de la progression collective de la balle, on peut interdire aux élèves de se déplacer avec la balle pour les amener à faire des passes), tandis que les **ressources** constituent une aide facilitant la résolution du problème (dans le même exemple, on peut faire jouer trois attaquants contre deux défenseurs pour faciliter le démarquage d'un joueur, ou encore augmenter le temps durant lequel le porteur de balle a le droit de garder celle-ci). Ci-après, sont reprises les rubriques fréquemment présentées en EPS (certaines formulations pouvant varier selon les supports professionnels).

Les rubriques à renseigner pour concevoir une SA ne sont pas uniformisées à l'échelle de l'école et de l'EPS. Le cadre suivant ne constitue donc pas un modèle mais une façon de faire (certaines fiches ressources Eduscol proposent une autre présentation, par exemple pour le C2 « concevoir une séance d'EPS »). Il convient d'identifier ce que vise l'enseignant, ce que doivent faire les élèves, et les principaux paramètres qui déterminent l'organisation de l'activité des élèves et celle de l'enseignant.

- **L'objectif** : il est lié à la/aux compétence(s) que veut développer le professeur chez les élèves (sa formulation peut toutefois prendre des formes différentes). Selon les cas, il sera pertinent de distinguer aux C2 et C3 une compétence spécifique à l'APSA, et une compétence générale de l'EPS.

- **Le but** : renvoie à ce que doit faire l'élève dans la tâche. Sa formulation doit être claire, concise, adaptée au développement de l'enfant.
- **Le(s) critère(s) de réussite(s)** permet(tent) à l'élève de savoir s'il a réussi ou non la tâche. Un critère de réussite peut être formulé selon des paramètres **qualitatifs** (par exemple rouler dans l'axe si le but est de faire une roulade avant) et/ou **quantitatif** (par exemple, marquer au moins trois paniers sur cinq essais en basket-ball). Le nombre et la nature des critères de réussite doivent être adaptés au niveau de développement, d'attention et de mémorisation des élèves.
- **L'aménagement** matériel et humain permet aux élèves de réaliser la tâche. Il peut concerner l'attribution de rôles différents (plusieurs équipes, un observateur, un arbitre...), ou encore le matériel orientant l'activité des élèves par exemple (un parcours aménagé en gymnastique...).
- **Les règles de fonctionnement** permettent aux élèves de répondre aux questions : qui fait quoi ? où ? quand ? comment ? avec qui ?
- **Les règles de sécurité** s'avèrent très importantes, en général en EPS et plus particulièrement dans certaines APSA présentant des risques objectifs (par exemple : en natation on ne court pas dans la piscine ; en course d'orientation on reste dans le dispositif et les limites de la tâche).
- **La durée de la situation** : par exemple 10 minutes, 20 minutes, etc. Il est important de définir ce paramètre pour s'assurer que la séance prévue ainsi que ses différentes situations constitutives soient adaptées à la durée totale de la séance, sachant qu'il faut souvent prévoir un temps de battement entre deux situations.
- **Les interventions didactiques** de l'enseignant regroupent tout ce que l'enseignant est susceptible de faire – une fois que la tâche a débuté – pour favoriser l'apprentissage des élèves et l'intégration des contenus d'enseignement par ces derniers. Ces interventions répondent aux comportements et problèmes des élèves observés par l'enseignant. Elles peuvent prendre la forme de **démonstrations** pour expliquer autrement la tâche, ou de **consignes verbales** orientant l'activité d'apprentissage de l'élève, ses actions (« Tends tes jambes » lors d'une roue en gymnastique), sa prise d'information (« Vérifie que ton camarade est démarqué avant de lui faire la passe » en handball), son attention (« N'oublie pas que tu dois changer de rôle après » lors d'un atelier en gymnastique), ses réflexions (« Est-ce qu'il vaut mieux faire une passe en cloche ou tendue ? » en basket-ball), etc. Ces interventions peuvent aussi conduire l'enseignant à **adapter la tâche** aux difficultés ou réussites des élèves, en augmentant ou en diminuant la **complexité** de la SA en utilisant des variables didactiques (VD) (par exemple le nombre d'attaquants et de défenseurs en sports collectifs, la hauteur d'un banc en gymnastique).

Comme vu plus haut, selon les difficultés d'apprentissage des élèves (dans le cadre de l'acquisition d'une compétence), l'enseignant ne choisit pas forcément les mêmes contenus d'enseignement. Il est donc utile de prévoir une liste de contenus d'enseignement potentiellement associés à une compétence. Ceci permet à l'enseignant, une fois en classe par exemple, de mieux cibler ses interventions sur certains contenus d'enseignement selon les comportements et difficultés des élèves.

La conception d'une SA adaptée et pertinente repose sur une adéquation entre la/les compétence(s) visée(s)s, les besoins des élèves et leurs difficultés d'apprentissage et ressources, et les caractéristiques de la situation. L'enseignant – le candidat dans ses réponses – doit donc tenir compte et mettre en relation plusieurs éléments essentiels :

- la/les compétence(s) (spécifique(s) à l'APSA/voire générale(s)) visée(s) et les contenus d'enseignement potentiellement associés ;
- le niveau de compétence (voire de connaissance) des élèves dans l'APSA (voire au plan des compétences générales de l'EPS) ;
- les besoins et difficultés d'apprentissage des élèves, voire leur niveau de développement ;
- des connaissances relatives aux apprentissages en EPS ;
- des connaissances didactiques sur l'APSA (par exemple les ressources sollicitées) ;
- des connaissances pédagogiques sur l'enseignement de l'EPS et de l'APSA.

APPLICATION 8

Quelles sont les principales rubriques constitutives d'une situation d'apprentissage à définir par l'enseignant ?

→ Corrigé p. 96

G. Repères sur l'organisation pédagogique de l'enseignement et des apprentissages[5]

a. Formes de groupement et de travail des élèves

Les formes de groupement renvoient aux différentes façons de regrouper les élèves d'une classe lors des différentes phases pédagogiques. Ces formes de regroupement sont essentielles pour optimiser l'enseignement et les apprentissages, tout en influant sur la prise en compte de l'hétérogénéité des élèves (et par là la mise en œuvre d'une différenciation pédagogique), la motivation de ces derniers, ou encore leur sécurité. Sur une même UA et séance, il est possible d'utiliser plusieurs formes de groupement des élèves selon les intentions de l'enseignant et les contraintes des situations proposées.

Il existe plusieurs **critères de différenciation** des élèves (niveau de performance, niveau d'habileté, morphologie, sexe, affinité, etc.) qui peuvent être pris en compte et orienter les formes de groupement. Il est possible de construire des groupes homogènes en leur sein (élèves de même gabarit en escalade pour garantir leur sécurité par exemple), ou hétérogènes en leur sein mais homogènes entre eux (par exemple en jeux collectifs, toutes les équipes sont mixtes, en présentant la même proportion d'élèves filles et gar-

5. Ne pouvant être exhaustif sur ces questions, nous invitons le lecteur à compléter les éléments développés en consultant la littérature professionnelle spécialisée, ou encore des manuels de préparation, par exemple Loison (dir.), Groenen (coord.), Kuehn & Dhormes, *CRPE. Concours professeur des écoles. EPS. 50 fiches de mise à niveau,* Paris, Vuibert, 2021.

çons, conformément aux missions de l'école et notamment à la lutte contre les stéréotypes sexués).

La constitution des groupes influe sur l'**organisation de l'activité des élèves**. On peut distinguer notamment des formes de travail en collectif ou en individuel, en parcours ou en atelier. Ces formes de groupement influent sur les liens sociaux entre les élèves (activités de coopération, d'opposition, différents rôles…), entre les élèves et les situations (gestion de l'organisation des situations par les élèves par ex.), entre les élèves et l'enseignant (autonomie laissée aux élèves lors d'un atelier par exemple).

Le choix entre ces formes de travail peut dépendre de plusieurs facteurs en interaction, en particulier :

- l'AP support ;
- le niveau de développement des élèves et leur niveau de compétences/connaissances dans l'AP ;
- l'hétérogénéité présente dans la classe ;
- les objectifs de l'enseignant dans l'AP et en EPS (en lien avec les CG) ;
- les compétences de l'enseignant dans la gestion des situations et dispositifs pédagogiques (le fait de laisser travailler certains élèves en autonomie par exemple ne va pas de soi).

Chaque forme de travail présente potentiellement des avantages et des inconvénients, que l'enseignant doit prendre en compte pour faire les meilleurs choix au regard du contexte pédagogique.

b. Communication pédagogique

Indispensable à l'activité d'enseignement, la communication pédagogique vise à transmettre un message pour orienter les comportements et conduites des élèves, et ainsi favoriser les apprentissages. L'enseignant communique des informations aux statuts et fonctions variés, par exemple pour :

- expliquer une situation (d'échauffement, d'apprentissage, d'évaluation…) ;
- réguler l'activité des élèves quand elle a débuté ;
- assurer la sécurité des élèves ;
- motiver, encourager, féliciter les élèves, etc.

Des spécificités de l'EPS (par exemple la répartition des élèves dans l'espace, les caractéristiques des AP…) influent sur la communication pédagogique (mode de communication, nature des informations). En EPS, les élèves ne restent pas assis et cantonnés dans une salle de classe. Les AP peuvent poser des contraintes de sécurité, acoustiques (comme en milieu aquatique), liées à l'éloignement des élèves par rapport à l'enseignant, lequel ne peut pas forcément voir tous les élèves à la fois ni s'adresser à tous les élèves en même temps (lors d'une course d'orientation par exemple).

Face à ces éléments, l'enseignant peut utiliser divers supports de communication :

- le **langage oral** (une consigne verbale par exemple) ;

- le **langage écrit** sur support papier, carton, un tableau... (consignes, règles, schéma, tableau, fiche d'observation, organisation d'ateliers par exemple) ;
- le **geste** (démonstration d'une action à réaliser, ou interdite par exemple) ;
- l'**attitude**, le **regard**, les **postures**, l'**intonation**, le **volume** de la voix... qui influent sur la qualité de la communication et le sens du message. La capacité à parler avec une voix qui porte suffisamment est facilitée grâce à l'utilisation du muscle du diaphragme (muscle de la respiration) et il est conseillé de regarder son interlocuteur. L'utilisation du corps à des fins de communication pédagogique s'apprend à travers les expériences professionnelles. La communication non verbale peut par ailleurs renforcer, confirmer le message oral, voire s'y substituer ;
- les **outils numériques** (tablettes, ordinateur, TBI, etc.) : les politiques scolaires visent à augmenter la dotation des établissements scolaires en ces équipements, potentiellement utiles en EPS, par exemple pour visionner des vidéos, filmer les élèves et leur donner à voir leur actions... Ils permettent aussi d'apprendre en analysant son activité et celle des autres (CG3 au C3 : « Utiliser des outils numériques pour observer, évaluer et modifier ses actions »). Il faut toutefois avoir à l'esprit les précautions d'usage et limitations concernant le recours à des « écrans » (les spécialistes proscrivent leur utilisation pour les enfants de moins de 3 ans, et fixent un volume horaire journalier à ne pas dépasser en fonction de l'âge). Par ailleurs, l'utilisation de ces outils ne doit pas se faire au détriment de la quantité de pratique motrice (leur utilisation peut être chronophage) et il convient donc de les utiliser de façon pertinente et au moyen d'une organisation pédagogique adaptée.

La communication peut aussi varier selon le lien établi avec le groupe classe : communiquer à toute la classe, à un groupe ou à une élève en particulier. La communication pédagogique est donc un levier pour gérer l'hétérogénéité des élèves, tout en étant liée aux formes de groupement et de travail mises en place.

Chaque modalité de communication présente des avantages et des inconvénients. Par exemple, il est souvent plus rapide et clair d'effectuer un geste ou un enchaînement d'actions que d'en fournir une explication orale (plus longue et moins concrète pour un élève). La communication pédagogique est donc un facteur essentiel pour éviter les pertes de temps et optimiser la quantité de pratique motrice des élèves. Mais l'oral constitue aussi un moyen de capter l'attention des élèves et de mettre des mots sur une réalité pouvant être perçue différemment par les élèves. Les documents écrits laissent une trace physique, mais doivent être adaptés au niveau de compréhension de la langue des élèves. Un schéma sur un tableau par exemple est souvent utile en EPS, mais implique une compétence professionnelle de la part de l'enseignant, et il doit être adapté au niveau d'abstraction des élèves. De plus, l'élève en EPS est en interaction permanente avec un environnement riche et évolutif. Il est en activité motrice, en situation d'écoute et de réception d'informations diverses grâce à différents systèmes sensoriels (visuel, auditif, proprioceptif, tactile). Pour ces raisons, l'enseignant emploie généralement plusieurs modes de communication, en fonction du contexte pédagogique, des profils des élèves et des ressources disponibles. L'enseignant doit s'adapter aux caractéristiques de sa classe, à l'AP enseignée, à l'environnement et au contexte pédagogique, en trouvant les meilleurs compromis.

L'enseignement de l'EPS s'effectuant souvent à l'extérieur, les **conditions météorologiques** sont également à prendre en compte car elles peuvent poser des contraintes particulières (s'il fait froid, il ne faut pas que les élèves restent inactifs trop longtemps lors de la transmission des consignes verbales ; s'il pleut ou s'il y a beaucoup de vent, l'utilisation de fiches d'observation est problématique, etc.).

Communiquer, c'est aussi **écouter et s'adapter à son interlocuteur**. Plus les élèves sont jeunes, plus il faut être concret et concis (bagage linguistique, possibilités d'attention et de mémorisation limitées). L'enseignant doit toujours se positionner/positionner son support de communication de façon adéquate face au groupe classe (face à l'ensemble des élèves). Il est alors souvent nécessaire de regrouper les élèves dans un espace restreint (assis ou debout par exemple), voire de leur demander de se tourner vers l'enseignant. Ici encore, les contraintes posées par l'environnement et l'AP sont à prendre en compte. La position de l'enseignant doit souvent en intégrer plusieurs : il doit être vu par les élèves, qui doivent aussi éventuellement pouvoir voir d'autres éléments (d'autres élèves qui démontrent, un tableau, un terrain de jeu, etc.). Il faut veiller à ne pas avoir derrière soi (ou derrière le support pédagogique) des éléments perturbateurs qui vont « polluer » la communication (par exemple les élèves d'une autre classe, une rue passante...).

APPLICATION 9

Pourquoi une démonstration d'une action motrice à réaliser par les élèves en EPS peut-elle être plus efficace qu'une explication orale de la part de l'enseignant ?

→ Corrigé p. 96

H. Enseignement de l'EPS et sécurité des élèves

a. Sécurité des élèves et risques en EPS

L'enseignant est responsable de la sécurité physique, affective et morale de ses élèves, en conformité avec ses missions et compétences professionnelles. Citons la C6 : « Agir en éducateur responsable et selon des principes éthiques, prévoyant de contribuer à assurer le bien-être, la sécurité et la sûreté des élèves » ; mais aussi la P4 : « Organiser et assurer un mode de fonctionnement du groupe favorisant l'apprentissage et la socialisation des élèves, impliquant d'instaurer un cadre de travail et des règles assurant la sécurité au sein des plateformes techniques, des laboratoires, des équipements sportifs et artistiques. » Plus largement, l'évolution de la société se traduit par une recherche accrue de sécurité, et une moindre tolérance aux risques et aux accidents, qui se répercutent sur l'école.

La sécurité constitue ainsi une priorité pour le professeur, de façon générale à l'école mais aussi tout particulièrement en EPS, une sorte de fil rouge durant la conception et la mise en œuvre de ses enseignements. Elle peut être définie de façon générique à travers une situation, un état, un sentiment se caractérisant par l'absence de réel danger. Plusieurs types de sécurité peuvent être distingués : sécurité affective, corporelle, sanitaire... La sécurité impacte différentes échelles de conception de l'enseignement : la programmation de l'EPS et des APSA, la conception des UA, des séances, des situations d'évaluation, d'apprentissage, d'échauffement, mais aussi les déplacements en dehors de l'école par exemple. Dans le cas de la participation d'intervenants extérieurs au cours d'EPS, l'enseignant conserve la responsabilité des choix faits pour sa classe. La sécurité impacte aussi la mise en œuvre de l'enseignement de l'EPS, en devant faire l'objet d'une vigilance de tous les instants de la part de l'enseignant.

Les spécificités des conditions d'enseignement de l'EPS (environnements et espaces) et de l'activité des élèves (nature de l'AP) débouchent sur des risques potentiels qui peuvent remettre en question la sécurité des élèves. Durant un cours d'EPS, l'enseignant n'a pas forcément la vision sur tout le groupe classe, les élèves peuvent être assez éloignés (limitant la capacité à réguler dans l'instant leur activité), ils peuvent être dans un environnement présentant de l'incertitude. Le cas des vestiaires filles et garçons en est un exemple, tout comme un espace de pratique inhabituel et extérieur à l'école (un parc public par exemple). L'enseignant peut utiliser du matériel extérieur à l'école, appartenant à une municipalité par exemple, dont la vérification revient à d'autres agents. Les déplacements en dehors de l'école impliquent des règles, compétences et vigilance particulières (faire se déplacer un groupe classe sur un trottoir, traverser une route, faire prendre un bus à sa classe, compter ses élèves...). Certaines situations particulières (un élève se blesse corporellement lors d'un cours d'EPS) peuvent nécessiter des décisions (prévenir les pompiers ou le Samu par exemple), et des compétences particulières (mettre l'élève en position latérale de sécurité par exemple). Des risques plus larges tiennent par exemple aux rapports entre élèves, pouvant se traduire par des violences physiques, verbales (insultes, moqueries...) ou psychologiques (harcèlement). Certaines APSA mettent en jeu le corps des élèves de façon particulière, en l'exposant au regard des autres, comme en natation par exemple, et plus largement lorsque les élèves s'exposent au regard d'autrui (activités à visées esthétiques, expressive, artistiques). Le cas échéant, et en cas de doute quant à l'existence d'un problème, l'enseignant doit intervenir et solliciter, si nécessaire, toute aide extérieure et alerter les autorités compétentes. En cas de participation d'intervenants extérieurs lors d'un cours d'EPS, il est bien sûr nécessaire que le professeur des écoles participe à la mise en œuvre des séances, ce qui implique une coordination des interventions de chacun, d'une façon générale tout comme en matière de gestion sécuritaire. De plus, c'est bien l'enseignant qui est responsable des choix didactiques et pédagogiques faits pour sa classe, de même que de l'organisation et du déroulement des activités, comme précisé dans le *BO* n° 34 du 12 octobre 2017 précité. Ce texte indique aussi que l'enseignant veille à associer ces intervenants extérieurs à la préparation des activités, et que les objectifs des enseignants leur soient présentés. Ces intervenants peuvent faire des propositions aux enseignants, mais elles doivent être validées par l'enseignant.

La sécurité sera traitée en lien avec différentes catégories de risques, différentes catégories de sécurités, divers paramètres et leviers sécuritaires.

b. Différentes catégories de risques

La notion de risque a donné lieu à diverses théorisations et catégories, par exemple : risques corporels / psychosociaux, risques perçus / consentis, risques contrôlés / maîtrisés, risques contrôlés / régulés, risques objectifs / subjectifs, risques préférentiels... En EPS, les risques peuvent provenir de la nature des AP pratiquées par les élèves (chute à vélo par exemple), mais aussi plus largement de l'environnement physique (ex. : météorologie lors d'une activité en plein air, matériel utilisé...) et social (ex. : violences physiques / verbales, harcèlement entre élèves...). D'autres risques peuvent provenir d'un contexte général, sur le plan sanitaire par exemple, comme le souligne la pandémie de Covid-19. Si l'enseignant doit être vigilant à tous les risques, nous insistons dans cette partie sur ceux liés spécifiquement aux AP, déclinés ici en risques objectifs et subjectifs.

Risques objectifs

Ils sont inhérents à l'AP, et donc présents quel que soit le niveau de pratique. Ils peuvent se traduire par des risques d'accidents corporels, des blessures, des malaises... Par exemple :

- natation : noyade ;
- activités de roule et de glisse (draisienne, trottinette, tricycle, vélo, patins à roulettes...), escalade, activités gymniques : chute ;
- jeux de lutte : blessures liées à des coups, douleurs liées à des contacts trop violents ;
- activités d'orientation dans un espace inconnu : se perdre ;
- course de durée : malaise voire accidents liés à une durée et/ou intensité des efforts inadaptés aux capacités des élèves ;
- jeux collectifs avec contact : blessure liée à un choc, un coup.

Risques subjectifs

Ils sont liés à la façon dont le risque est perçu de façon subjective par le pratiquant. Ils peuvent être en décalage avec les risques objectifs, et deux élèves peuvent avoir des perceptions très différentes des risques encourus. Certains peuvent avoir très peur, d'autres n'avoir aucune conscience du danger. Cette perception peut évoluer au fil de l'âge et des apprentissages. Par exemple :

- **en natation :** un élève peut avoir peur de se noyer dans le petit bain durant un jeu de chasse au trésor (immerger la tête pour ramasser des objets) malgré la présence de l'enseignant à côté de lui. Dans ce cas, l'absence de risque objectif (l'élève ne peut se noyer, le milieu est sécurisé, et l'enseignant le surveille) ne doit pas conduire l'enseignant à ne pas prendre en compte les peurs de l'élève, car cela pourrait conduire à créer un état de stress et de peur trop important au regard des caractéristiques développementales des élèves ;
- **en escalade :** l'élève qui grimpe en moulinette peut avoir peur que la corde casse lorsqu'il est suspendu à celle-ci, alors que les caractéristiques de ce matériel empêchent ce cas de figure ;
- **en activités gymniques :** l'élève a peur de se faire mal en tombant d'une poutre, même si celle-ci est de très faible auteur et que des tapis de protections sont présents au sol.

L'enseignant doit connaître et prendre en compte ces risques objectifs et subjectifs, à travers des choix didactiques et pédagogiques adaptés, et faire évoluer le cas échéant les représentations des élèves.

c. Différents cadres pour appréhender la sécurité en EPS

La sécurité en EPS est souvent analysée sous l'angle de deux catégories : passive et active. Mais elles peuvent être définies de diverses façons.

Selon un cadre très répandu, et au sein de l'USEP en particulier, la sécurité passive renvoie à des dispositions et précautions prises par l'adulte, avant et pendant la pratique. Elle renvoie au choix des activités proposées (AP, formes de pratiques, situations proposées…), au cadre de pratique et à son organisation :

- environnement (profondeur de la piscine en natation…),
- aménagement matériel (tapis de protection en gymnastique…) et humain (arbitre veillant au respect du dispositif…),
- règles de sécurité (ex. : dans une piscine, il est interdit de courir),
- utilisation de matériel spécifique (casque en vélo…),
- rôle de l'enseignant (surveille le respect du cadre de travail) voire d'autres intervenants (accompagnateur durant un trajet en dehors de l'école…).

La sécurité active renvoie quant à elle à ce qui est appris par l'élève afin qu'il puisse participer à la gestion de la sécurité, pour soi-même voire autrui, et renvoie donc à l'éducation à la sécurité (qui est une composante de l'éducation à la santé), et en élémentaire à certaines compétences générales de l'EPS (CG3 et CG4 en particulier).

Le couple sécurité passive/active peut également être défini de façon différente, en mettant l'accent sur ce qui est intégré de façon stable et permanente à la situation, et ce qui résulte d'une action ponctuelle d'une personne (l'enseignant, un élève…) à des fins sécuritaires. Ici, la sécurité passive intègre comme plus haut les règles de sécurité et de fonctionnement, l'aménagement du milieu au plan matériel et humain, les caractéristiques de l'environnement, le personnel encadrant, etc. La sécurité active renvoie en revanche à l'action ponctuelle d'une personne qualifiée (enseignant, intervenant extérieur, élève…), suite à un événement possible mais non certain (ex. : une chute d'une poutre en activités gymniques, un élève qui ne peut plus se maintenir à la surface de l'eau en natation…). Cette intervention peut résulter du non-respect d'une règle (ex. : en jeux de lutte, coup porté à un élève, l'arbitre arrête la situation et prend en charge les deux élèves concernés), d'une action qui fait courir un risque à un élève (par exemple la parade en gymnastique : l'enseignant retient un élève qui tombe d'une poutre, l'enseignant saute dans l'eau pour remonter un élève en difficulté en natation).

Si chacun de ces cadres présente un intérêt, mais aussi des limites, il est également possible de distinguer la gestion de la sécurité en distinguant la sécurité anticipée, en amont de la pratique, et la sécurité *in situ* résultant de régulations dans l'instant et pas toujours prévisibles. Comme vu plus haut, la sécurité impacte à la fois la conception de l'enseignement, sa mise en œuvre et sa régulation. Plus largement, on distingue également la sécurité affective des enfants (liée à un sentiment de sûreté, l'absence de stress important), corporelle (liée à l'absence de danger pour le corps), sanitaire (liée à l'absence de risque pour la santé, comme en piscine par exemple grâce au respect de règles d'hygiène).

d. Facteurs de risques et leviers sécuritaires

Facteurs de risques

Finalement, les risques associés à telle ou telle situation dépendent généralement d'une pluralité de facteurs en interaction, notamment :

- les caractéristiques des environnements physiques et humains auxquels sont confrontés les élèves : les AP pratiquées, le matériel utilisé, les situations pédagogiques mises en place, les règles qui les régissent, leur gestion pédagogique et la surveillance des élèves, le niveau de compétence de l'enseignant au regard des contraintes de l'AP ou des situations, etc. ;
- les caractéristiques des élèves : niveau de développement, niveau de pratique dans l'activité, représentations notamment. Une situation peut être risquée pour un élève, et par pour un autre.

Leviers sécuritaires

L'enseignant peut jouer sur plusieurs paramètres, à intégrer durant la conception et la mise en œuvre de son enseignement, notamment :

- une programmation des AP adaptée aux élèves ;

Ex. : Un jeu inspiré du rugby n'est pas pertinent en maternelle (les élèves sont incapables de gérer les contacts, tant au plan corporel qu'affectif).

- un environnement de pratique sûr : on ne pratique pas une AP à l'extérieur en cas d'orage par exemple, le matériel utilisé doit être normé et vérifié ;
- des objectifs poursuivis adaptés aux élèves ;

Ex. : En GS de maternelle, courir sans s'arrêter entre 6 et 8 minutes induit un effort trop important.

- des buts et critères de réussite pertinents. Par exemple, on ne demande pas à des élèves mis en binôme de s'immerger sous l'eau pour être le dernier à remonter à la surface ;
- les compétences générales : elles sont essentielles car elles développent chez les élèves des connaissances, compétences, techniques et attitudes sécuritaires, importantes pour eux-mêmes et pour autrui (liés aux règles, à la gestion des efforts…, à l'éducation à la santé) ;
- des efforts adaptés aux caractéristiques des élèves ;
- un échauffement / retour au calme lors des séances, des phases de récupération au sein de celles-ci en cas de besoin ;
- un dispositif de sécurité passive : organisation matérielle, règles de sécurités adaptées, encadrement humain… ;
- une sécurité active si besoin ;
- une communication pédagogique claire autour de la sécurité ;
- un dispositif humain permettant la surveillance du respect du cadre sécuritaire, et toute régulation rapide si nécessaire.

ENTRAINEMENTS

ÉNONCÉ

En vous inspirant des travaux d'Agnès Florin, *Introduction à la psychologie du développement. Enfance et adolescence,* Paris, Dunod, 2013, présentez dans un tableau récapitulatif les principales étapes du développement langagier, cognitif, social, affectif, moteur et sensoriel de l'enfant entre 2 et 6 ans.

→ Corrigé p. 97

CORRIGÉS

APPLICATIONS

APPLICATION 1

On peut distinguer par exemple des apprentissages moteurs, notionnels ou encore conceptuels. Ils peuvent être induits par l'enseignement de l'EPS.

APPLICATION 2

Les ressources motrices sollicitées ne sont pas les mêmes par exemple car les coordinations motrices impliquées ne sont pas identiques. La coordination entre les membres supérieurs et inférieurs dans l'habileté de course est par exemple différente de la coordination en jeu lors d'une impulsion vers le haut lors d'un saut à pieds joints. De plus, la gymnastique implique des dissociations segmentaires qui ne sont pas sollicitées en course de durée (entre les deux bras lors de la réalisation d'une roue par exemple). Enfin, les qualités physiques impliquées diffèrent également (endurance en course de durée notamment, qui n'est pas sollicitée de façon identique en gymnastique, qui peut par contre solliciter des efforts brefs et intenses).

APPLICATION 3

Cette habileté motrice peut donner lieu à plusieurs conditions de pratique durant l'apprentissage, selon les paramètres spatiaux (orientation, amplitude) et temporels (vitesse, accélération) du mouvement, et des conditions de réalisation (position par rapport à la cible notamment) :

- condition standard (le même geste est répété plusieurs fois de suite, à partir de la même position vis-à-vis de la cible) ;
- condition en variabilité (on réalise plusieurs tirs de suite, mais on varie les conditions de réalisation temporelles et/spatiales, et/ou la position du tir).

Une condition standard est préférable durant le stage cognitif, alors qu'une condition en variabilité est préférable lors du stage autonome.

APPLICATION 4

L'analyse de la programmation montre que trois champs d'apprentissage sur quatre sont représentés :

- CA1 : activités athlétiques ;
- CA2 : natation (savoir nager) ;
- CA3 : jeux collectifs traditionnels, jeux collectifs avec ballon, jeux de lutte.

Aucune activité n'est programmée en lien avec le CA4. Il est donc pertinent de proposer en périodes 3 et 5 des AP qui renvoient au CA4, par exemple des activités gymniques et acrobatiques, et des jeux d'expression et de mime en période 5. C'est ce que propose une fiche ressource Éduscol en C2, intitulée « Concevoir une organisation de l'EPS pour les trois années du cycle 2 ». Selon les ressources matérielles et humaines locales, il aurait également été possible de proposer d'autres AP qui renvoient au CA4 : danse de création par exemple.

APPLICATION 5

On peut citer les règles à travers lesquelles est pratiquée l'activité physique, ainsi que plusieurs variables didactiques : l'espace, le temps, les autres, le corps.

APPLICATION 6

Vous pouvez évaluer les élèves selon des critères de performance (durée d'une course réalisée sans s'arrêter), la maîtrise de l'exécution (régularité de l'allure), les connaissances (connaissance de ses capacités par exemple), un projet de course (courir à 10 km/h pendant 12 minutes par exemple).

APPLICATION 7

En partant du principe qu'une UA doit représenter un minimum de 10 heures d'enseignement, nous pouvons proposer une durée de séance d'1 h 30. Précisons que cette durée doit être adaptée à l'AP enseignée et aux types d'efforts demandés aux élèves. La composition de la séance assurera des temps de récupération suffisants pour permettre aux élèves d'apprendre dans de bonnes conditions et d'éviter d'engendrer une fatigue trop importante au regard des capacités et des caractéristiques développementales des élèves.

APPLICATION 8

Même si la dénomination et le contenu de ces rubriques peuvent varier selon les acteurs et supports professionnels, on distinguera l'objectif de l'enseignant, le but de l'élève, le(s) critère(s) de réussite, l'aménagement matériel et humain, les règles de fonctionnement, les règles de sécurité, la durée de la situation, les interventions didactiques de l'enseignant.

APPLICATION 9

Une démonstration permet souvent de gagner du temps tout en étant plus concrète pour un élève, comparativement à une explication orale qui peut s'avérer pour lui souvent plus longue et abstraite.

ENTRAINEMENTS

Âge	Langagier	Cognitif	Social/affectif	Moteur/sensoriel
2-3 ans	Modifie les demandes selon l'interlocuteur. Produit 200 à 300 mots. Comprend les demandes directes et indirectes.	Piaget : Période préopératoire. Identifie les objets par l'usage, prend en compte le point de vue d'autrui (oriente un objet pour que l'adulte le voit). Permanence de l'objet.	Attachements multiples. Se reconnaît dans un miroir. Jeux symboliques.	Effectue des courses. Débuts de sauts et déplacements sur la pointe des pieds. Monte et descend des escaliers avec appuis manuels. Marche sur une poutre avec aide.
3-4 ans	Extension du vocabulaire et phrases courtes. Peut suivre une conversation, comprend des promesses, s'amuse des jeux de langage.	Accès aux représentations. Est attentif à sa performance. Acquiert les concepts d'espace, de temps, de quantité. Utilise les principes du comptage	Identifie plusieurs parties du corps. Attend son tour. Aime aider les autres. Critique autrui.	Court, s'arrête et change de direction. S'accroupit et saute à cloche-pied. Grimpe à l'échelle ou monte les escaliers sans appuis manuels. Parvient à lancer et à attraper un ballon.
4-5 ans	Produit des demandes indirectes et des justifications. Comprend le comparatif, l'identité et la différence.	Le temps est considéré comme un temps vécu et est lié à l'action, l'enfant n'a pas de représentation mentale donc ce temps reste subjectif.	Théorie de l'esprit = connaissance et prise en compte du point de vue d'autrui, de ses sentiments, de ses fausses croyances, et de l'influence sur le comportement. Comprend l'état mental d'autrui.	Marche sur une poutre. Saute de différentes façons. Se déplace à vélo avec 4 roues. Est capable de lancer, d'attraper et faire rebondir un ballon.
5-6 ans	Produit des énoncés de 5-6 mots, répond au téléphone. Début de lecture logographique. Identifie des rimes, comprend environ 2 500 mots.	Est capable de classification et de sériation mais n'est pas capable de comprendre que la quantité de matière, le poids, etc., d'un objet ne change pas lorsque cet objet subit certaines modifications topographiques ou physiques. Début de la conservation (comprend que la grandeur d'une collection d'éléments reste la même quelle que soit la manière dont elle est présentée). Dessine un bonhomme, écrit son prénom.	Joue à des jeux de compétition. Stabilité du genre (se reconnaît comme garçon ou fille).	Plus grande endurance dans les courses. Saute dans toutes les directions sur un ou deux pieds. Se déplace à vélo sans roues.

3 Repères institutionnels et méthodologiques sur l'épreuve EPS du CRPE[1]

AUTOÉVALUATION

❶ L'épreuve d'EPS comporte :
- ☐ **a.** un exposé de 20 minutes.
- ☐ **b.** un entretien avec le jury de 10 minutes.
- ☐ **c.** un exposé de 10 minutes suivi d'un entretien avec le jury pendant 20 minutes.
- ☐ **d.** un exposé qui n'excède pas 15 minutes suivi d'un entretien avec le jury pour une épreuve qui dure 30 minutes.

❷ L'exposé conduit le candidat à présenter :
- ☐ **a.** une séquence.
- ☐ **b.** une à deux séquences.
- ☐ **c.** une SA.
- ☐ **d.** une à plusieurs SA.

❸ L'entretien avec le jury porte notamment sur :
- ☐ **a.** le développement de l'enfant et la sécurité de l'école.
- ☐ **b.** le développement de l'enfant et la psychologie de l'enseignant.
- ☐ **c.** le développement de l'enfant et la sécurité de l'enseignant.
- ☐ **d.** le développement de l'enfant et la sécurité des élèves.

CORRIGÉS

❶ **d.** → voir le guide mis en ligne ; ❷ **d.** → p. 100 ; ❸ **a.** → voir le guide mis en ligne.

CONSEIL

Se reporter à la présentation du concours dans le guide en ligne pour les caractéristiques précises de l'épreuve d'EPS, et se renseigner sur les spécificités de l'épreuve au plan académique.

---

1. Auteur du chapitre : Haimo Groenen. Ce chapitre reprend certains éléments de contenu de *EPS - Système éducatif. Entretien à partir d'un dossier*, Vuibert, octobre 2017.

COURS

1 Repères et conseils méthodologiques concernant l'exposé

Les repères et conseils méthodologiques suivants s'inscrivent dans un contexte particulier. À l'heure où est écrit ce manuel, nous ne disposons pas encore d'un retour d'expérience sur la première session du nouveau concours. En revanche, le ministère a communiqué une note de commentaire sur l'épreuve EPS, incluant deux « sujets zéro » qui illustrent les orientations de cette dernière. Le contenu suivant conserve donc un caractère générique, d'autant plus que les différentes académies peuvent disposer d'une marge de liberté dans la déclinaison locale des orientations nationales.

La note de commentaire apporte des précisions utiles au texte officiel qui régit l'épreuve : « Le jury propose au candidat un sujet relatif à une activité physique sportive ou artistique praticable à l'école élémentaire ou au domaine des activités physiques et expériences corporelles réalisables à l'école maternelle. Le sujet se rapporte à une ou plusieurs **situation(s) d'apprentissage** adossée(s) au développement d'une compétence motrice relative à cette activité physique ou expérience corporelle. » De plus, les sujets comporteront des informations utiles aux candidats :

– Contexte d'enseignement : on précisera le cycle d'enseignement et le niveau de classe.

– Objectif d'acquisition : on précisera l'attendu de fin de cycle à l'école élémentaire ou l'objectif d'apprentissage pour l'école maternelle.

– À partir d'un constat, fondé par exemple sur la description d'une situation d'enseignement dans laquelle les élèves rencontrent un obstacle dans les apprentissages, une question est posée au candidat.

– Les éléments de programme utiles au traitement de la question sont fournis au candidat en annexe du sujet. »

Compte tenu des spécificités des programmes maternelle et élémentaire, la communication de deux « sujets zéro » couvrant les deux niveaux de l'école primaire est appréciable :

Sujet zéro en maternelle :

Cycle d'enseignement : Cycle 1
Niveau de classe : moyenne section
Objectif d'acquisition : Communiquer avec les autres à travers des actions à visée expressive ou artistique.
Constat (description d'une situation d'enseignement dans laquelle les élèves rencontrent un obstacle dans les apprentissages) : Au moment où le professeur lance la musique, les élèves se mettent à courir spontanément en rond et sans respecter le rythme et la dimension de l'espace scénique.
Question : Proposer une ou plusieurs situations d'apprentissage au sein d'une séance qui permette(nt) aux élèves de résoudre cette difficulté. Vous justifierez vos choix didactiques et pédagogiques.

Sujet zéro en élémentaire :

Cycle d'enseignement : Cycle 3
Niveau de classe : CM2
Attendu de fin de cycle : Réaliser des efforts et enchaîner plusieurs actions motrices dans différentes familles pour aller plus vite, plus longtemps, plus haut, plus loin.
Constat (description d'une situation d'enseignement dans laquelle les élèves rencontrent un obstacle dans les apprentissages) : En course de relais, les élèves qui vont recevoir le témoin attendent, immobiles et souvent face à leur coéquipier qui arrive en courant ce qui oblige les donneurs à ralentir (ou arrêter) leur course pour transmettre le témoin.
Question : Après avoir identifié le champ d'apprentissage et l'activité physique concernée, proposer une ou plusieurs situations d'apprentissage au sein d'une séance qui permette(nt) aux élèves de résoudre cette difficulté. Vous justifierez vos choix didactiques et pédagogiques.

Ces deux sujets zéro sont également intéressants car ils montrent, malgré certaines différences dans le libellé de la question posée (liées notamment aux spécificités des programmes de maternelle et d'élémentaire), des points communs dans la formulation de celle-ci. Le jury attend une ou plusieurs SA au sein d'une séance (cette précision est importante car elle fixe un cadre temporel aux propositions d'enseignement) et des justifications qui couvrent les registres didactiques et pédagogiques (là aussi, la précision est importante). Mais ces sujets zéro montrent aussi que le constat posé peut être plus ou moins contextualisé et précis : obstacles rencontrés par les élèves, situation d'enseignement dans laquelle ils sont observés, et AP support. Si, dans le sujet de cycle 3, l'AP support est indiquée (« course de relais »), ce n'est pas le cas pour le sujet de cycle 1. Par conséquent, il sera *a priori* plus facile pour le candidat de faire une hypothèse précise sur la compétence que cherche à développer l'enseignant dans une situation de référence donnée. Celle-ci n'est toutefois pas donnée, ni dans le sujet de C1 ni dans celui de C3. Il en est de même pour les compétences que cherche à développer l'enseignant, les références aux programmes restant génériques, et non spécifiques à une AP ou à une situation. De plus, l'obstacle rencontré par les élèves dans les apprentissages est lui aussi plus ou moins précis, concret, et donc sujet à interprétations variées. Dans le sujet de C3, on comprend que le fait de ralentir ou d'arrêter sa course va à l'encontre du but d'une course de relais, car c'est une activité de performance mesurée (rapport distance/temps). Dans le sujet de C1, le candidat doit imaginer quelle AP et quelle situation sont proposées aux élèves, dans lesquelles ils doivent respecter un rythme sur un support musical, et ne pas courir spontanément en rond. Dans ce sujet, on observe un comportement se traduisant par une action « courir spontanément en rond », mais aussi un comportement « en creux » : « sans respecter le rythme et l'espace scénique » indique ce que ne fait pas l'élève (sans préciser ce que fait l'élève concrètement).

Les candidats doivent donc s'attendre à devoir traiter des sujets plus ou moins précis en termes d'AP, de contexte d'enseignement et d'apprentissage, et d'obstacles aux apprentissages rencontrés par les élèves.

A. Analyser et problématiser le sujet

Selon une démarche classique, le traitement d'un sujet posé implique au préalable d'en faire une lecture attentive et une analyse précise. Compte tenu de la précision plus ou moins élevée du sujet et des paramètres à prendre en compte pour concevoir une SA, il importe d'identifier quels sont les paramètres « donnés » dans le sujet (l'AP, par exemple), et ceux qui ne le sont pas éventuellement (voir indications données plus haut sur les sujets zéro) et qui doivent donc être déterminés (tels un champ d'apprentissage, l'activité physique support, la compétences visée, les causes des obstacles rencontrés par les élèves...) grâce à des choix pertinents et justifiés. Il convient également de bien comprendre – et donc, le cas échéant, de définir – les termes clés du sujet.

Si certains termes peuvent prendre d'emblée un sens précis (ex.: course de relais), d'autres doivent être définis (ex.: espace scénique) voire problématisés (ex. : quel type de musique est utilisé ?) pour pouvoir ensuite faire des choix permettant une réponse précise et pertinente. La problématisation du sujet, soit le fait d'envisager différentes manières de le questionner et de l'appréhender, est une étape clé qui permet de construire une réponse riche et congruente.

Pour autant, il n'existe pas une seule méthodologie. Il importe donc d'en trouver une qui soit adaptée à ses caractéristiques et capacités personnelles. Selon les cas, le candidat sera plus ou moins à même de réaliser une analyse et une problématisation approfondies du sujet et d'en cerner toute la complexité. Certains candidats sont à l'aise avec des schémas structuraux mettant en relation les différents pôles du sujet, d'autres maîtriseront mieux une approche plus « linéaire ». Certains pourront avoir recours au « *brainstorming* », tandis que d'autres auront besoin d'une démarche plus cadrée pour éviter de se disperser. Les conseils suivants sont donc à appréhender en tant que pistes possibles à explorer.

B. Formuler des hypothèses

Selon le niveau de précision du sujet, vous pourrez être amené à formuler des hypothèses sur des paramètres indispensables à la conception d'une SA, par exemple les caractéristiques d'une SR, la compétence spécifique visée dans l'AP, les besoins et difficultés d'apprentissage rencontrées par les élèves, leur vécu antérieur... Il n'est pas pertinent de proposer une SA en réponse à un constat voire à un comportement d'élève si l'on ne comprend pas ce qui est à l'origine de ce comportement et dans quelle situation précise il survient.

Il s'agit ici de mettre en relation plusieurs paramètres et connaissances permettant des hypothèses pertinentes, notamment : les prescriptions/préconisations des TO, le niveau de classe, d'habileté et de développement des élèves, les connaissances didactiques relatives à l'AP considérée, les contraintes sécuritaires...

Il importe de pouvoir justifier vos hypothèses et les choix qui en découlent. Cette justification doit être pensée simultanément et en amont du choix d'une orientation (et non pas après). Sinon, le candidat risque de vouloir justifier à tout prix des choix qui ne sont pas forcément adéquats ou de proposer des justifications trop générales et « passe-partout ». Il est donc important de s'appuyer sur une logique et une démarche de conception de l'enseignement de l'EPS pertinentes pour construire sa réponse. Néanmoins, il n'y a pas généralement, pour un sujet, une seule et unique réponse acceptable. L'enseignement est une activité qui n'appelle pas une seule manière de faire. Plusieurs conceptions, méthodes, approches, solutions… existent, même si leur pluralité n'induit pas qu'elles se valent toutes. Le candidat doit donc pouvoir se positionner professionnellement.

C. Proposer une réponse au sujet

Il ne faut pas confondre le travail d'analyse préalable du sujet (temps de préparation) et l'analyse du sujet présentée au jury (exposé). L'exposé gagne à être structuré autour d'un plan détaillé (qu'il est utile de présenter au jury), comprenant une introduction, un développement et une conclusion.

La réponse au sujet pourra être conçue en référence aux éléments de cadrage présentés plus haut et plus loin dans ce manuel et aux connaissances associées :

- **institutionnelles** (programmes et TO : sur l'école, l'EPS, ses enjeux, l'enseignement des AP, la programmation…) ;
- **scientifiques** (théories de l'apprentissage, connaissances sur le développement et la psychologie de l'enfant…) ;
- **didactiques et pédagogiques** (sur l'EPS, les AP et leur enseignement, la sécurité, la programmation annuelle de l'EPS, la structuration d'une séance d'EPS…) ;
- **culturelles** (sur les AP).

D'une façon générale, les SA proposées doivent être resituées face aux enjeux éducatifs de l'EPS à l'école. Les propositions didactiques et pédagogiques doivent être précises et répondre explicitement au sujet posé. Il convient d'articuler, à l'échelle d'une SA, les processus d'enseignement et d'apprentissage, c'est-à-dire l'activité de l'élève et celle de l'enseignant.

La présentation des SA doit être suffisamment précise et complète, à travers ses différentes rubriques essentielles, et ne peut donc prendre la forme d'un simple intitulé de jeu (comme l'épervier par exemple). Il importe de montrer ce qui, à l'échelle de la SA, permet aux élèves d'apprendre, et comment l'enseignant peut réguler leur activité. En effet, proposer une SA en EPS ne consiste pas seulement à mettre les élèves en activité d'apprentissage. L'enseignant doit aussi intervenir durant celle-ci pour observer, aider, encourager, valoriser les élèves, et réorienter si besoin leurs actions et activités. Enfin, il est utile d'envisager des évolutions possibles d'une SA, dans le sens d'une simplification et d'une complexification, en fonction des comportements et besoins des élèves, ceux-ci pouvant varier au sein d'une même classe du fait de son hétérogénéité.

Selon les cas de figure, il sera pertinent de présenter une ou plusieurs SA au jury. De façon générale, nous préconisons de ne pas présenter trop de SA, au risque de ne pouvoir les développer et justifier suffisamment. Il ne faut donc pas en proposer le plus possible, mais choisir un nombre de situations adaptées en fonction du sujet posé. Si plusieurs SA sont présentées, il convient de les articuler de façon cohérente au sein de la séance, pour éviter une juxtaposition dénuée de sens et d'intérêt. Il est possible par exemple de proposer deux SA qui répondent à deux problèmes d'élève/objectifs d'apprentissage différents, ou qui s'inscrivent dans une progression d'enseignement/d'apprentissage. À moins que le contexte d'enseignement ne le justifie (durée courte d'une séance, organisation pédagogique de la SA…), la présentation d'une seule SA risque d'être limitante pour le candidat.

D'autre part, il faut se méfier d'une attitude fréquente – surtout chez l'enseignant débutant – consistant à penser que le problème principal de l'enseignement réside dans la conception de progressions d'apprentissage ou de SA adéquates. Il faut également se préoccuper des conditions de la mise en activité des élèves, des modalités de travail et des dispositifs d'apprentissage, etc. Par exemple, il est nécessaire dans la conception d'une séance d'organiser les conditions de la répétition de la tâche par les élèves. Il en est de même au sujet de la connaissance du résultat.

D. Conseils et erreurs à éviter

1. Ne paraphrasez pas le libellé du sujet en commentant ses différents constituants (cycle, niveau de classe, objectif d'acquisition/attendu de fin de cycle, constat). Il faut au contraire problématiser et mettre en relation les différents pôles du sujet.

2. Ne cherchez pas à être original à tout prix en essayant de trouver la situation pédagogique la plus novatrice, différente, mais plutôt à être pertinent, cohérent, logique et précis dans les choix effectués et leur justification.

3. N'utilisez pas de termes spécifiques que vous ne maîtrisez pas (il faut pouvoir les définir). Ne gommez pas vos questionnements et doutes, ils pourront être utiles lors de l'entretien notamment (l'enseignant peut revenir sur/transformer ce qu'il a prévu initialement…).

E. Conseils méthodologiques pour exposer sa réponse

Durant le temps de préparation, vous devrez construire le support de votre présentation utilisé durant l'oral. Ne cherchez pas à tout écrire : vous n'en aurez pas le temps et vous risqueriez, une fois face au jury, de lire votre support et ainsi de nuire à la communication. Il est important d'être à l'écoute, y compris durant l'exposé, et le regard est un outil important. Trouvez donc une façon rassurante et efficiente d'organiser vos idées à l'écrit, par exemple un plan détaillé avec des mots-clés et/ou des phrases essentielles qui permettent de retracer le cheminement des principales idées à développer, des schémas permettant une vision globale et précise des SA proposées et accessibles au jury.

Au cours de l'entretien, il est souhaitable de s'appuyer sur des schémas précisant vos analyses et/ou propositions. N'hésitez pas alors à dessiner, si possible à l'avance durant la préparation, de façon précise et soignée (taille adaptée, couleurs éventuelles, traits à la règle le cas échéant, légende si besoin…) des croquis , schémas, dessins sur une feuille de papier, cela donnera davantage de consistance et de clarté à votre propos.

2 Repères sur l'entretien : les attentes du jury

Traditionnellement, le jury évalue la capacité du candidat à réfléchir et à construire ses réponses en articulant plusieurs dimensions, révélant ses facultés de compréhension (de la question posée), de problématisation, d'analyse, d'écoute. Pour cela, il peut s'appuyer sur les précédents propos du candidat et/ou élargir le questionnement à d'autres axes prévus dans le texte régissant le concours : connaissances scientifiques en matière de développement et de psychologie de l'enfant, sécurité des élèves, programmation annuelle de l'EPS, enjeux de l'EPS. La note de commentaire sur l'épreuve EPS précise que le jury peut élargir le questionnement aux pratiques sportives personnelles du candidat et aux types d'activités sportives qu'il peut animer ou encadrer, selon l'hypothèse que ces expériences personnelles peuvent nourrir ses réflexions et choix professionnels.

L'entretien permet au jury de questionner la logique ayant présidé aux choix du candidat liés aux SA présentées, en lui demandant de justifier ses choix.

D'une façon générale, il est pertinent d'exposer au jury votre logique de réponse, les références et connaissances utilisées, qu'elles soient institutionnelles (pour justifier un champ d'apprentissage, les apprentissages visés, les enjeux éducatifs poursuivis, les paramètres d'une SA...), scientifiques (liées au développement de l'enfant, ce qui adapté à tel ou tel niveau de classe, ou au contraire inadapté à ses capacités, les conséquences pédagogiques et didactiques pour l'enseignant...), professionnelles (gestes professionnels liés à la sécurité par exemple), culturelles (liées aux AP par exemple), mais aussi les cadres théoriques ou disciplinaires mobilisés (les différentes catégories de risques par exemple). Ceci permettra au jury de percevoir que le candidat dispose d'une logique et d'une méthodologie de réponse et d'enseignement, et de points d'appuis qui lui permettraient de traiter de façon pertinente d'autres sujets et questions. Le cas échéant, il peut être pertinent de justifier un choix d'enseignement à partir de plusieurs références de nature différentes.

PARTIE 2

Repères didactiques sur l'enseignement des AP en EPS à l'école primaire

1 Enseigner la natation en EPS à l'école primaire[1]

AUTOÉVALUATION

❶ À partir du fond du bassin, le corps humain remonte-t-il à la surface ?

☐ **a.** Non, car le corps humain est lourd.
☐ **b.** Oui, avec de l'air dans les poumons.
☐ **c.** Oui, si les poumons sont vidés d'air.
☐ **d.** Oui, si on est léger.

❷ Dans quelle position le corps glisse-t-il le mieux dans l'eau ?

☐ **a.** En faisant des mouvements.
☐ **b.** Peu importe, l'essentiel est d'être bien rasé.
☐ **c.** En posture tendue, avec la tête alignée, pour moins de résistances.
☐ **d.** En écartant les bras et les jambes.

❸ Quelle est la compétence à atteindre en fin de cycle 3 ?

☐ **a.** Nager 50 m.
☐ **b.** L'attestation du savoir-nager en sécurité, parcours de 10 tâches enchaînées, à caractère sécuritaire.
☐ **c.** Il n'y en a pas, car, dans les écoles, les possibilités d'accès à une piscine et la quantité de pratique possible sont très variables.
☐ **d.** cela dépend des objectifs de l'enseignant.

❹ Pourquoi la petite et la grande profondeurs sont-elles utiles pour enseigner la natation ?

☐ **a.** La petite profondeur pour les non nageurs, la grande pour les nageurs : et comme une classe est hétérogène, les deux profondeurs sont utiles.
☐ **b.** Pour les apprentissages « en surface » (techniques de propulsion), la petite profondeur suffit et permet une gestion de la sécurité plus facile ; la grande profondeur permet de se confronter à la réalité du savoir nager, mais aussi d'exploiter les entrées dans l'eau et les immersions plus longues.
☐ **c.** Pour varier les plaisirs.
☐ **d.** Pour pouvoir mettre tous les élèves dans l'eau en même temps.

1. Auteur du chapitre : Philippe Kapusta.

CORRIGÉS

❶ **b.** → p. 125-126 ; ❷ **c.** → p. 126 ; ❸ **b.** → pp. 121-123 ; ❹ **b.** → p. 127.

CONSEILS

- Veillez à bien intégrer les derniers textes officiels qui régissent l'enseignement de la natation à l'école (ils ont évolué récemment, comme en témoigne l'arrêté du 28 février 2022 sur l'attestation scolaire du savoir-nager en sécurité, et le *BO* n° 9 du 3 mars 2022 sur l'enseignement de la natation à l'école).
- Veillez à intégrer les spécificités du milieu aquatique dans la conception de l'enseignement de la natation à l'école et les variables didactiques spécifiques à cette AP.
- Veillez à intégrer les caractéristiques biomécaniques du corps humain dans l'eau dans la conception de l'enseignement de la natation à l'école.

COURS

1 Connaissances didactiques sur l'APSA

A. Logique interne

Sous leur forme sécuritaire, les activités aquatiques renvoient à une activité dans laquelle l'élève est amené à :

- entrer dans l'eau à partir du bord ;
- s'immerger sous la surface ;
- réaliser un surplace ;
- se déplacer en surface.

En effet, ces quatre types d'actions représentent des situations caractéristiques auxquelles peut être confronté un pratiquant pour assurer sa survie dans le milieu aquatique. Elles sont donc proposées à l'école en parcours, comme s'il y avait simulation d'un événement nécessitant d'assurer sa propre sécurité. C'est pourquoi on parle de « savoir nager » sécuritaire.

Ces différentes actions sont réalisées :

- dans un milieu physique défini, normé, stable : la piscine, mais qui peut présenter cependant un caractère incertain pour des élèves débutants ;
- dans un milieu humain sans opposition interactive : les coopérations peuvent être présentes mais ne constituent pas un élément déterminant du savoir nager.

Pour résumer, il s'agit pour le pratiquant de réaliser un **parcours finalisé** (un point de départ et une arrivée) comprenant une **entrée** dans l'eau, une **immersion**, un **surplace** et un **déplacement en surface**, dans un **environnement aquatique** présentant des **risques subjectifs** liés à la remise en cause de l'équilibre usuel.

Compte tenu des attendus de fin de cycles 2 et 3, nous prenons le parti de ne pas traiter les activités aquatiques sous l'angle de la natation sportive, consistant à réaliser une performance mesurée en temps ou distance.

B. Problèmes fondamentaux

Les contradictions auxquelles est confronté le pratiquant dans cette logique de parcours sont étroitement liées à la gestion d'un équilibre particulier au milieu aquatique (et des changements d'équilibre) pour réduire les résistances à l'avancement.

Cet équilibre doit être préservé malgré :

- la nécessité de respirer régulièrement, donc en mobilisant la tête ;
- la nécessité de s'informer, sur les directions du déplacement éventuel en particulier ;
- la nécessité de se propulser pour mettre le corps en mouvement.

Les quatre fonctions (équilibration, information, respiration et propulsion) sont ainsi fortement remises en question si l'on considère l'activité usuelle d'un terrien, et chacune impacte les autres.

Une dernière contradiction liée aux risques perçus par le pratiquant consiste à mesurer les limites dans lesquelles il peut s'engager, tout en restant en sécurité.

Ces problèmes fondamentaux présentés ci-dessus sont ainsi toujours présents dans les objets d'enseignement qui pourront être choisis : les entrées dans l'eau, les immersions, les surplaces et les déplacements. La résolution de ces problèmes implique différentes ressources.

C. Ressources sollicitées

a. Les ressources cognitives

L'élève est amené à modifier, parfois profondément, ses représentations initiales sur le milieu aquatique pour comprendre les propriétés du milieu et leurs relations avec le corps : en particulier les possibilités d'apnée, la flottaison, l'hydrodynamisme, les résistances, l'orientation des surfaces motrices… En outre, la connaissance de ses limites personnelles représente l'enjeu majeur de l'enseignement de cette AP.

Ex. : **Problèmes de mobilisation des ressources cognitives** pouvant expliquer des comportements typiques d'élèves :

- Les élèves peuvent ne pas avoir conscience de leur possibilité d'apnée ; penser qu'ils n'auront pas « assez d'air » pour remonter.
- Ils peuvent penser qu'ils vont se remplir d'eau en immergeant les voies respiratoires ; qu'ils vont couler vers le fond.
- Ils peuvent penser que, pour avancer, il faut bouger beaucoup.
- Ils peuvent méconnaître leurs possibilités réelles quant au déplacement en surface, mais également ne pas connaître la technique de nage qui actuellement est la plus efficace.

b. Les ressources affectives

L'élève est amené à gérer les émotions provoquées essentiellement par la remise en cause d'un équilibre usuel, passant par la perte des repères plantaires, la sensation que l'eau porte à la surface (et donc l'acceptation d'une immersion longue), la bascule de la tête et du corps à l'horizontale… Autant de transformations qui mobilisent une charge affective importante liée à l'inconnu. La plupart des appréhensions dont il est question ici sont en lien direct avec les représentations citées plus haut.

Ex. : **Problèmes de mobilisation des ressources affectives** pouvant expliquer des comportements typiques d'élèves :

- Une appréhension de perdre les appuis plantaires (organisateurs de l'équilibre du terrien).

– Certains élèves peuvent craindre de basculer le corps vers l'horizontale (peur de « tomber »).
– Une crainte de manquer d'air lors des immersions.
– Une peur de ne pas remonter facilement du fond.

c. Les ressources perceptives

L'élève doit exploiter des informations visuelles pour se diriger. Cependant, la mobilisation de la tête (en extension par exemple) modifie profondément son équilibre (horizontal par exemple). C'est pourquoi, entre autres, les informations proprioceptives (sensations) vont avoir une importance prédominante dans les apprentissages.

En quelque sorte, leurs transformations vont avoir deux fonctions : se diriger, nous l'avons dit, mais aussi et surtout transformer les représentations sur le milieu. En résumé, c'est en ressentant que l'élève connaît. Citons par exemple les transformations proprioceptives suivantes : se passer des informations plantaires, accepter de s'allonger, de basculer vers l'avant, sentir que c'est difficile d'aller au fond, sentir que l'on remonte du fond sans effort, sentir qu'on glisse mieux corps tendu…

Ex. : **Problèmes de mobilisation des ressources perceptives** pouvant expliquer des comportements typiques d'élèves :
– Dans les premiers déplacements en appuis manuels au mur, l'élève a besoin de ses sensations plantaires et reste collé au mur, les genoux et les pieds restant en contact avec la paroi.
– Lors de ces mêmes déplacements, l'élève se déplace lentement en appuis manuels « glissés », car la prise de vitesse entraîne un déséquilibre du corps vers l'horizontale.
– Lors de descentes vers le fond en appuis (perche), l'élève hésite à s'engager trop loin en profondeur et remonte très vite, comme pour lutter contre l'enfoncement.
– Lors de situations nécessitant de glisser (sauts, plongeons, glissées ventrales), l'élève est centré sur ses informations visuelles, mobilisant ainsi la tête en extension ou en flexion. Une perte de la tonicité axiale en est la conséquence.

d. Les ressources biomécaniques

L'élève doit organiser sa posture pour créer et gérer des équilibrations, coordinations et dissociations très particulières :

■ Équilibrations

Lorsqu'il s'agit de mobiliser et maintenir les segments pour rester allongé en surface par exemple (étoile de mer ventrale), ou encore glisser sur ou dans l'eau, l'alignement de la tête sur l'axe du corps est ici l'élément déterminant. De plus, pour changer d'équilibre, c'est la tête qui sera mobilisée en premier. On peut dire ainsi que la tête est le gouvernail du corps dans l'eau. Enfin, il faut ici mentionner un réflexe contre lequel les élèves vont devoir apprendre à lutter, le réflexe de redressement de la tête lors des bascules, chutes vers l'avant et l'arrière.

■ Coordinations

Les coordinations des jambes, des bras, de la tête deviennent primordiales en particulier lors de l'apprentissage des techniques de nage. L'aspect temporel de ces coordinations est réellement complexe et précis car l'amplitude des mouvements n'est absolument pas spontanée dans l'eau (apprendre au ralenti peut être par exemple une stratégie efficace).

■ Dissociations

Dans les techniques de nage en particulier, mais pas seulement, elles concernent des mobilisations simultanées des bras, des jambes et de la tête. Elles sont, comme les coordinations, très complexes, car les bras peuvent faire osciller la tête, et la tête gouverne l'équilibre du corps.

> Ex. : **Problèmes de mobilisation des ressources mécaniques** pouvant expliquer des comportements typiques d'élèves :
>
> - Si la tête est en extension lors d'un équilibre horizontal en surface, le corps aura tendance à basculer vers la verticale, même si la face est immergée.
> - Si la tête n'est pas complètement alignée sur l'axe du corps (« enfermée entre les bras »), la glisse est moins efficace.
> - Si la tête est relevée lors d'un plongeon, le corps se redresse et on observe alors un « plat ». Une explication liée au réflexe :
> - Si, lors d'une nage dorsale, la tête est en flexion, la bascule du corps vers l'oblique rend très difficiles les actions propulsives et l'élève a la sensation de couler.
> - Si, lors d'une nage ventrale, la mobilisation des bras fait « tourner » la tête (les bras et la tête ne sont pas dissociés), l'élève a la sensation de perdre l'équilibre ou de se fatiguer.
> - Si la tête reste en dehors de l'eau (pour un confort respiratoire souvent), l'équilibre devient oblique et les actions propulsives (bras et jambes) deviennent fatigantes.

e. Les ressources énergétiques

La plupart des actions aquatiques sont de courte durée et demandent un investissement énergétique et intense : la filière énergétique principalement sollicitée est la filière anaérobie alactique. Cependant, lors de parcours (enchaînement de différentes actions à visée sécuritaire), l'effort à fournir peut devenir long (filière aérobie). Il faut donc veiller aux possibilités de récupération après chaque action intense. La maîtrise de l'apnée et des échanges respiratoires sont à ce titre des apprentissages qui se révéleront essentiels quand l'effort à fournir deviendra long.

> Ex. : **Problèmes de mobilisation des ressources énergétiques** pouvant expliquer des comportements typiques d'élèves :
>
> - Si l'effort pour exercer des tractions sur la perche (et descendre au fond) n'est pas assez intense, l'apnée risque de durer trop longtemps et l'élève remontera avant d'aller au fond.

- Si une immersion longue est demandée juste après un déplacement en surface autonome, l'élève devra écourter cette immersion car il sera essoufflé suite à son déplacement.
- Si l'élève réalise des coups de bras à un rythme très soutenu lors d'une nage ventrale, il est fort possible qu'il doive reprendre appui au bord pour récupérer.

APPLICATION 1

Quels types de problèmes sont posés à tout pratiquant ?

→ Corrigé p. 136

APPLICATION 2

Quel type de ressources perceptives est mobilisé en priorité ?

→ Corrigé p. 136

APPLICATION 3

Citez une ou plusieurs dissociations à apprendre.

→ Corrigé p. 136

2 Connaissances institutionnelles

Avant d'analyser les programmes des trois cycles, il est utile de mentionner que le *BO* n° 9 du 3 mars 2022, « Enseignement de la natation scolaire – contribution de l'école à l'aisance aquatique », fixe le cadre réglementaire et les enjeux de cet enseignement. En particulier : les conditions d'encadrement, les responsabilités, la programmation du cycle 1 au cycle 3, des objectifs progressifs à poursuivre (3 étapes de l'aisance aquatique), l'enjeu final (attestation du savoir-nager en sécurité), et le test du Pass-nautique, que nous ne prenons pas en compte dans ce chapitre, car il peut être passé avec brassières de sécurité.

A. Au cycle 1

Les activités aquatiques permettent de viser l'objectif 2 « **Adapter ses équilibres et ses déplacements à des environnements ou des contraintes variés** » des programmes relatifs à l'EPS. Les programmes ne contiennent pas d'informations précises et spécifiques concernant les compétences à atteindre dans les activités aquatiques. Nous vous proposons donc de consulter deux types de documents.

Le *BO* du 3 mars 2022 portant sur la natation scolaire stipule que « le parcours de formation de l'élève s'initie dans la perspective d'une aisance aquatique, dès le cycle 1… » Si les conditions sont réunies pour permettre à ces élèves de bénéficier d'un accès à la piscine, il convient de favoriser la mise en place d'une unité d'apprentissage qui favorisera l'acquisition d'un « savoir nager » ultérieur. En effet, en dehors de l'école, tous les enfants n'ont pas accès à ces espaces aquatiques.

La **ressource Éduscol** maternelle relative à l'objectif 2 de l'EPS consacre un chapitre de quatre pages à l'apprentissage de la natation en grande section. Les apprentissages à développer sont :

- **Acquérir de nouveaux repères perceptifs :** le nageur débutant va apprendre à regarder sous l'eau (avec et sans lunettes) et constater que la vision est différente, moins claire. Il n'en demeure pas moins qu'il y a des choses à voir sous l'eau : des objets (il est important que le volume d'eau soit habité pour donner du sens à cette prise d'information), mais aussi son propre corps (en particulier ses mains qui saisissent des objets, les bras qui tirent dans l'eau), les autres enfants.
- **Se vivre et se percevoir comme un « corps flottant » :** quitter l'équilibre vertical et les appuis solides pour observer qu'un équilibre horizontal est possible car l'eau nous porte. Le nageur débutant devra faire l'expérience essentielle, déterminante pour la suite de ses apprentissages, de ce corps flottant avec la tête immergée. Il lui faudra accepter de ne rien faire, de « laisser faire », se détendre et confier son corps à l'eau. Les objets flottants (« frites » sous les bras) pourront donner transitoirement des appuis au jeune nageur, le temps pour lui de s'approprier ce nouvel équilibre puis d'accepter le déséquilibre dans l'eau et de jouer avec.
- **Adapter ses solutions respiratoires :** savoir bloquer sa respiration et rester ainsi en « apnée pleine » le temps d'une immersion facilitera la conduite motrice d'un nageur débutant qui enchaînera ainsi une succession d'apnées dans l'action et de temps de respiration en dehors des moments d'action. Puis il saura alterner une inspiration aérienne avec une expiration subaquatique, ce qui donnera une aisance au nageur pour évoluer sur des durées d'action plus longues.

Ce qui est à construire en fin de cycle (lorsque les conditions d'accès à la piscine sont réunies) :

- **explorer le milieu aquatique**, participer à des jeux aquatiques adaptés et y prendre plaisir ;
- **immerger la tête** dans l'eau, avec des yeux ouverts qui prennent des informations dans le volume d'eau (objets immergés, cerceaux...) ;
- réussir à retenir sa respiration dans l'eau (**apnée respiratoire**) mais aussi pouvoir souffler dans l'eau (alterner une inspiration aérienne et une expiration subaquatique) ;
- **flotter** dans l'eau, se laisser porter par l'eau sur le ventre et également sur le dos en utilisant des objets (matériel de flottaison : frites, planches), puis sans objets ;
- explorer des **déplacements aquatiques** avec la **tête dans l'eau** en s'aidant des bras et des jambes (propulsions diverses expérimentées et recherche d'appuis solides dans l'eau) ;
- explorer la profondeur et le volume aquatique pour aller **chercher des objets immergés**.

Pour résumer, la programmation de l'activité à l'école doit débuter si possible en grande section. Dans ce cas, on peut estimer la quantité de pratique équivalente à une dizaine de séances. Dans cette éventualité, nous pourrions libeller l'attendu de fin de maternelle ainsi : réaliser un parcours, en continuité, de trois actions le long du bord en grande profondeur :

– entrer dans l'eau en s'appuyant sur ses mains à partir de la position assise au bord ;

– se déplacer le long du mur en appuis manuels corps à l'horizontale (les pieds remontent à la surface) ;

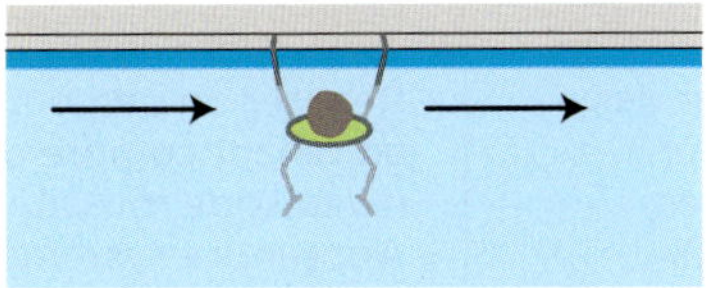

– et s'immerger en passant sous une perche en surface.

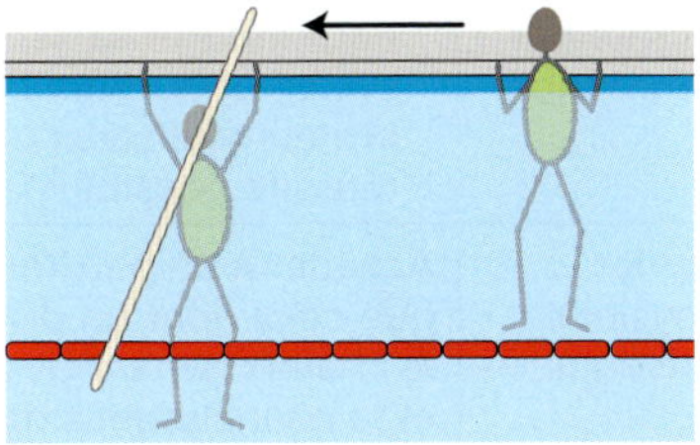

Nous pensons que cet attendu concerne tous les élèves d'une classe de grande section, et donc les premiers apprentissages décisifs pour savoir nager, à savoir :

– accepter de se passer des sensations plantaires solides, en appuis manuels ;

– puis, dans les mêmes conditions, accepter un premier allongement du corps à la surface, équilibré par des battements de jambes éventuellement ; ce sont les premières sensations de corps flottant ;

– et enfin accepter une immersion courte, donc une première apnée respiratoire.

Il n'est pas interdit de « voir plus loin », comme le font les ressources Éduscol (immersions plus longues, exploration de la profondeur, flottaison, posture hydrodynamique) mais nous pensons qu'une programmation structurée et réaliste des apprentissages est la meilleure garantie pour des acquisitions solides, puisqu'il est question ici, rappelons-le, de sécurité.

B. Compétences générales travaillées en cycles 2 et 3 en lien avec le socle commun

Nous proposons ci-dessous des mises en œuvre possibles issues du socle commun.

Domaines du socle commun	Compétences générales en EPS	Mise en œuvre possible en natation
Les langages pour penser et communiquer	**CG1 :** Développer sa motricité et apprendre à s'exprimer en utilisant son corps	Démontrer à plusieurs reprises et dans différentes conditions l'acquisition d'une technique apprise. Par exemple : la nage subaquatique, l'équilibre horizontal, la posture tendue, le plongeon canard, une technique de propulsion...
Les outils pour apprendre	**CG2 :** S'approprier par la pratique physique et sportive les méthodes et outils	- Apprendre en expérimentant : l'apnée, la flottaison. - Apprendre en observant : les postures hydrodynamiques. - Apprendre en analysant une vidéo : les dissociations segmentaires des techniques de nage.
La formation de la personne et du citoyen	**CG3 :** Partager des règles, assumer des rôles et des responsabilités	- Réaliser un parcours en relais à deux, en tenant compte des différents niveaux de réussite proposés. - Apprendre systématiquement en binôme en jouant deux rôles successifs : surveillant, puis conseiller.
Les systèmes naturels et les systèmes techniques	**CG4 :** Apprendre à entretenir sa santé par une activité physique régulière	- Ajuster sa pratique à ses possibilités pour assurer sa sécurité : faire systématiquement sur le parcours des projets réalistes (2 ou 3 niveaux de réussite possibles).
Les représentations du monde et l'activité humaine	**CG5 :** S'approprier une culture physique sportive et artistique	Accéder à un patrimoine culturel autre que celui dont on dispose : utiliser le champ sémantique lié à l'activité et la connaissance des conditions dans lesquelles savoir nager est indispensable.

C. Au cycle 2

Concernant le champ d'apprentissage « Adapter ses déplacements à des environnements variés », le tableau ci-dessous présente les attendus de fin de cycle 2, les compétences qui peuvent être travaillées pendant le cycle et des éléments de progressivité issus des programmes (nous avons sélectionné ce qui peut concerner les activités aquatiques).

Attendus de fin de cycle	- Se déplacer dans l'eau sur une quinzaine de mètres sans appui et après un temps d'immersion. - Réaliser un parcours en adaptant ses déplacements à un environnement inhabituel. L'espace est aménagé et sécurisé. - Respecter les règles de sécurité qui s'appliquent.
Compétences travaillées pendant le cycle	- Transformer sa motricité spontanée pour maîtriser les actions motrices. - S'engager sans appréhension pour se déplacer dans différents environnements. - Lire le milieu et adapter ses déplacements à ses contraintes. - Respecter les règles essentielles de sécurité. - Reconnaître une situation à risque.
Repères de progressivité	En natation, les activités proposées permettent de passer de réponses motrices naturelles (découvrir le milieu, y évoluer en confiance) à des formes plus élaborées (flotter, se repérer) et plus techniques (se déplacer). L'objectif est de passer d'un équilibre vertical à un équilibre horizontal de nageur, d'une respiration réflexe à une respiration adaptée, puis passer d'une propulsion essentiellement basée sur les bras à une propulsion essentiellement basée sur les jambes.

Pour préciser une compétence attendue de fin de cycle 2 en cohérence avec les informations ci-dessus, nous proposons les orientations suivantes :

Compétences à atteindre en fin de cycle (CE2)
1. Sauter pour toucher le fond avec les pieds 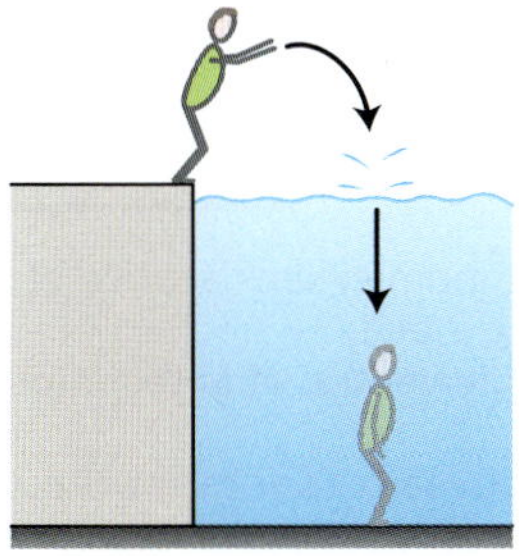 - Cette tâche doit être réalisée en MP ou GP, pas nécessairement à partir d'une position surélevée par rapport à la surface. - Il n'est pas prévu de toucher le fond avec les pieds dans le texte originel mais, sans ce critère de réussite, la tâche ne valide pas d'apprentissages suffisamment significatifs.

2. Passer sous un obstacle étroit en surface à 3 mètres

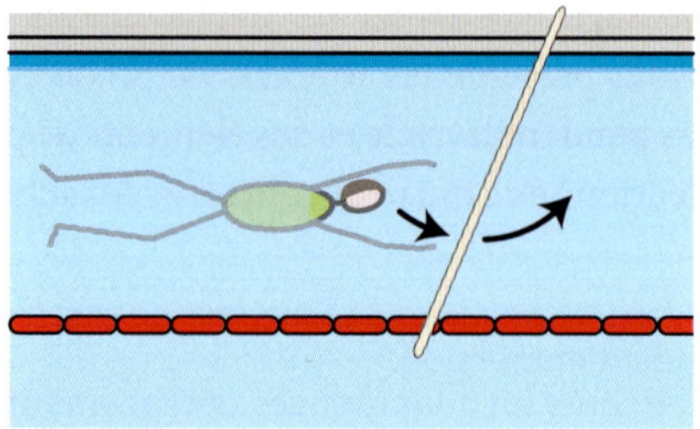

- Cette tâche doit être réalisée à partir du fond, en nageant vers l'obstacle pour passer dessous (perche, corde...).
- Elle pourrait être réalisée à partir de la surface, après remontée du saut, mais elle deviendrait alors plus difficile.

3. Réaliser un équilibre ventral ou dorsal en surface pendant 5 secondes

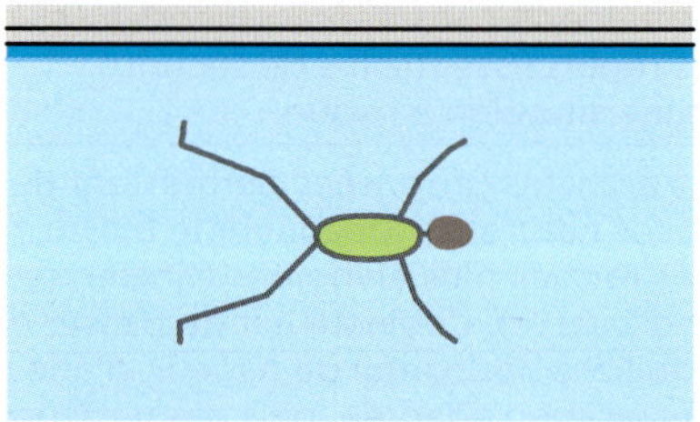

- Cette tâche doit être réalisée en MP ou GP avec un signal sonore ou visuel qui valide les 5 secondes immobile.

Réaliser les 3 tâches en continuité
- Les tâches 1, 2 et 3 ne peuvent pas être réalisées séparément, avec des temps d'arrêt ou des reprises d'appuis solides ou mouvants.

4. Nager 15 mètres en autonomie

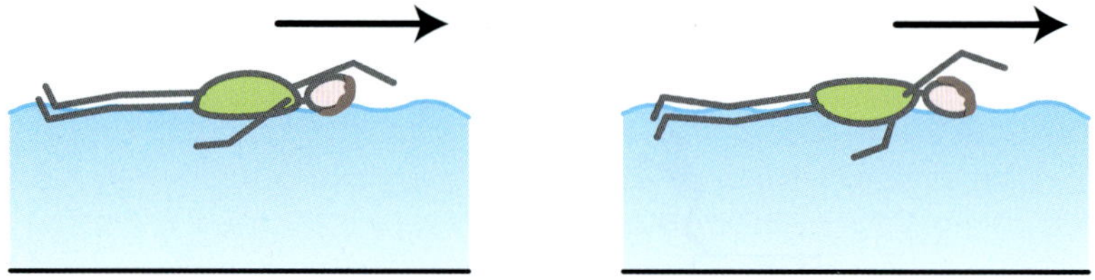

- Cette tâche doit être réalisée en autonomie, sans artifice et sans reprise d'appui au bord, indépendamment des tâches 1, 2 et 3.
- Elle peut être réalisée sur le dos, sur le ventre, et la technique de nage n'est pas prise en compte.
- Compte tenu des apprentissages nouveaux (par rapport aux tâches 1, 2 et 3) qu'elle suppose, il ne serait pas étonnant que des élèves de cycle 2 (ne bénéficiant que des apprentissages scolaires) y échouent : hydrodynamisme + propulsion efficace des bras éventuellement + propulsion des jambes + dissociations tête bras jambes.
- Nous préférerions donc une connaissance précise de ces limites en autonomie, près du bord (par ex. 5 m, 10 m ou 15 m) qui serait plus réaliste et aurait un intérêt éducatif. (→ voir sujet 1 d'entraînement, p. 135)

D. Au cycle 3

Concernant le champ d'apprentissage « Adapter ses déplacements à des environnements variés », le tableau ci-dessous présente les attendus de fin de cycle 3, les compétences qui peuvent être travaillées pendant le cycle et des éléments de progressivité issus des programmes (nous avons sélectionné ce qui peut concerner les activités aquatiques).

Attendus de fin de cycle	- Réaliser, seul ou à plusieurs, un parcours dans plusieurs environnements inhabituels, en milieu naturel aménagé ou artificiel. - Connaître et respecter les règles de sécurité qui s'appliquent à chaque environnement. - Identifier la personne responsable à alerter ou la procédure en cas de problème. - Valider l'attestation scolaire du savoir nager (ASSN), conformément à l'arrêté du 9 juillet 2015.
Compétences travaillées pendant le cycle	- Conduire un déplacement sans appréhension et en toute sécurité. - Adapter son déplacement aux différents milieux. - Tenir compte du milieu et de ses évolutions (vent, eau, végétation, etc.). - Gérer son effort pour pouvoir revenir au point de départ. - Aider l'autre.
Repères de progressivité	La natation fera l'objet, dans la mesure du possible, d'un enseignement sur chaque année du cycle.

L'attestation du savoir-nager en sécurité (ASNS)

L'attestation du savoir-nager en sécurité (ASNS) dont il est question ici fixe donc les attendus de fin de cycle 3. En voici les principaux éléments **en cinq points :**

- Délivrée par le directeur de l'école ou par le principal du collège, l'attestation est incluse dans le livret scolaire de l'élève ; un exemplaire, imprimé selon le modèle fixé par l'annexe 2 du présent arrêté, lui est remis. La maîtrise du savoir nager est attestée par les personnels qui ont encadré la formation et la passation des tests : à l'école primaire, un professeur des écoles en collaboration avec un professionnel qualifié et agréé ; au collège, un professeur d'EPS.
- Le savoir nager correspond à une maîtrise du milieu aquatique. Il reconnaît la **compétence à nager en sécurité** dans un établissement de bains ou un espace surveillé (piscine, parc aquatique, plan d'eau calme à pente douce).
- Son acquisition est un **objectif des classes de CM1, CM2 et sixième** (cycle 3). Le cas échéant, l'ASNS pourra être délivrée ultérieurement.
- Sa maîtrise **permet d'accéder à toute activité aquatique ou nautique** susceptible d'être programmée dans le cadre des enseignements obligatoires ou d'activités optionnelles en EPS, ou à l'extérieur de l'école, notamment pour la pratique des activités sportives mentionnées aux articles A.322-42 et A.322-64 du Code du sport.
- Contenu du test : **parcours à réaliser en continuité**, sans reprise d'appuis au bord du bassin et sans lunettes.

Compétences à atteindre en fin de cycle (6e)	
1. À partir du bord de la piscine, entrer dans l'eau en chute arrière.	
2. Se déplacer sur une distance de 3,5 mètres en direction d'un obstacle.	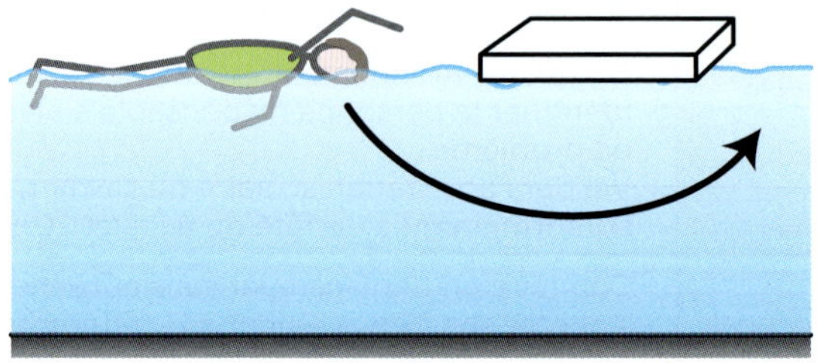
3. Franchir en immersion complète l'obstacle sur une distance de 1,5 mètre.	
4. Se déplacer sur le ventre sur une distance de 15 mètres.	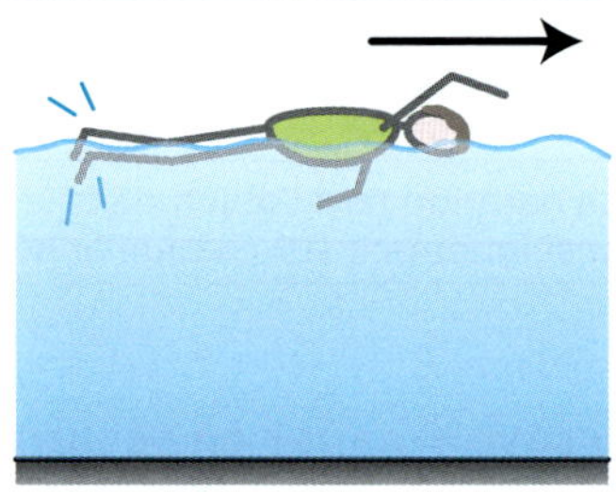
5. Au cours de ce déplacement, au signal sonore, réaliser un surplace vertical pendant 15 secondes puis reprendre le déplacement pour terminer la distance des 15 mètres.	
6. Faire demi-tour sans reprise d'appuis et passer d'une position ventrale à une position dorsale.	

7. Se déplacer sur le dos sur une distance de 15 mètres.	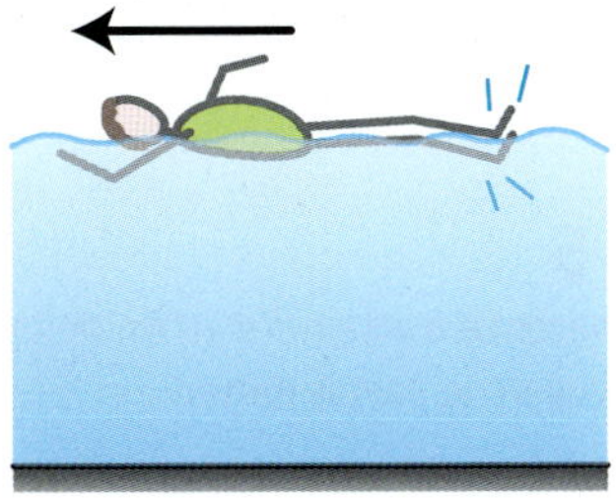
8. Au cours de ce déplacement, au signal sonore, réaliser un surplace en position horizontale dorsale pendant 15 secondes, puis reprendre le déplacement pour terminer la distance des 15 mètres.	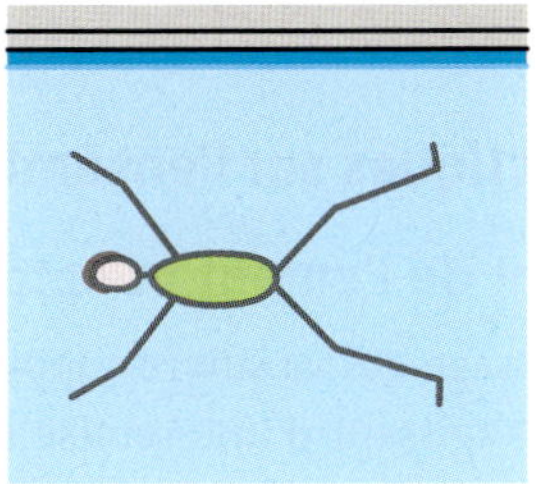
9. Se retourner sur le ventre pour franchir à nouveau l'obstacle en immersion complète.	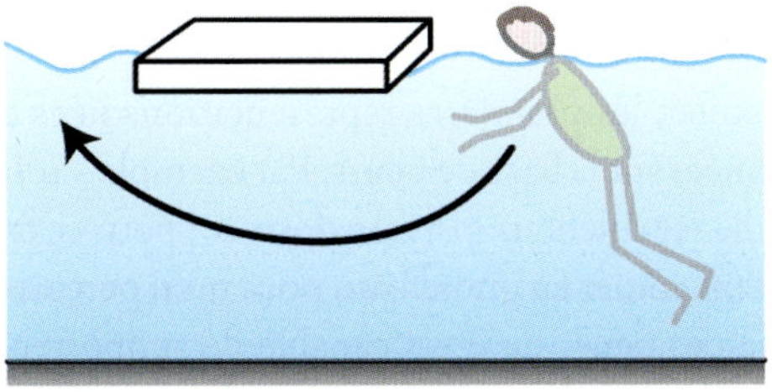
10. Se déplacer sur le ventre pour revenir au point de départ (3,50 m)	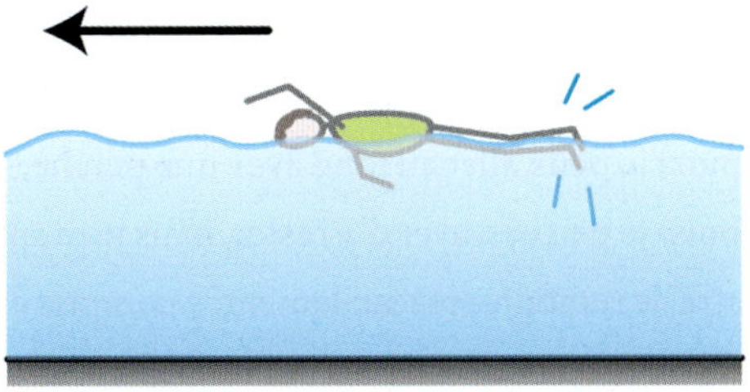

Les 10 tâches sans reprise d'appuis solides et sans lunettes

Des connaissances et attitudes :
- Savoir identifier la personne responsable de la surveillance à alerter en cas de problème.
- Connaître, à la piscine, les règles de base liées à l'hygiène et la sécurité.
- Savoir identifier les environnements et les circonstances pour lesquels la maîtrise du savoir nager est adaptée.

APPLICATION 4

Quelles sont les premières transformations à apprendre pour des élèves grands débutants ?

→ Corrigé p. 136

APPLICATION 5

Décrivez une compétence à atteindre en fin de cycle 2 et expliquez ce qu'elle représente dans la progression vers le savoir nager.

→ Corrigé p. 136

3 Repères et outils didactiques

A. Repères didactiques sur l'ensemble de la scolarité

a. Développement de l'enfant et natation

Le cursus d'apprentissage qui va suivre s'appuie essentiellement sur le développement affectif de l'enfant : s'agissant d'une remise en cause radicale de l'équilibre usuel, la charge affective liée aux peurs est très présente. En effet, le système limbique, « cerveau des émotions », est particulièrement sollicité dans les premiers apprentissages aquatiques : si ce « cerveau » est affecté de façon négative (peurs), les possibilités de progrès, de dépassement « de ce qu'on savait déjà faire », sont très limitées.

En particulier, les premières représentations liées au milieu aquatique ne peuvent être transformées sur la base de peurs. Par exemple, croire que l'on coule et que l'on reste au fond est une représentation à transformer ; pour ce faire, l'expérience qui consisterait à laisser l'enfant couler en grand bain pour qu'il perçoive qu'il remonte est bien entendu trop éloignée des peurs qu'il est capable de supporter (risques subjectifs). Autrement dit, la transformation des représentations (compréhensions, raisonnements) passe par un traitement progressif des peurs que l'enfant est susceptible de maîtriser (donc sans avoir peur réellement). Pour reprendre l'exemple ci-dessus, voici un cheminement progressif fondé sur les transformations affectives et cognitives :

- Je comprends mon apnée (je peux m'immerger longtemps sans m'étouffer),
- donc (puis) je peux aller au fond avec une perche,
- donc (puis) je peux essayer d'y rester, mais je m'aperçois que c'est très difficile,
- par contre, je remonte très facilement, y compris en lâchant la perche.

La période de 5-6 ans est par ailleurs très favorable aux transformations des représentations (les cortex perceptif et frontal sont en fort développement) par le contrôle des peurs.

C'est ce traitement de la charge émotionnelle pour construire des connaissances sur le milieu (vécues, perçues) que nous proposons dans le cursus qui suit, en particulier dans les trois premières étapes. La quatrième (apprentissage de techniques) est également d'autant plus efficace que l'enfant est libéré de la peur de couler par exemple : on observe souvent des « nageurs débutants » se débattre dans l'eau avec le plus de mouvement possible, malgré les conseils techniques donnés par l'enseignant. Tout se passe comme si la peur (de couler ici) prenait le dessus sur les autres informations, ce qui semble logique compte tenu du rôle du système limbique dans le traitement des informations : il fonctionne en effet comme un barrage, qui bloque l'information (peur) ou au contraire en facilite le traitement (émotion positive) par les autres zones du cerveau.

Enfin, dans la continuité, le développement affectif des enfants n'étant pas uniforme, nous proposons pour chaque apprentissage (pour chaque situation proposée) des paliers au choix de l'élève afin qu'il se projette vers « ce qu'il accepte actuellement » : par exemple, la descente vers le fond sera progressive, par paliers matérialisés sur la perche.

b. Le cursus des apprentissages : du débutant au « savoir nager »

Essentiellement parce que l'enseignement de ces activités revêt un caractère sécuritaire souvent affiché dans le milieu scolaire mais aussi en dehors, un consensus didactique se dégage depuis déjà quelques dizaines d'années (les principaux auteurs historiques sont cités en fin de chapitre).

Ce consensus que nous allons développer en quatre étapes se construit sur la base de ces principes :

- les apprentissages ne sont possibles qu'à partir d'appréhensions « supportables » par l'élève ;
- lever les inhibitions liées à des représentations sur le milieu devient donc une priorité, avant tout apprentissage technique de propulsion ;
- cela revient à acquérir quatre types de connaissances sur les propriétés du corps dans le milieu aquatique : apnée, flottaison, tête gouvernail du corps et posture hydrodynamique ;
- ces connaissances ne sont pas « savantes », elles sont vécues par l'expérience et intégrées grâce aux sensations : elles sont donc progressives ;
- une fois l'essentiel des connaissances acquis, l'apprentissage de techniques de propulsion peut être efficace ; compte tenu des coordinations et dissociations complexes, celui-ci ne peut se faire globalement.

■ Étape 1 : les premiers réflexes

Les premiers apprentissages, accessibles car en décalage optimal avec les ressources du débutant, concernent :

- l'acceptation de la perte des sensations plantaires solides habituelles et d'une bascule vers l'horizontale (première sensation de portance) ;
- l'acceptation d'une courte apnée.

Les mises en œuvre valorisent une totale sécurité, avec des appuis manuels au bord quand il s'agit de grande profondeur, et un aspect ludique omniprésent.

■ Étape 2 : l'apnée pour accéder au fond et s'allonger

Dans un second temps, l'apnée peut devenir plus longue, au point de pouvoir descendre au fond du bassin, en appuis solides mais aussi de se déplacer parfaitement allongé le long du bord (en appuis solides toujours). Cette étape est ainsi l'occasion d'apprendre :

- ses limites personnelles d'apnée ;
- la limite du volume aquatique (vivre le fond, ressentir où il est) ;
- la résistance à la descente et la difficulté de rester au fond (secondes sensations de portance) ;
- la première posture allongée à la surface, grâce à une apnée plus longue : posture de référence pour les étapes suivantes.

Les mises en œuvre sont progressives et construites à partir d'appuis solides (perche, bord).

Étape 3 : la flottaison et la glisse

L'élève peut donc ensuite apprendre, à partir du fond en particulier, que l'eau porte à la surface, et ainsi comprendre que :

- il n'est pas possible de rester au fond les poumons remplis d'air ;
- sans rien faire, l'eau le porte à la surface ;
- il peut donc lâcher les appuis solides ;
- face orientée, il peut rester horizontal en surface ;
- bien tendu, il peut glisser loin.

Les mises en œuvre amènent l'élève à réaliser volontairement plus d'actions en profondeur, à lâcher les appuis avec un dispositif de sécurité, à tenter des actions « impossibles » (s'asseoir par exemple), à ressentir la portance (yeux fermés par exemple), à tenter des équilibres en sécurité affective (en petite profondeur par exemple), puis expérimenter d'autres postures (plus ou moins tendues). C'est une étape essentiellement centrée sur les ressentis, qui débouche sur la posture tendue de référence. (→ voir sujet 1 d'entraînement, p. 135, pour une illustration)

Étape 4 : les techniques

Enfin, sur la base des acquis précédents (à partir de cette posture tendue), il sera question d'apprendre méthodiquement des moyens techniques pour devenir autonome, en particulier :

- l'expiration complète pour construire ensuite les échanges respiratoires ;
- les battements de jambes (et autres techniques) comme moyen premier de propulsion afin de ne pas déstabiliser la tête gouvernail (ces moyens ont pu être acquis avant cette étape) ;
- les appuis aquatiques efficaces pour construire des actions propulsives des bras sans déstabiliser la tête ;
- les dissociations tête-bras-jambes ;
- la connaissance précise et actuelle de ses limites d'autonomie.

Les mises en œuvre privilégient des conditions rassurantes (petite profondeur ou matériel flottant), des distances courtes sur lesquelles il est plus important de « bien faire » que de « faire beaucoup », des vitesses très réduites pour se centrer sur les sensations, et enfin une succession très progressive concernant les dissociations. (→ voir sujet 2 d'entraînement, p. 135, pour une illustration)

c. Des options importantes concernant les mises en œuvre

Une compétence générale

Une compétence spécifique attendue est adossée à une compétence générale. Celle-ci impacte fortement les choix pédagogiques (gestion de la classe) et didactiques (choix des situations).

Par exemple, si « S'approprier par la pratique physique et sportive les méthodes et outils » est prioritaire, les mises en œuvre mettront très régulièrement en valeur l'observation des autres par exemple, ou encore l'émission d'hypothèses à mettre à l'épreuve de l'expérience. Elles seront donc une condition nécessaire pour apprendre afin d'acquérir la compétence spécifique fixée.

Une « épreuve preuve » (situation repère) unique et significative

Compte tenu du caractère sécuritaire des compétences attendues, le parcours finalisé (un départ, une entrée, une immersion, un surplace et un déplacement à réaliser pour rejoindre une arrivée) sera « l'épreuve preuve » que la compétence est acquise, proposée de façon très régulière sous des formes plus ou moins complexes suivant les objectifs de l'enseignant, si possible contenant des choix à réaliser par l'élève (des rendez-vous « lucidité »).

Des contenus d'enseignement très réduits

Face aux nombreuses possibilités de contenus, nous nous limitons volontairement et fortement aux contenus utiles pour accéder à la compétence visée, et à l'étape suivante. Certains choix sont discutables et discutés, s'ils ne sont pas appréhendés dans le cadre d'un cursus (par exemple, le moment de l'apprentissage de l'expiration complète, l'ouverture des yeux dans l'eau ou encore les battements de jambes représentent des contenus qui appellent des options).

Des rendez-vous « lucidité » réguliers

Le parcours à choix multiples (ou au moins les situations d'apprentissage) sera proposé régulièrement aux élèves afin d'activer une connaissance plus précise de leurs limites. Ces parcours seront systématiquement suivis par un binôme observateur, responsable de la validation du projet annoncé.

Des profondeurs outils

Si « l'épreuve preuve » est proposée le plus souvent en grande profondeur, la petite profondeur reste un outil pertinent pour la plupart des apprentissages, à condition de ne pas devenir une impasse. Selon nous, elle permet de réduire la charge affective pour la plupart des élèves et de faciliter l'organisation d'un groupe d'élèves. Elle deviendrait un leurre si des élèves y étaient « cantonnés » longtemps. Notons qu'en grande profondeur, l'utilisation du bord du bassin nous semble incontournable.

Ainsi, si le matériel flottant (artifice de flottaison) présente des avantages apparents et immédiats de sécurité, nous ne pensons pas qu'il représente une aide décisive dans les trois premières étapes du cursus proposé en 1). Autrement dit, nous ne croyons pas à un pouvoir artificiel de flottaison.

d. Sécurité en natation

Le *BO* du 3 mars 2022 représente la référence en matière de réglementation et de sécurité de l'enseignement de la natation en milieu scolaire. On peut extraire les informations suivantes :

– un taux d'encadrement lié au nombre d'élèves de la classe ; entre 20 et 30 élèves, deux adultes encadrent la classe en élémentaire, trois en maternelle ;

– le recours à des personnes agréées aux côtés de l'enseignant, pour respecter ce taux en particulier : personnes bénévoles agréées et/ou rémunérées (qualifiées et agréées) ;

– un ou des MNS exclusivement affectés à la surveillance du dispositif d'ensemble.

Quelques mesures de sécurité passive peuvent être ajoutées ou précisées :

– Chaque groupe (avec son intervenant) est préétabli, fixé par écrit, même s'il peut évoluer : il fonctionne dans une zone de travail balisée (par des lignes d'eau ou des perches permettant d'en définir les limites). Le changement de zone en cours de séance est intéressant (petit bain, grand bain) mais ne doit pas être excessif, car il représente un moment sensible en termes de sécurité.

– Une zone de petit bain doit rester du petit bain (eau à hauteur de poitrine) ; les espaces « entre deux profondeurs » laissant croire qu'on est en petit bain ne sont pas favorables à la sécurité.

– En grand bain, le recours à la perche (en mains) peut avoir un intérêt sécuritaire immédiat, en particulier lors de l'étape de l'apprentissage de la flottaison pendant laquelle les limites de l'autonomie deviennent plus floues (ou variables) pour les élèves. Le fonctionnement en binôme (un nageur – un surveillant) est également intéressant.

– En termes d'espaces de travail dans le grand bain, majoritairement, c'est le bord (le long du mur) qui doit être le plus exploité, parce qu'il revêt très peu d'incertitudes en termes de sécurité.

Par ailleurs, une attention particulière devrait être portée sur la charge affective des apprentissages proposés. Être en décalage optimal avec les ressources actuelles de l'élève permet d'apprendre sans avoir peur.

> **Ex. :** Si l'élève est capable de réaliser une immersion complète et courte (ressources actuelles), lui proposer une immersion très longue (5 fois plus longue par exemple, pour aller au fond), c'est tenter d'apprendre sur la base de peurs, en diminuant l'efficacité bien sûr mais aussi la sécurité. Cette notion est d'autant plus importante lorsqu'on aborde des activités en grand bain sans appuis solides : par exemple, faire réaliser une étoile (statique) en grand bain, très près du bord, après l'avoir réalisée en petit bain semble être en décalage optimal.

Nous l'avons déjà évoqué dans le point relatif au développement de l'enfant, la charge affective ne peut être exactement la même pour tous les élèves d'un même groupe, même s'il est constitué sur la base de besoins semblables. Il convient, pour une situation proposée, de proposer plusieurs degrés de réalisation possible :

Ex. : Se déplacer en tractant le bord, face immergée, pour aller vers des cibles graduant des distances : cette tâche permet à l'élève de se situer sans charge affective négative, et de projeter ses progrès.

B. Repères didactiques pour la grande section et le CP

Compétence visée sur l'unité d'apprentissage	Réaliser un parcours de trois actions le long du bord en grande profondeur : entrer dans l'eau en s'appuyant sur ses mains, se déplacer le long du mur en appuis manuels corps à l'horizontale (les pieds remontent à la surface), et s'immerger en passant sous une perche en surface. 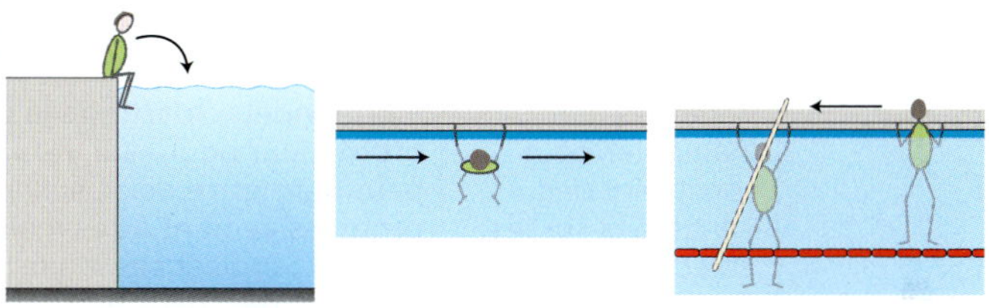 Dans le cadre de ce parcours, l'élève démarre au signal visuel, prend en compte les événements non prévus (autres élèves nageurs), sort du bassin au signal visuel. Son binôme le suit en marchant au bord et valide les trois actions selon des critères de réussite (CR) connus.
Compétence générale prioritaire (CP)	Respecter les règles de sécurité et reconnaître une situation à risque. **CG 4 :** Apprendre à entretenir sa santé par une activité physique régulière.
Situation repère de fin de séquence : l'épreuve preuve	En binôme, un nageur et un observateur debout sur le bord : le nageur démarre au signal de son binôme (en lien avec la position du précédent nageur sur le parcours) : 1 point De la position assise au bord, il entre dans l'eau en s'appuyant sur ses deux mains à sa droite ou à sa gauche (CR : on voit les pieds). Il se déplace ensuite sur 10 mètres, avec des appuis manuels au mur (CR : on voit les pieds). En fin de parcours, il passe sous une perche en surface (CR : la perche n'est pas touchée). Il sort du bassin après son immersion : 1 point Le binôme suit son nageur et valide 1 point par CR et 1 point pour départ et sortie. Total du nageur sur 5 points.
Variables manipulées pour construire cette situation	- Profondeur : grande profondeur pour garantir la suppression des appuis plantaires - Appuis : manuels et solides au bord, constamment, pour garantir la sécurité - Corps : formes demandées pour rester en décalage optimal avec les ressources actuelles du débutant

Trois objets d'enseignement (OE) possibles	- Entrée - **Déplacement** - Immersion ➔ Seul l'OE « déplacement » est traité ici :	
	Objectifs possibles	1. Accepter de se suspendre à ses appuis manuels (si les élèves s'appuient sur les coudes en sortant le torse). 2. Accepter de se passer des sensations plantaires solides, en appuis manuels pour accepter un premier allongement du corps à la surface (si les élèves restent collés à la paroi, à la verticale). 3. S'équilibrer par des battements de jambes et vivre les premières sensations de corps flottant (si les élèves s'arrêtent régulièrement pour revenir à la verticale).
	Variables à manipuler pour construire des SA ciblées sur les objectifs	- Profondeur : partir de la petite profondeur pour aller vers la grande peut permettre de se suspendre progressivement à ses mains (objectif 1). - Corps : croiser ses mains, pour faire des grands pas, peut permettre de faire remonter les pieds vers la surface : on peut privilégier une forme ludique (rattraper par exemple) pour lever les inhibitions (objectif 2). - Appuis : ils vont rester solides au mur, mais on peut limiter la pose de mains à la main proche du mur : avec une immersion de la face prolongée (élèves compétents), on obtient un allongement horizontal en surface et l'autonomie très courte (1 à 2 mètres) devient possible.

C. Repères didactiques pour le cycle 2

Compétence visée sur l'unité d'apprentissage	Réaliser un parcours de trois actions près du bord en moyenne et grande profondeur : entrer dans l'eau en sautant et toucher le fond avec les pieds, passer sous une perche en surface en restant en immersion, puis réaliser un équilibre ventral pendant 5 secondes. Récupérer au bord puis nager 5 à 15 mètres en autonomie. 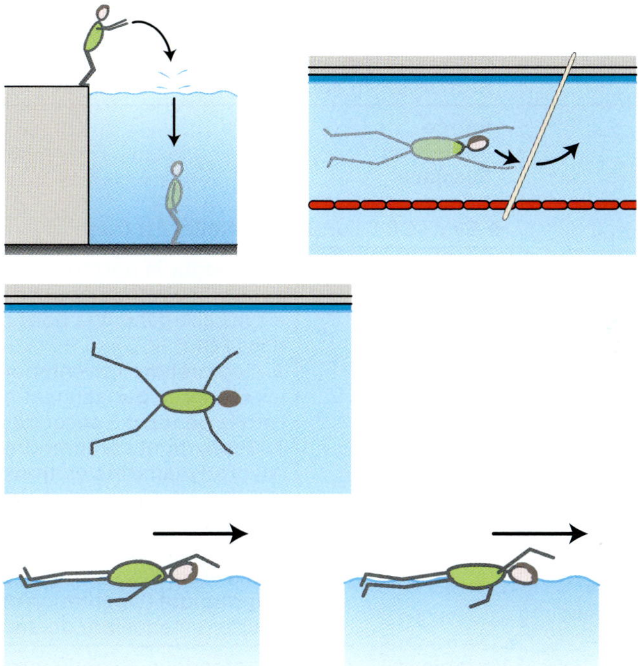 Dans le cadre de ce parcours, l'élève choisit parmi deux possibilités laissées par le dispositif. Il annonce son projet à son binôme et le réalise.
Compétence générale prioritaire (CP)	Ajuster sa pratique à ses possibilités pour assurer sa sécurité (CG4 : « Apprendre à entretenir sa santé par une activité physique régulière »)
Situation repère de fin de séquence : l'épreuve preuve	En binôme, un nageur et un observateur debout sur le bord : - le nageur démarre au signal de son binôme (en lien avec la position du précédent nageur sur le parcours) ; - il entre dans l'eau en sautant (CR : les pieds touchent le fond) en choisissant deux départs possibles (profondeurs différentes) ; - sans remonter à la surface, il passe sous une perche en surface à 1 ou 3 mètres du bord, au choix (CR : la perche n'est pas touchée) ; - après avoir repris appui au bord ou pas (au choix), il réalise une étoile ventrale pendant 5 secondes ; - il récupère 30 secondes puis nage en autonomie mais près du bord (5, 10 ou 15 mètres au choix). Le binôme suit son nageur et valide 1 point par CR. Total sur 4 points + 1 point si le projet est réalisé en entier, donc sur 5 points.

<table>
<tr><td>Variables manipulées pour construire cette situation</td><td colspan="2">- Profondeur : moyenne et grande profondeurs pour mettre à l'épreuve la posture hydrodynamique lors du saut, favoriser le déplacement en immersion, et enfin se confronter à la réalité d'une nage « de survie ».
- Appuis : sans appuis solides mais reprise possible au bord car l'autonomie reste fragile ; l'élève a appris à flotter mais les techniques de nage restent à renforcer.
- Distance : la distance à nager est choisie pour renforcer la connaissance des limites, premier enjeu pour assurer sa sécurité.
- Corps : formes valorisant la posture tendue, le rôle de la tête dans l'équilibre et les changements, et les techniques de propulsion en apnée.</td></tr>
<tr><td rowspan="3">Quatre objets d'enseignement possibles</td><td colspan="2">- Entrée
- Immersion
- Surplace
- Déplacement
➔ Seul l'OE « Surplace » (étoile) est traité ici :</td></tr>
<tr><td>Objectifs possibles</td><td>1. Ressentir la portance vers la surface en apnée inspiratoire pour se rassurer (si les élèves accrochent le bord ou se débattent dans l'eau).
2. Comprendre l'orientation de la tête (si les élèves ne parviennent pas à stabiliser l'étoile pendant 5 secondes).
3. Ressentir et comprendre l'hydrodynamisme en transformant l'étoile en fusée pour glisser loin (si les élèves sont compétents).
OU
3. Accepter l'espace arrière et comprendre l'orientation de la tête pour réaliser un équilibre dorsal.</td></tr>
<tr><td>Variables à manipuler pour construire des SA ciblées sur les objectifs</td><td>- Profondeur : la petite profondeur peut être favorable pour rassurer sur les sensations de portance (essayer de s'asseoir au fond par exemple) et d'équilibre (étoile de mer en se laissant chuter par exemple) (objectif 1).
- Espace : fixer du regard un repère au fond (en petite profondeur (objectif 2).
- Corps : transformer en petite profondeur l'étoile en fusée en trois étapes : jambes serrées, puis bras serrés, puis tête « enfermée ; pousser d'un pied contre le mur pour glisser loin (objectif 3).
- Corps et espace : transformer l'étoile ventrale en étoile dorsale en petite profondeur, avec un repère à fixer visuellement au-dessus du front.</td></tr>
</table>

(→ voir sujet 1 d'entraînement, p. 135, pour une illustration)

D. Repères didactiques pour le cycle 3

Compétence visée sur l'unité d'apprentissage	**Une partie de l'ASNS** **Réaliser à deux un parcours d'actions correspondant à une partie de l'ASNS :** **1.** à partir du bord de la piscine, entrer dans l'eau en chute arrière ; **2.** se déplacer sur une distance de 3,5 mètres en direction d'un obstacle ; **3.** franchir en immersion complète l'obstacle sur une distance de 1,5 mètre ; **4.** se déplacer sur le ventre sur une distance de 15 mètres ; **5.** au cours de ce parcours à quatre actions réalisé à deux l'un après l'autre, attendre son binôme en surplace vertical pour réaliser l'action suivante. 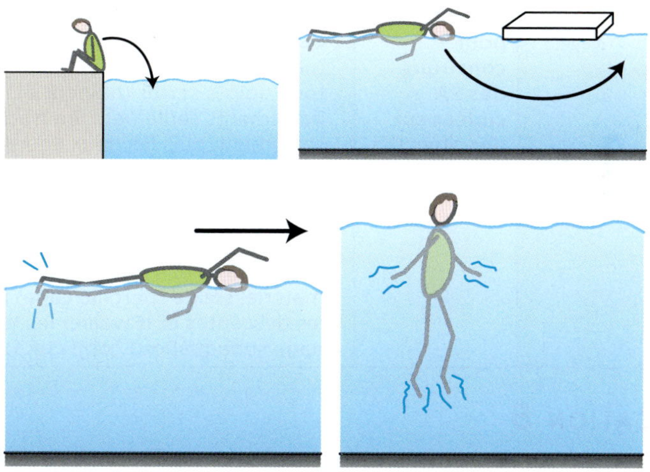
Compétence générale prioritaire (CP)	Assumer le rôle de « nageur accompagnateur » (CG3 : « Partager des règles, assumer des rôles et des responsabilités »)
Situation repère de fin de séquence L'épreuve preuve	En binôme, A et B : – A entre en chute arrière et attend en surplace que B entre à son tour en chute arrière ; – A nage vers l'obstacle pendant que B attend en surplace, etc. – Passage sous l'obstacle, puis nage ventrale sur 15 mètres.
Variables manipulées pour construire cette situation	– Profondeur : grande profondeur pour se confronter à la réalité d'un parcours « de survie ». – Appuis : sans appuis solides possibles parce que l'autonomie est solide. – Corps : formes sécuritaires demandées par l'ASSN pour valoriser les techniques de survie. – Autres : fonctionnement en relais « d'attente » pour activer la coopération de type protection d'autrui.

Quatre objets d'enseignement (OE) possibles	- Entrée - Surplace - Déplacement - **Immersion** ➔ Seul l'OE « Immersion » est traité ici :	
	Objectifs possibles	**1.** Construire le rôle gouvernail de la tête en flexion pour s'enfoncer (si les élèves restent à la surface et doivent accrocher le tapis). **2.** Construire des appuis manuels symétriques propulseurs, coordonnés à la flexion de la tête (si les élèves ne s'enfoncent pas beaucoup). **3.** Construire une technique de nage subaquatique (si les élèves remontent très tôt en surface).
	Variables à manipuler pour construire des SA ciblées sur des objectifs	- Profondeur : la petite profondeur peut être favorable (objectifs 1, 2 et 3). - Corps : des formes imposées pour s'enrouler (objectif 1), avancer, reculer, faire demi-tour, doigts serrés (objectif 2), nager en battements seulement, en tractions de mains seulement, puis les deux coordonnés (objectif 3). - Appuis : matériel flottant pour s'enrouler autour, ou coincer sous le menton (objectif 1), s'asseoir ou se suspendre et avancer mains dans l'eau type « brasse » (objectif 2) ; matériel solide (perche, cage) pour favoriser les descentes et travailler les techniques de nage subaquatique (objectif 3).

APPLICATION 6

Pourquoi chercher à prolonger les immersions, en particulier au fond du bassin ?

→ Corrigé p. 136

APPLICATION 7

Quelles variables l'enseignant peut-il manipuler en général pour construire des situations d'apprentissage ?

→ Corrigé p. 136

▪ Références bibliographiques pour aller plus loin

- Le *BO* n° 9 du 03.03.2022 (référence en matière de réglementation de l'enseignement de la natation en milieu scolaire).
- R. Cateau, *La natation de demain – une pédagogie de l'action*, Atlantica, 2008.
- P. Schmitt, *Nager, de la découverte... à la performance*, Vigot, 1988.
- C. Cortyl & P. Kapusta, *Six étapes pour les activités aquatiques aux cycles 2 et 3*, Sceren, 2002.
- D. Maillard & P. Pelayo, « Nageur-Acteur », in *Revue EPS*, 2000.
- F. Potevin, D. Maillard, P. Pelayo, P. Kapusta, « La grande évasion », in *Revue EPS*, n° 312, 2005 (références théoriques et didactiques liées à une méthode particulière de « rattrapage » en direction de non nageurs de CM2 et 6e).

ENTRAINEMENTS

SUJET 1

Au début d'une unité d'apprentissage consacrée aux activités aquatiques en CE1, vous repérez un groupe d'élèves ne parvenant pas à sauter en grande profondeur et à s'équilibrer horizontalement en surface. Proposez une progression pour surmonter ces difficultés.

→ Corrigé p. 137

SUJET 2

Lors des premières séances d'unité d'apprentissage consacrée aux activités aquatiques, vous repérez que vos élèves de CM2 ne parviennent pas à nager sur le dos de façon autonome. Proposez une progression visant à surmonter ces difficultés.

→ Corrigé p. 141

CORRIGÉS

APPLICATIONS

APPLICATION 1

Les fonctions d'équilibre, d'information, de propulsion et de respiration contiennent des contradictions importantes toujours présentes : par exemple, pour s'équilibrer, il ne faut pas bouger la tête ; or, pour respirer, il va falloir la mobiliser à un moment.

APPLICATION 2

Il s'agit des ressources proprioceptives (les sensations). Les appréhensions du non nageur étant liées à des représentations sur le milieu (par exemple, dans l'eau, on coule), il faut, pour acquérir de nouvelles connaissances et maîtriser ces appréhensions (l'eau remonte le corps à la surface donc on flotte dans l'eau par exemple), tirer parti d'expériences qui amènent à ressentir l'action de l'eau sur le corps.

APPLICATION 3

Mobiliser les bras et les jambes en même temps pour nager en surface. Et en même temps fixer la tête orientée pour conserver une posture horizontale.

APPLICATION 4

Les élèves grands débutants doivent tout d'abord accepter de perdre les sensations plantaires et maîtriser une apnée courte en immersion.

APPLICATION 5

Exemple de compétences à atteindre en fin de cycle 2 : sauter en grande profondeur, réaliser un déplacement en immersion et un équilibre ventral. Ces actions réussies garantissent que l'élève maîtrise la remontée du fond, une immersion longue, la flottaison ainsi que l'orientation de la tête pour rester en équilibre horizontal. Ce sont donc des prérequis pour apprendre ensuite des techniques de propulsion.

APPLICATION 6

Ces expériences sont importantes parce qu'elles amènent les élèves à maîtriser leur apnée, à prendre conscience de la réalité du fond et à ressentir la poussée d'Archimède (l'eau nous porte à la surface).

APPLICATION 7

Les profondeurs permettent par exemple « jouer sur » les charges affectives en particulier pour des situations en surface. Les appuis solides possibles, le matériel flottant, les formes de corps, les repères spatiaux sont également des variables. Nous vous proposons un exercice : à partir de la réalisation d'une étoile de mer en petit bain, appliquez les variables ci-dessus en fonction d'une intention...

ENTRAINEMENTS

SUJET 1

- **Comment aborder le sujet ?**

L'enseignement de la natation au cycle 2 est programmé sous forme de plusieurs UA d'au moins 10 séances. L'enjeu éducatif principal est sécuritaire et utilitaire (ne pas se mettre en danger), dans l'optique de loisirs aquatiques et nautiques par exemple. Cet enjeu est représenté par l'ASSN, compétence à atteindre au cycle 3. L'APSA pose des problèmes d'adaptation à un milieu particulier et remet en cause les fonctions usuelles (du terrien) d'équilibration, de propulsion, d'information et de respiration. C'est pourquoi l'enseignement de l'APSA participe, aux C2 et C3, au CA2 « Adapter ses déplacements à différents environnements ».

Le sujet étant proposé au CE1, nous faisons l'hypothèse que l'UA est la 2e ou 3e dans la scolarité des élèves. Elle vise à développer les compétences de fin de C2 : **sauter en moyenne profondeur, se déplacer brièvement sous l'eau pour passer sous un obstacle en surface, et se laisser flotter un instant avant de regagner le bord. Récupérer puis nager 15 mètres en autonomie**. Cet enchaînement de quatre tâches composé d'une entrée dans l'eau, d'une immersion, d'un équilibre et d'un déplacement court témoigne que l'élève est familiarisé avec le milieu aquatique et maîtrise les principales propriétés du corps humain dans l'eau (apnée, flottaison, alignement de la tête et techniques de propulsion sur une très courte distance).

Le sujet posé présente des difficultés d'élèves dans deux des quatre tâches de la compétence à atteindre : sauter en grande profondeur et se laisser flotter horizontalement. Ces difficultés sont très courantes en CE1 et relèvent des objets d'enseignement « entrée dans l'eau » et « surplace ». Néanmoins, on ne connaît pas précisément les problèmes rencontrés par les élèves. On peut supposer que les difficultés présentées dans la question ont été repérées lors d'une évaluation diagnostique, reposant peut-être sur l'enchaînement des quatre tâches déjà citées.

Pour le saut en moyenne profondeur, les élèves en difficulté refusent de sauter, demandent un appui solide (la perche) ou s'accroupissent. Ces comportements (A) témoignent de plusieurs obstacles possibles :

- méconnaissance de la profondeur et du fond (si je ne sais pas où je vais m'arrêter, je ne m'engage pas) (problème cognitif) ;
- peur que l'immersion soit trop longue (par rapport à ses propres possibilités) ;
- peur de ne pas remonter à partir du fond (si je ne sais pas comment je vais remonter, je ne m'engage pas) ;
- peur du choc avec la surface (problèmes affectifs).

D'autres élèves (comportement B) sautent en écartant les bras, parfois le corps à l'oblique vers l'avant. Ils veulent ralentir leur chute et limiter la profondeur de l'immersion (en produisant un effet parachute), ce qui peut s'expliquer par la peur de ne pas remonter facilement.

S'agissant de l'équilibre ventral en position d'étoile, certains élèves (comportement C) peuvent chercher à bouger pour flotter (peur de couler et donc méconnaissance de la flottaison en lien avec des problèmes cognitifs et affectifs).

D'autres élèves (comportement D) n'orientent pas le visage vers le fond, provoquant un redressement du corps vers la verticale (ressources biomécaniques).

L'analyse des difficultés des élèves montre que la compréhension par l'élève que le corps flotte est une condition commune pour réussir les deux tâches. Cette compréhension est plus « facile » au fond de la piscine (on comprend qu'il est difficile d'y rester, facile d'en remonter, même passivement). Cet apprentissage implique que l'élève soit capable d'aller au fond assez rapidement. L'immersion complète et prolongée (apnée) est un prérequis à cette fin.

▪ La réponse au sujet

Nous proposons une progression de séances pouvant être considérée comme une phase d'apprentissage de l'UA (comportant souvent une douzaine de séances en natation) après évaluation diagnostique. Nous proposerons une progression en trois temps. Les deux premiers sont une base commune pour l'atteinte des deux compétences (sauter, s'équilibrer en surface) :

- **Étape 1 :** vérifier que les élèves sont capables de prolonger l'immersion (prérequis), puis accéder à la profondeur (descendre vite au fond pour préparer la seconde étape).
- **Étape 2 :** à partir du fond, essayer d'y rester puis remonter passivement : comprendre que l'eau me porte. Préparer la troisième étape en vivant les postures tendues verticales (pour entrer dans l'eau en phase 3) et horizontale membres écartés (pour s'équilibrer en phase 3).
- **Étape 3 :** orienter le visage vers le fond pour s'équilibrer en surface, membres écartés et tendus ; entrer dans l'eau corps tendu à partir de différentes hauteurs (accepter le choc avec la surface).

Cette progressivité se décline en situations d'apprentissage (SA) présentées ici dans leurs grandes lignes seulement.

◗ **Étape 1 :** accéder à la profondeur

Objectif 1.1 : prolonger l'immersion, prendre conscience de l'apnée.

Caractéristiques des SA : on peut proposer ici une ou deux situations jouées, en petite profondeur (PP), par équipe, qui amènent chaque élève à éprouver son apnée. Par exemple :
- pêche aux objets lestés en duel (organisation de type béret) ;
- passage sous les jambes d'un, deux, trois... partenaires, avec un projet au départ (attention, dans cette situation, la bascule de la tête pour aller vers le fond va poser problème, et peut être remplacée par une poussée du partenaire aux épaules) ;

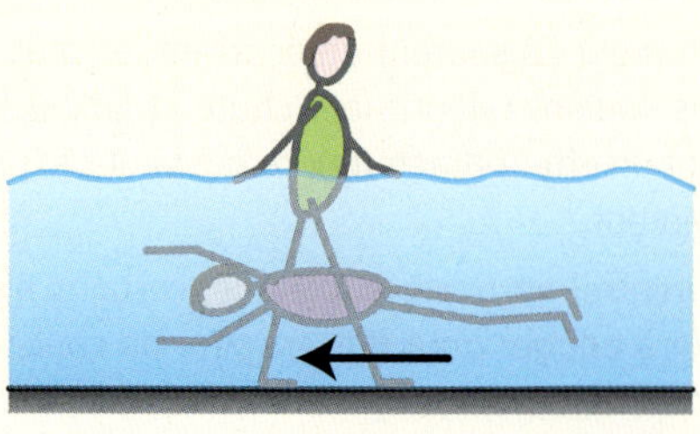

- duels, et addition des scores individuels, en passant sous un, deux, trois obstacles en surface.

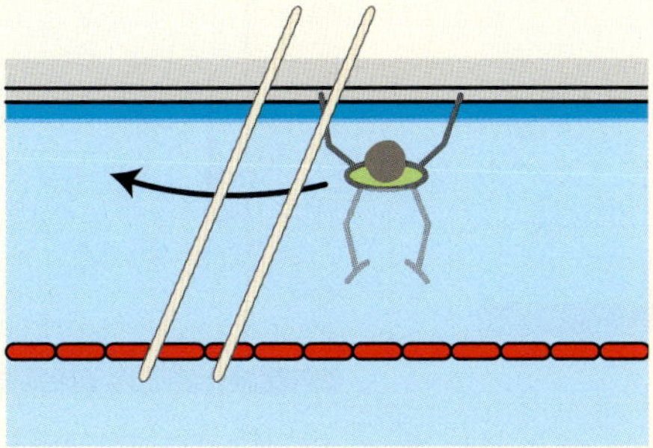

Objectif 1.2 : descendre rapidement au fond avec des appuis solides.

Caractéristiques des SA : en moyenne profondeur et grande profondeur, descendre au fond à l'aide de perches verticales. But : remonter des objets lestés, si possible avec projet préalable (par exemple, annoncer combien d'objets, la couleur de l'objet). La descente doit être rapide : près de la perche, tractions des bras de grande amplitude, nombre minimal de poses de main possible, puis en duel... On pourra varier les profondeurs en fonction des réussites/échecs.

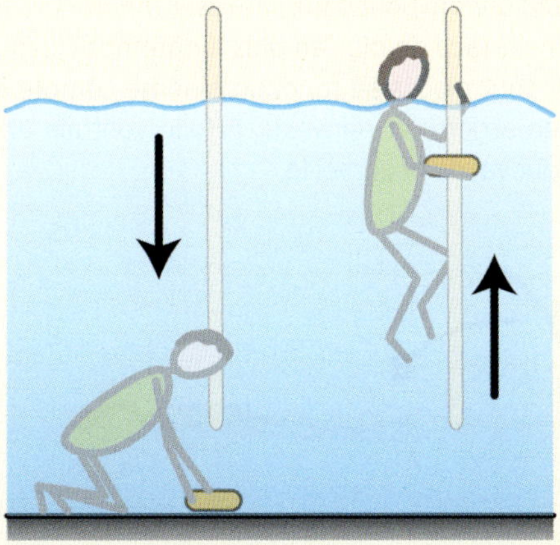

Étape 2 : ressentir la flottaison.

Objectif 2.1 : comprendre qu'il est difficile de rester au fond, et que le corps remonte à la surface sous l'action du milieu aquatique.

Caractéristiques des SA : à partir de descentes vers le fond réalisées en séance 1, accumuler les actions à réaliser au fond (ramasser deux/trois objets, lâcher la perche... s'asseoir, s'allonger...). L'élève s'aperçoit ainsi que c'est très difficile, que le corps a tendance à remonter à la surface. L'élève doit ensuite se laisser alors remonter sans mouvement, en prenant diverses formes (tendue mais aux cuisses, bras écartés, bras et jambes écartés, en boule...).

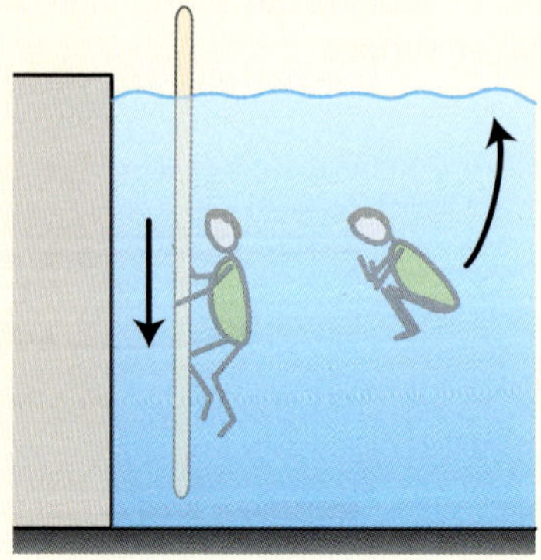

Objectif 2.2 : vivre deux postures : tendue verticale pour descendre, en étoile horizontale pour flotter.

Caractéristiques des SA : avec l'aide d'un binôme (mains dans les mains), en PP, s'allonger en surface face orientée vers le fond, jusqu'au signal de fin.
S'appuyer au bord pour s'élever et se laisser couler jusqu'au fond, en position tendue (profondeur : taille + 30 cm).

Étape 3 : les postures horizontales et tendues

Objectif 3.1 : orienter la face vers le fond pour s'équilibrer en surface.

Caractéristiques des SA : dans le petit bain, se laisser tomber bras et jambes écartés pour se stabiliser en surface de plus en plus longtemps (jusqu'à 5 secondes). Des repères à regarder sont placés au fond, un binôme compte et valide. Varier les postures (tendue, en arrière) et réinvestir l'étoile ventrale en GP, le long du bord, avec un binôme qui valide et surveille.

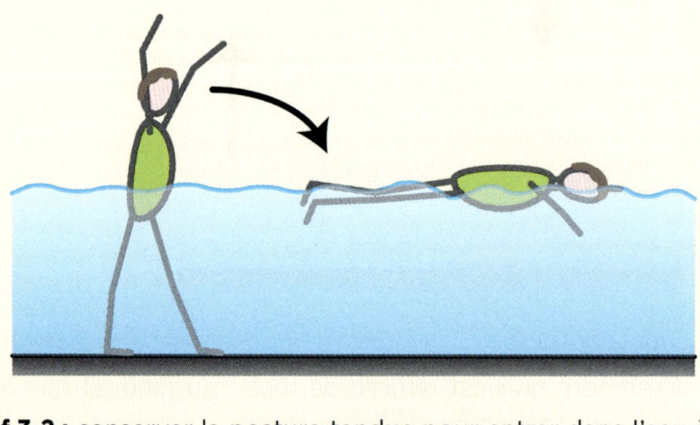

Objectif 3.2 : conserver la posture tendue pour entrer dans l'eau à partir de différentes hauteurs.

Caractéristiques des SA : trois hauteurs de saut sont proposées en GP (trois ateliers matérialisés par des repères au sol) : du premier barreau de l'échelle, du bord, du bord + 30 cm. Les élèves choisissent leur départ en fonction des CR que l'on fait évoluer : toucher le fond avec les pieds, passer à travers un cerceau, ramasser un objet au fond.

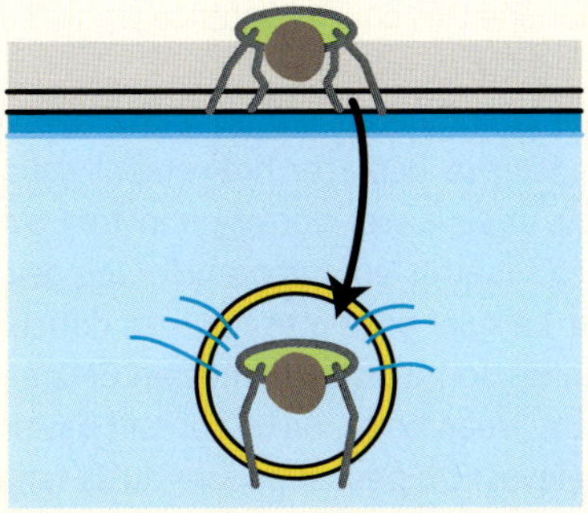

Cette progression d'apprentissages vise à familiariser l'élève avec le milieu aquatique. Nous avons mis en avant les principes de flottaison et d'hydrodynamisme. Les transformations chez les élèves relèvent essentiellement de l'évolution de leurs représentations initiales (« le corps coule dans l'eau », « c'est difficile de remonter du fond à la surface », « il faut bouger pour rester en surface et ne pas couler »...). Les SA d'immersion (jusqu'au fond) sont les plus pertinentes pour faire évoluer ces représentations. Les compétences développées en fin de C2 sont des prérequis pour l'apprentissage de l'autonomie et des techniques de propulsion en particulier. Cette conception de l'enseignement est d'abord fondée sur la transformation des représentations sur le milieu aquatique, puis sur l'apprentissage des moyens garantissant sa sécurité.

- **Questions possibles du jury**

- Quelles mesures de sécurité prenez-vous dans le cadre des propositions que vous avez exposées ?
- Pourquoi les apprentissages aquatiques sont-ils programmés au cycle 2 ?
- Vous avez dit : « L'enjeu principal de l'enseignement des activités aquatiques est sécuritaire ». Quels seront alors les apprentissages suivants (UA, séquence suivante) pour ces élèves dans le cadre de votre affirmation ?

SUJET 2

- **Comment aborder le sujet ?**

« Nager sur le dos » sur 15 mètres en autonomie constitue une partie de l'ASSN, compétence à atteindre au cycle 3, en 6e au plus tard. L'enjeu éducatif principal de l'ASSN est sécuritaire et utilitaire (ne pas se mettre en danger), dans l'optique de loisirs aquatiques et nautiques par exemple. Dans notre cas, nager sur le dos peut permettre de ne pas se fatiguer tout en rejoignant un lieu sécurisé. L'APSA pose des problèmes d'adaptation à un milieu particulier, et remet en cause les fonctions usuelles (du terrien) d'équilibration, de propulsion, d'information et de respiration. C'est pourquoi l'enseignement de l'APSA participe au champ d'apprentissage « Adapter ses déplacements à différents environnements ». On peut éventuellement estimer qu'il participe aussi au champ d'apprentissage 1 lié à la production d'une performance, dans la mesure où il y a une distance à parcourir qui peut représenter la « performance mesurable ».

Le sujet étant proposé en CM2, nous faisons l'hypothèse que les élèves sont familiarisés avec le milieu aquatique et maîtrisent les principales propriétés du corps humain dans l'eau : apnée, flottaison, alignement de la tête pour s'équilibrer et techniques de propulsion sur une très courte distance ; mais il est possible que les équilibres dorsaux n'aient pas été enseignés.

Nous considérons donc que la compétence à atteindre au cycle 2 est acquise : sauter en moyenne profondeur, se déplacer brièvement sous l'eau pour passer sous un obstacle en surface, et se laisser flotter un instant avant de regagner le bord, récupérer puis nager 15 mètres en autonomie – les deux dernières tâches étant réalisées sur le ventre. Le sujet posé présente des difficultés pour les élèves en nage dorsale. Ces difficultés sont très courantes en CM2 et relèvent de l'objet d'enseignement déplacement. Néanmoins, on ne connaît pas précisément les problèmes rencontrés par les élèves. On peut supposer qu'ils tentent de se déplacer sur le dos mais doivent accrocher le bord ou repasser sur le ventre rapidement.

L'hypothèse explicative peut se diriger vers une sensation d'inconfort voire de danger en position dorsale, comme si « le nageur se sentait couler ». On peut la justifier pour deux raisons :

- même si l'équilibre ventral est maîtrisé, la position dorsale suppose des apprentissages différents et « supplémentaires », tels que l'acceptation de l'espace arrière (espace peu connu et source de refus et réflexes en général), l'orientation de la tête en extension ou encore une tonicité tendant à faire remonter le bassin à la surface ;
- dans la plupart des démarches, on étudie les équilibres, postures puis techniques ventrales dans un premier temps ; le temps passé sur les « apprentissages dorsaux » est souvent moindre, sans doute jugé comme moins important (pourtant, la nage dorsale est bien une nage sécuritaire par excellence).

Nous faisons ainsi une hypothèse perceptive et affective, dans la mesure où le problème prioritaire se situe dans l'acceptation de l'espace arrière. Il s'agira donc de rassurer sur cet espace arrière, en construisant de nouveaux repères perceptifs.

▪ La réponse au sujet

Nous présenterons trois SA en progression, pouvant correspondre à trois temps d'apprentissage.

◗ Situation d'apprentissage n° 1 :

Objectif d'apprentissage : accepter la chute arrière (lutter contre les réflexes) et s'équilibrer sur le dos.

But : conserver son bouchon plaqué.

Aménagement et consignes : les élèves sont en binôme dans la petite profondeur ; le nageur tient un bouchon plaqué contre son torse avec les deux mains ; pieds écartés au sol, il se laisse tomber en arrière. Le binôme attribue les points.

Critère de réussite : 1 point si le bouchon reste plaqué.

Interventions de l'enseignant : fixer un nombre de tentatives chacun, placer les binômes à des profondeurs pertinentes (sécurité), conseiller sur la tonicité (serrer les fesses) et le regard orienté vers le plafond.

Simplification : avec une action de l'enseignant ou du binôme au niveau des épaules pour retenir la chute du nageur et contrôler le tonus et l'alignement.

Complexification : sans bouchon, bras et pieds écartés, 1 point si on tient l'étoile ventrale 5 secondes.

NB : cette complexification n'est pas optionnelle ; elle constitue une étape essentielle de notre progression (équilibre dorsal).

Situation d'apprentissage n° 2 :

Objectif d'apprentissage : transformer l'équilibre dorsal en posture hydrodynamique dorsale.

Aménagement et consignes : les élèves sont en binôme dans la petite profondeur et alternent des productions de formes demandées, en quatre étapes ; quand on réussit quatre fois une forme, on peut passer à la suivante (le binôme valide) :
1. pieds serrés, mains écartées, se laisser tomber en arrière et maintenir 5 secondes (ne pas se déformer) ;
2. pieds serrés, mains aux cuisses, corps tendu, se laisser tomber en arrière et maintenir 5 secondes (ne pas se déformer) ;
3. idem, et le binôme pousse « la fusée » à partir des pieds sur 3 mètres ;
4. à partir d'une poussée d'un pied au mur, réaliser « une fusée qui glisse loin », sur 5 mètres.

Critère de réussite : valider les quatre étapes.

Interventions de l'enseignant : conseiller quand il y a échec, en particulier sur la tonicité ; serrer les fesses, sortir le nombril, regarder le plafond.

Simplification : un pull boy coincé aux genoux.

Situation d'apprentissage n° 3 :

Objectif d'apprentissage : associer des battements de jambes à la posture tendue dorsale.

But : nager le plus loin possible.

Aménagement et consignes : les élèves sont en binôme : le nageur en petite profondeur et le binôme sur le bord pour attribuer les points (5 repères sur la plage à 3, 5, 7, 9 et 11 mètres). Après une poussée d'un pied, glisser sur le dos, comme dans la SA 2, et commencer des battements de jambes quand on ralentit. Quand on doit s'arrêter, prendre connaissance de ses points marqués.

Critère de réussite : améliorer puis stabiliser son record de points.

Interventions de l'enseignant : rappeler ou donner des conseils ciblés : le regard, le nombril, ou les battements (« faire de la mousse avec les pieds »).

Simplification : avec un pull boy au-dessus des genoux.

Complexification : en grande profondeur.
NB : nous prenons ici l'option de l'apprentissage d'une nage hybride, mains aux cuisses, en battements de jambes, qui suffira à assurer une autonomie certes lente, mais accessible assez rapidement. La mobilisation des bras de type dos crawlé est très complexe car elle déstabilise systématiquement la tête.

- **Questions possibles du jury**

- Quelles mesures de sécurité prenez-vous avec cette classe ?
- Que proposez-vous pour éduquer ces élèves à la santé, en particulier pour leur apprendre à ne pas s'engager au-delà de leurs possibilités ?
- Dans votre situation n° 2, que proposez-vous pour que vos élèves apprennent mieux ? Autrement dit, pourquoi pensez-vous que cette situation est favorable et pertinente ?

2 Enseigner les activités athlétiques en EPS à l'école primaire[1]

AUTOÉVALUATION

❶ À quel champ d'apprentissage se réfère l'athlétisme au cycle 2 ?

- ☐ **a.** Produire une performance optimale, mesurable à une échéance donnée.
- ☐ **b.** Adapter ses déplacements à des environnements variés.
- ☐ **c.** S'exprimer devant les autres par une prestation artistique et/ou acrobatique.
- ☐ **d.** Conduire et maîtriser un affrontement collectif ou interindividuel.

❷ Le principal enjeu de programmer la course longue en EPS est :

- ☐ **a.** d'apprendre à courir vite le plus longtemps possible.
- ☐ **b.** d'apprendre à courir vite, puis récupérer en ralentissant, puis courir vite à nouveau, etc.
- ☐ **c.** de courir lentement au début, puis accélérer progressivement en fonction de ses ressentis.
- ☐ **d.** d'essayer coûte que coûte de dépasser ses camarades.

❸ Pour apprendre en course longue, il faut courir :

- ☐ **a.** toujours à allure lente.
- ☐ **b.** à allure la plus rapide possible.
- ☐ **c.** à allure moyenne.
- ☐ **d.** en alternant ces différentes allures.

❹ De combien de séances l'UA doit-elle être composée pour que les élèves améliorent significativement leurs performances initiales en course de durée ?

- ☐ **a.** 6
- ☐ **b.** 8
- ☐ **c.** 10
- ☐ **d.** 12

❺ Pour motiver les élèves à fournir les efforts attendus, quelle solution vous paraît être la plus efficace ?

- ☐ **a.** Concevoir les situations d'apprentissage de manière à ce que les élèves courent le plus souvent possible avec un challenge à réaliser.
- ☐ **b.** Encourager les élèves quand ils passent près de vous.
- ☐ **c.** Ne leur proposer que des situations faciles.
- ☐ **d.** Proposer des courses en groupe.

---

1. Auteur du chapitre : Sylvain Pasqualini, Thibaut Kuehn.

❻ L'allure de base est :
- ☐ **a.** l'allure moyenne de la classe.
- ☐ **b.** l'allure la plus lente à laquelle je peux courir.
- ☐ **c.** l'allure que l'enseignant a décidée.
- ☐ **d.** l'allure la plus rapide (mais confortable) que je peux tenir longtemps.

CORRIGÉS

❶ **a.** → p. 147 ; ❷ **c.** → pp. 149, 157, 161 ; ❸ **d.** → p. 151 ; ❹ **d.** → pp. 155-156 ;
❺ **a.** → pp. 157, 159, 161 ; ❻ **d.** → pp. 157, 159, 161.

CONSEILS

- **Question 1 :** Soyez attentif à faire les liens entre champ d'apprentissage et APSA.
- **Question 2 :** Le principal enjeu est d'apprendre à se connaître et à gérer sa course, pour cela il est fondamental de démarrer sa course lentement, puis prendre des indices sur son corps pour décider s'il faut ralentir, tenir ou, le mieux, accélérer progressivement.
- **Question 3 :** En complément de l'explicitation de la question 2, il est important de connaître les différentes allures de course pour pouvoir identifier celle qui me permet de durer dans le temps. Comme pour tous les apprentissages, c'est la comparaison qui permet de mieux comprendre ce que l'enseignant a ciblé. De plus les progrès moteurs (le développement des capacités physiologiques cardio-respiratoires, mais aussi l'amélioration de la foulée : tonicité, fréquence et amplitude) nécessitent de faire vivre les différentes allures de course.
  Enfin, varier les allures de course permet aussi de motiver davantage les élèves.
- **Question 4 :** Il n'est pas envisageable d'espérer de réels progrès stabilisés en dessous de 12 séances. Si possible, proposer deux séances par semaine pour favoriser des apprentissages plus « massés ».
- **Question 5 :** La question est difficile ! En effet seule l'affirmation « ne proposer que des situations faciles » est fausse. Les 3 autres sont acceptables, mais ce qui donnera le plus de sens, et donc de motivation, réside dans le fait de courir avec un contrat de course qui permettra à l'élève de comparer dans un premier temps le but qu'il s'était fixé avec le résultat qu'il a obtenu, puis dans un deuxième temps de réfléchir sur les procédures qu'il a mises en œuvre pour apprécier leur pertinence (par exemple je suis parti trop vite et j'ai dû marcher, ou j'ai voulu suivre mon camarade et j'ai dû ralentir ensuite...).
- **Question 6 :** La course de durée ne se résume pas à courir lentement le plus longtemps possible ! Lors de situations repères qui seront des évaluations ou des tests, il faudra parcourir le plus de distance possible en un temps donné, c'est la raison pour laquelle l'allure de course à trouver (l'allure de base qui est propre à chaque élève) est la plus rapide qu'il est possible de tenir longtemps. L'apparente contradiction dans sa formulation donne toute sa valeur à sa recherche.

COURS

1 Connaissances didactiques sur l'APSA

A. Analyse didactique de l'athlétisme

Ce chapitre est valable pour tout l'athlétisme. Après une présentation générale de l'athlétisme, nous nous attacherons plus spécifiquement à la course de durée.

L'athlétisme scolaire se divise en trois grandes familles :

- les **courses** (course longue, sprint, course d'obstacles, relais) ;
- les **sauts** (longueur, hauteur, double bond – soit deux sauts en longueur successifs appel pied gauche puis pied droit ou l'inverse –, le triple bond – soit trois sauts en longueur successifs –, initiation au saut à la perche avec des cordes ou des perches adaptées) ;
- les **lancers** (type javelot dit bras cassé avec des balles, javelots adaptés, fusées en mousse ou vortex, type poids avec des ballons lestés, type disque en rotation avec des anneaux, des cerceaux, type « marteau » avec des ballons disposant d'une lanière).

a. Définitions : athlétisme et notion de performance

« Produire, entretenir, restituer, utiliser et gérer de l'énergie pour se propulser et/ou propulser un engin en vue de réaliser une performance chiffrée en milieu terrestre. »

Les actions sont réalisées dans un **environnement physique stable**, standardisé, c'est-à-dire que l'incertitude liée soit aux adversaires dans un affrontement individuel ou collectif, soit au milieu inhabituel (activités aquatiques pour les débutants, activités de plein air : course d'orientation, escalade, VTT, voile…) est très limitée et se limite le plus souvent aux conditions climatiques.

Par les situations d'apprentissage, les entraînements et les répétitions guidés, l'élève pourra **réduire l'incertitude** (construire un élan, une zone d'appel, des coordinations, des dissociations, des dosages d'énergie et donc, en course de durée, réguler son énergie et sa foulée) dans le but **d'établir une performance**. La performance est le résultat concret, mesurable d'une action, elle se mesure selon des critères d'espace et de temps mis en relation. Le record correspondant à la meilleure performance obtenue, celui-ci est par définition unique.

En EPS et en athlétisme plus particulièrement, nous préférons nous centrer sur la notion de « **zone de performance sous maximale** » c'est-à-dire l'atteinte d'un niveau de performance reproductible au-delà des performances spontanées initiales, plutôt que sur la notion de record exceptionnel donc aléatoire, notion recherchée particulièrement en sport. En fait elle correspond à la performance maximale que je peux reproduire avec un temps de récupération.

Ces explications n'excluent pas le fait que les enfants doivent pouvoir situer à la fois leurs performances habituelles et leur record. Nous verrons que cela se fera lors de séances proposant la situation de référence, ou d'évaluation, ou repère.

b. Problème fondamental

Il peut se formuler de différentes façons :

- créer le maximum d'énergie tout en la contrôlant ;
- concilier vitesse et anticipation ;
- obtenir, malgré les contraintes réglementaires, une activité motrice plus rapide, plus précise, plus anticipée, plus personnalisée et donc une production de plus en plus maîtrisée.

c. Enjeux de formation

Il s'agit ici des bénéfices attendus chez les élèves grâce à la pratique encadrée de l'APSA considérée. Nous pouvons les décliner de la façon suivante :

- contrôler son équilibre dans les déplacements du corps : les trajets (déplacements au sol) et les trajectoires (déplacements en l'air du corps et/ou de l'engin) ;
- construire des repères spatiaux et temporels pour mieux organiser ses actions ;
- **doser la production d'énergie en fonction des règles et contraintes ;**
- coordonner des actions en situation critique de vitesse et d'équilibre ;
- dissocier ses trains inférieur et supérieur, solliciter ses segments à gauche ou à droite ;
- pouvoir s'évaluer avant, pendant et après l'action aux niveaux extéroceptif (repères visuels, tactiles, auditifs), proprioceptif (perceptions de nos propres sensations musculaires et articulaires), kinesthésique (perceptions de son corps en mouvement).
- **planifier une action en fonction d'un but de performance** :obtenir une activité motrice de plus en plus consciente ;
- apprendre à se situer, à mieux se connaître ;
- stabiliser une performance (sous maximale) ;
- participer à l'organisation sociale d'un atelier, d'un concours.

d. Ressources sollicitées

Les ressources mobilisées peuvent se répartir en trois grands domaines : les ressources motrices, les ressources cognitives, les ressources affectives et relationnelles. Il faudra distinguer les ressources cognitives sollicitées en dehors de l'action (avant et après pour déterminer des contrats et/ou effectuer un recul réflexif sur sa prestation) et les ressources motrices informationnelles sollicitées pendant l'action.

Ressources motrices

Elles se divisent en trois catégories : mécaniques, énergétiques, informationnelles.

- **Mécaniques** : assurer des coordinations gestuelles dans le temps et l'espace tout en maîtrisant son équilibre ; organiser de façon efficace les chaînes musculaires sollicitées (transmission des forces en lancer par exemple) ; utiliser des segments libres et dissocier les différentes actions simultanées ; avoir une foulée et des impulsions dynamiques.
- **Énergétiques** : sollicitation des trois processus de production d'énergie, ou filières :
  - filière anaérobie alactique : courir vite pour fournir des efforts très intenses et courts de 7 à 8 secondes pour effectuer un sprint, un lancer, une course d'élan en saut en longueur… ;
  - filière anaérobie lactique : résistance pour des efforts intenses jusqu'à 2 minutes 30 secondes environ ;
  - **filière aérobie ou endurance** pour des efforts de longue durée mais d'intensité modérée : c'est la filière principale de la course de durée.
- **Informationnelles :** construire des repères permettant d'organiser et d'étalonner ses actions (course d'élan par exemple) ; apprécier distances, vitesses et états d'équilibre ; réguler sa motricité pendant l'action : **informations prises dans l'environnement et sur son corps**.

Ressources cognitives

- Se fixer des buts.
- Planifier un projet d'action.
- Comparer le but visé avec le résultat obtenu.
- Envisager les causes de réussite et d'échec donc analyser la façon de s'y prendre pour agir.

Ressources affectives et relationnelles

- Participer aux conditions de la pratique pour les autres : aide, sécurité, conseil.
- Pouvoir maintenir son effort malgré la difficulté (appel à la volonté).

e. Formes motrices

Projeter son corps en courant

- **Sprint** : réagir à différents signaux, adopter une posture de départ, accélérer, courir droit, courir vite jusqu'au bout.
- **Franchissement de haies** : franchir des obstacles, reculer son appel, esquiver, se réceptionner de façon dynamique.
- **Course longue** : courir à allure régulière longtemps, pouvoir accélérer à la fin de la course. (→ voir sujet 1 d'entraînement, p. 163)

- **Relais** : coordonner et ajuster la course entre deux coureurs, réagir à un signal, transmettre et recevoir dans une zone délimitée avec la vitesse la plus grande possible.

■ Projeter son corps en sautant

- **Saut en longueur** : prendre un élan accéléré, choisir un pied d'appel, se propulser vers le haut et l'avant, utiliser ses segments libres, se réceptionner sur les deux pieds simultanément.
- **Saut en hauteur** (saut ciseau pour l'école primaire) : prendre un élan accéléré, choisir un pied d'appel, impulser, esquiver, se réceptionner sur un pied.
- **Triple saut** : il sera remplacé à l'école primaire par :
  - le triple bond (en effet le 1er saut cloche pied et sa réception à grande vitesse n'est pas adapté pour les jeunes élèves) ; la coordination à produire sera : élan, impulsions pied gauche/pied droit/pied gauche/réception deux pieds ou élan, impulsion pied droit/pied gauche/pied droit/réception deux pieds.)
  - ou par le double bond (gauche/droite/deux pieds ou droite/gauche/deux pieds).
- **Saut à la perche à partir d'un contre haut** : placer ses appuis mains et pieds (pied avant placé sur le côté opposé de la main la plus haute), coordonner, pousser sur les jambes/tirer sur les bras/esquiver et faire un demi-tour, se réceptionner.

■ Projeter un engin :

- **Lancer en translation** :
  - engin lourd (un *medecin ball*) : se déplacer en pas chassés, propulser l'engin avec tout son corps, finir en étant grandi avec le bras lanceur placé vers le haut.
  - engin léger (lancer type bras cassé avec balles légères) : prendre un élan, se positionner de profil sans casser l'élan, placer l'engin loin en arrière du corps, lancer sur une trajectoire optimale à 45 °. (→ voir sujet zéro, p. 163)
- **Lancer en rotation** : avec des petits cerceaux à section plate ou disques légers ; prendre un élan en tournant, lâcher l'engin au bon moment, c'est-à-dire en fin de rotation et face à la zone de lancer, organiser son lancer pour que l'engin reste à plat pendant sa trajectoire.

f. Formes sociales

- Relever les performances de son binôme, conseiller un camarade dans l'établissement de son contrat ou pendant l'action.
- Comprendre et assurer l'organisation et la sécurité pour soi et les autres, dans un atelier ou parcours.
- Au cycle 3, organiser une rencontre et tenir le rôle de juge.

B. Thèmes moteurs ou objet d'enseignement spécifiques à la course de durée

Un thème moteur est un sous-ensemble de l'APSA support porteur d'apprentissages spécifiques qui peut s'inscrire dans une progression d'apprentissages. Il peut s'apparenter à un objet d'enseignement (OE) tel que défini dans la partie 1 sur les fondements de l'EPS.

Progression de thèmes moteurs ou OE pour la course de durée

- connaître les différentes allures de course (leur motricité et les différents ressentis correspondants) ;
- **repousser le temps du 1er arrêt** ;
- **construire la régularité** ;
- repousser ses limites en vitesse et en temps de course ;
- prendre des repères sur son corps pour réguler sa course ;
- établir des mini contrats de performances

Les quatre premiers s'inscrivent dans l'ordre d'une progression logique dans l'unité d'apprentissage et les deux derniers seront présents à toutes les étapes de cette dernière.

APPLICATION 1

Quelles sont pour vous les principales caractéristiques de l'athlétisme en général ?

→ Corrigé p. 164

APPLICATION 2

Pouvez-vous distinguer la notion de record et de performance sous maximale et dégager l'intérêt de tenir compte de cette dernière ?

→ Corrigé p. 164

APPLICATION 3

En course longue, quelle est la principale filière énergétique sollicitée : anaérobie lactique, aérobie, anaérobie alactique ?

→ Corrigé p. 164

2 Connaissances institutionnelles

Les textes de référence sont les programmes de l'école primaire. Nous allons montrer dans ce paragraphe en quoi les activités athlétiques contribuent au socle commun. Pour ce faire nous partirons des domaines du socle pour les décliner en compétences générales de l'EPS. Nous terminerons par l'explicitation des caractéristiques du champ d'apprentissage numéro 1 telles qu'exprimées par le texte officiel.

L'ordre que nous avons choisi correspond à la présentation des textes officiels des cycles 2, 3, 4 en trois volets, le volet 1 précisant les spécificités du cycle, le volet 2 les contributions essentielles des différents enseignements au socle commun et le volet 3 abordant les contenus des enseignements pour chaque discipline. Pour les cycles 2 et

3, le texte mentionne : « L'EPS répond aux enjeux de formation du socle commun, en permettant à tous les élèves de construire cinq compétences générales ». Concernant les activités athlétiques, nous avons opéré quelques choix spécifiques à la course de durée.

- **En lien avec le domaine 1 du socle :** développer sa motricité et construire un langage du corps :
  - cycle 2 : prendre conscience des différentes ressources à mobiliser pour agir avec son corps ;
  - cycle 3 : mobiliser les différentes ressources pour agir de manière efficiente (l'efficience est le rapport optimal entre efficacité et économie).
- **En lien avec le domaine 2 du socle :** s'approprier les méthodes et outils pour apprendre :
  - cycle 2 : apprendre par essai erreur en utilisant les effets de l'action et apprendre à planifier son action avant de la réaliser ;
  - cycle 3 : apprendre par l'action, l'observation, l'analyse de son activité et celle des autres, utiliser des outils numériques pour observer et réguler ses actions.
- **En lien avec le domaine 3 du socle :** partager des règles, assumer des rôles et des responsabilités pour apprendre à vivre ensemble :
  - cycle 2 : assumer les rôles spécifiques aux activités athlétiques (binôme observateur, coach, juge, organisateur), accepter et prendre en considération toutes les différences interindividuelles au sein d'un groupe ;
  - cycle 3 : idem cycle 2 en ajoutant les rôles de médiateur et de tuteur.
- **En lien avec le domaine 4 du socle :** apprendre à entretenir sa santé par une activité physique régulière :
  - cycle 2 : découvrir les principes d'une bonne hygiène de vie et adopter un engagement physique dont l'intensité n'excède pas ses qualités physiques ;
  - cycle 3 : identique au cycle 2 et évaluer la quantité et la qualité de son activité physique quotidienne dans et hors de l'école.
- **En lien avec le domaine 5 du socle :** s'approprier une culture physique sportive et artistique :
  - cycle 2 : connaître les pratiques sociales et culturelles athlétiques ;
  - cycle 3 : savoir situer des performances à l'échelle de la performance humaine (par exemple, comparer ses propres performances avec celles d'un champion...).

Pour développer ces 5 compétences générales en lien avec les cinq domaines du socle, l'EPS propose un parcours de formation constitué de quatre champs d'apprentissage complémentaires. Nous nous situons ici dans le champ d'apprentissage numéro 1 : « Produire une performance optimale, mesurable à une échéance donnée ».

Chaque champ d'apprentissage comporte trois sous parties : les attendus de fin de cycle, les compétences travaillées, les repères de progressivité. En course de durée nous pouvons retenir :

Pour le cycle 2

- **Attendus de fin de cycle 2 :** courir à des intensités et des durées variables, savoir différencier « courir vite » et « courir longtemps », accepter de viser une performance mesurée et de se confronter aux autres, remplir quelques rôles spécifiques.
- **Compétences travaillées pendant le cycle :** mobiliser de façon optimale ses ressources pour produire des efforts à des intensités variables ; pendant l'action, prendre des repères extérieurs à son corps pour percevoir : espace, temps, durée et effort.
- **Repères de progressivité :** l'enjeu est de confronter les élèves à une performance qu'ils peuvent évaluer et améliorer.

Pour le cycle 3

Il faut d'abord remarquer que le titre du champ d'apprentissage évolue un peu : « Produire une performance maximale, mesurable à une échéance donnée ».

- **Attendus de fin de cycle 3 :** réaliser des efforts pour aller plus vite et plus longtemps, mesurer et quantifier les performances, les enregistrer, les comparer, les classer, les traduire en représentations graphiques, assumer les rôles d'observateurs et de chronométreur.
- **Compétences travaillées pendant le cycle :** identique au cycle 2 en y ajoutant de prendre des repères sur son corps pendant la pratique pour contrôler son déplacement et son effort, utiliser des outils de mesure simple pour évaluer sa performance, passer par différents rôles sociaux.
- **Repères de progressivité :** privilégier la variété des situations (dans le cadre d'une progression) et favoriser des retours sur les actions des élèves.

Nous pouvons remarquer que, pour les deux cycles, le *B.O.* ne fixe pas de données chiffrées précises concernant les temps et/ou distances à parcourir.

APPLICATION 4

Pouvez-vous citer les différentes activités athlétiques se classant dans le champ d'apprentissage concerné ici ?

→ Corrigé p. 164

APPLICATION 5

Quelles indications données dans le texte officiel au sein du champ d'apprentissage n° 1 ciblent plus particulièrement la course de durée ?

→ Corrigé p. 165

3 Repères et outils didactiques

Tout d'abord, nous aborderons le développement de l'enfant en lien avec la course de durée, la gestion de la sécurité, puis nous procèderons à un rapide rappel à propos de la constitution d'une unité d'apprentissage (UA). Ensuite, pour les cycles 2 et 3, deux situations repère (SR) en course de durée sont envisagées. Enfin, nous étudierons deux situations d'apprentissage sur le thème moteur « construire la régularité ».

A. Développement de l'enfant et course longue

Les informations qui suivent sont données pour des cohortes d'enfants. Il existe toutefois d'énormes différences entre eux. L'enfant, à partir de 7-8 ans, est caractérisé par une aptitude aérobie comparable voire supérieure à celle de l'adulte non entraîné. Avant la puberté, nous pouvons dire que l'enfant vit la période la plus faste pour pratiquer la course longue, et ce pour plusieurs raisons :

- il se trouve dans une phase de stabilité sans crise majeure (donc moins de douleurs musculaires et articulaires dues à la croissance forte pendant l'adolescence) ;
- il est encore « spontané » et il aime généralement courir ;
- il vient de finir de développer ses bronchioles et alvéoles (leur nombre a évolué de 20 millions à la naissance à 300 millions à 8 ans (leur maturation se poursuivra pendant l'adolescence mais plus leur nombre, leur taille suivra alors l'évolution de la taille de l'individu) ;
- la cage thoracique, dont le bon fonctionnement conditionne une bonne respiration, se développe parallèlement aux poumons ;
- le rapport entre masse maigre (les muscles) et masse adipeuse est optimal avant la puberté, donc facilite l'utilisation de l'oxygène et permet de conserver un poids de corps plus léger proportionnellement ;
- la récupération après l'effort est plus rapide chez l'enfant que chez l'adolescent et l'adulte ;
- l'enfant produit moins d'acide lactique que l'adulte lorsqu'il produit des efforts de résistance (donc lorsqu'il sollicite sa filière anaérobie lactique) et son élimination est aussi plus rapide.

B. Sécurité en course longue

Quels sont les risques en course de durée ?

a. Risques objectifs

- Courir à une certaine intensité sur la durée peut provoquer des sensations inhabituelles, voire douloureuses : points de côté, mal aux jambes (pendant la course et/ou courbatures le lendemain), sensation de bouche sèche, difficulté à respirer.

- Amener un élève, qui ne fournit aucun effort physique par ailleurs, proche d'un état d'épuisement physique par un effort trop important par rapport à ses capacités.
- Risquer de favoriser ou accentuer un problème anatomique si l'élève ne dispose pas de chaussures adaptées à la course longue.

b. Risques subjectifs

- Certains élèves peuvent ressentir des craintes de souffrances dues à la course de durée (voir ci-dessus les sensations inhabituelles), en particulier les points de côté et l'angoisse de ne plus pouvoir respirer normalement.
- D'autres craintes et découragements peuvent être les conséquences d'une représentation de la difficulté, liée au temps de course (« ça va être trop long ! »).

c. La sécurité des élèves

Elle peut être assurée au moyen de diverses mesures et actions :

– s'assurer que les élèves disposent de chaussures adaptées à la course longue ;

– profiter de cette activité physique pour détecter d'éventuels problèmes de pose des pieds nécessitant de consulter un orthopédiste ;

– adapter, si nécessaire jusqu'à l'individualisation, les distances, durées et niveaux d'intensité des courses ;

– regarder les visages des élèves après un effort soutenu pour détecter des signes alarmants : rougeur ou blancheur excessive du visage, respiration anarchique... Cependant ne vous inquiétez pas, ce ne sont que des indices pour proposer un temps de récupération un peu plus long par exemple ;

– alterner les situations sollicitant les filières aérobie et anaérobie lactique en favorisant toutefois la filière aérobie ;

– habituer les élèves à prendre des repères sur leur corps, « les clignotants corporels », pour réguler leur course ;

– proposer un échauffement complet, c'est-à-dire l'alternance de trois types d'actions :

> **Ex. :** Des déplacements : course en arrière, montées de genoux, talons fesses, pas chassés, cloche pieds, multibonds pieds joints.
> Des temps de mobilisation des chevilles, genoux et bassin.
> Des temps d'étirements des quadriceps, adducteurs et ischiojambiers.

– alterner les temps de course et de récupération.

C. L'unité d'apprentissage

Les outils que nous allons présenter dans ce chapitre s'intègrent au sein d'une unité d'apprentissage. Cette dernière se structure de la façon suivante :

– une phase de **familiarisation** composée de jeux de course et de la préparation de la situation repère ;
– les phases d'évaluation diagnostique (après la phase de familiarisation) et terminale (en fin et/ou milieu d'unité d'apprentissage) : ce sont les **situations repère** (SR) que nous aborderons ci-dessous ;
– une phase dite « **d'apprentissage** » au cours de laquelle nous retrouverons les six thèmes moteurs déjà évoqués plus haut.

D. Exemples de situations repère (SR) en C2 et C3

Les SR ne sont pas des situations d'apprentissage, elles sont a-didactiques. Leur fonction est de faire un constat momentané du niveau des élèves devant résoudre un problème moteur lié ici à l'activité athlétique de course de durée. Il existe toutefois une différence entre la SR diagnostique, dans laquelle il sera difficile pour les élèves de faire des constats, et la SR terminale, qui devra être précédée de la formulation de projets et de stratégies verbalisées par les élèves (*cf.* domaine 2 du socle commun).

L'ensemble des paramètres qui permettent de construire ces situations sont :
– le temps total de course pendant lequel il faudra effectuer la distance maximum ou la distance à parcourir en un minimum de temps ;

À RETENIR

Nous pouvons ici fournir quelques repères indicatifs pour les SR qui seront à adapter en fonction du niveau des élèves :
– CP : 5 à 6 min,
– CE1 : 7 à 9 min,
– CE2 : 9 à 11 min,
– CM1 : 13 à 15 min,
– CM2 : 15 à 18 min.

– le fait de permettre ou pas des temps de marche avec reprise de course et, s'ils sont acceptés, des temps maximum de marche permis n'importe où sur le parcours ou seulement dans une ou des zones prédéfinies ;
– le fait de fournir ou pas des repères de temps intermédiaires aux élèves ;
– les formes de déplacements de la course (rectilignes, en courbe, avec montée et descente d'un talus...)

a. En cycle 2 : le jeu des cinq portes

Description : placer cinq portails (un portail = deux petits plots au sol) équidistants et les plus espacés possible en fonction de votre espace disponible (25 mètres si possible).

But pour les élèves : passer dans le plus de portails possibles pendant le temps imparti : 5 minutes pour les CP, 6 minutes pour les CE1, 8 minutes pour les CE2. Les indications de temps peuvent être aménagées de 1 à 2 minutes en plus en fonction des capacités des élèves et des espaces disponibles.

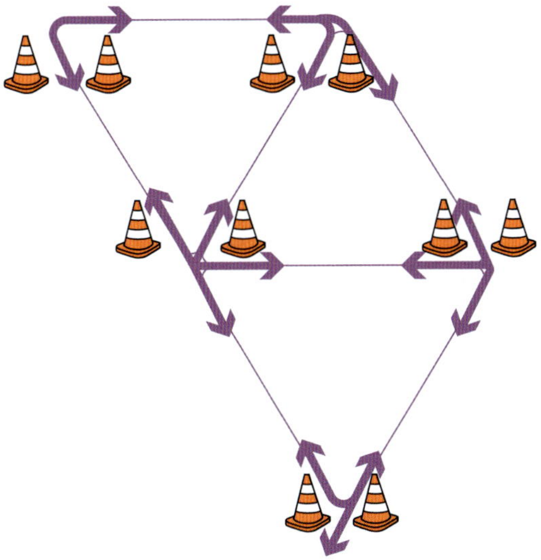

Organisation *:* les élèves sont en binômes, l'un court et l'autre renseigne une fiche simple en mettant une croix (X) supplémentaire à chaque passage dans un portail, il entourera la X qui correspond au temps du premier arrêt (cette information lui sera donnée par l'enseignant).

Pourquoi proposer cette situation repère ?

Les premiers arguments sont relatifs à l'introduction de ce paragraphe. Ces temps correspondent à un effort prolongé conséquent (au niveau du ressenti) pour les élèves. Des temps plus courts seraient plus appréciés par les élèves mais ne garantiraient pas de les confronter à l'acquisition de la compétence « Produire une performance mesurée en gérant son effort sur une durée ». En relevant ces informations, nous disposons de deux leviers de prise en compte des progrès : augmenter le nombre de portails franchis et repousser le temps du premier arrêt, voire tenir tout le temps de la course sans marcher. Le fait de ne pas tourner en rond dans la cour mais de pouvoir choisir les portails, et donc ses trajectoires, tente de garantir plus de motivation pour les élèves. Attention, il est interdit de tourner en rond autour des plots !

b. En cycle 3 : faire le maximum de tours

Description : mettre en place un parcours sinueux, irrégulier dans son tracé, divisé en quatre zones d'au moins 80 mètres.

But pour les élèves : effectuer le maximum de tours en 12 minutes (CM1) et 15 minutes (CM2), les divisions 1/4, 1/2, 3/4 de tour sont prises en compte.

Organisation : les élèves sont placés en binômes, l'un court et l'autre observe. L'élève qui court doit tenter de ne pas marcher, cependant il a la possibilité de marcher pendant 10 secondes et de reprendre. L'élève observateur dispose d'une fiche qu'il renseignera en indiquant :

- à chaque fin de tour, le temps total donné par l'enseignant, cette donnée sera inscrite dans une case pour chaque tour (le temps au tour sera ensuite calculé en classe) ;
- les arrêts de 10 secondes maximum dans la case du tour où ils se produisent en écrivant le temps pour le premier arrêt uniquement (nous aurons donc sur la fiche le nombre total d'arrêts et le temps du premier arrêt).

Pourquoi proposer cette situation repère ?

Les arguments sont très proches de ceux de la SR pour le cycle 2 : pour la motivation qui est intimement liée à la mesure des progrès, la prise en compte du temps du premier arrêt et du nombre total de tours permettra de procéder à des comparaisons entre les SR. Toutefois, en calculant aussi le temps au tour, nous pourrons avoir des données pour évaluer la régularité de la course. (→ voir sujet zéro, p. 163)

E. Exemples de situations d'apprentissage en C2 et C3

L'ensemble des paramètres qui permettent de construire ces situations sont :

- les temps entre chaque coup de sifflet ;
- les repères auditifs intermédiaires (à chaque 1/2 tour et/ou à chaque tour) fournis ou pas ;

– les temps de course pour chaque répétition ;

– le nombre de répétitions des courses fractionnées : on appelle une course fractionnée une course plus courte que celle de la SR mais qui sera reproduite plusieurs fois avec un temps de récupération entre chaque répétition (par exemple : le temps de course de la SR est de 8 minutes, il sera possible de faire six répétitions de 2 minutes avec 2 minutes de récupération entre chaque course) ;

– les parcours différenciés proposés sur le même dispositif général ;

– les modes de groupement d'élèves (homogènes ou hétérogènes) ;

– le contrat de course pouvant être choisi par l'élève, le groupe d'élèves, l'enseignant ou négocié entre l'élève et l'enseignant.

a. En cycle 2 : le jeu des gares

Thème moteur ou objet d'enseignement : « Construire la régularité d'allure ».

Objectif d'apprentissage ou compétence : passer d'une allure irrégulière et ralentie dans sa dernière partie à une allure régulière tout au long de la course. L'enseignant cherche, en valeur moyenne, à créer un parcours en forme de losange d'une durée de course moyenne pour la classe de 15 ou 20 secondes.

But pour les élèves *:* passer aux gares à chaque coup de sifflet.

Dès que cette distance moyenne entre les gares sera trouvée, il faudra placer un parcours intérieur et un extérieur (*cf.* schéma) pour s'adapter au plus près des différents niveaux des élèves et permettre à l'enseignant de ne donner qu'un seul repère auditif pour tout le demi groupe de la classe qui court (l'autre demi groupe récupère).

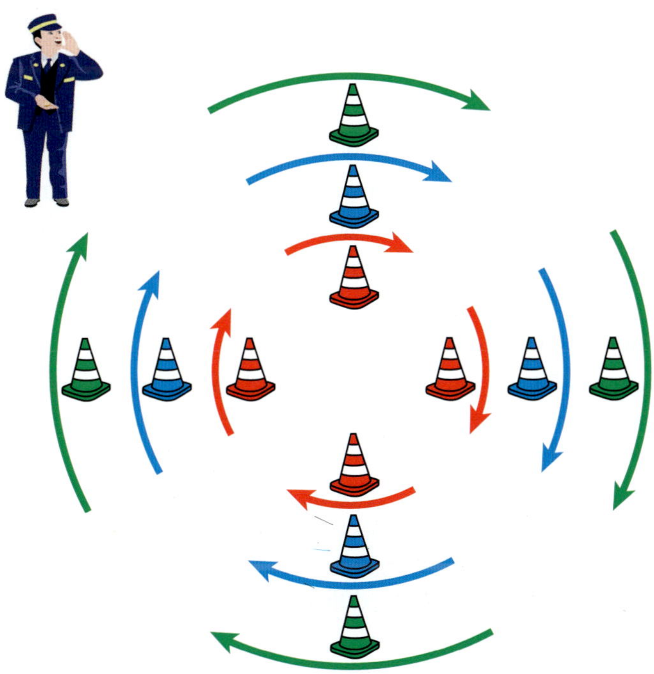

Les temps de course lors des répétitions sont de 1 minute 20 secondes à 2 minutes avec un temps de récupération de 2 minutes. Le nombre de répétitions doit permettre, en plus des temps de course de l'échauffement, un temps de course total supérieur au temps de course de la SR. Nous pouvons donc proposer au minimum cinq fois 2 minutes en CE1 par exemple. Dans un premier temps, les élèves vont stabiliser par la répétition un « temps de base » qui permettra, en négociation avec l'enseignant, de choisir le parcours le plus adapté à ses capacités. Lors des séances suivantes, le temps de course sera multiplié par 2, puis par 3.

Critères de réalisation (ou critères de réussite qualitatifs) :

- **produire une course régulière et pouvoir parler sans difficulté à la fin de la répétition ;**
- adopter un rythme de respiration régulier : savoir faire des expirations actives par la bouche et si possible inspirer par le nez.

Variables didactiques :

Elles pourront évoluer selon trois critères :

- la distance entre les gares ;
- le temps accordé pour parcourir l'espace entre deux gares ;
- le nombre d'enchaînements du temps de base (multiplié par 2, 3, 4...).

Une variante du jeu des gares se déroule en binômes de niveau homogène et peut s'appeler « le métronome » : le parcours consiste en quatre plots disposés en losange espacés de 20 à 30 mètres ; les deux élèves partent chacun d'un plot diamétralement opposé et vont se déplacer en sens inverse. Le but de la tâche est de passer ensemble au niveau de chacun des plots, et donc de courir à la même vitesse. Quand ils se croisent, ils se frappent dans la main, et quand ils se retrouvent aux plots opposés, ils se font un signe de la main.

Pourquoi proposer cette SA ?

Cette SA permet à l'enseignant de gérer à la fois :

- l'hétérogénéité de la classe : les différents parcours (moyen, intérieur, extérieur) permettent de proposer aux élèves des distances, et donc des vitesses différenciées ;
- un grand groupe avec un seul chronomètre et douze plots (quatre plots de trois couleurs différentes) ;
- des modulations de vitesse de course ;
- des mini contrats d'élèves qui peuvent changer de parcours en fonction de leurs ressentis, résultats et de leurs projets. Il est même possible d'ajouter un quatrième parcours pour des élèves très rapides et/ou très lents ;
- concernant la SA « le métronome », ce ne sont pas les sifflets qui rythment la cadence de course mais la nécessité pour les élèves de passer ensemble au niveau des plots. Cette situation est très appréciée des élèves mais elle vient en complément du jeu des gares, car il est plus difficile d'y gérer la différenciation sur des rythmes imposés par l'enseignant.

b. En cycle 3 : la pendule

Le dispositif de cette situation a été créé par le collectif du 1er degré Loire.

- **Thème moteur ou objet d'enseignement :** « construire la régularité ».

- **Objectif d'apprentissage ou compétence :** trouver l'allure la plus rapide que je peux conserver longtemps. Pour cela, les élèves devront trouver leur allure de course reproductible (qu'ils pourront verbaliser en km/h) sur 3 minutes puis la stabiliser et enfin la reproduire sur le double et le triple de temps (6 puis 9 minutes). Cette situation se répartit donc au minimum sur trois séances.

- **But pour les élèves :** marquer le plus de points possible.

Le dispositif est représenté par un terrain de 20 mètres de large et de 40 mètres au moins de long. Cette longueur est divisée en une zone de 9 mètres puis des zones de 4 mètres supplémentaires ; des plots de couleurs différentes sont nécessaires à 9 mètres puis tous les 4 mètres.

Un coureur parcourant la première zone (20 m + 9 m) × 2 soit 58 m et passant dans la zone de contrôle à 30 secondes aura une allure de 7 km/h, puis chaque zone augmentée de 4 m × 2 donnera une allure d'un km/h de plus… (voir schéma ci-dessous)

Les élèves sont en binômes, un coureur et un observateur.

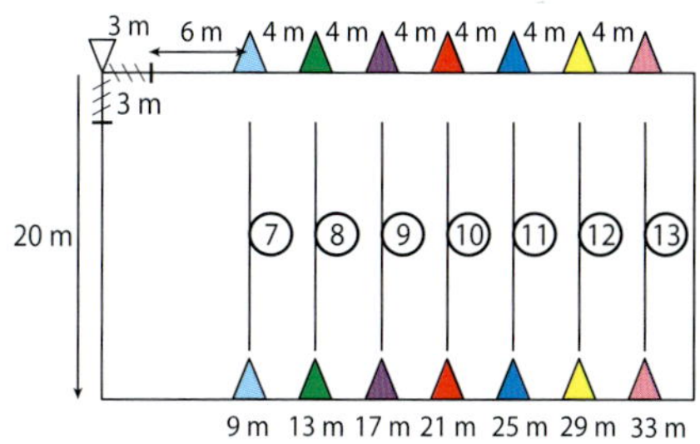

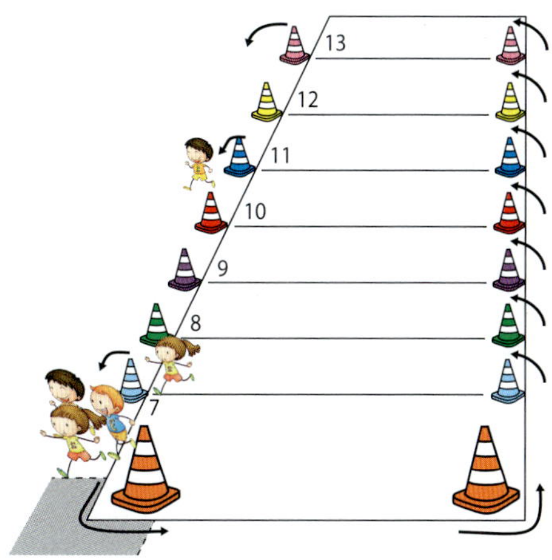

- **Règles de fonctionnement :**

Dans un premier temps, l'élève marque le nombre de points correspondant au nombre de fois où il est passé dans la zone de départ, toutes les 30 secondes, quelle que soit la vitesse qu'il a choisie. Attention : il ne faut marquer les points de chaque tour qu'à la condition que l'élève soit dans la zone de contrôle au signal des 30 secondes ! Ce comptage vise exclusivement la régularité. Il est permis aussi aux élèves en difficulté qui vont courir à 7 km/h de marquer autant de points que des élèves très à l'aise, qui auront choisi de courir à 10 km/h par exemple.

Dans un deuxième temps, l'élève marque le nombre de points correspondant à son allure en km/h pour un tour et cela pendant 3 minutes, donc 6 tours. S'il court à 8 km/h et qu'il passe « à l'heure », donc toutes les 30 secondes dans la zone de départ, il marquera 8 × 6 = 48 points. S'il est en retard lors d'un tour, le dernier par exemple, il ne marquera que 8 × 5 = 40 points.

À l'occasion de chacune des répétitions, les élèves peuvent changer de parcours en fonction de leurs ressentis. Le plus tôt possible, et de façon systématique après la phase de stabilisation, les élèves devront annoncer leurs choix d'allure de course.

Critères de réalisation :

- les mêmes que pour le cycle 2 avec en plus le fait de réguler sa course en fonction des repères et sensations provenant de son corps ;
- réaliser le contrat annoncé et pouvoir expliquer sa stratégie de course.

Variables didactiques :

Elles pourront évoluer selon trois critères :

- le nombre d'enchaînements du temps de base (multiplié par 2, 3 , 4…) ;
- le fait de donner aux élèves la possibilité de modifier leur allure de course d'un km/h plus lente ou plus rapide en fonction de leurs ressentis, au sein d'un même fractionné ;
- la sollicitation de gagner un voire deux km/h en fin de fractionné (par exemple, pour un temps de course de 4 minutes, faire 3 minutes à son allure de base et 1 minute à une allure d'1 km/h plus rapide).

APPLICATION 6

Quelle différence entre une SR et une SA en course longue ?

→ Corrigé p. 165

APPLICATION 7

Quelle est la consigne fondamentale qui garantit que les élèves vont apprendre à gérer une course régulière ?

→ Corrigé p. 166

ENTRAINEMENTS

SUJET 1

Au cours d'une SR en course longue (par exemple le jeu des 5 portes décrit plus haut), des élèves de CE1 rencontrent des difficultés à poursuivre leur course au-delà de 2 minutes sans marcher. Proposer deux SA destinées à faire progresser ces élèves.

→ Corrigé p. 166

SUJET 2 (SUJET ZÉRO PROPOSÉ DANS LA NOTE DE SERVICE MINISTÉRIELLE DU 21 OCTOBRE 2021)

Cycle d'enseignement : Cycle 3
Niveau de classe : CM2
Attendu de fin de cycle : Réaliser des efforts et enchaîner plusieurs actions motrices dans différentes familles pour aller plus vite, plus longtemps, plus haut, plus loin.
Constat : En course de relais, les élèves qui vont recevoir le témoin attendent, immobiles, et souvent face à leur coéquipier qui arrive en courant, ce qui oblige les donneurs à ralentir (ou arrêter) leur course pour transmettre le témoin et les receveurs à partir trop tard....
Question : Après avoir identifié le champ d'apprentissage et l'activité physique concernée, proposer une ou plusieurs situations d'apprentissage qui permette(nt) aux élèves de résoudre cette difficulté. Vous justifierez vos choix didactiques et pédagogiques.

→ Corrigé p. 172

CORRIGÉS

APPLICATIONS

APPLICATION 1

Plusieurs éléments peuvent être dégagés :
- le milieu physique stable qui permet de réduire progressivement l'incertitude et qui permet aux élèves d'établir des contrats de réalisation ;
- le problème fondamental : devoir en permanence gérer la contradiction entre produire le maximum d'énergie et la contrôler. En effet, si je bats le record du monde (ou le mien...) de saut en longueur de 5 cm et que j'ai mordu de 2 cm, j'ai bien battu ce record de 3 cm et pourtant l'essai est nul ! De la même manière, en course de durée, si je m'économise beaucoup, je ne serai pas trop fatigué mais ma performance sera très médiocre et si je pars trop vite et que je dois m'arrêter, ma gestion ne sera pas bonne, il faut donc trouver le juste milieu.
- évidemment l'ensemble des ressources sont requises, mais les ressources les plus sollicitées sont les ressources énergétiques.

APPLICATION 2

Sans vouloir reprendre les explications fournies dans la définition de ce chapitre, nous voulons vraiment attirer l'attention sur le fait que, dans les conditions de pratique de l'EPS, il est plus logique de vérifier l'acquisition d'habiletés motrices dans le cadre de la reproduction d'une performance sous maximale, que dans la réussite aléatoire de son record.

Toutefois l'élève, dès la classe de CE1, doit être :
- conscient de la différence entre les deux ;
- capable de comprendre qu'il faut un temps de récupération entre plusieurs essais et être concentré au début de chaque essai.

APPLICATION 3

Toutes les filières sont sollicitées pendant une course de durée mais (outre la boutade de l'apérobique que vous devez oublier très vite...) c'est la filière aérobie (qui correspond à des vitesses de course pendant lesquelles tout l'oxygène dont les muscles ont besoin peut arriver jusqu'à eux) qui est la plus utilisée. Le thème moteur central sera donc : construire la régularité, ce qui nécessite de trouver l'allure du temps de base, celle qui permet de courir longtemps le plus vite possible. Nous insistons ici sur cette notion de temps de base, qui ne correspond pas du tout à une allure régulière très lente, ce qui serait alors un non sens vis-à-vis du problème fondamental.

APPLICATION 4

Ce sont les activités athlétiques aménagées pour les cycle 2 et les activités athlétiques pour le cycle 3. Pour les courses, nous avons le sprint, le relais, la course d'obstacle et la course de durée. Pour les sauts nous avons le saut en longueur, le double bond, le triple bond et le saut en hauteur. En lancer, nous avons le lancer d'engins légers type javelot et type disque. Pour mémoire, nous rappelons que pour le cycle 3, et en particulier sur le thème moteur « Se déplacer à la surface » (à partir duquel il est facile d'établir des performances mesurées pour des élèves non débutants), la natation fait aussi partie du champ d'apprentissage n° 1.

APPLICATION 5

Plusieurs notions avancées sont importantes, toutefois la principale semble être la notion de production d'efforts à des intensités variables dans le but d'améliorer ses performances (cela dans le cadre du problème fondamental : créer le maximum d'énergie tout en la contrôlant).
Ensuite, viennent les prises de repères extérieures et surtout sur son corps, qui vont progressivement constituer des « clignotants » corporels permettant de mieux réguler la course de durée (ces acquisitions sont transférables par la suite dans la conduite et la gestion des pratiques physiques ultérieures dans et en dehors de l'école).
Enfin, il est possible de placer au même niveau : assumer différents rôles et évaluer ses performances (prendre en compte les éléments qui ont présidé soit à la réussite, soit à l'échec du projet de performance).

APPLICATION 6

Une SR a pour fonction de faire un constat des compétences des élèves au regard des acquisitions à réaliser, en plaçant ces derniers dans une situation difficile. Elle peut être :
- diagnostique : elle sera alors placée après la phase de familiarisation appelée aussi phase d'entrée dans l'activité ;
- terminale : elle est alors placée en fin d'apprentissage pour mesurer les progrès et vérifier si les contrats établis par les élèves sont respectés (domaine 2 du socle) ;
- en cours d'apprentissage (éventuellement si vous parvenez à organiser une UA longue) : elle prendra alors la fonction d'évaluation formative d'étape. Elle n'a pas vocation à faire apprendre sur le plan moteur mais elle contribue évidemment à mieux se connaître et se situer dans le groupe classe.

En ce qui concerne la course de durée, nous conseillons de conserver exactement la même SR et de centrer les élèves sur les deux progrès « les plus concrets » :
- reculer le temps du premier arrêt et/ou diminuer le nombre total d'arrêts, voire ne plus avoir besoin de marcher pendant tout le temps de course de la SR ;
- la distance totale parcourue, c'est-à-dire le nombre de portes pour les élèves de cycle 2 et le nombre de tours pour les élèves de cycle 3 (sans oublier les demi et quart de tours pour augmenter le nombre de chances de constater un progrès !).

Une SA a pour fonction de susciter des transformations dans la gestion de son corps, en confrontant les élèves à des problèmes ciblés adaptés à leurs possibilités. Elle doit permettre aux élèves de se confronter à un problème (phase de confrontation, d'émission d'hypothèses, de recherche de solutions) puis d'extraire une ou plusieurs solutions efficaces. Enfin, l'enseignant pourra jouer sur des variables didactiques pour moduler la difficulté de la situation (différenciation) pour que les élèves puissent appliquer les solutions efficaces trouvées dans une situation adaptée à leurs capacités. Vous trouverez l'illustration de cette réponse dans les situations décrites dans la partie « cours » de ce chapitre.

APPLICATION 7

La consigne la plus importante est de multiplier par 2, puis par 3, le temps de course à l'allure choisie par les élèves pour prouver que cette allure est la bonne (elle correspond au temps de base que l'on peut donc multiplier).

ENTRAINEMENTS

SUJET 1

▪ Comment aborder le sujet ?

L'athlétisme est une activité qui sollicite les élèves pour produire une performance mesurée en milieu stable. Ceux-ci doivent produire le maximum d'énergie tout en la contrôlant, c'est-à-dire gérer leur effort pour passer le maximum de portails sans marcher. Les différents OE de la course longue ont été décrits plus haut.

En référence au programme du cycle 2, le champ d'apprentissage abordé ici avec les activités athlétiques, et plus particulièrement la course de durée, est « Produire une performance optimale, mesurable à une échéance donnée ». Il serait judicieux de montrer que vous avez compris la structure des textes officiels qui relient les cinq domaines du socle commun avec les cinq CG en EPS, puis le parcours de formation constitué de quatre champs d'apprentissage complémentaires comprenant chacun les trois éléments : attendus de fin de cycle, compétences plus spécifiques travaillées et repères de progressivité.

Les capacités physiques d'un élève de cycle 2 lui permettent de courir pendant plusieurs minutes. Cependant, cette activité de course de durée n'a pas toujours de sens pour lui, et il doit faire appel à des efforts objectifs et subjectifs (la notion d'effort est en effet très différente d'un élève à l'autre) que trop d'élèves n'ont pas l'habitude de fournir. Il est plus intéressé par les courses courtes et plus rapides effectuées sous la forme de poursuite. « L'âge d'or » de l'endurance se situe plus tard dans le développement, entre le CM2 et la 6ᵉ. L'élève de cycle 2 devient capable :
- d'anticiper un geste à accomplir, c'est-à-dire avoir une image mentale du mouvement, une capacité à mémoriser le mouvement ;
- d'exécuter des mouvements de plus en plus complexes qui supposent d'analyser les mouvements à réaliser, de les coordonner, de les planifier et de les gérer dans l'espace ;
- d'adapter son geste aux différents types de situation, ce qui exige une disponibilité corporelle pour modifier rapidement sa conduite, un traitement rapide des problèmes et une capacité d'anticipation sur le plan spatio-temporel.

La prise de conscience de la respiration et de la fréquence cardiaque ainsi que leurs modifications lors de la course vont pouvoir débuter. Les grandes fonctions physiologiques sont en pleine construction : développement des systèmes circulatoire (développement des capacités cardiaques, augmentation des réseaux de capillaires sanguins et gain en élasticité des vaisseaux, amélioration de la capacité à transporter l'O_2 jusqu'aux muscles), respiratoire (augmentation du nombre d'alvéoles pulmonaires), endocrinien (meilleure régulation de la glycémie), osseux et musculaire. Concernant les filières énergétiques, le développement en cours permet une meilleure utilisation des « carburants » du muscle ; la priorité sera donnée aux filières aérobie et anaérobie alactique. Toutefois, la filière anaérobie lactique, encore peu développée, pourra être sollicitée dans une moindre mesure.

Nous pouvons définir le niveau de réalisation attendu de la façon suivante : réaliser une course régulière de 6 minutes sans s'arrêter. Ce temps est déterminé pour donner aux élèves un repère « cible » en valeur moyenne. Il est évidemment possible de négocier ou d'imposer des temps de course supérieurs ou inférieurs avec des élèves en grande difficulté ou en aisance avérée.

Pour le débutant, réussir à courir en continu nécessitera de connaître et situer les différentes allures, puis, pour repousser le temps de son premier arrêt, adopter une allure de course adaptée à ses capacités permettant les échanges respiratoires (ressource motrice énergétique) et faire appel à sa volonté (ressource psychologique).

Les difficultés des élèves ont été repérées dans la SR « Le jeu des cinq portes » d'une durée de 6 minutes. Les comportements des élèves identifiés en général dans cette SR peuvent se résumer de la façon suivante :
- niveau 1 : alternance de course et de marche ;
- niveau 2 : course irrégulière sans arrêt ;
- niveau 3 : course régulière lente ;
- niveau 4 : course régulière et accélérée en fin de course.

Les deux premiers comportements peuvent être assimilés à des comportements spontanés et les deux derniers à des comportements attendus.

Le sujet concerne ici des élèves de niveau 1. Nous pouvons affiner leur description et dégager à nouveau trois sous-niveaux dans ce niveau 1 :
- marche entre 1 et 2 minutes sans reprendre la course ;
- alternance de course de 30 secondes à 1 minute et de marche de quelques secondes ;
- course irrégulière toujours à la limite de l'arrêt.

Nous pouvons tenter d'analyser ces trois sous-niveaux à l'aide de la grille des ressources sollicitées (l'analyse est la même pour ces trois sous-niveaux) :
- Ressources affectives et relationnelles : l'élève a une faible estime de lui en course de durée, il pense qu'il ne va pas réussir et qu'il va souffrir ; de plus il est dans la classe à la vue de tous les autres élèves... la concentration et l'appel à la volonté sont insuffisants.
- Ressources cognitives : il a compris la consigne de la SR, mais il ne connaît pas ses capacités ni les différentes allures de course possibles ; sa représentation initiale est souvent de courir vite tout de suite sans savoir qu'il ne pourra pas maintenir cette allure plus d'une ou deux minutes ; l'élève s'engage dans la course sans but ou contrat ni stratégie.
- Ressources biomécaniques : sa foulée est étriquée, sans dynamisme ; la coordination des coudes avec la course est anarchique ; le corps n'est pas suffisamment gainé ; la respiration (inspiration et expiration) est aléatoire sans expiration active (ce qui peut être une des causes du point de côté).
- Ressources motrices informationnelles : la tête n'est pas fixée, il regarde vers le sol, autour de lui, voire derrière. Ne prends pas d'indices sur son corps pour réguler sa course (rythme de la respiration, fatigue dans les jambes, début de point de côté...).

- Ressources énergétiques : soit leur mobilisation n'est pas gérée de façon optimale pour des élèves qui partent trop vite, soit l'épuisement arrive trop vite par manque de capacités aérobies.

Les SA seront donc à relier directement à cette analyse des difficultés des élèves. Le jury attend des SA ciblées (il ne faut pas vouloir résoudre tous les problèmes à la fois), cohérentes avec les besoins des élèves (l'objectif d'apprentissage déterminé doit être défini pour permettre aux élèves de passer d'un niveau à un autre), voire articulées dans une progression (*cf.* l'ordre des OE dans l'UA abordé précédemment). Il ne s'agit pas de traiter ici directement de la construction de la régularité de la course, puisque de nombreux élèves s'arrêtent dès la première minute !

▪ Réponse au sujet

Nous conseillons de rappeler dans un premier temps le champ d'apprentissage et les compétences travaillées en cycle 2 en course de durée. Ensuite, d'énoncer le problème fondamental de toutes les activités athlétiques : produire le maximum d'énergie tout en la contrôlant. C'est la tentative de résolution de cette apparente contradiction (production maximale et contrôle) qui sera la garantie de proposer aux élèves des situations motrices pertinentes. Il sera nécessaire ensuite de dresser un portrait général de l'élève de cycle 2 en motricité et en course de durée, puis de proposer les différents niveaux de comportements relevés dans la SR en précisant que l'exposé portera plus particulièrement sur les élèves de niveau 1, et enfin de procéder ensuite à l'analyse des comportements de niveau 1 avec le cadre des ressources comme cela a été réalisé dans le paragraphe précédent « Comment aborder le sujet ? ».
Les SA s'intègrent dans une séance : celle-ci comportera un échauffement qui débutera par une course lente de 2 à 3 minutes, puis seront proposés, sous forme de vagues, des exercices de préparation physique générale (PPG) tels que course en arrière, talons/fesses, montée de genoux, pas chassés. Ensuite, sera proposé un temps d'étirements avec sollicitation des muscles quadriceps, ischio-jambiers, adducteurs et mobilisation des chevilles. Un dernier temps d'exercices PPG peut être organisé sous la même forme que le premier avec des déplacements inhabituels plus sollicitants : cloche pied sous différentes formes, succession de bonds (impulsion deux pieds/réception deux pieds), accélération progressive et/ou sprint en avant et en arrière. Ensuite, l'enseignant procède aux passations de consignes pour la SA qui va débuter dans le corps de séance (elle pourra avantageusement être pré-expliquée en classe). Suivent les répétitions de course, qui alternent avec les temps de récupération équivalents aux temps de course.

La conception d'une séance doit intégrer des contenus liés à l'éducation à la santé :
- l'échauffement progressif et complet ;
- les charges de course adaptées et un temps de pratique effective d'au moins 35 minutes ;
- les temps de récupération ;
- l'utilisation de vêtements et chaussures adaptés ;
- la possibilité de se dévêtir avant d'être en état de transpiration, pour se revêtir pendant la récupération (et non l'inverse : se dévêtir quand on vient juste

de transpirer et prendre froid en observant son binôme !) et... de se moucher plusieurs fois pendant la séance ! N'oublions pas que l'efficacité de la filière de l'endurance aérobie dépend avant tout de la qualité du transport de l'oxygène vers les muscles ;

- la prise de conscience des effets de la course sur mon corps : essoufflement, modification de la fréquence cardiaque, transpiration, autres ressentis : musculaires, dans la bouche, points de côté... ;
- la valorisation des efforts fournis et la prise en compte des progrès, s'il y en a eu (développement de l'estime de soi).

Pour tenter d'aider les élèves de niveau 1 (et 2) à surmonter leurs difficultés, nous présentons les deux SA suivantes.

Situation d'apprentissage n° 1 : le jeu des quatre essais

Objectif d'apprentissage : augmenter son temps de course en continu.

But : atteindre le plot de la valeur la plus élevée.

Aménagement :

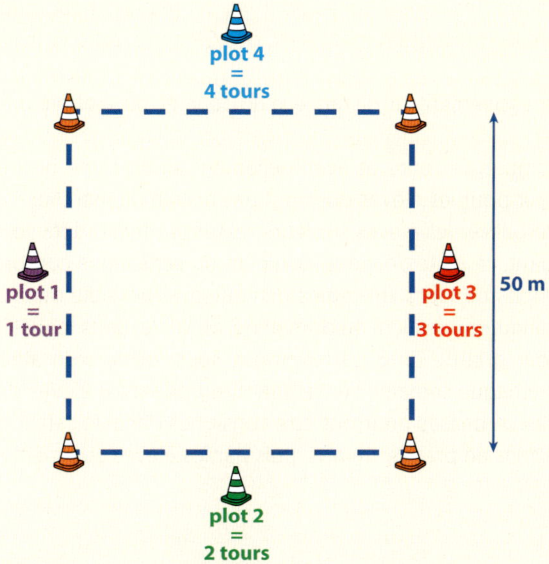

Les élèves sont placés en binômes. Un élève court et l'autre vérifie que le contrat est réalisé. Les élèves vont se confronter d'abord au plot n° 1, qui correspond à un tour sans marcher (le tour dure entre 1 minute et 1 minute 30 secondes et il n'est pas forcément en forme de carré ou rectangle) ; s'ils réussissent, ils iront tenter le plot 2 qui signifie : réaliser deux tours sans marcher, idem pour les plots 3 et 4. Après un temps de course, les élèves observateurs indiquent à l'enseignant si leur binôme coureur a bien respecté le contrat ; si ce dernier est rempli, il aura accès au départ du plot suivant lors de sa prochaine tentative ; s'il échoue, il pourra à nouveau tenter sa chance du même plot (il ne redescend pas d'un plot) après l'essai de son camarade. Il est recommandé de demander à l'élève « coureur » de porter un chasuble pour clairement délimiter les rôles des élèves.

Critères de réussite :

- quantitatifs : parvenir au plot correspondant au maximum de tours en quatre ou cinq essais ;
- qualitatifs : réguler sa course : gérer sa respiration en adoptant un rythme régulier et en expirant de façon active toutes les 15 secondes ; ne pas partir trop vite ; accepter de ralentir sans marcher si la course devient difficile ; faire appel à la volonté quand l'envie de s'arrêter se fait sentir ; avoir la sensation de ne pas être épuisé à la fin de sa tentative ; ne pas être crispé ; regarder loin devant soi et tenir sa tête droite ; être concentré au départ de son essai.

Interventions de l'enseignant :

Les interventions qui vont suivre sont liées à des variables didactiques (c'est-à-dire des adaptations du niveau de la difficulté de la situation en fonction des réussites/échecs des élèves) :

- instaurer une petite zone de marche possible de 5 secondes, puis de moins en moins longue, dans le 3e et/ou 4e tour pour les élèves encore en difficulté ;
- valoriser la réussite à un deuxième essai au même plot en demandant à l'élève ce qu'il a réussi à faire pour ne pas marcher ;
- demander deux réussites consécutives pour valider le plot : notion de zone de performance (à utiliser prioritairement avec des CP en réussite et avec des CE1 et CE2) ;
- augmenter progressivement la distance d'un tour et/ou ajouter un plot « 5 tours »... ;
- augmenter le nombre de tours et éventuellement ajouter une ou deux haies basses dans le tour pour les élèves qui n'ont pas besoin de marcher ;
- tenter de faire verbaliser les élèves sur leurs ressentis : facile/difficile, fatigant/peu ou pas fatigant, réussites/échecs, douleurs ou sensations corporelles ressenties... et à propos de leurs stratégies de course, si possible dans un temps de classe de 20 minutes consacré au domaine 2 du socle, dans lequel les élèves seront conviés par groupe de 8 par exemple, sous forme d'un atelier dirigé par l'enseignant (chaque semaine l'enseignant regroupant 8 élèves différents). Enfin les éléments verbalisés pourront être consignés dans un cahier d'EPS (en dictée à l'adulte dans un premier temps, puis par les élèves eux-mêmes).

Situation d'apprentissage n° 2 : je ne marche plus

Objectif d'apprentissage : augmenter son temps de course en continu.

But : marquer le plus de points possible à partir du contrat demandé par l'enseignant ou choisi par l'élève.

Aménagement :

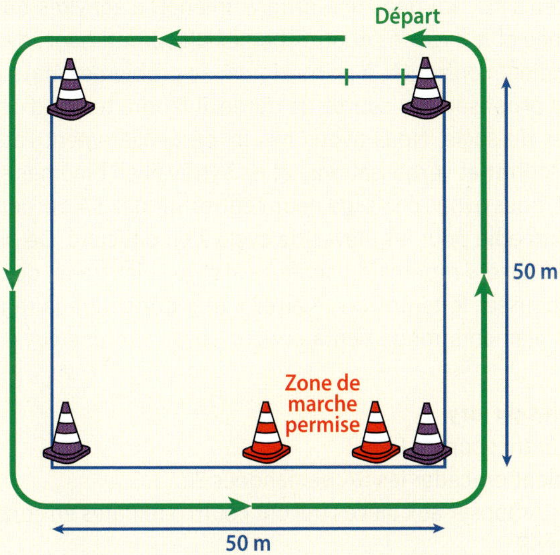

C'est un circuit de 200 mètres avec une zone de marche permise de 20 mètres situé au 3/4 de l'avancée dans le tour, donc assez proche de la ligne d'arrivée. Les élèves sont en binômes comme dans la SA1. Le comptage de points pour deux tours s'effectue de la façon suivante :

- 0 point : l'élève a marché en dehors de la zone permise lors du 1er ou 2e tour ;
- 1 point : l'élève a marché dans la zone permise lors du 1er tour ;
- 2 points : l'élève a marché dans la zone permise lors du 2e tour ;
- 4 points : l'élève n'a jamais marché.

Les élèves doivent au minimum réaliser 4 × 2 tours avec 3 minutes de récupération et peuvent gagner jusque 16 points.

Critères de réussite : ce sont les mêmes que dans la SA1.

Interventions de l'enseignant :

- augmenter ou réduire la taille de la zone de marche ;
- ne pas permettre l'utilisation de la zone de marche pendant le premier tour ;
- augmenter le nombre de tours à parcourir et modifier le comptage de points en conséquence (par exemple le « 1 point » ne se gagne que si l'élève a marché dans la zone permise seulement au 2e tour) ;
- n'avoir le droit d'utiliser la zone de marche que pendant les tours pairs ;
- engager les élèves à prendre des risques dans leur contrat ;
- valoriser la réussite du contrat par un bonus.

Les deux SA proposées s'inscrivent dans une UA, donc dans un choix de progressivité : après une phase de familiarisation et une SR, il apparaît logique que la phase d'apprentissage se compose dans un premier temps d'une confrontation à différentes allures de course (marche, course très rapide, rapide, normale, lente, très lente). Cette première phase sera suivie par une deuxième, correspondant aux deux SA présentées ci-dessus en réponse à notre sujet : repousser le temps du premier arrêt et donc tenter d'augmenter leur temps de course en continu. Nous envisagerons ensuite la construction de la régularité. Il restera enfin à tenter d'augmenter les vitesses de course, en particulier sur la fin de la course.

L'UA course de durée s'inscrira dans une programmation d'activités qui tentera d'équilibrer sur l'année et le cycle les quatre champs d'apprentissage, de manière à ce que les élèves soient confrontés à un maximum de problèmes moteurs. Dans toutes les situations proposées en course de durée, il faudra tenter d'opérationnaliser les domaines du socle. Nous avons mis ici particulièrement l'accent sur les domaines n° 2 (contrat et verbalisations) et n° 3 (travail en binômes systématique). Pour ce sujet, nous avons choisi de nous centrer sur des SA qui constituent un passage incontournable pour les élèves de cycle 2 en difficulté. De plus, vous disposez, avec le chapitre « repères didactiques » et le sujet traité, de SR et de SA sur les OE « Repousser le temps du 1er arrêt » et « Construire la régularité » qui constituent des éléments fondamentaux pour construire une UA en course de durée.

▪ Questions possibles du jury

- Quelle différence entre sport et EPS ?
- Quelles SR pourraient précéder les SA demandées ?
- Que pourriez-vous proposer aux élèves qui ont couru 6 minutes en continu sans difficulté lors de la SR ?
- Quel est, selon vous, le plus puissant vecteur de motivation pour les élèves en course de durée ?
- Pourquoi programmer des UA de course longue au C3 est-il particulièremnt pertinent ?
- Quels éléments devez-vous prendre en compte pour assurer la sécurité de vos élèves pendant leur séance d'EPS ayant comme support la course longue ?

SUJET 2

▪ Comment aborder le sujet ?

L'APSA étant la course de relais (cf. libellé du sujet), le CA concerné est : produire une performance optimale, mesurable à une échéance donnée. Les particularités de l'APSA impliquent des précisions terminologiques :

- Témoin : c'est l'objet transmis, un bâton d'une trentaine de centimètres, souvent en bois.
- Donneur : c'est l'élève qui arrive avec le témoin en main pour le transmettre.
- Receveur : c'est l'élève qui attend pour recevoir le témoin.
- Zone de transmission : c'est l'espace où la transmission du témoin est autorisée.

Il faut intégrer certaines caractéristiques d'élèves de C3 : ils sont capables de successions de sprints de 20 à 30 mètres et de comprendre la nécessité d'ajuster les courses et les réglages induits. Nous supposons qu'ils ont un vécu dans les courses de vitesse et des activités de relais, mais dans des APSA autres que celle du sujet (course individuelle, jeu d'équipe avec transmission en face à face...). Pour les aider à comprendre que c'est la transmission qui fait perdre du temps, il est possible, en début d'UA, de proposer une situation dans laquelle un coureur seul affronte sur la même distance cinq camarades qui doivent se transmettre un témoin. Le coureur seul gagne toujours.

Nous inscrivons le constat du sujet dans la SR suivante : des équipes de trois coureurs devront parcourir 60 mètres le plus vite possible avec deux transmissions dans des zones prévues à cet effet. Cette course de relais devra être reproduite trois fois, avec changement de place des élèves. Tous les élèves doivent passer par le rôle de receveur, l'apprentissage principal étant ciblé sur celui-ci.

Chaque course est chronométrée. Les temps des trois courses sont additionnés ; ce résultat sera comparé à celui obtenu en fin d'UA. En cas de chute de témoin, l'équipe peut recourir.

Le niveau de réalisation attendu peut consister à réaliser en binôme une transmission de témoin en course avec un départ anticipé du receveur dans la zone de transmission. Les élèves devront pouvoir reproduire cette transmission avec plusieurs camarades, impliquant des prises de décision communes concernant les positions de chacun et les mains utilisées pour les transmissions, des réglages différents et leurs consignations dans le cahier d'EPS.

On peut identifier 4 niveaux de comportement pour le receveur :
- Niveau 1 : il attend à l'arrêt, voire en léger déplacement vers le donneur, face à ce dernier qui est obligé de beaucoup ralentir voire de s'arrêter pour transmettre le témoin ; le choix des mains est aléatoire.
- Niveau 2 : il est de profil, les yeux orientés vers l'arrière, il commence à se déplacer vers l'avant (généralement en pas chassés) avant d'être rattrapé par le donneur ; le receveur se place en fonction de la main avec laquelle le donneur porte le témoin.
- Niveau 3 : il part vite sans se retourner quand le donneur passe au niveau du repère décidé avec le receveur.
- Niveau 4 : idem niveau 3 mais avec transmission dans une zone de transmission.

Les niveaux 3 et 4 correspondent à des comportements attendus. Le sujet concerne ici des élèves de niveau 1 et 2.

Nous pouvons analyser ces comportements grâce aux ressources sollicitées par l'élève :
- Ressources affectives et relationnelles : l'émotion induite par l'arrivée de son camarade est forte, il peut aussi avoir peur que le témoin ne tombe au sol.
- Ressources cognitives : il ne connaît pas les règles d'action efficaces de la transmission.
- Ressources biomécaniques : il n'est positionné ni de profil ni en position de départ de sprint.
- Ressources informationnelles : il n'est centré que sur le témoin et n'envisage pas l'ajustement des deux courses ; il dispose seulement du repère de sa position d'attente pour anticiper sa course.
- Ressources énergétiques : il ne dose et n'adapte pas sa course par rapport au donneur.

Réponse au sujet

Les apprentissages concernant les deux SA proposées porteront principalement sur le receveur.

Situation d'apprentissage n° 1 : « Je te rattrape »

Objectif de transformation : réagir au départ de son camarade.
But : arriver le premier sur la ligne d'arrivée.

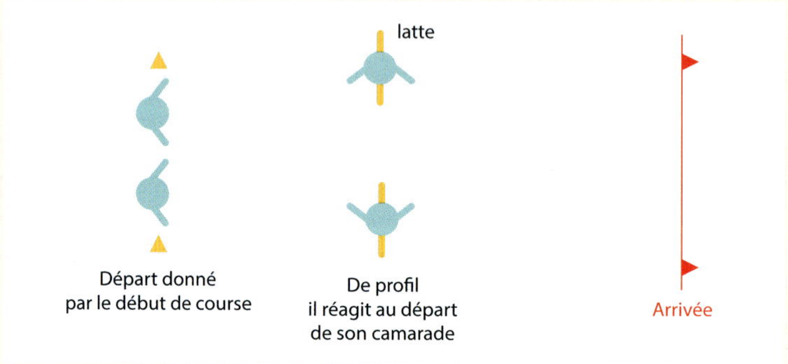

Les élèves sont en binômes, placés l'un derrière l'autre (à distance de 1,5 m à 2 m). L'élève 1 (placé devant) est de profil, un pied de part et d'autre d'une ligne existante ou d'une latte antidérapante. L'élève 2 (placé derrière l'élève 1) se décale d'un mètre du côté de la jambe arrière de l'élève 1 pour que ce dernier puisse le contrôler visuellement. L'élève 2 donne le signal du départ et l'élève 1 réagit et débute sa course d'une vingtaine de mètres.

Critères de réalisation :

Élève 1 :

- Être placé corps de profil, tête tournée vers l'arrière, jambes un peu fléchies.
- Être concentré.
- Réagir très vite au départ de l'élève placé derrière.

Élève 2 :

- Être bien décalé pour ne pas courir juste derrière l'élève placé devant.
- Partir très vite et... ne pas faire trop de feintes de faux départ !

Critères de réussite :

- Pour l'élève 2, rattraper l'élève 1.
- Pour l'élève 1, ne pas se faire rattraper par l'élève 2.

Justifications didactiques :

- Cette situation est dédiée à l'élève 1 placé devant (futur receveur).
- Elle impose au receveur un placement de profil et non face au donneur.
- Elle impose aussi une prise d'informations pour un départ anticipé en fonction du donneur.
- Il y a égalité des chances : l'élève 2 a un peu moins de distance à parcourir et l'élève 1 dispose en contrepartie du pouvoir de déclencher le départ.

Justifications pédagogiques :

- Le fait que l'élève 1 se décale un peu permet d'éviter des chutes (sécurité).
- Cette situation permet de mettre en activité simultanément le maximum d'élèves.

- Les changements de rôle sont faciles à exécuter.
- On peut positionner un juge à l'arrivée pour chaque binôme.

Situation d'apprentissage n° 2 : « Le témoin ne s'arrête jamais »

Objectif de transformation : passer d'un receveur statique à un receveur en déplacement lors de la transmission.

But : aller plus vite que l'autre binôme.

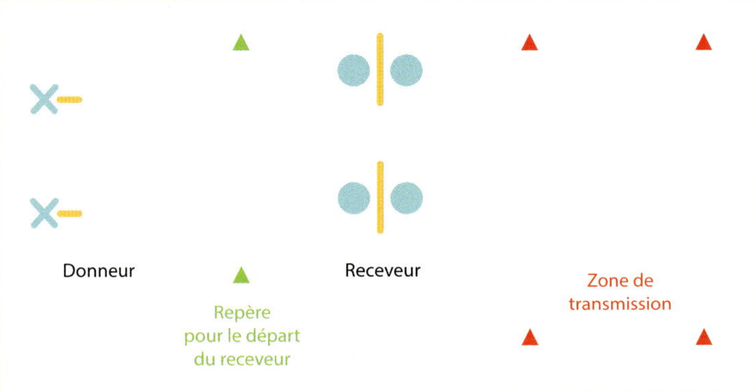

Les élèves doivent se confronter aux deux rôles au sein de plusieurs binômes préparés à l'avance par l'enseignant et reprenant au minimum les équipes de l'évaluation diagnostique.

Deux binômes de niveaux de course homogènes s'affrontent sur 40 mètres.

Critères de réalisation :

- Le receveur est en position d'attente de profil (cf. SA n° 1).
- Il part en pas chassés quand le donneur passe le repère intermédiaire, il garde ainsi un contrôle visuel permanent sur lui.
- Le donneur court le plus vite possible en transportant le témoin.

Le donneur et le receveur se sont accordés sur les conditions de la transmission :

- Le témoin est transmis mains opposées : si tenu main droite par le donneur, il sera donné dans main gauche du receveur (qui se tiendra décalé sur la droite du receveur), et inversement.
- La transmission du témoin se fait par un mouvement du bras du donneur de bas en haut pour arriver dans la main offerte en arrière du receveur.

Critères de réussite :

- La transmission du témoin se fait entre les deux coureurs en déplacement.
- Le témoin ne tombe pas au sol.
- Le receveur accélère nettement dès qu'il a reçu le témoin.

Justifications didactiques :

- Le receveur part en courant dès que le donneur passe au niveau du repère. Le repère extérieur visible par le receveur situé derrière lui permet un départ anticipé.

Cette situation est donnée en « valeur moyenne » ; il faudra ensuite que chaque binôme procède à des réglages du repère ; ils calculeront en « pieds » la distance entre le repère et la ligne de position du receveur, et l'inscriront dans le cahier d'EPS.

- Complexifications : en demandant au receveur de ne plus regarder derrière ; avec l'ajout d'une zone de transmission (*cf.* schéma).

Justifications pédagogiques :

- Peu de matériel nécessaire : plots, lattes antidérapantes, voire lignes existantes.
- L'autonomie « accompagnée » des binômes pour faire leur réglage est nécessaire.
- Les temps moteurs intenses sont bien alternés avec les temps de réflexion.

3 Enseigner les activités gymniques en EPS à l'école primaire[1]

AUTOÉVALUATION

❶ Dans les programmes des cycles 2 et 3, à quel champ d'apprentissage la gymnastique appartient-elle ?

☐ **a.** Produire une performance optimale, mesurable à une échéance donnée.
☐ **b.** Conduire et maîtriser un affrontement collectif ou interindividuel.
☐ **c.** Adapter ses déplacements à des environnements variés.
☐ **d.** S'exprimer devant les autres par une prestation artistique et/ou acrobatique.

❷ Selon quel(s) critère(s) les juges évaluent-ils un enchaînement en gymnastique ?

☐ **a.** La virtuosité et la difficulté.
☐ **b.** La difficulté, la composition et l'exécution.
☐ **c.** La prise de risque et l'artistique.
☐ **d.** La difficulté et l'exécution.

❸ Quelles variables didactiques peut-on utiliser pour diminuer la difficulté affective d'une situation de saut pour franchir un obstacle ?

☐ **a.** Diminuer la hauteur de l'obstacle et la distance entre la zone d'appel des pieds et celle de pose de mains et augmenter la hauteur des tapis de réception.
☐ **b.** Augmenter le nombre de rotations demandé.
☐ **c.** Augmenter la hauteur de l'obstacle et la distance entre la zone d'appel des pieds et celle de pose de mains.
☐ **d.** Supprimer la parade.

CORRIGÉS

❶ **d.** → *cf.* « Connaissances institutionnelles », p. 186
❷ **b.** → *cf.* « Connaissances didactiques sur l'APSA », pp. 180-181
❸ **a.** → *cf.* « Repères et outils didactiques », p. 203

1. Auteure du chapitre : Aurore Huchez.

CONSEILS

Il est important de comprendre que :

- pour faire entrer l'élève dans une activité authentique de gymnaste, il faut lui proposer des situations perturbant son équilibre et lui posant des problèmes de repérage dans l'espace (passages tête en bas, rotations, appuis manuels, déplacements sur supports étroits...).
- les perturbations de l'équilibre et les problèmes de repérage dans l'espace pendant la réalisation d'acrobaties rendent difficile pour l'élève l'exploitation de feed-backs intrinsèques (il est difficile pour lui de savoir ce qu'il a fait, dans quelle posture il était, s'il a réussi...). L'utilisation de critères de réussite simples et de feed-backs extrinsèques (fournis par l'enseignant, les camarades, des vidéos ou photos de l'élève en train d'agir) est donc particulièrement utile pour permettre à l'élève de savoir ce qu'il a fait.

COURS

1 Connaissances didactiques sur l'APSA

A. Logique interne

La gymnastique est une activité durant laquelle l'élève doit gérer des situations telles qu'il est amené à :

– se renverser (passer en appui sur les mains, le corps tendu, la tête en bas les pieds vers le plafond) ;

– sauter et se réceptionner, en franchissant ou non un obstacle ;

– tourner vers l'avant, vers l'arrière ou longitudinalement (autour de l'axe pieds-tête) ;

– se balancer en suspension (les épaules sous la barre) ou en appui (les épaules au-dessus de la barre) ;

– se déplacer en équilibre sur des supports étroits (bancs, chemins de poutre, poutres avec ou sans élargisseur...).

Ces différentes actions sont réalisées :

Dans un milieu physique défini : les agrès et le matériel éducatif (plinths, modules de mousse...). Tous les agrès sur lesquels les gymnastes pratiquent en compétition (saut, barres asymétriques, poutre et sol pour les gymnastes féminines ; sol, saut, cheval d'arçons, anneaux, barres parallèles, barre fixe pour les gymnastes masculins) peuvent être utilisés en EPS à l'école, à condition d'adapter leur hauteur à la taille et au niveau des élèves.

Le cheval d'arçons et les anneaux étant des agrès sur lesquels les gymnastes se déplacent essentiellement à la force des bras, il n'est pas concevable de demander à des élèves d'y réaliser des actions identiques à celles de gymnastes, même débutants. On peut néanmoins utiliser ces agrès de façon détournée, pour y réaliser des exercices qui ne seraient pas reconnus comme des éléments dans le cadre d'une compétition de gymnastique. Par exemple au cheval d'arçons, on peut demander à des élèves de cycle 3 de sauter sur un tremplin, poser les mains sur les arçons, arriver accroupi entre les arçons et enchaîner avec un saut groupé pour se réceptionner sur un tapis. On peut utiliser des anneaux réglables en hauteur pour les placer environ au niveau des épaules des élèves et leur demander de tourner vers l'avant ou vers l'arrière à partir d'un départ en suspension avec les pieds au sol.

Dans un milieu humain sans opposition interactive : la prestation est réalisée devant des spectateurs et des juges qui lui attribuent une note. Le but est d'avoir une meilleure note que les adversaires si la pratique est individuelle, ou d'avoir un meilleur total de points que les équipes adverses si la pratique est collective. En EPS, il peut être intéressant de proposer une pratique collective par équipe et de générer une interdépendance positive, plutôt qu'une pratique individuelle, pour amener les élèves à coopérer.

L'opposition n'est pas interactive (comme c'est le cas pour les courses en athlétisme et en natation, pour les sports de combat, les sports collectifs ou les sports de raquette), elle est différée. Il faut attendre que tous les gymnastes soient passés et aient obtenu leurs notes pour savoir qui a gagné la compétition.

Par conséquent, en gymnastique comme dans la plupart des activités acrobatiques, trois rôles constituent un aspect culturel incontournable de l'activité :

– celui de gymnaste ;
– celui d'entraîneur qui, selon l'étape de l'apprentissage à laquelle le gymnaste se situe, peut le manipuler (il porte le gymnaste et déclenche les actions de rotation, renversement… pour les lui faire comprendre), l'aider (il intervient par contact physique pour aider à réaliser l'action au moment le plus difficile de la réalisation de l'élément) ou le parer (il reste sur le côté, prêt à intervenir en cas de problème pour éviter une chute) ;
– celui de juge. L'auto-arbitrage n'est pas possible en gymnastique et en EPS, les élèves peuvent être amenés à s'auto-évaluer, grâce à des critères de réussite et au vidéo-*feedback*, et à confronter cette auto-évaluation au retour que leur fait un juge-élève.

En EPS, les dispositifs proposés par le professeur des écoles doivent donc à la fois permettre des apprentissages moteurs, mais aussi des apprentissages d'ordre méthodologique et social pour le gymnaste, l'aide/le pareur et le juge. Ces apprentissages sont à concevoir de façon interactive : plus le juge ou l'aide apprend, plus il aide le gymnaste à progresser ; ce que l'élève comprend quand il est lui-même juge peut l'aider à progresser en tant que gymnaste.

La définition que Goirand (*Didactique de la gymnastique et EPS*, éd. A.E.E.P.S, , 1990) donne de la gymnastique permet de comprendre la nature des prestations des gymnastes, ainsi que les critères selon lesquels les juges les évaluent. Il définit la gymnastique comme une **activité de production de formes** :

– **acrobatiques :** elles placent le corps en situation inhabituelle (de vol, de rotation, de renversement pour passer en appui manuel, de suspension) en remettant en cause son organisation pédestre et terrienne (dans la vie quotidienne, l'homme est la plupart du temps en appui sur les pieds, le tronc vertical) ;
– **esthétiques :** la production doit être maîtrisée (les chutes et déséquilibres sont pénalisés par les juges) ;
– **enchaînées :** en compétition, les gymnastes doivent enchaîner au moins sept éléments. Les ruptures de rythmes, pas intermédiaires, arrêts ou reprises d'élan entre éléments sont pénalisés par les juges ;
– **codifiées :** le règlement en gymnastique s'appelle le code. Le code classe les éléments en familles (par exemple pour l'agrès sol féminin : sauts gymniques, pirouettes gymniques, éléments avec appui des mains, salti avants et latéraux, salti arrières). Il hiérarchise les éléments du plus simple au plus complexe, des points étant distribués selon la complexité. Il établit également un barème de points à soustraire de la note selon les fautes d'exécution commises (chute, bras fléchis, jambes fléchies, rotation non terminée…). Il fixe des exigences de composition, c'est-à-

dire des types d'actions que le gymnaste doit inclure dans son enchaînement (par exemple en poutre : un pivot, une série acrobatique de deux éléments avec envol dont un salto...). La note finale est obtenue par l'addition des notes D et E. La **note D** sert à attribuer une valeur à l'enchaînement du gymnaste, indépendamment du fait que celui-ci le réalise correctement ou pas. La valeur de l'enchaînement dépend de la difficulté des éléments qui le composent (les éléments plus difficiles valent plus de points que les éléments faciles) et du nombre d'exigences de composition auxquelles l'enchaînement satisfait. Plus le gymnaste tente des éléments difficiles, plus sa note D est élevée. La **note E** sert à prendre en compte la qualité de l'exécution des éléments et la fluidité de l'enchaînement, indépendamment de la difficulté. Pour éviter que certains élèves prennent des risques inconsidérés sans se soucier de l'exécution correcte des éléments et que d'autres, inversement, restent centrés sur la qualité de l'exécution sans jamais prendre le risque de tenter des éléments plus difficiles, l'enseignant peut s'inspirer des principes du code et proposer à ses élèves une évaluation articulant les principes de difficulté et exécution ;

– **produites dans un environnement normé**, stable, représenté par les agrès.

B. Problèmes fondamentaux et enjeux de formation

Les ressources Éduscol (eduscol.education.fr) pour le cycle 3 définissent les enjeux de formation pour le 3e champ d'apprentissage des programmes d'EPS - Programmes des cycles 2 et 3 (*B.O.* n° 31 du 30 juillet 2020) - (« S'exprimer devant les autres par une prestation artistique ou acrobatique ») en termes de problèmes que rencontre l'élève dans ce champ. Goirand (1990) donne une définition plus spécifique des enjeux de formation pour l'élève en gymnastique. Le tableau suivant met en relation les problèmes fondamentaux du champ d'apprentissage 3 et les enjeux de formation de la gymnastique au sein de ce champ.

Problèmes fondamentaux du champ d'apprentissage 3 d'après les ressources Éduscol pour le cycle 2	Enjeux de formation en gymnastique d'après Paul Goirand (1990)
Accepter de présenter seul ou collectivement une prestation corporelle devant des spectateurs pour être vu et jugé.	**Assumer sa silhouette gymnique devant un groupe.** Il s'agit ici d'oser montrer ses prestations devant un nombre d'élèves de plus en plus important (un seul camarade choisi par l'élève, puis plusieurs, puis des camarades non choisis, puis toute la classe).
Au moyen d'un enchaînement gymnique ou d'une composition acrobatique, composer seul ou collectivement, avec l'aide de l'adulte.	**Savoir maîtriser la prise de risque.** Il s'agit ici de confronter l'élève à des situations où il ne prend aucun risque objectif de blessure, mais où il prend des risques subjectifs et stratégiques (tenter des éléments plus difficiles pour gagner plus de points de difficulté, en risquant de perdre des points d'exécution).

Enrichir son vocabulaire gestuel spontané ou les formes gymniques déjà acquises pour accéder à une motricité plus fine, plus esthétique, mettant l'élève en relation avec une nouvelle dimension du patrimoine culturel (le code).	- **Piloter son corps dans l'espace.** Pour réellement poser ce problème à l'élève, il faut lui proposer des situations exigeant : un passage tête en bas, de se repérer par rapport à la verticale, des rotations vers l'avant, vers l'arrière ou longitudinales ou encore de se situer sur l'agrès... - **Être initié à une activité de production de formes techniques.** Contrairement à d'autres activités sportives où le but de la tâche est spécifié (par exemple en handball, marquer plus de buts que l'adversaire) et où le pratiquant est libre de choisir la forme technique à produire pour réaliser ce but (tirer en appui, en suspension, faire une « roucoulette », un kung-fu), en gymnastique, le but même de l'activité est de produire des formes techniques. Cette activité de production de formes techniques nécessite que le pratiquant comprenne la logique de complexification des éléments du code. - **S'approprier le réel de façon esthétique.** Il s'agit ici de comprendre les critères de correction des formes techniques du code.
Alterner les rôles de gymnaste, spectateur, juge pour apprendre à assurer des rôles sociaux pour soi et pour les autres.	**Assumer sa silhouette gymnique devant un groupe.** Il s'agit ici d'accepter que sa prestation soit jugée selon des critères objectifs définis par le code.

Pour comprendre l'enjeu de formation des ressources Éduscol « au moyen d'un enchaînement gymnique ou d'une composition acrobatique, composer seul ou collectivement, avec l'aide de l'adulte », des précisions terminologiques sont nécessaires afin de différencier enchaînement et composition acrobatique.

Un **enchaînement**, c'est la réalisation successive de plusieurs éléments sur un agrès (environ 7 à 10 en compétition), sans temps d'arrêt ni pas intermédiaire ou reprise d'élan entre les éléments. Composer un enchaînement suppose de choisir les éléments (plus ou moins difficiles) dans différentes familles d'éléments, et de déterminer l'ordre dans lequel les éléments seront réalisés tout en répondant aux exigences de composition fixées par le code. Une fois composé, l'enchaînement doit être mémorisé. La composition et la mémorisation de l'enchaînement s'avèrent complexes pour un élève et l'enseignant peut envisager une progressivité des apprentissages relatifs à la composition au fil du cursus scolaire de l'élève (voir le paragraphe sur les variables didactiques).

Une **composition ou séquence acrobatique** (les deux locutions sont employées dans les ressources Éduscol) consiste à enchaîner un nombre restreint d'éléments acrobatiques (deux ou trois). Les éléments ne sont pas forcément réalisés au même agrès (par exemple en cycle 3 : partir en cochon pendu en barre asymétrique, avec une aide poser les mains au sol pour se renverser sur la verticale, poser successivement les pieds côte à côte au sol et enchaîner avec une roulade arrière sur un plan légèrement incliné – du cochon pendu ATR (appui tendu renversé) pied-pied, roulade arrière). Les éléments peuvent être réalisés au même agrès, mais en utilisant un aménagement matériel qui simplifie la réalisation (par exemple au sol : roulade avant sur plan incliné, saut extension demi-tour, roulade arrière sur plan incliné).

Pour répondre aux problèmes fondamentaux et enjeux de formation présentés ci-dessus, plusieurs objets d'enseignement peuvent être choisis : les renversements, les rotations transversales avec appui des mains, les rotations longitudinales avec ou sans appui, les balancés, les déplacements sur support étroit (bancs, poutres...), les sauts avec ou sans franchissement d'obstacles, la réalisation (avec ou sans composition) de mini-enchaînements (deux ou trois éléments liés directement à un agrès ou multi-agrès).

C. Ressources sollicitées

a. Les ressources biomécaniques

L'élève doit organiser sa posture pour créer et gérer des impulsions et rotations. Les impulsions peuvent être créées avec les jambes ou les bras. Dans le 1er degré, il s'agira surtout de faire créer des impulsions jambes aux élèves.

Pour créer une impulsion jambes sans élan, il faut réaliser une flexion-extension des jambes et projeter rapidement les mains vers le plafond, bras tendus pendant l'extension des jambes. Pour créer une impulsion jambes avec de l'élan (enchaînement course – impulsion), il faut donner une impulsion brève, avec les jambes les plus tendues possible, y compris lorsqu'on donne l'impulsion sur un tremplin ou un trampoline. Une prise d'avance des appuis à la pose des pieds est nécessaire pour quitter le sol/le tremplin/le trampoline avec le centre de gravité[2] pas trop en avant des pieds. On peut donner des repères aux élèves du type « réunir ses deux pieds loin devant soi », « rester debout à l'impulsion ».

La création des rotations transversales (vers l'avant ou vers l'arrière) ne peut se faire que lors du contact avec l'agrès (de telles rotations ne peuvent être créées en vol). Pour créer ces rotations, il faut se pencher légèrement vers l'avant ou l'arrière à l'impulsion pour faire en sorte que le centre de gravité soit en dehors de la direction de la force résultante de l'impulsion (globalement, la direction du segment jambes). C'est ce qu'on appelle une impulsion excentrée. Les rotations transversales peuvent être accélérées en adoptant une posture plus groupée (corps « en boule ») ou ralenties en « dégroupant », c'est-à-dire en passant d'une posture groupée à une posture plus tendue. Le même principe s'applique aux rotations longitudinales (autour de l'axe pieds-tête, par exemple saut extension demi-tour ou tour complet au sol) : on accélère la rotation en rapprochant ses bras de l'axe pieds-tête, et on la ralentit en les en éloignant. Ces rotations peuvent être créées en vol par un mouvement asymétrique des bras (on peut donner comme repère aux élèves « reculer l'épaule du côté où l'on veut tourner »).

> Ex. : **Problèmes de mobilisation des ressources mécaniques** pouvant expliquer des comportements typiques d'élèves :
>
> – Si le pré-appel (entre la pose du dernier appui de course et l'impulsion) est trop court sur une impulsion avec élan, il n'y a pas de prise d'avance des appuis à l'impulsion et la trajectoire de vol sera basse et longue.
>
> – Si l'élève donne son impulsion jambes fléchies après sa course d'élan, il se retrouve avec le centre de gravité en avant des appuis lorsqu'il quitte le sol, le tremplin ou le mini-trampoline et la trajectoire de vol sera basse et longue.

2. Point d'application de la résultante des forces de gravité ou de pesanteur exercées sur le corps.

– Si lors d'un saut sans course d'élan, l'élève ne projette pas les mains au plafond, bras tendus, en même temps qu'il pousse sur les jambes son saut manquera de hauteur.
– Si lors d'une rotation transversale (vers l'avant ou l'arrière) ou lors d'une rotation longitudinale (autour de l'axe pieds-tête) l'élève ne rapproche pas assez ses segments de son axe de rotation, sa rotation sera lente et insuffisante (par exemple, il fera un saut extension demi-tour au lieu d'un tour complet).

b. Les ressources énergétiques

En compétition, les enchaînements durant environ 1 à 1 minute et 30 secondes, la filière énergétique principalement sollicitée est la filière anaérobie lactique. À l'école, le travail se faisant souvent par ateliers et/ou sur des enchaînements beaucoup plus courts (d'une dizaine de secondes), la filière énergétique principalement sollicitée est la filière anaérobie alactique. La tonicité et le gainage sont sollicités pour permettre la transmission des forces lors des impulsions.

Ex. : **Problème de mobilisation des ressources énergétiques** pouvant expliquer des comportements typiques d'élèves : un manque de tonicité (dos creux) lors d'une impulsion entraîne une faible hauteur de saut et une posture non alignée pendant le vol.

c. Les ressources informationnelles

L'élève doit exploiter des informations visuelles sur le matériel ou sur lui-même, ainsi que des informations proprioceptives pour se repérer par rapport à la verticale lorsqu'il passe tête en bas dans les renversements, pour se situer dans les rotations et pour identifier si sa posture au cours d'un élément est conforme aux attentes du code/aux critères de réussite de la tâche. La position de la tête a une influence importante sur la posture et se trouve elle-même influencée par l'endroit où l'élève regarde. La direction du regard et la position de la tête de l'élève sont donc souvent un observable pertinent pour l'enseignant.

Ex. : **Exemples de problèmes de mobilisation des ressources informationnelles** pouvant expliquer des comportements typiques d'élèves :
– Dans des éléments demandant un alignement du corps, si l'élève a la tête en extension parce qu'il regarde en l'air à l'impulsion d'un saut extension, ou parce qu'il regarde l'espace situé devant ses mains en ATR ou en roue, il adopte une posture dos creux et ne peut réaliser l'alignement demandé.
– S'il place la tête en flexion (le menton collé à la poitrine) car il regarde son ventre lors d'éléments en renversement, il adopte une posture dos rond, ce qui l'empêche également de réaliser l'alignement demandé. Ce comportement entraîne souvent une flexion des bras voire une chute en roulade.
– Dans les éléments en rotation, en fin de roulade avant ou en début de roulade arrière, un réflexe de redressement suite à l'accélération perçue par l'oreille interne peut entraîner un décollement du menton de la poitrine et une ouverture

du corps (« dégroupé ») qui ralentit la rotation (l'élève ne termine pas sa roulade avant, par exemple, car il arrive assis) ou empêche son déclenchement.

- Lors des rotations vers l'arrière, l'élève peut tourner la tête sur le côté pour regarder derrière lui (il veut voir l'espace dans lequel il s'engage), ce qui entraîne une rotation désaxée (par exemple une roulade arrière en appui sur une seule épaule).
- Lors de rotations longitudinales, l'élève peut avoir du mal à se situer car il ne prend pas de repères visuels. Lui demander de tourner vite la tête, pour reprendre le plus tôt possible un repère visuel devant lui avant sa réception, pourra alors l'aider à mieux se situer.

d. Les ressources affectives

L'élève est amené à gérer les émotions provoquées par le regard et le jugement d'autrui et par la prise de risque (risque de chute, risque d'échouer devant les autres).

Ex. : **Problèmes de mobilisation des ressources affectives** pouvant expliquer des comportements typiques d'élèves :

- Une appréhension des envols provoquée par la perte de repères tactiles et/ou la présence d'un obstacle à franchir peut expliquer que l'élève se penche vers l'avant et fléchisse les jambes avant de réaliser un saut.
- Une appréhension du renversement et de la chute plat dos peut expliquer, en complément des problèmes informationnels évoqués plus haut, une posture dos creux, éventuellement accompagnée de l'avancée d'une main (c'est une façon de minimiser le renversement pour ne pas risquer de basculer plat dos) ou dos rond (c'est une façon d'anticiper la chute en partant en roulade avant).
- Une appréhension du déséquilibre arrière nécessaire pour créer une rotation arrière peut expliquer que l'élève regarde vers l'arrière avant de s'engager, ou qu'il pose les mains à côté des fesses pour limiter le déséquilibre arrière lors d'une roulade arrière.
- Certains élèves peuvent craindre le regard des autres sur leur corps ou sur leur prestation et refuser de passer devant les autres ou éviter de passer devant certains camarades. On peut proposer à ces élèves de montrer d'abord leurs prestations à un nombre restreint de camarades qu'ils ont choisis avant de leur demander de passer devant un groupe plus grand et des spectateurs non choisis.
- Certains élèves peuvent, indépendamment de leurs possibilités réelles, choisir les éléments ou l'enchaînement le(s) plus facile(s) pour être sûrs de réussir ou au contraire le(s) plus difficile(s) pour faire croire qu'un échec ne serait pas de leur faute, mas plutôt lié à la difficulté des éléments ou de l'enchaînement.

e. Les ressources cognitives

L'élève est amené à s'approprier les principes du code (difficulté, exécution voire composition), à comprendre et respecter les principes de sécurité pour s'engager selon ses possibilités réelles, à comprendre certains principes d'efficacité, à mémoriser un enchaînement et à se concentrer avant l'action.

Ex. : Problèmes de mobilisation des ressources cognitives pouvant expliquer des comportements typiques d'élèves :

- Les élèves peuvent avoir du mal à comprendre le compromis entre prise de risque (pour gagner des points en difficulté) et maîtrise du risque (pour gagner des points en exécution). Ils peuvent penser que celui qui tente les éléments les plus difficiles est le plus fort, indépendamment de la qualité de l'exécution.
- Ils peuvent rencontrer des problèmes de concentration en tant que juge ou gymnaste.
- Ils peuvent avoir des difficultés à mémoriser un enchaînement.
- Ils peuvent méconnaître leurs possibilités réelles et donc se surestimer ou se sous-estimer.

APPLICATION 1

Quels sont les enjeux de formation de la gymnastique ?

→ Corrigé p. 205

2 Connaissances institutionnelles

A. Attendus de fin de cycle fixés par les TO et compétences visées au C1

Au sein du domaine « Agir, s'exprimer, comprendre à travers l'activité physique » des programmes du cycle 1 (Programmes du cycle 1 - *B.O.* n° 25 du 24 juin 2021), la gymnastique permet de viser l'objectif « Adapter ses équilibres et ses déplacements à des environnements ou des contraintes variés ». L'option prise ici par les rédacteurs des programmes est différente de celle prise pour les cycles 2 et 3 où la gymnastique appartient au champ d'apprentissage « S'exprimer devant les autres par une prestation artistique et/ou acrobatique ».

En effet, en gymnastique au cycle 1, l'accent n'est pas mis sur la démonstration de sa compétence devant des juges ni sur la composition d'une prestation mais sur la gestion de son équilibre lors de parcours moteurs sur des supports variés en hauteur (plans inclinés, toboggans, pans d'escalade, échelles horizontales, poutres, pas japonais...), largeur (modules de motricité en mousse, bancs, poutres...) et stabilité (gros tapis, ponts de singe...). Ce travail sur l'équilibre permet de construire les prémices d'une motricité acrobatique.

De plus, l'enfant de cycle 1 prenant plaisir dans des situations de découverte mettant de plus en plus en jeu son autonomie motrice et n'ayant pas encore atteint l'étape d'acceptation de la règle dans son développement affectif, lui demander de composer un enchaînement en respectant un code sur un nombre restreint d'agrès serait moins approprié à son âge. Le tableau suivant présente pour le cycle 1 la compétence visée, ce qui est attendu de l'élève en fin de cycle 1, ainsi que des éléments de progressivité proposés dans les ressources Éduscol (fiches « Éléments de construction d'une séquence d'enseignement »). (→ voir sujet 1 d'entraînement, pp. 204 et suivantes)

	Très petite et petite section	Moyenne section	Grande section
Compétence visée	Réaliser, reproduire, inventer des actions inhabituelles, dans un espace aménagé, pour enchaîner des « acrobaties », montrer à d'autres ses trouvailles, ses propres « exploits ».		
Ce qui est attendu	Découvrir différents aménagements et différents engins, se déplacer en mettant en œuvre une motricité inhabituelle, y prendre plaisir et découvrir ses propres possibles.	Explorer des actions motrices variées de plus en plus maîtrisées dans des espaces ou avec des contraintes nécessitant des déséquilibres plus importants, affiner ses réponses.	Ajuster et enchaîner ses actions et ses déplacements en fonction d'obstacles à franchir. Se déplacer avec aisance dans des environnements variés [...] aménagés.
Éléments de progressivité	Exploration de différents espaces constitués de plans et d'obstacles de différentes hauteurs et inclinaisons.	Déplacements en coordonnant ses appuis sur des chemins plus complexes, avec des supports plus hauts. Recherche de différentes façons de franchir les obstacles.	Anticipation de ses itinéraires, de ses manières de faire. Recherche « d'exploits » à montrer aux autres.

B. Compétences générales travaillées en C2 et C3 en lien avec le socle commun

Le tableau suivant met en évidence les contributions possibles d'une unité d'apprentissage en gymnastique au socle commun de compétences de connaissances et de culture, en lien avec les cinq compétences générales en EPS des programmes des cycles 2 et 3.

Domaines du socle commun	Compétences générales en EPS	Mises en œuvre possibles en gymnastique
Les langages pour penser et communiquer	**CG1 :** Développer sa motricité et apprendre à s'exprimer en utilisant son corps	- Réaliser une prestation acrobatique organisée par un projet pour être lisible : présenter son projet sur des fiches cartonnées ou plastifiées (1 fiche = 1 élément, les choisir et les mettre dans l'ordre). - Se centrer sur ses sensations internes tout en s'informant sur l'environnement : travailler sur des contrastes relatifs aux paramètres du mouvement (vitesse, amplitude), varier les actions motrices.
Les outils pour apprendre	**CG2 :** S'approprier par la pratique physique et sportive les méthodes et outils	Apprendre en observant, en analysant : juger avec des pancartes (smileys), s'approprier le système de points, utiliser une évaluation « blanche » de son juge et/ou un film sur tablette pour ajuster son projet.

La formation de la personne et du citoyen	**CG3 :** Partager des règles, assumer des rôles et des responsabilités	- Coordonner ses actions à celles d'un partenaire : prestation en duo (faire les mêmes éléments en même temps), par équipes avec un élève joker par atelier désigné à l'avance dont la prestation ne compte pas dans le total de points de l'équipe ou au contraire avec un élève star par atelier dont les points comptent double (pas le droit d'être joker ou élève star plus d'une fois) - Assurer les différents rôles sociaux (juge, spectateur, aide/pareur, coach...).
Les systèmes naturels et les systèmes techniques	**CG4 :** Apprendre à entretenir sa santé par une activité physique régulière	S'engager dans l'action dans le respect de son intégrité physique, ajuster sa pratique à ses possibilités pour assurer sa sécurité : valoriser l'exécution par rapport à la difficulté dans le système de points, réussir trois passages de suite pour valider un niveau.
Les représentations du monde et l'activité humaine	**CG5 :** S'approprier une culture physique sportive et artistique	Accéder à un patrimoine culturel autre que celui dont on dispose : construire le code avec les élèves (déterminer le niveau de difficulté des éléments en fonction du pourcentage d'élèves de la classe qui réussissent à les réaliser, dégager les critères d'exécution à partir d'une comparaison des prestations de la plus à la moins esthétique), identifier des familles d'éléments dans des vidéos de gymnastes de haut niveau (cycle 3).

C. Attendus de fin de cycle et compétences visées au C2 selon les programmes

Le tableau suivant présente pour le cycle 2 les attendus de fin de cycle, les compétences qui peuvent être travaillées pendant le cycle, ainsi que des éléments de progressivité figurant dans les programmes.

Attendus de fin de cycle	- Mobiliser le pouvoir expressif du corps en reproduisant une séquence simple d'actions apprise. - Mémoriser des éléments et des enchaînements pour réaliser des actions individuelles et collectives.
Compétences travaillées pendant le cycle	- S'exposer aux autres. - Exploiter le pouvoir expressif du corps en transformant sa motricité et en construisant un répertoire d'actions nouvelles à visée esthétique. - S'engager en sécurité dans des situations acrobatiques en construisant de nouveaux pouvoirs moteurs.
Repères de progressivité	Actions de plus en plus tournées, renversées, aériennes, manuelles, coordonnées. Progressivement : actions « acrobatiques » mettant en jeu l'équilibre (recherche d'exploits) et pouvant revêtir un caractère esthétique.

D. Attendus de fin de cycle fixés par les TO et compétences visées au C3

Le tableau suivant présente pour le cycle 3 les attendus de fin de cycle, les compétences qui peuvent être travaillées pendant le cycle, ainsi que des éléments de progressivité figurant dans les programmes.

Attendus de fin de cycle	- Réaliser en petit groupe une séquence acrobatique destinée à être jugée. - Savoir filmer une prestation pour la revoir et la faire évoluer. - Respecter les prestations des autres et accepter de se produire devant les autres.
Compétences travaillées pendant le cycle	- Enrichir son répertoire d'actions. - S'engager dans des actions acrobatiques destinées à être présentées aux autres en maîtrisant les risques et ses émotions.
Repères de progressivité	Les activités acrobatiques peuvent être organisées sur chacune des trois années du cycle, en exploitant les ressources et les manifestations sportives locales.

APPLICATION 2

Quels sont les attendus de fin de cycle 2 en gymnastique ?

→ Corrigé p. 205

3 Repères et outils didactiques

Pour être en cohérence avec les attendus de fin de cycle des programmes des cycles 2 et 3 qui visent la réalisation d'une séquence d'actions acrobatiques, nos propositions didactiques comportent un travail d'enchaînement apparaissant le plus tôt possible dans l'unité d'apprentissage, et non un apprentissage isolé d'éléments qu'il faudrait enchaîner en fin d'unité d'apprentissage sans qu'il y ait de réels contenus d'enseignement sur l'enchaînement. Nous renvoyons à ce propos le lecteur aux travaux de Jacques Leguet (*Actions motrices en gymnastique sportive*, éd. Vigot, Paris, 1985).

Il est intéressant d'envisager, dans une séquence, l'élément suivant comme finalisant l'élément précédent. Par exemple en faisant comprendre à l'élève qu'une roulade avant ou arrière est réellement réussie si la réception se fait accroupi pour potentiellement enchaîner directement avec un saut ou un renversement. Par ailleurs, varier l'élément suivant à enchaîner suppose d'apprendre à maîtriser des paramètres du mouvement (par exemple, pour enchaîner roulade avant et roue ou roulade avant et planche, il faut jouer sur la vitesse : accélérer pour la roue, ralentir pour la planche).

Travailler sur l'enchaînement à travers la réalisation de séquences acrobatiques avec des élèves du 1er degré suppose de concevoir une certaine progressivité dans les contenus d'enseignement relatifs à l'enchaînement. En effet, il serait difficile pour un élève de cet âge de composer lui-même un enchaînement sans aucune aide. On peut donc introduire progressivement des espaces de liberté et de choix dans l'élaboration des séquences au fil d'une UA et au fil de la scolarité de l'élève en commençant par des séquences imposées de deux ou trois éléments, puis en proposant des séquences imposées avec choix multiples, puis en proposant la composition d'un enchaînement de cinq ou six éléments. L'ordre des familles d'éléments composant l'enchaînement peut dans un premier temps être imposé aux élèves (ce qui en facilite la mémorisation car toute la classe utilise le même ordre) en les laissant choisir parmi des éléments de différents niveaux de difficulté à l'intérieur de chaque famille.

Lorsque les séquences sont imposées, le système de score utilisé par les juges pour évaluer la prestation du gymnaste se fondera uniquement sur les critères de difficulté et d'exécution, et non sur le critère de composition. Pour éviter une prise de risque excessive de la part des élèves et pour leur faire comprendre qu'il ne s'agit pas uniquement de tenter des éléments difficiles mais qu'il faut également les réaliser correctement, l'enseignant peut proposer un système de score qui valorise davantage l'exécution correcte d'un enchaînement de difficulté moyenne que l'exécution médiocre d'un enchaînement complexe. C'est ce principe qui justifie les systèmes de scores que nous proposerons ci-dessous.

En fonction des caractéristiques de la classe, des ajustements sont possibles. On peut, dans le système de score, favoriser la difficulté pour inciter des élèves qui prennent spontanément trop peu de risques à tenter plus difficile, ou inversement favoriser l'exécution pour inciter des élèves « casse-cou » ne se souciant pas de bien faire à se centrer davantage sur la correction de l'exécution.

A. Développement de l'enfant et activités gymniques

Choisir d'enseigner la gymnastique contribue au **développement moteur** de l'enfant en lui fournissant des occasions de mettre en jeu et de développer son équilibre sur des supports plus ou moins étroits/stables, et en le confrontant à des situations supposant de se repérer dans l'espace lors de la réalisation d'acrobaties. Cette APSA contribue au développement musculaire du train supérieur lors des passages en appui sur les mains, du gainage et de la tonicité au niveau des ceintures scapulaire (épaules) et pelvienne (bassin), à l'amélioration des capacités de dissociation et à la construction de postures variées. L'âge de 7 ans semble être un âge charnière dans l'évolution des stratégies d'équilibre sur support étroit, qui évoluent de façon non linéaire (Assaiante & Amblard, 1993, 1995 ; Assaiante, 2011). Une difficulté passagère des élèves en poutre est donc à anticiper en GS/CP (tendance à raidir l'ensemble tête-tronc vers 6 ans, puis libération de l'articulation du cou pour stabiliser la tête et la scène visuelle pendant le déplacement vers 7 ans). Par la suite, entre 7 et 10 ans, la stabilité posturale augmente de façon linéaire, puis se stabilise entre 10 et 11 ans pour diminuer au moment de l'adolescence et augmenter à nouveau à l'atteinte de l'âge adulte. Pour contribuer au développement moteur de leurs élèves, les enseignants ont intérêt à choisir et à différencier les situations qu'ils proposent pour confronter chaque élève à des contraintes de déséquilibre et/ou de repérage dans des rotations, et d'adoption de postures successives, en jouant sur les variables didactiques propres à l'APSA. Ils peuvent également favoriser l'enchaînement direct de deux ou trois actions ou éléments « en série ». Les équilibres sur un pied, les sauts à un pied et deux pieds en MS peuvent évoluer vers des sauts combinés en GS. En CP, la coordination différentielle bras-jambes permet de proposer des éléments mettant en jeu de plus en plus de dissociations. L'amélioration de l'équilibre en CE1 incite à favoriser le travail sur poutre. En cycle 3, l'amélioration du rapport poids-puissance, notamment chez les filles, permet particulièrement des progrès aux barres, agrès où il faut supporter son poids de corps avec les bras.

Choisir d'enseigner la gymnastique contribue au **développement affectif** de l'enfant en lui permettant de s'éprouver dans un milieu inhabituel, en le confrontant à des compromis entre envie de prendre des risques et peur de ne pas maîtriser ces risques, et en le confrontant au regard des autres et à des normes objectives de jugement. L'activité sollicite particulièrement la maîtrise des risques subjectifs, ressentis… Les émotions positives, que l'enseignant peut maîtriser par des situations à choix multiples par exemple, sont favorables au développement de l'enfant en général. En TPS et PS, des routines de fonctionnement sur les parcours peuvent être privilégiées. En MS, l'élève devenant plus empathique vis-à-vis de ses camarades, l'enseignant peut proposer des échanges verbaux sur les ressentis et les émotions que génère la pratique des situations gymniques. Les élèves de GS jouant à faire semblant peuvent commencer à être investis dans le rôle de juge, avec des pancartes, codes couleur ou smileys pour attester de l'atteinte ou non des critères de réussite. En cycle 2, pour répondre au besoin de comparaison aux autres qui émerge chez les élèves, un travail sur le code peut être mené, notamment en hiérarchisant la difficulté des éléments selon des critères simples. En cycle 3, la vie en groupe devenant plus importante, des pratiques par équipes peuvent être proposées, et l'utilisation des critères de réussite du code peut répondre à l'importance grandissante que prend la notion de justice aux yeux des élèves.

Choisir d'enseigner la gymnastique contribue au **développement intellectuel** de l'enfant en les amenant à comparer les formes corporelles produites à celles à produire, et à anticiper leurs actions pour enchaîner directement des actions ou des éléments. Les enseignants peuvent inviter les élèves de TPS/PS à tester différentes façons de faire sur les dispositifs matériels, utilisés comme inducteurs, car les élèves sont « dans le faire », et à leur faire imiter les déplacements d'animaux (par exemple l'éléphant, en quadrupédie jambes tendues). En GS, le développement d'un vocabulaire de plus en plus précis peut permettre d'inciter les élèves à nommer le matériel et les éléments avec le vocabulaire juste. « Agir, s'exprimer, comprendre à travers l'activité physique » : c'est ainsi qu'est nommée la discipline en maternelle. Les activités gymniques sont particulièrement adaptées à ces compréhensions, qui passent par l'action et l'utilisation par les élèves d'un lexique en parallèle (verbes d'action, matériel, espace, temps, etc., suivant un choix précis bien entendu à déterminer dans une progression liée au langage).

En cycle 2, le raisonnement logique peut être développé en amenant les élèves à comparer les résultats de leurs actions en fonction de différentes manières d'agir (différentes postures, différents positionnements des segments…). En cycle 3, les capacités d'abstraction peuvent être développées à travers une réflexion sur la concordance entre position finale du premier élément et posture de départ de l'élément suivant lors d'un enchaînement direct d'éléments, en série.

Choisir d'enseigner la gymnastique contribue au **développement social** de l'enfant en l'amenant à pratiquer au sein d'un groupe et à soumettre ses prestations au regard d'un groupe. L'égocentrisme des TPS/PS/MS amène à éviter les longues attentes et à répartir les enfants sur les parcours moteurs pour optimiser le temps de pratique effective. En GS, les élèves peuvent ne pas accepter la défaite, ce qui incite à les centrer en gymnastique sur une comparaison auto-référencée en répertoriant des progrès grâce à des traces de leurs activités. En cycle 2, la coopération qui devient possible avec les pairs permet un début de pratique par équipes et un début de travail du jugement à partir de critères simples. En cycle 3, l'importance du groupe étant grandissante, le travail en équipes stables, totalement ou en partie affinitaires, peut être proposé (par exemple en réunissant deux binômes affinitaires en leur sein, n'ayant pas d'affinité entre eux).

B. Sécurité en activités gymniques

L'utilisation du train supérieur comme train porteur, les pilotages incertains de son action par perte des repères informationnels habituels pour l'élève, et les émotions fortes qui peuvent entraîner des postures de refus sont différentes sources possibles d'accident. Pour assurer la sécurité des élèves, l'enseignant doit réduire le **risque objectif**, tout en proposant à l'élève des situations où il perçoit un **risque subjectif** et s'éprouve. L'enseignant peut proposer des situations correspondant au niveau de **risque préférentiel** de chaque élève (Delignières, 1993), en veillant à ce que celles-ci correspondent à ses capacités. Pour assurer la **sécurité passive**, l'enseignant doit mettre en œuvre des dispositifs adaptés à la taille des élèves, vérifier le matériel et s'assurer que la disposition des tapis de réception prend en compte une éventuelle défaillance de l'élève lors de ses réceptions ou lors d'une trajectoire mal maîtrisée. Pour assurer la **sécurité active**, l'enseignant peut se placer en parade sur l'atelier le plus risqué. Le but de la parade est d'éviter l'accident, en ayant une attitude de « guetteur », en étant prêt à intervenir immédiatement si nécessaire, en connaissant les sources potentielles du danger (un élève qui lâcherait la barre, manquerait de rotation ou de vitesse...), et en repérant les signes précurseurs d'une mise en danger (un élève qui tiendrait la barre au bout des doigts, qui aurait la tête qui se redresse, qui serait déséquilibré...).

Les contenus d'enseignement eux-mêmes, surtout ceux de nature motrice, sont également un gage de sécurité active. Apprendre à l'élève à rentrer la tête, à coller le menton à la poitrine en regardant son ventre en roulade avant pour poser la nuque en premier lui permet, par exemple, de réaliser cet élément en sécurité, sans créer de torsion vers la droite ou vers la gauche au niveau du cou, comme c'est le cas lorsque le sommet du crâne est posé en premier au sol. Lui apprendre à chuter en boule vers l'arrière sans poser les mains derrière le bassin lui permet d'éviter une hyperextension des coudes, qui peut être source de lésions, voire de fractures. Enfin, lui apprendre à poser les mains avec les doigts orientés vers l'avant et légèrement vers l'extérieur lors des quadrupédies peut éviter plus tard les écroulements dus à une flexion des bras souvent constatée lors des renversements si les mains sont posées avec les doigts orientés vers l'intérieur. L'apprentissage de postures et d'actions-clés a donc une fonction sécuritaire.

C. Exemple d'unité d'apprentissage en cycle 2 (CE2)

Le tableau suivant présente les compétences visées dans l'unité d'apprentissage en lien avec les attendus de fin de cycle des programmes. Nous avons fait le choix de considérer que l'unité d'apprentissage en gymnastique servirait prioritairement à travailler la compétence générale 4 des programmes, mais d'autres compétences générales pourraient être visées en fonction des caractéristiques de la classe et des choix de l'enseignant.

Compétence visée dans l'APSA sur l'UA	S'engager en sécurité dans des situations acrobatiques en construisant de nouveaux pouvoirs moteurs.	
Compétence générale prioritaire	Apprendre à entretenir sa santé par une activité physique régulière (ajuster sa pratique à ses possibilités pour assurer sa sécurité).	
Attendus de fin de cycle	Mobiliser le pouvoir expressif du corps en reproduisant une séquence simple d'actions apprise.	Mémoriser des éléments et des enchaînements pour réaliser des actions individuelles.
Compétences à construire	Accepter de reproduire devant les autres une séquence composée de rotations et/ou sauts et/ou renversements.	Retenir une séquence de deux éléments et être capable de nommer les éléments qui composent la séquence. Mémoriser des éléments sollicitant les actions de tourner, voler, se renverser pour les réaliser en milieu aménagé.

D. Situation repère proposée en fin de séquence

Au sol, chaque élève doit réaliser une séquence de deux éléments (tourner et voler pour les niveaux facile et moyen, tourner et se renverser pour le niveau difficile) et passer sur deux ateliers où il réalise des éléments de saut et de renversement de façon isolée (les éléments ne sont pas enchaînés).

Pour attester qu'il a bien choisi une séquence d'un niveau de difficulté adapté à ses possibilités pour assurer sa sécurité, l'élève doit réussir la séquence trois fois de suite (un temps de récupération de quelques secondes à deux minutes peut être envisagé entre les trois passages). (→ voir sujet 2 d'entraînement, pp. 204 et suivantes)

Niveau de difficulté	Séquence de deux éléments enchaînés
Facile	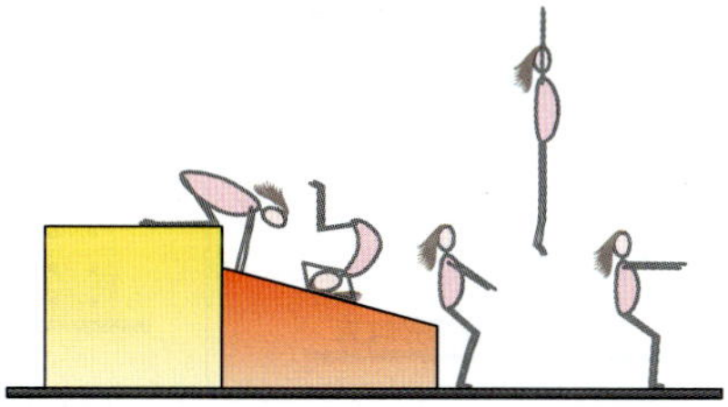 Départ à genoux surélevé, roulade avant saut extension.

Moyen	 Départ accroupi, roulade avant saut demi-tour.
Difficile	 Départ accroupi, roulade avant pieds décalés, ruade. Ruade : il s'agit d'une simplification de l'ATR où on laisse à l'élève la possibilité d'avancer les mains pour se rééquilibrer et où on ne lui demande pas de réunir les jambes.

Niveau de difficulté	**Objet d'enseignement : saut**	**Objet d'enseignement : renversement**
Facile	 Saut extension.	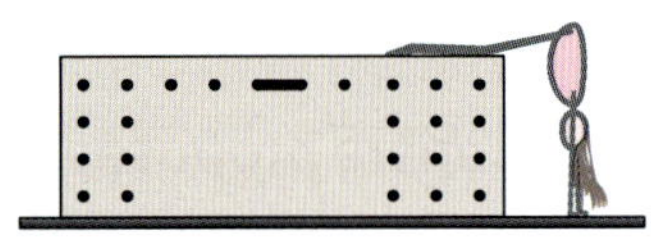 Renversement en appui sur les genoux
Moyen	 Saut groupé.	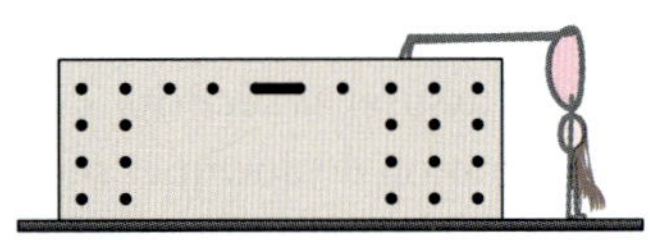 Renversement en appui sur les pieds.
Difficile	 Saut demi-tour.	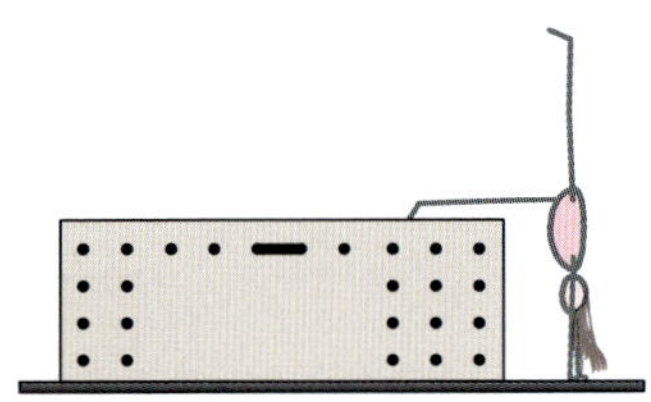 Renversement en appui sur un pied.

a. Déroulement de l'unité d'apprentissage

– Présentation des séquences et niveaux.

– Travail de familiarisation sur les ateliers correspondant aux niveaux 1 et 2.

– Introduction des critères de réussite et du rôle de juge (les juges peuvent avoir des pancartes avec un smiley vert ou rouge correspondant au critère de réussite atteint ou pas et calculer la note *a posteriori* avec l'enseignant en lien avec le travail en classe).

– Choix des niveaux de difficulté sur les ateliers. Il faut réussir trois fois de suite pour valider le niveau et pouvoir tenter le niveau supérieur.

– Introduction de la séquence.

– Introduction du niveau 3 pour les élèves les plus en réussite.

– Choix d'un niveau pour la séquence et ajustement du niveau choisi sur les ateliers en fonction du retour des juges.

– Entraînement aux trois passages consécutifs sur la séquence. Ajustement éventuel du niveau choisi.

b. Système de score et critères de réussite validés par les juges (10 points maximum pour la séquence et 10 points pour les deux ateliers)

<table>
<tr><th colspan="2">Séquence de deux éléments au sol</th><th colspan="4">Points de bonus en exécution</th><th rowspan="3">Écart entre le meilleur et le moins bon des trois passages successifs</th></tr>
<tr><th colspan="2" rowspan="2">Valeur de la séquence (difficulté)</th><th colspan="4">Objets d'enseignement</th></tr>
<tr><th colspan="2">Rotation vers l'avant avec appui des mains</th><th>Liaison</th><th>Saut (facile et moyen)/ renversement (difficile)</th></tr>
<tr><td>Facile</td><td>1 point</td><td rowspan="3">+ 1 point si roulade dans l'axe (couloir tracé au sol)</td><td rowspan="3">+ 1 point si la roulade arrive accroupi sans pose des mains à côté des fesses</td><td rowspan="2">+ 1 point si pas d'arrêt ni pas intermédiaire</td><td>+ 1 point si corps tendu pendant le vol et réception stable</td><td rowspan="3">+ 0 point si 4 points d'écart
+ 1 point si 3 points d'écart
+ 2 points si 2 points d'écart
+ 3 points si jusqu'à 1 point d'écart</td></tr>
<tr><td>Moyen</td><td>2 points</td><td>+ 1 point si rotation terminée et réception stable</td></tr>
<tr><td>Difficile</td><td>3 points</td><td>+ 1 point si la roulade arrive un pied devant l'autre pour faire directement la ruade sans pas supplé-mentaire</td><td>+ 1 point si bras tendus et retour sur les pieds</td></tr>
</table>

<table>
<tr><th colspan="2">Ateliers (deux éléments au sol)</th><th colspan="4">Points de bonus en exécution</th></tr>
<tr><th colspan="2" rowspan="2">Valeur de l'atelier (difficulté)</th><th colspan="4">Objets d'enseignement</th></tr>
<tr><th colspan="2">Saut</th><th colspan="2">Renversement</th></tr>
<tr><td>Facile</td><td>1 point</td><td>+ 1 point si corps droit en l'air</td><td rowspan="3">+ 1 point si réception stable</td><td rowspan="2">+ 1 point si bras et tronc alignés</td><td rowspan="3">+ 1 point si tenu 3 secondes</td></tr>
<tr><td>Moyen</td><td>2 points</td><td>+ 1 point si genoux au niveau du bassin sur le groupé</td></tr>
<tr><td>Difficile</td><td>3 points</td><td>+ 1 point si corps tendu en l'air et rotation terminée</td><td>+ 1 point si bras, tronc et jambes alignés</td></tr>
</table>

c. Variables didactiques et repères de progressivité

Objet d'enseignement	Variables didactiques et repères de progressivité
Rotation vers l'avant avec appui des mains	- Roulade avant : départ surélevé à genoux, départ accroupi à même hauteur que le triangle, roulade au sol. - Avec/sans réception en contrebas pour faciliter le retour accroupi.
Saut	- Départ en contre haut/à même hauteur. - Complexification de la posture en vol (saut groupé, écart...). - Sans puis avec liaison course-saut.
Renversement	- Nombre de segments à aligner. - Nombre et surface des appuis (toutes les jambes, les tibias, les pieds...).
Régularité de l'exécution	Réussir deux fois de suite puis trois fois de suite la séquence.
Juger	- Juger un puis plusieurs critères de réussite par élément. - Utiliser les smileys puis compter les points.

E. Exemple d'unité d'apprentissage en cycle 3

Le tableau suivant présente les compétences visées dans l'unité d'apprentissage en lien avec les attendus de fin de cycle. Nous avons fait le choix de considérer que l'unité d'apprentissage en gymnastique servirait prioritairement à travailler les compétences générales 2 et 3 des programmes, mais d'autres compétences générales pourraient être visées en fonction des caractéristiques de la classe et des choix de l'enseignant.

Compétence visée dans l'APSA sur l'UA	Accepter de produire devant les autres de façon individuelle ou collective une composition de formes codifiées, organisée dans le temps et l'espace.
Compétences générales prioritaires	- S'approprier par la pratique physique et sportive les méthodes et outils. - Partager des règles, assumer des rôles et des responsabilités.

Attendus de fin de cycle	Réaliser en petit groupe une séquence acrobatique destinée à être jugée.	Savoir filmer une prestation pour la revoir et la faire évoluer.	Respecter les prestations des autres et accepter de se produire devant les autres.
Compétences à construire	- Exploiter ou enrichir sa motricité codifiée, collectivement ou individuellement pour reproduire des formes corporelles. - Élaborer une prestation acrobatique organisée par un code en maîtrisant les risques pris.	Analyser et apprécier dans un but d'enrichissement, de structuration, d'optimisation.	Communiquer, interagir, oser produire, oser dire.

a. Situation repère proposée en fin de séquence

Les élèves sont répartis en équipes de quatre, homogènes entre elles et hétérogènes en leur sein. Pour constituer les équipes, l'enseignant peut tenir compte de l'atteinte des critères de réussite par les élèves. Ils doivent avoir le meilleur score par équipe sur quatre agrès. Sur chaque agrès, chaque élève doit présenter une séquence choisie parmi trois séquences composées par l'enseignant (niveau facile, moyen ou difficile). Les élèves doivent déterminer à l'avance un « élève star » par séquence dont les points comptent double. Chaque élève ne peut être élève star qu'une seule fois. Cette situation incite les élèves de l'équipe à coopérer car leur score est collectif, à s'investir dans le rôle de juge pour pouvoir faire des évaluations « blanches » qui aideront l'équipe à élaborer sa stratégie (choisir le niveau sur lequel chaque élève passe, choisir qui est « élève star » sur quelle séquence) et à composer en fonction des niveaux de chacun dans l'équipe.

Agrès : sol		**Objets d'enseignement**		
		Renversement	**Saut**	**Rotation**
Niveaux de difficulté	Facile	 Cochon pendu, ATR pied-pied, saut demi-tour, roulade avant. Pied-pied : au lieu de revenir en fente de l'ATR, il faut revenir les pieds côte à côte, en les ayant posés l'un après l'autre.		

Niveaux de difficulté	Moyen	 ATR contre un mur, pied-pied, saut demi-tour, roulade avant.
	Difficile	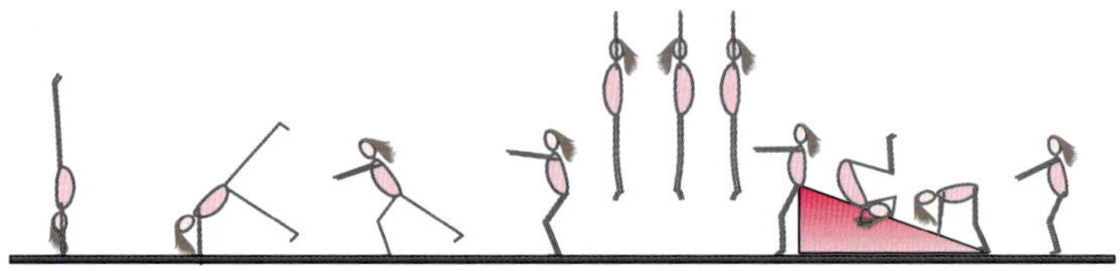 ATR départ en fente, pied-pied, saut tour complet, roulade arrière.

<table>
<tr><th colspan="2" rowspan="2">Agrès : saut de cheval (plinth en mousse ou gros tapis superposés, environ à hauteur de bassin de l'élève quand il est debout sur le mini-trampoline)</th><th colspan="3">Objets d'enseignement</th></tr>
<tr><th>Liaison course-impulsion</th><th>Sauter pour franchir (bond de lapin)</th><th>Sauter et se réceptionner en contrebas</th></tr>
<tr><td rowspan="3">Niveaux de difficulté</td><td>Facile</td><td colspan="3">
Course d'élan, bond de lapin à genoux, saut groupé.</td></tr>
<tr><td>Moyen</td><td colspan="3">
Course d'élan, bond de lapin accroupi poser les pieds entre les mains, saut demi-tour.</td></tr>
<tr><td>Difficile</td><td colspan="3">
Course d'élan, bond de lapin accroupi poser les pieds devant les mains, saut tour complet.</td></tr>
</table>

Agrès : barres parallèles (2 x 2 plinths en mousse ou caisses en bois espacé(e) s d'une largeur d'épaules environ)		Objets d'enseignement	
		Se balancer en appui	**Sortie avant ou arrière**
Niveaux de difficulté	Facile	 Enchaîner les balancés en posant les pieds au sol.	
	Moyen	 Deux balancés avec les genoux à hauteur des caisses et sortie arrière.	
	Difficile	 Deux balancés pour poser les pieds sur les caisses puis deux balancés et sortie arrière demi-tour.	

<table>
<tr><th colspan="2" rowspan="2">Agrès : Poutre</th><th colspan="3">Objets d'enseignement</th></tr>
<tr><th>Entrée</th><th>Passage proche de la poutre</th><th>Sortie</th></tr>
<tr><td rowspan="3">Niveaux de difficulté</td><td>Facile</td><td colspan="3">
Entrée sur un pied, s'asseoir, sortie saut extension</td></tr>
<tr><td>Moyen</td><td colspan="3">
Entrée saut sur deux pieds, plat ventre, sortie saut groupé.</td></tr>
<tr><td>Difficile</td><td colspan="3">
Entrée debout sur tremplin, monter à l'appui, passer une jambe, équilibre fessier, sortie saut demi-tour.</td></tr>
</table>

Sur chaque agrès, les deux ou trois éléments sont à enchaîner directement (séquence acrobatique).

b. Déroulement de l'unité d'apprentissage :

- Présentation des séquences aux élèves sur chaque agrès (trois niveaux différents par agrès : facile, moyen et difficile).
- Travail de familiarisation sur les ateliers de niveaux 1 et 2 (sans enchaînement des éléments en séquence pour commencer), par groupes de quatre élèves de niveaux hétérogènes au sein de l'équipe (un élève en difficulté, deux moyens, un fort). Les équipes sont stables au cours de l'unité d'apprentissage.

– Introduction des critères de réussite, du rôle de juge et du niveau 3. Travail en binôme : un gymnaste et un juge qu'il a choisi dans son équipe.

– Introduction de l'outil vidéo, utilisé par le coach. La vidéo peut être visionnée par le juge s'il n'est pas sûr de lui.

– Introduction du travail des éléments en séquence. Enchaîner d'abord les éléments deux à deux, puis les trois éléments.

– Introduction pour les juges des critères de réussite spécifiques à l'enchaînement. Passage devant deux juges choisis dans son équipe, un coach vidéo.

– Introduction de fiches de score par équipe. Sur plusieurs séances, calcul du score selon que tel ou tel élève est élève star sur tel atelier pour pouvoir déterminer la stratégie d'équipe. Jugement par une autre équipe et coach vidéo.

– Mise en place de la situation de référence en fin d'unité d'apprentissage sur deux séances (deux agrès par séance). Laisser au moins deux passages aux élèves sur chaque séquence, en tenant compte du meilleur des deux pour laisser le droit à l'erreur.

c. Système de score et critères de réussite validés par les juges (10 points maximum par agrès)

Agrès : sol		**Points de bonus en exécution**			
Valeur de la séquence (difficulté)		**Renversement**	**Saut**	**Rotation**	**Critères de réussite sur la liaison entre éléments**
Facile	2 points	+ 1 point si alignement bras-tronc-cuisses	+ 1 point si rotation terminée et corps tendu en l'air	+ 1 point si dans l'axe (couloir tracé au sol) et arrivée stable accroupi	+ 1 point si pas d'appui supplémentaire ou de pas intermédiaire
Moyen	4 points	+ 1 point si alignement bras-tronc-jambes sur la verticale			
Difficile	6 points			+ 1 point si dans l'axe (couloir tracé au sol) et arrivée directement sur les pieds	

Agrès : saut		**Points de bonus en exécution**		
Valeur de la séquence (difficulté)		**Sauter pour franchir (bond de lapin)**	**Sauter pour franchir (bond de lapin)**	**Sauter et se réceptionner en contrebas**
Facile	2 points	+ 0 point si pose de mains dans la zone 1	+ 1 point si rotation terminée et corps tendu en l'air	+ 1 point si réception stable
Moyen	4 points	+ 1 point si pose de mains dans la zone 2		
Difficile	6 points	+ 2 points si pose de mains dans la zone 3		

Agrès : barres parallèles		**Points de bonus en exécution**			
Valeur de la séquence (difficulté)		**Se balancer en appui**	**Se balancer en appui**	**Sortie avant ou arrière**	**Critères de réussite sur la liaison entre éléments**
Facile	2 points	+ 1 point si bras tendus et bras-tronc-cuisses alignés	+ 1 point s'il arrive à traverser en deux balancés (deux poses de mains)	+ 1 point si réception stable	+ 1 point si pas de déséquilibre nécessitant un appui supplémentaire des mains ni chute
Moyen	4 points		+ 1 point s'il monte les genoux à hauteur des caisses		
Difficile	6 points		+ 1 point s'il reste aligné avant de poser les pieds		

Agrès : poutre		**Points de bonus en exécution**			
Valeur de la séquence (difficulté)		**Entrée**	**Passage proche de la poutre**	**Sortie**	**Critère de réussite sur la liaison entre éléments**
Facile	2 points	+ 1 point si pas de chute	+ 1 point si pas de chute	+ 1 point si corps tendu en l'air et réception stable	+ 1 point si liaison fluide (vitesse, pas d'hésitation...)
Moyen	4 points			+ 1 point si genoux à hauteur du bassin pendant le groupé et réception stable	
Difficile	6 points			+ 1 point si rotation terminée, corps tendu en l'air et réception stable	

d. Variables didactiques et repères de progressivité

Agrès	Objet d'enseignement	Variables didactiques et repères de progressivité
Sol	Renversement	- Nombre de segments à aligner (bras-tronc, bras-tronc une jambe, bras-tronc-jambes). - Avec/sans aide du matériel pour se placer sur la verticale. - Avec/sans repère tactile permettant de se situer par rapport à la verticale.
	Rotations longitudinales	Quantité de rotation (demi-tour, tour complet...).
	Rotations transversales avec appui des mains (→ voir sujet 2 d'entraînement, pp. 204 et suivantes)	- Roulade avant : départ surélevé à genoux, départ accroupi à même hauteur que le triangle, roulade au sol. - Roulade arrière : départ pieds au sol assis sur le triangle, départ accroupi à même hauteur que le triangle.
Saut	Liaison course impulsion	Caisses devant le mini-trampoline, tremplin devant le mini-trampoline (1 appui autorisé sur le tremplin), trampoline, tremplin
	Sauter pour franchir	Hauteur de la pose de mains (de 80 cm à 110 cm), avec puis sans pose des pieds.
Barres	Se balancer	Amplitude des balancés, nombre de balancés (1, 2, 3).
Poutre	Composer un enchaînement	Sauter sur la poutre, saut tour complet en sortie, nombre d'éléments.
Tous	Se montrer	Juge choisi puis non choisi, nombre de spectateurs de plus en plus élevé.
Tous	Composer un enchaînement	Espace de liberté de plus en plus large (imposé, imposé avec options, ordre des familles imposé puis libre).
Tous	Juger	Un juge par élément puis plusieurs éléments pour un juge. Juger des éléments séparés puis juger les critères de liaison sur la séquence.

Il est également possible de varier le nombre d'agrès, de proposer à la fois des ateliers pour travailler des éléments de façon isolée et des séquences, de proposer quatre séquences au sol au lieu de quatre agrès différents. L'essentiel est que chaque élève puisse être « élève star » une fois.

APPLICATION 3

Quelles variables didactiques peut-on utiliser face à un élève qui n'arrive pas à déclencher une roulade avant ?

→ Corrigé p. 205

ENTRAINEMENTS

SUJET 1

En classe de moyenne section de maternelle, lors des premières séances d'activité physique, vous avez mis en œuvre pour vos élèves des parcours de motricité sollicitant des déplacements. Vous souhaitez maintenant faire évoluer les réponses motrices des élèves qui éprouvent des difficultés à utiliser le train supérieur comme porteur et locomoteur. Décrivez une progression pour développer les habiletés motrices suivantes : rouler, se balancer, se renverser.

→ Corrigé p. 205

SUJET 2

Lors d'une unité d'apprentissage en gymnastique, vous constatez que vos élèves de CE2 éprouvent des difficultés à se relever d'une roulade avant pour enchaîner avec un saut. Présentez et justifiez deux situations d'apprentissage qui leur permettront de progresser.

→ Corrigé p. 209

CORRIGÉS

APPLICATIONS

APPLICATION 1

D'après Goirand (1990), les enjeux de formation de la gymnastique sont :
- assumer sa silhouette gymnique devant un groupe ;
- savoir maîtriser la prise de risque ;
- être initié à une activité de production de formes techniques ;
- piloter son corps dans l'espace ;
- s'approprier le réel de façon esthétique.

APPLICATION 2

Les attendus de fin de cycle 2 en gymnastique sont « Mobiliser le pouvoir expressif du corps en reproduisant une séquence simple d'actions apprise » et « Mémoriser des éléments et des enchaînements pour réaliser des actions individuelles et collectives ».

APPLICATION 3

On peut surélever le départ en plaçant l'élève à genoux sur un cube de mousse plus haut que la pose de mains (20 à 30 cm) et utiliser un plan incliné (triangle en mousse ou tremplin recouvert d'un tapis) pour faciliter le déséquilibre avant.

ENTRAINEMENTS

SUJET 1

- **Comment aborder le sujet ?**

Les élèves de moyenne section ont réalisé lors des premières séances des parcours de motricité sollicitant des déplacements mettant en jeu une motricité inhabituelle (remise en cause de l'équilibre vertical par des déplacements en quadrupédie sur des bancs, poutres basses, chaises, plans inclinés ; perte des repères visuels habituels en se mettant tête en bas). Maintenant, il s'agit de faire évoluer leurs réponses motrices pour les amener à rouler, se balancer et se renverser. Ces actions vont valoriser une motricité de moins en moins pédestre et de plus en plus manuelle et nécessiter un repérage de plus en plus fin par rapport à la verticale et par rapport à la verticale renversée.

- **Réponse au sujet**

Les activités gymniques relèvent du deuxième objectif des programmes de 2020 : « Adapter ses équilibres et ses déplacements à des environnements ou des contraintes variés ». À l'école maternelle, elles s'organisent principalement sous la forme de parcours (succession d'actions réalisées par tous les élèves sur un aménagement matériel) et d'ateliers (espaces sur lesquels chaque groupe d'élèves reste pour une durée définie). Les ressources Éduscol précisent qu'en moyenne section, les élèves doivent être amenés à se déplacer en coordonnant leurs appuis sur des chemins de plus en plus complexes avec des supports plus hauts.

Différentes hypothèses peuvent être avancées pour expliquer les difficultés des élèves à utiliser leur train supérieur comme porteur et locomoteur.

- Le comportement observable sur les aménagements où les élèves doivent rouler se caractérise par une roulade vers l'avant en appui sur une seule main. L'élève pose l'autre main à l'envers (le dos de la main est posé sur le plan incliné en mousse) et roule sur une épaule. Sa roulade est désaxée. L'élève risquant de tomber sur le côté du plan incliné, l'enseignant devra veiller à placer des tapis épais (20 cm ou plus) sur les côtés du plan incliné. Ce comportement témoigne principalement d'un problème d'ordre informationnel et affectif : l'élève regarde sur le côté pour se rassurer en regardant le dispositif matériel plutôt qu'en acceptant de perdre momentanément ses repères visuels, ce qui entraîne une rotation sur une seule épaule. Il peut également témoigner d'un problème moteur : l'élève ne se sert pas des deux mains pour amortir son déséquilibre vers l'avant.
- Le comportement observable sur les aménagements où les élèves doivent se balancer se caractérise par un balancé des jambes uniquement, par une durée de balancé très courte et par le lâcher fréquent d'une des deux mains. Ce comportement témoigne principalement d'un problème moteur : l'élève crée de l'élan avec le bas du corps mais sans réussir à le transmettre au haut du corps. Il peut avoir une saisie de la barre peu efficace. Il peut également témoigner d'un problème informationnel : l'élève regarde ses mains et la barre pour contrôler visuellement sa saisie, ce qui entraîne une fermeture des épaules peu propice à la transmission au haut du corps de l'élan créé par le bas du corps.
- Le comportement observable sur les aménagements où les élèves doivent se renverser se caractérise par un effondrement rapide sur la tête et une flexion des bras au bout de quelques secondes. Ce comportement témoigne principalement d'un problème d'ordre informationnel : l'élève regarde le matériel sur lequel il doit poser les pieds et colle le menton à la poitrine, ce qui entraîne une posture dos rond. Il peut également témoigner d'un problème moteur : l'élève rentre les mains l'une vers l'autre (les doigts vers l'intérieur), ce qui engendre une flexion des bras.

Les étapes de la progression :

- **Étape 1 :** agir, réaliser, expérimenter. Au cours de cette étape, les élèves découvrent les parcours mettant en jeu les actions de rouler, se balancer, se renverser. Ils doivent identifier au sein des parcours les aménagements matériels qui permettent de rouler, se balancer, se renverser. C'est au cours de cette étape que le diagnostic des trois comportements pourrait être réalisé.
- **Étape 2 :** stabiliser les premières stratégies motrices. Au cours de cette étape, les élèves sont amenés à identifier comment s'y prennent leurs camarades qui parviennent le mieux à rouler, se balancer, se renverser sur les parcours. Les remédiations suivantes peuvent être apportées par l'enseignant pour résoudre les problèmes identifiés. Pour apprendre à rouler en utilisant le train supérieur comme train porteur, des situations avec départ à genoux surélevé (facilitantes car plaçant déjà le bassin au-dessus des mains) peuvent être proposées, en

demandant aux élèves de regarder le module de mousse sur lequel se situent leurs genoux avant d'enclencher la rotation. On peut également donner comme but à l'élève de rouler en conservant une balle de tennis en mousse sous le menton. Pour faire sentir l'appui sur les deux paumes de mains, on peut faire porter à l'élève des gants sur lesquels on a cousu deux petites balles de mousse sur la paume de main. L'élève doit alors écraser les deux balles avant de déclencher la rotation. Une solution alternative peut être de mettre de la magnésie sur la paume des mains. L'élève doit alors laisser deux traces et non une seule.

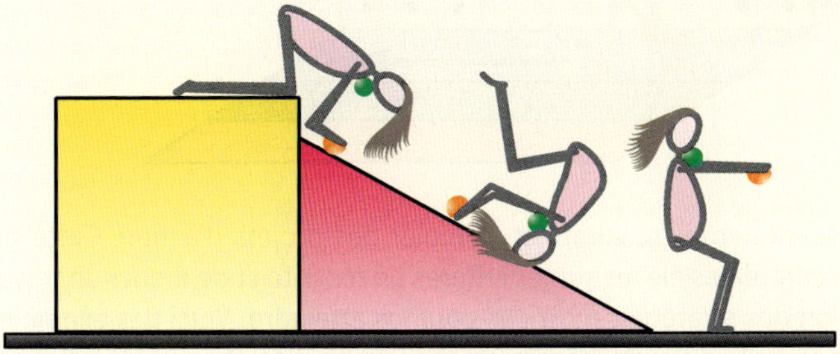

Pour apprendre à se balancer en utilisant le train supérieur comme porteur et locomoteur, des situations de traversée sur une échelle horizontale peuvent être proposées avec un départ surélevé (assis sur un barreau de la structure type Asco®, Ludotub®, Daillot®, Gymnova® ou debout sur un plinth en mousse) pour faciliter la création du balancé selon le principe physique du pendule. Un départ avec les mains sur deux barreaux différents peut également contribuer à augmenter l'amplitude du balancé et la transmission au haut du corps de l'élan créé avec le bas du corps, en diminuant la fermeture bras-tronc. L'enseignant peut veiller à ce que les élèves saisissent la barre avec les pouces en dessous pour y rester accrochés plus longtemps. Il peut aussi leur donner des repères visuels devant eux (par exemple une affiche plastifiée présentée par un autre élève et le gymnaste doit indiquer de quel animal ou de quelle couleur il s'agit).

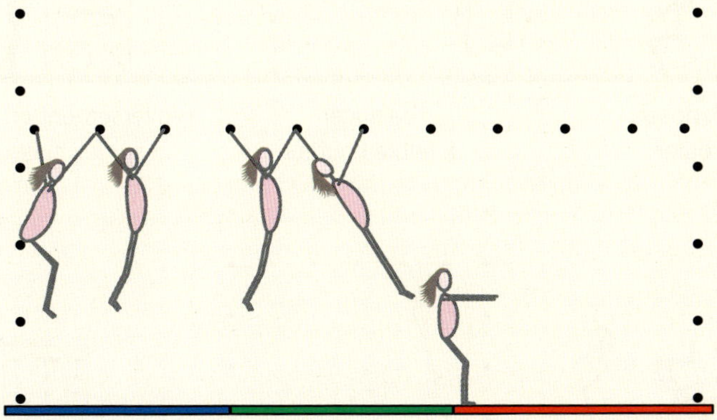

Pour apprendre à se renverser en utilisant le train supérieur comme porteur et locomoteur, des situations de quadrupédie avec appui des genoux (et pas uniquement des pieds) peuvent être proposées. Cela diminue la contrainte subie par les bras pour supporter le poids du corps. L'enseignant peut tracer une ligne ou une zone de pose de mains pour inciter les élèves à regarder leurs mains. Il peut également corriger la position des mains (doigts vers l'avant, voire légèrement vers l'extérieur, et non rentrés vers l'intérieur) pour faciliter le verrouillage des coudes et le maintien des bras tendus.

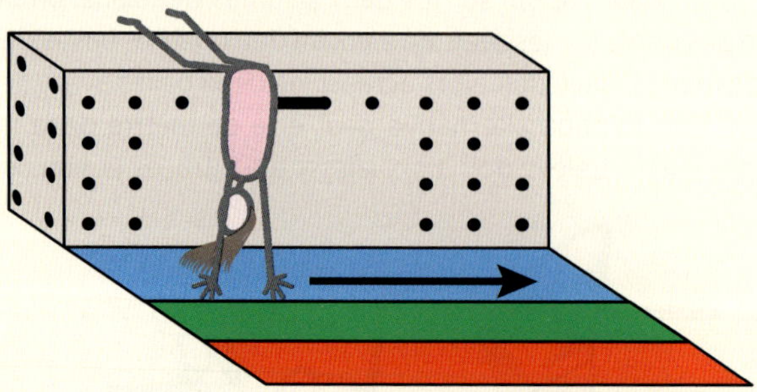

- **Étape 3 :** identifier les résultats et formuler des projets d'action. Cette phase permet de centrer les élèves sur les critères de réussite et de mener un travail de verbalisation des stratégies motrices pour les atteindre. Voici des exemples de critères de réussite pour rouler : arriver avec un pied de chaque côté d'une ligne centrale tracée à la craie, laisser la trace de ses deux paumes de mains avec la magnésie. Pour se balancer : se réceptionner dans une zone après avoir franchi 1/3 (zone bleue), 2/3 (zone verte) ou la totalité de l'échelle horizontale. Pour se renverser, les critères de réussite peuvent porter sur la distance franchie ou sur des zones de pose de mains : une zone éloignée impliquant un corps à l'horizontale, une zone proche impliquant un alignement bras-tronc sur la verticale et une zone intermédiaire. Les élèves peuvent formuler un projet en termes de difficulté de parcours à réaliser (facile, moyen, difficile).

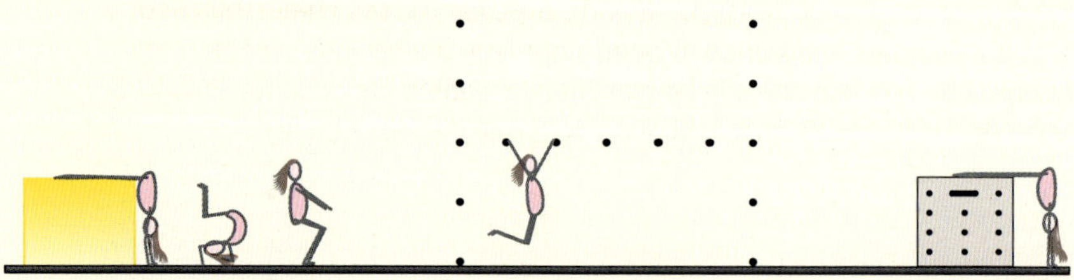

départ allongé, poser les mains et rouler — balancer à faible hauteur — renversement en appui sur les cuisses

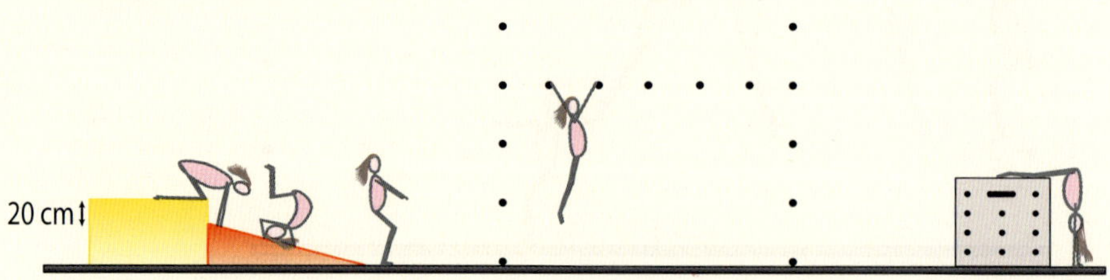

départ à genoux surélevé (20 cm) — balancer à hauteur moyenne — renversement en appui sur les genoux

départ à genoux surélevé (10 cm) — balancer à hauteur plus importante — renversement en appui sur les pieds

- **Étape 4 :** montrer ses exploits. Dans cette étape, les élèves peuvent passer devant un petit groupe (par exemple devant ceux qui travaillent sur le même niveau de difficulté). Les élèves juges apprennent à reconnaître si les critères de réussite sont validés et présentent une pancarte (rouge si non validé, vert si validé). À cette étape, les élèves peuvent ajuster leur choix de niveau de difficulté selon le retour des juges.
- **Étape 5 :** évaluer. L'unité d'apprentissage se termine par une présentation de sa prestation sur un parcours d'un niveau de difficulté annoncé à l'avance. Les juges valident les critères de réussite avec l'enseignant. Pour laisser le droit à l'erreur, chaque élève peut passer deux fois et a le droit de réessayer une deuxième fois un atelier raté.

Cette progression peut, à certaines conditions, contribuer à l'éducation à la santé des élèves. L'enseignant peut mettre en œuvre les conditions d'un bien-être physique en donnant aux élèves l'envie de s'essayer sur des parcours de difficulté croissante afin de limiter leurs appréhensions (ils n'acquerront pas le goût de l'effort s'ils vivent des expériences qui leur font trop peur). L'enseignant peut mettre en œuvre les conditions d'un bien-être mental en permettant aux élèves d'améliorer leur estime de soi en se voyant réussir de mieux en mieux au fil des séances grâce aux critères de réussite progressifs. Enfin, l'enseignant peut mettre en œuvre les conditions d'un bien-être social en leur permettant de s'impliquer dans les rôles sociaux de juge et de spectateurs pour aider leurs camarades à progresser.

▪ Questions possibles du jury

- Comment impliquer les élèves dans une préoccupation sécuritaire ?
- Quelle autre AP proche de la gymnastique permet de travailler différemment sur la production en vue d'une représentation publique ? Qu'y travaille-t-on de différent par rapport à la gymnastique ?
- Quel pourrait être l'intérêt d'utiliser la vidéo dans cette AP ?
- Quelle grille d'observation pourrait-on utiliser ? Par qui serait-elle construite ? À quoi servirait-elle ? Par qui serait-elle remplie ?

SUJET 2

▪ Comment aborder le sujet ?

La gymnastique, d'après les programmes du cycle 2, appartient au champ d'apprentissage 3 « S'exprimer devant les autres par une prestation artistique et/ou acrobatique ». La compétence visée pour l'unité d'apprentissage pourrait être : « S'engager en sécurité dans des situations acrobatiques en construisant de nouveaux pouvoirs moteurs ». La roulade avant est une situation acrobatique dans la mesure où elle demande à l'élève de réaliser une rotation transversale complète (avec appui des mains) et entraîne une remise en cause de son équilibre vertical et de ses repères visuels habituels (il doit accepter de se déséquilibrer vers un espace qu'il ne voit pas pendant la rotation). L'enchaînement roulade avant-saut mentionné dans la question constitue un exemple de séquence acrobatique (combinant rotation et saut) que le premier attendu de fin de cycle des programmes demande de travailler (« Mobiliser le pouvoir expressif du corps en reproduisant une séquence simple d'actions apprise »).

▪ **Réponse au sujet**

Différentes hypothèses peuvent être avancées pour expliquer les difficultés des élèves à se relever de la roulade avant pour enchaîner avec un saut. La difficulté à se relever peut se manifester par une arrivée assise ou accroupie avec appui des mains à côté du bassin. Dans le premier cas, l'enchaînement direct avec un saut (par exemple un saut extension ou un saut extension demi-tour) est impossible car l'arrivée assise entraînera un arrêt et/ou des appuis supplémentaires avant de réaliser le saut. Dans le second cas, l'enchaînement sera possible mais la pose des mains au sol entraînera un retard dans le lancer des bras aux oreilles (lancer les mains vers le plafond, bras tendus, jusqu'à ce que les bras soient collés aux oreilles) pendant le saut, ce qui aura pour conséquence une faible hauteur de saut ou un saut vers l'avant si les bras sont projetés vers l'avant.

Ces deux comportements entraînant des difficultés à se relever d'une roulade avant peuvent être dus à un problème informationnel : l'élève ne reste pas groupé (corps en boule) jusqu'à la fin de la roulade pour deux raisons : il a du mal à identifier sa posture pendant la rotation et un réflexe de rééquilibration au niveau du système vestibulaire (organe situé dans l'oreille interne qui contribue à la sensation de mouvement et à l'équilibre) a tendance à lui faire décoller le menton de la poitrine en fin de rotation.

Les SA que l'on peut proposer pour résoudre ces problèmes s'intégreront dans une séance. Celle-ci comportera un échauffement général à base de courses, sauts, déplacements quadrupédiques et un échauffement spécifique comportant des enroulements vertébraux (culbuto) pour préparer le travail de la roulade. La séance comportera un temps de présentation des ateliers, un travail sur les ateliers puis un retour au calme comportant des étirements ainsi qu'un bilan de séance revenant sur les critères nécessaires pour réussir à se relever de la roulade avant pour sauter.

Pour assurer la sécurité au cours du travail de la roulade avant sur les ateliers, l'enseignant placera des tapis sur les côtés du plan incliné pour prévenir d'éventuelles chutes si les élèves se désaxent pendant leur rotation. Il pourra également les parer au niveau du bassin et valider la position de leur tête (menton collé à la poitrine) au début de la roulade.

Nous présenterons deux situations d'apprentissage en progression, qui peuvent correspondre à deux temps successifs d'apprentissage. Le déclenchement de la rotation avant est considéré comme acquis.

Situation d'apprentissage n° 1 :

Objectif d'apprentissage : rester groupé jusqu'à la fin de la roulade.

But : ne pas perdre le ballon de football en mousse placé entre son ventre et ses jambes pendant la roulade avant.

Aménagement : les élèves sont en binôme (un gymnaste, un juge). Chacun passe cinq fois sur l'atelier. Le gymnaste part accroupi sur un module de mousse à même hauteur qu'un triangle en mousse tronqué.

Critères de réussite : revenir accroupi sans poser les mains à côté des fesses pour se relever, ne pas perdre la balle. Le juge vérifie ces deux critères (la CG3 peut être particulièrement travaillée dans cette situation).

Interventions de l'enseignant : veiller à la sécurité (parade si l'élève est désaxé), conseiller à l'élève de regarder la balle ou son ventre, de ramener les talons vers les fesses en fin de rotation, de finir avec les talons les plus proches possible du triangle et les bras devant.

Simplification : On peut faciliter le déclenchement de la rotation en proposant un départ à genoux surélevé.

Complexification : On peut demander d'enchaîner la roulade avec un saut extension.

Cette situation devrait donner à l'élève des repères tactiles et visuels sur le ballon l'aidant à mieux construire et conserver la posture groupée jusqu'à la fin de la roulade.

Situation d'apprentissage n° 2 :

Objectif d'apprentissage : faire coïncider la posture d'arrivée de la roulade avec la posture de départ du saut.

But : saisir la balle en mousse à l'arrivée de la roulade et la lancer au-dessus de sa tête.

Aménagement : sur le même aménagement que la situation n° 1, le binôme tient une balle de football en mousse devant la zone de réception, à hauteur de son bassin/de ses cuisses. Le gymnaste doit la saisir bras tendus dès la réception de la roulade et l'envoyer au-dessus de sa tête, toujours bras tendus en même temps qu'il saute.

Critères de réussite : Ne pas faire d'arrêt ni de pas intermédiaire entre la roulade et le saut (le juge vérifie).

Interventions de l'enseignant : veiller à la sécurité (parade si l'élève est désaxé), conseiller à l'élève de regarder la balle le plus vite possible, de lancer vite les bras de l'oblique basse aux oreilles en même temps qu'il pousse sur les jambes, attirer son attention sur la stabilité de la réception du saut.

Simplification : On peut simplifier le retour accroupi en demandant par exemple au binôme de saisir les mains du gymnaste au lieu de tenir le ballon, pour l'aider à se relever.

Complexification : On peut complexifier le saut (saut extension demi-tour au lieu d'un saut extension) ou proposer un dispositif matériel moins facilitant pour la roulade (triangle en mousse non tronqué ou roulade avant au sol sans triangle).

Cette situation d'apprentissage devrait, grâce au travail en binôme, permettre à l'élève de modifier le placement de ses bras à la fin de la roulade (devant lui sur l'oblique basse, et non plus les mains posées au sol) pour enchaîner directement celle-ci avec un saut.

Ces situations peuvent, à certaines conditions, contribuer à l'éducation à la santé des élèves. L'enseignant peut mettre en œuvre les conditions d'un bien-être physique en assurant la sécurité (tapis sur le côté, parade) et en donnant aux élèves le goût de la pratique physique grâce à des critères de réussite ludiques (balles, travail en binôme). L'enseignant peut mettre en œuvre les conditions d'un bien-être mental en permettant aux élèves d'améliorer leur estime de soi en rendant la réussite manifeste par la conservation ou la trajectoire de la balle (au-dessus de soi ou légèrement derrière, et non devant soi). Enfin, l'enseignant peut mettre en œuvre les conditions d'un bien-être social en suscitant une collaboration entre le gymnaste et son binôme qui doit lui tendre la balle à la bonne hauteur et valider les critères de réussite en tant que juge.

- **Questions possibles du jury**

- Pour quelles raisons choisissez-vous de programmer une séquence de gymnastique pour contribuer aux enjeux de l'EPS à l'école / à l'objectif d'acquisition visé pour la séance (*cf.* l'objectif d'acquisition fixé dans le sujet) ?
- Sur quelles connaissances relatives au développement et à la psychologie de l'enfant pouvez-vous vous appuyer pour justifier d'une part la/les situations que vous proposez et, d'autre part, vos interventions dans ces situations en gymnastique ?
- Dans quelle mesure les apprentissages moteurs, méthodologiques et sociaux que vous visez pour les élèves à travers cette/ces situations d'apprentissage en gymnastique contribuent-ils à la sécurité des élèves ?

4 Enseigner la danse en EPS à l'école primaire[1]

AUTOÉVALUATION

❶ Combien de rôles sociaux l'enseignement de la danse est-il susceptible de faire vivre aux élèves ?

☐ **a.** 2 : danseur[2] et juge.
☐ **b.** 2 : danseur et chorégraphe.
☐ **c.** 3 : danseur, chorégraphe et jury.
☐ **d.** 3 : danseur, chorégraphe et spectateur.

❷ La démarche de création repose sur plusieurs étapes s'enchaînant ainsi :

☐ **a.** présentation, improvisation, représentation.
☐ **b.** composition, diversification, représentation.
☐ **c.** exploration, diversification, composition, représentation.
☐ **d.** composition, exploration, improvisation.

❸ Les programmes recommandent l'usage de la vidéo dans un module de danse :

☐ **a.** à tous les cycles d'enseignement.
☐ **b.** au cycle 3.
☐ **c.** pour évaluer plus précisément les prestations des élèves.
☐ **d.** au cycle 2.

❹ En danse, on parle « d'énergie ». De quoi s'agit-il ?

☐ **a.** D'un outil pour quantifier la fatigue des élèves.
☐ **b.** D'un critère d'évaluation.
☐ **c.** D'une composante du mouvement, utilisée comme variable didactique, renvoyant au tonus musculaire et au pouvoir expressif de ses variations.
☐ **d.** D'une ressource à mobiliser.

❺ Pratiquer la danse à l'école nécessite :

☐ **a.** de la musique.
☐ **b.** d'instaurer un climat de confiance au sein de la classe.
☐ **c.** d'apprendre des techniques gestuelles codifiées.
☐ **d.** de démixer la classe.

---

1. Auteure du chapitre : Sophie Necker.
2. Nous utilisons la seule forme masculine, mais elle désigne les deux sexes.

CORRIGÉS

❶ d. ; ❷ c. ; ❸ b. ; ❹ c. ; ❺ b.

CONSEILS

- **Question 1 :** Pratique physique artistique engageant les élèves dans un processus de création, la danse implique le vécu de trois rôles sociaux, imbriqués, en interaction (→ *cf.* « Connaissances didactiques sur l'APSA », p. 216).
- **Question 2 :** La démarche de création débute avec la production de matériel chorégraphique, progressivement étoffé puis composé, avant la présentation d'une séquence stabilisée (→ *cf.* « Repères et outils didactiques », pp. 219 et suivantes).
- **Question 3 :** Parmi les attendus de fin de cycle 3 (programmes 2020), on lit : « Savoir filmer une prestation pour la revoir et la faire évoluer » (→ *cf.* « Connaissances institutionnelles », pp. 218-219 et « Sujet 2 », p. 227 et suivantes).
- **Question 4 :** Laban théorise le mouvement humain et propose une catégorisation de ses composantes (parmi lesquelles l'énergie). Elle est reprise en danse pour penser le mouvement, l'écrire et le faire évoluer (→ *cf.* « Repères et outils didactiques », pp. 221-222).
- **Question 5 :** La pratique de la danse implique une mise en scène de soi, des interactions avec l'environnement humain engageant des ressources affectives et sociales importantes. Aussi est-il pertinent de veiller à la disponibilité des élèves, à la bienveillance et à l'écoute au sein de la classe (→ *cf.* « La danse à l'école en toute sécurité », pp. 224-225).

COURS

1 Connaissances didactiques sur l'APSA

À l'école, les activités associées à « la danse » prennent des formes multiples et s'ancrent dans des **pratiques sociales de référence diverses** : rondes et jeux dansés, pratiques codifiées, danses folkloriques, danses collectives, danses dites de « création »[3]... Elles donnent lieu à des expériences plurielles : pratiquer (danser, interpréter), composer (chorégraphier, écrire), observer, réfléchir, partager, appréhender, se déplacer vers des institutions culturelles, rencontrer...

Les textes officiels encouragent une démarche d'enseignement fortement marquée par la danse contemporaine (et avant elle moderne), reposant sur la démarche de création. Pour expliquer cette tendance, il faut s'intéresser à l'histoire de la danse à l'école, aux acteurs qui l'ont initiée, développée, défendue. Aussi nous centrerons-nous sur celle-ci pour ce chapitre. Cette pratique sociale de référence se caractérise par « une forte valorisation des individualités, accompagnée d'une nouvelle scénographie et de rapports au corps différenciés » (Sylvia Faure, *Apprendre par corps. Socio-anthropologie des techniques de danse*, La Dispute-SNEDIT, 2000, p. 46) : décentrage corporel et scénique, nouveau rapport au public, transformation de la structure hiérarchique des compagnies, priorité aux perceptions, au ressenti... Il n'y existe pas de modèle corporel unique : « le mouvement dansé ne connaît aucune borne, ni dans sa définition ni dans sa configuration ou son échelle » (Laurence Louppe, *Poétique de la danse contemporaine*, Contredanse, 2004, p. 113). L'œuvre d'art se conçoit en tant que « produit (ou cheminement) de l'expression singulière d'un artiste » (Sylvia Faure, *Apprendre par corps, op. cit.*, p. 231-232). Chaque chorégraphe réinvente partiellement les objets et les savoirs. C'est une forme artistique qui dialogue avec d'autres arts et cultures auxquels elle peut emprunter matériaux, problématiques, supports, techniques, etc.

Pour Pérez et Thomas, les fondements et les valeurs de la danse contemporaine sont « complètement en phase avec les enjeux d'une école démocratique » (Tizou Pérez & Annie Thomas, *Danser les arts*, CRDP des Pays de la Loire, 2000, p. 11). Cette danse est « un langage formalisé et libre tout à la fois, accessible à tous, qui offre d'incessantes correspondances avec les autres langages. Elle participe idéalement à cet objectif fondamental du système scolaire : la construction et la maîtrise des langages fondamentaux » (Michel Delaunay, « Préface », in Tizou Pérez & Annie Thomas, *Danser les arts, op. cit.*, p. 7-8, p. 8). Engagés dans une **danse dite « de création »**, les élèves sont invités à imaginer, inventer, écrire, construire, faire des choix... pour apprendre. Un **processus** qui débouche sur des formes corporelles (singulières), en mouvement dans l'espace et dans le temps (créés) ; un processus qui sert un projet, une intention. La production qui en résulte est destinée à être vue et appréciée par des spectateurs dont le regard légitime la création. Le corps, travaillé dans sa globalité (mouvement, présence, sens : regard,

2. Sur *Numeridanse*, la « plateforme multimédia de la danse portée et coordonnée par la Maison de la Danse de Lyon », une vidéothèque offre la possibilité de se confronter, en tant que spectateur, à cette diversité de pratiques sociales de référence.

voix, écoute, toucher, kinesthésie…) et dans la relation à l'autre, accède à une dimension esthétique, son langage devient poétique, source et évocateur d'émotions et de sens.

La danse dite « de création » appartient au groupe des **activités physiques artistiques** (APA) dont la définition des contours se heurte à celle que l'on attribue à chacun de ses termes : qu'est-ce qu'une activité physique (à partir de quand l'est-elle, ne l'est-elle plus), qu'est-ce qu'une activité artistique (qu'est-ce qui est de l'art, n'en est pas). De l'« artistique », retenons : l'expression d'un rapport au monde (donc d'une lecture du réel) envisagé dans sa dimension sensible, la démarche de création (contribuant à transformer le réel), le partage et l'échange avec d'autres. L'expérience des APA implique, dès la maternelle, le vécu de différents rôles sociaux : acteur/interprète/danseur, metteur en scène/chorégraphe, spectateur. APA, la danse nécessite à la fois capacité (physique) et créativité ce qui la fait contribuer, à l'école, à l'éducation physique et artistique. C'est une activité (les activités physiques sportives aussi, mais différemment) avec sa culture, son monde (voir, notamment : Sophie Necker & Thierry Tribalat, « Règles à respecter, règles à transgresser dans le monde de la danse et du sport d'aujourd'hui », in *Les cahiers du CEDREPS*, n° 8, 2009, p. 89-94).

Pratiquer une telle APA implique de se confronter aux enjeux touchant l'ensemble des étapes d'une démarche de création et des rôles associés. En milieu scolaire, selon les choix opérés par l'enseignant, les élèves auront à démêler les **problèmes fondamentaux** présentés ci-après, à des degrés variables, au fil du module.

Construire un projet d'expression et de communication
- Identifier et choisir un point de départ au projet. - Faire émerger et rassembler des idées, collecter des ressources autour de la thématique de départ. - Les transformer en intentions et en points de vue sur la question. - Programmer les étapes d'évolution du projet.
Créer un univers grâce au corps
- Se distancier du réel, du quotidien, du connu. - Inventer, imaginer, créer, représenter, évoquer, détourner, distordre, transformer, symboliser, abstraire, développer une expression poétique. - Travailler les qualités et composantes du mouvement (en rapport avec son projet). - Éveiller les sens. - Diversifier, enrichir.
Composer, écrire, mettre en scène
- Faire des choix, donner du sens et de la lisibilité, structurer… en maintenant le fil directeur du projet. - Expérimenter et s'approprier les règles d'écriture chorégraphique. - Surprendre. - Se décentrer.
Interpréter, réaliser, s'engager
- Maîtriser des mouvements, acquérir des techniques et habiletés spécifiques, mémoriser, se concentrer, préciser, être présent et à l'écoute. - Accepter (le regard, la présence de) l'autre, contrôler ses émotions, vaincre ses inhibitions. - Inscrire son corps dans le temps et l'espace.

Assister à une production, s'exprimer, clarifier, éclairer
Apprécier, identifier, percevoir, reconnaître, formuler... à la fois ses émotions et son ressenti, mais aussi les aspects techniques et scénographiques d'une production.

Engagés dans la démarche de création pensée par l'enseignant, les élèves sont amenés à développer et/ou réorganiser les **ressources utiles à** la résolution des enjeux qui précèdent. Ces ressources sont plus ou moins engagées selon les étapes de la démarche et les rôles sociaux associés. Nous exposons ici des « dominantes », cependant, les ressources sont toujours en interaction et sollicitées de façon composite.

Les deux types de motricité sont ainsi particulièrement impliqués lorsqu'il s'agit de « créer un univers grâce au corps » et d'« interpréter, de réaliser, s'engager » : **la motricité fonctionnelle et la motricité expressive**. La première relève de la coordination, de la verticalité, de la mobilité articulaire, de la dissociation segmentaire, du transfert de poids, de l'équilibre, de l'adaptabilité, de l'adresse, de la maîtrise des appuis. Elle est par exemple travaillée dans les situations visant la mise en mouvement du corps, la prise de conscience de son axe, de son volume (cycles 1, 2 et 3). La motricité expressive est quant à elle dépendante du tonus, de la dynamique, de l'amplitude, de la fluidité et du rythme du geste, mais aussi du risque pris. Elle renvoie à des objets d'enseignement tels qu'adapter sa danse aux différents rythmes ou interpréter, traduire la musique par la danse (cycles 1, 2 et 3).

Du point de vue cognitif, **créativité et création** sont investies. La première demande de diverger, d'imaginer, de s'imaginer, de se représenter en mouvement, de susciter l'imaginaire du spectateur, de produire du mouvement singulier, de varier. Une aptitude intellectuelle impliquée lors de la « construction du projet d'expression et de communication ». Les élèves apprennent alors à détourner des objets de leur fonction et à se les réapproprier pour diversifier les réponses corporelles, à faire varier les énergies (cycles 1, 2 et 3), à combiner des qualités différentes de mouvements (cycle 3). La créativité conduit à sélectionner, épurer, composer, organiser, donner du sens, signifier. Elle est mise en jeu dans l'étape de « composition, écriture, mise en scène ». Les situations visent alors, par exemple, l'utilisation d'une recherche individuelle pour composer à plusieurs (cycles 2 et 3), l'enrichissement d'une phrase chorégraphique pour faire passer une émotion (cycle 3).

Enfin, pour chacun des enjeux présentés dans le tableau *supra*, la démarche d'enseignement en danse demande engagement des participants, acceptation et respect de soi et des autres (émotions, sensations, points de vue, capacités et limites...), soit la mobilisation de **ressources d'ordres affectif et relationnel**. Trouver sa place dans un ensemble, prendre contact avec l'autre dans une relation de confiance (cycles 2 et 3) implique d'aller vers l'inconnu, de s'investir dans un projet collectif demandant discussions et négociations. Être attentif aux gestes des autres pour les reproduire (cycles 1, 2 et 3) demande de regarder, d'écouter, d'affirmer ses choix et ses goûts, de partager, d'aider.

APPLICATION 1

Un enseignant demande à sa classe de CE1 d'explorer les façons de danser avec des costumes, des accessoires volumineux ou contraignants (des bottes trop grandes, des palmes, un tee-shirt à manches très longues...). Quelles ressources les élèves devront-ils mobiliser ?

→ Corrigé p. 228

2 Connaissances institutionnelles

Du cycle 1 au cycle 3, l'enseignement de la danse répond à une **visée commune** centrée sur l'expression et la communication. En cycle 1, la danse apparaît dans les **deux domaines d'apprentissage** « Agir, s'exprimer, comprendre à travers » : l'activité physique (pour l'objectif « Communiquer avec les autres au travers d'actions à visée expressive ou artistique ») et les activités artistiques (pour différents objectifs). Aux cycles 2 et 3, la danse est enseignée en EPS, dans le **champ d'apprentissage** « S'exprimer devant les autres par une prestation artistique et/ou acrobatique ». Sa programmation contribue alors explicitement à la construction de **compétences générales** et aux domaines du socle correspondants :

- à la CG1, lorsque l'élève apprend à « S'exprimer par son corps et accepter de se montrer à autrui » (cycle 2) ;
- à la CG3, lorsqu'il apprend à « S'engager dans les activités sportives et artistiques collectives » (cycle 3) ;
- à la CG5, lorsqu'il apprend à « Exprimer des intentions et des émotions par son corps dans un projet artistique individuel ou collectif » (cycle 2).

Cependant, l'enseignement de la danse participe également au développement d'autres CG : à la CG2 (dans le cadre de la planification du projet de création au cycle 2 et du recours à la vidéo pour faire évoluer une prestation au cycle 3) ou encore à la CG3 (grâce au vécu de la démarche de création et aux rôles sociaux associés au cycle 2).

Ajoutons que les programmes citent la danse ou les arts chorégraphiques dans **d'autres disciplines**, incitant à des liens avec l'EPS :

- dans les enseignements artistiques, aux cycles 2 et 3 ;
- dans l'enseignement moral et civique (EMC) au cycle 3.

Ci-dessous, une **synthèse des attendus** de fin de cycle **et des compétences travaillées**, en danse, en EPS.

	Cycle 1	Cycle 2	Cycle 3
Attendus de fin de cycle	- Construire et conserver une séquence d'actions et de déplacements, en relation avec d'autres partenaires, avec ou sans support musical. - Coordonner ses gestes et ses déplacements avec ceux des autres, lors de rondes et jeux dansés.	- Mobiliser le pouvoir expressif du corps, en reproduisant une séquence simple d'actions apprise ou en présentant une action inventée. - S'adapter au rythme, mémoriser des pas, des figures, des éléments et des enchaînements pour réaliser des actions individuelles et collectives.	- Réaliser par petits groupes deux séquences dont une à visée artistique destinée à être appréciée et à émouvoir. - Savoir filmer une prestation pour la revoir et la faire évoluer. - Respecter les prestations des autres et accepter de se produire devant les autres.

Compétences travaillées	- Découvrir et affirmer ses propres possibilités d'improvisation, d'invention et de création en utilisant son corps. - Développer l'écoute de soi et des autres. - S'inscrire dans une réalisation de groupe. - Saisir les différentes dimensions de l'activité, les enjeux visés, le sens du progrès, par l'aller et retour entre les rôles d'acteurs et spectateurs.	- S'exposer aux autres : s'engager avec facilité dans des situations d'expression personnelle sans crainte de se montrer. - Exploiter le pouvoir expressif du corps en transformant sa motricité et en construisant un répertoire d'actions nouvelles à visée esthétique. - Synchroniser ses actions avec celles de ses partenaires.	- Utiliser le pouvoir expressif du corps de différentes façons. - Enrichir son répertoire d'actions afin de communiquer une intention ou une émotion. - S'engager dans des actions artistiques [...] destinées à être présentées aux autres en maîtrisant les risques et ses émotions. - Mobiliser son imaginaire pour créer du sens et de l'émotion, dans des prestations collectives.

L'**analyse des programmes et des ressources** complémentaires montre, au fil des cycles, la **permanence** :

– du recours à la démarche de création ;

– de l'importance donnée à la relation aux autres ;

– du vécu des trois rôles sociaux ;

– de l'inscription de l'activité de l'élève dans le système intention-production-effets ;

– du maillage de langages manipulés par les élèves.

L'analyse montre également une **progressivité** dans la confrontation aux problèmes fondamentaux de l'activité : de la découverte (de « matériaux », de ses « propres possibilités », « d'actions motrices globales »), de l'initiation, de la familiarisation, de l'exploration (« libre »), de la production de « traces spontanées »... à l'exploitation puis... à l'enrichissement, la maîtrise, la structuration.

La place et le rôle de l'enseignant évoluent également. Si, dans les premiers niveaux de classe, il engage le projet de création, il suggère et accompagne ensuite. Concomitamment, la place et rôle de l'élève tendent vers plus d'autonomie dans le processus de création et la définition de l'intention qui le motive, dans la recherche et la production de sens (→ voir sujet 2 d'entraînement, p. 227). La nature des inducteurs, producteurs de mouvement, change aussi : d'abord des objets, par imitation ensuite plus d'abstraction (→ voir sujets 1 et 2 d'entraînement, pp. 227 et suivantes). Enfin, l'accompagnement et l'outillage du spectateur se complexifient avec l'introduction de la vidéo et des savoirs sur la danse en cycle 3 (→ voir sujet 2 d'entraînement, p. 227).

Pour finir, signalons deux **textes complémentaires** utiles pour penser l'enseignement de la danse à l'école :

- l'arrêté du 1er juillet 2015 paru au *Journal officiel* du 7 juillet 2015, portant sur le « Parcours d'éducation artistique et culturelle ». Ce texte du MENESR fixe les objectifs de formation et les repères de progression pour la mise en œuvre de ce parcours, rendu obligatoire par la loi d'orientation et de programmation pour la refondation de l'école de la République du 8 juillet 2013 et visant « à favoriser l'égal accès de tous les jeunes à l'art et la culture ».
- la charte pour l'éducation artistique et culturelle élaborée par le Haut conseil à l'éducation artistique et culturelle et présentée le 8 juillet 2016 (*eduscol.education.fr*). Elle rassemble les acteurs et institutions impliquées dans l'éducation artistique et culturelle autour de dix principes. Elle permet à chacun de s'en emparer, de la mettre en œuvre et de l'inscrire dans le parcours de l'élève.

APPLICATION 2

Quels liens interdisciplinaires pourraient être mis en place à partir d'un module de danse en EPS, en CE1 ?

→ Corrigé p. 228

3 Repères et outils didactiques

A. La démarche de création

Ancré dans la culture artistique, l'enseignement de la danse, dès le cycle 1, s'appuie sur la **démarche de création** : l'entrée dans un processus de recherche, de fabrication d'une production symbolique. Cette démarche est composée de plusieurs étapes, présentées sous des formes variables. Herné et Tallec (Charlotte Herné & Laurent Tallec, « Pratiques physiques artistiques », in Sylvain Rivière (dir.), *L'EPS à l'école. Cycles 2 et 3*, Retz/SEJER, 2004, p. 7-28) proposent quatre axes de développement, correspondant à quatre types d'activité : la motricité expressive (fonction évocatrice du corps), la motricité fonctionnelle (vocabulaire de base), la composition et l'appréciation de la production. Serres *et al.* (Danielle Serres, Erik Ciaravolo, Jacqueline Mennesson & Eliane Rigal, Des marches de création… De la perception du monde à son expression poétique par la danse », in *EPS 1*, n° 76, 1996, p. 12-14) identifient trois phases : créativité, création, communication. D'autres découpent le cheminement ainsi (voir notamment : Nicole Imberty, « Du bouger au danse », in *JDI*, n° 2, 2000, p. 61-63 ; Tizou Pérez & Annie Thomas, EPS Danse : *Danser en milieu scolaire*, CRDP des Pays de la Loire, 1994 ; Marie Romain, *La danse à l'école primaire*, Retz, 2003) :

Étape 1 : exploration-improvisation

L'enseignant recourt à des consignes précises pour que les élèves explorent les possibilités du corps en mouvement, seuls et avec les autres. Ces contraintes cadrent également la recherche, elles en posent l'exigence. Plutôt que d'empêcher ou de restreindre, elles sont une ouverture pour trouver des réponses inhabituelles. De plus, elles sont sécurisantes car elles représentent un point d'appui pour une activité exploratoire.

■ Étape 2 : diversification-enrichissement

L'enjeu de cette étape est l'augmentation de la quantité et de la variété d'actions, de leurs « possibles expressifs » (Charlotte Herné & Laurent Tallec, « Pratiques physiques artistiques », *op. cit.*, p. 12) par un jeu de variables s'appuyant sur les composantes du mouvement dansé et leur combinaison : corps, espace, temps, énergie, relation à l'autre.

■ Étape 3 : composition-construction

Moment de réinvestissement des recherches des phases précédentes, la composition suppose un temps où l'on choisit ses mouvements (repérer, trier, classer, discerner, sélectionner, abandonner...), construit (connaissances techniques des règles chorégraphiques, allers-retours exploration et intention), mémorise, trouve les liaisons, pour écrire une phrase corporelle en fonction des consignes données. La durée et la complexité des phrases sont dépendantes des capacités de mémorisation des élèves.

■ Étape 4 : (re)présentation

La production – stabilisée – est donnée à voir à un public (la classe, un groupe d'élèves, d'autres classes de l'école, des parents...). Le rapport danseur/spectateur s'installe dès les phases précédentes (lors de changements de rôles), quel que soit le cycle d'enseignement. Suivies d'un temps d'échange verbal guidé par l'enseignant à partir de critères précis, ces évaluations formatives par observation aident les élèves à percevoir le sens de leurs progrès en tant que danseur et/ou chorégraphe. L'œil du spectateur[4] s'éduque aussi progressivement : l'élève est de plus en plus capable de prendre des repères sur les productions des autres (pairs et professionnels). Les connaissances et compétences de chacun des rôles se servent et s'alimentent réciproquement.

Ces phases ne sont donc pas figées dans le temps. Il s'agit plutôt d'**allers et retours**. L'étape de diversification est par exemple « rejouée » régulièrement durant celle de construction : « Chaque difficulté rencontrée [...] dans la construction du projet va susciter des détours pour :

- aller rechercher des idées nouvelles (travail en extension) ;
- s'exercer, faire des variations sur un thème ou un mouvement (travail en profondeur).

Chaque détour, apportera des solutions nouvelles (faire différent, plus compliqué, plus épuré), propices aux confrontations et aux choix aussi argumentés et conscients que possible » (MENJS, *Les activités corporelles d'expression : à l'école maternelle et à l'école élémentaire*, éd. Revue EP&S, 1988, p. 83).

B. Les composantes du mouvement

La **démarche de création** est à considérer à la fois comme un **outil pour l'enseignement** (de structuration et construction des modules), mais également comme un **objet d'ap-**

4. L'Association nationale de recherche et d'action théâtrale a développé le dispositif « L'École du spectateur ». La charte, consultable en ligne, est riche pour l'enseignement de la danse - *www.anrat.net/pages/ecole-du-spectateur*)

prentissage, élément culturel de l'activité... Il en est de même pour les **composantes du mouvement** humain repérées et définies par Laban (se référer, notamment à : Rudolf Laban, *La maîtrise du mouvement*, trad. de Jacqueline Challet-Hass, Actes Sud, 1994). Également éléments culturels de l'activité, elles sont utilisées en danse comme axes de progression et comme **variables didactiques** :

a. Le corps

L'ensemble du corps (globalement ou ses parties séparément) impulse le mouvement. La motricité peut être transformée, déplacée, singularisée grâce à une perception de son espace « intérieur », de la gravité, grâce à différentes mobilisations du corps et de ses parties.

b. L'espace

Distinguons espace individuel (son propre corps augmenté de son espace proche) et espace « environnemental », scénique (parcouru ou utilisé par le danseur, contribuant à la construction de la relation danseur/spectateur). Ces espaces s'organisent et se définissent par les dissociations, les directions (dans les différents plans), les orientations (définies par rapport à un point), les niveaux (haut, moyen, bas, sol), les tracés (dessinés sur le sol, dans l'air), les dimensions ou amplitudes (grand, petit). L'espace peut être ouvert, complexifié, enrichi, traversé, joué...

c. Le temps

Il supporte la production, permet de l'ordonner et de la ponctuer. Il peut être structuré de façon interne (musicalité du mouvement) ou externe (accompagnement sonore ou musical). Il se caractérise par la pulsation, le tempo, le rythme, la mesure ; des éléments qui permettent à la fois de penser et d'envisager le mouvement, mais aussi les rapports entre mouvement et accompagnement sonore. Une entrée par les vitesses (lent/vite, accéléré/décéléré), par exemple, établit un rapport de contrastes entre mouvement et musique. Le temps peut être varié, dissocié, étiré...

d. L'énergie

Elle donne la qualité au mouvement. Elle dépend du tonus musculaire (de la prise de conscience de la tension et du relâchement) du danseur. L'énergie est abordée en amenant des qualités et des sensations différentes dans le corps, en invitant à sentir les nuances. Il est alors possible d'utiliser des contrastes (tels que doux/fort, brusque/fluide, saccadé/régulier, pesant/aérien, étiré/relâché), des verbes d'action (frapper, fouetter, appuyer...). L'énergie a un rôle déterminant dans la transmission des émotions et est liée à la présence du danseur (être à ce que l'on fait, concentration, investissement).

e. Les relations aux autres

Elles se créent dans le mouvement et donnent lieu à des contacts lorsque les danseurs se trouvent dans le même espace scénique (→ voir sujet 1 d'entraînement, p. 227). Elles existent dans l'espace (les groupements, les rencontres) et le temps (la distribution du mouvement de chacun dans le temps). Un travail d'écoute développe la perception que chaque acteur a du groupe (attention, vision périphérique, ressenti). En outre, les relations aux autres se tissent dans l'expérience des différents rôles vécus au cours d'une démarche de création et concernent aussi la relation entre acteurs et spectateurs.

Une autre dimension vient compléter ces paramètres, il s'agit des **règles de composition chorégraphique** qui permettent de construire l'architecture générale du propos chorégraphique. Elles concernent les modes d'écriture et de structuration du matériau.

L'ensemble de ces dimensions peut être introduit dans la démarche d'enseignement, quel que soit le cycle. Intriquées, elles sont toutefois d'abord travaillées en « dominantes », avant d'être associées. Pour engager les élèves dans la démarche de création, l'enseignant peut recourir à des « **inducteurs** » : artistiques (une sculpture, une musique, un album de littérature jeunesse…), matériels (un objet, une matière…), humains (un personnage réel ou de fiction), un récit (créé par les élèves ou non), l'environnement (des lieux, le monde social…), les composantes décrites *supra*.

C. L'évaluation

Enfin, on entend parfois que l'**évaluation** est « problématique » en danse. Pourtant, les modules doivent prévoir de tels temps, sous-tendus par les objectifs visés, à partir de critères précis et significatifs.

L'**évaluation diagnostique** identifie les différents savoirs que les élèves maîtrisent déjà. L'enseignant définit alors leurs ressources et leurs besoins. Pour ce faire, en début de module, il programme des situations de composition et/ou d'exploration (voire de confrontation à une œuvre).

Par la suite, l'**évaluation formative** identifie les progrès des élèves. Les temps d'observation (de l'autre et par l'autre, sous des formes variées, par paire, petits groupes, en groupe-classe) sont des supports essentiels. Grâce à la verbalisation et au dialogue, le regard du spectateur aide l'élève interprète et chorégraphe. Le spectateur formule son ressenti, ses interprétations, ses questions, suggestions qui sont mis en relation avec les intentions, le ressenti, les réponses de l'interprète et du chorégraphe. Ces échanges peuvent alors conduire à des ajustements, des transformations (de la motricité, de la composition…). Être spectateur (regarder l'autre) est aussi un temps d'évaluation et d'enrichissement de son propre travail (comparaison, aide, découverte…).

L'**évaluation sommative** peut, quant à elle :

- tenir compte des différents rôles vécus par les élèves ;
- combiner les modes et modalités (évaluation par l'enseignant, co-évaluation, autoévaluation, individuelle et/ou collective) ;
- utiliser des supports produits pour l'occasion ou en cours de module (vidéos, fiches, carnets de création…).

D. Développement de l'enfant et danse

L'adaptation et la contribution de l'enseignement de la danse au développement de l'enfant peuvent s'apprécier **au filtre des trois rôles sociaux** que les élèves, dès le cycle 1, vivent au fil de l'unité d'apprentissage.

Danseurs, les élèves de cycle 1 développeront et enrichiront leur **motricité** à partir de **situations d'improvisation** recourant à des **inducteurs appropriés** tels que des objets (danser avec, faire danser, danser comme...) ou l'imaginaire (des personnages, des situations, etc., repérables dans des albums de littérature jeunesse, par exemple). Ces inducteurs évolueront ensuite vers plus d'abstraction et de référents artistiques, tout en restant ancrés dans le quotidien (concret) des élèves (en cycle 2). Les situations d'improvisation guidées impliqueront par ailleurs, progressivement, un plus grand **nombre de composantes** du mouvement. Dès le cycle 2, il sera pertinent d'introduire une réflexion sur **les représentations que les élèves ont** de la danse, et d'inciter à montrer la pluralité des référents culturels et artistiques ; ces représentations pouvant autant faciliter l'engagement que le freiner. Le **regard de l'autre** (la gestion des émotions liées à la mise en scène de soi face à autrui) est une dimension à envisager dès le cycle 1 (voir section suivante : « La danse à l'école en toute sécurité »).

Chorégraphes, les élèves chercheront à **créer un effet sur** autrui, le public, et ce à partir du cycle 2 (développement de l'empathie), en se mettant à la place de l'autre, du spectateur. Au cycle 3, les élèves, en sous-groupes, seront amenés à plus d'**autonomie dans** le processus de création, développant un projet d'expression et de communication. Les chorégraphies produites seront plus longues (en durée), afin de s'adapter aux **capacités de mémorisation** des élèves.

Spectateurs, les élèves de cycle 1 **discrimineront** : guidés par une consigne simple, ils seront invités à observer un élément unique qui pourra être un (seul) élève ou une dimension (unique) d'une (re)présentation. L'observation des autres viendra **enrichir les productions** personnelles, grâce au processus d'imitation (très pratiqué en cycle 1) : repérer, mutualiser, reproduire. **Parler, évoquer, rendre compte, raconter**, etc., conduira à traduire les ressentis, rendre compte des observations, identifier la façon dont une représentation a pu transformer. Et ce, quel que soit le cycle, en tenant compte des **capacités d'observation et d'expression** des élèves (voir *supra*, « Le développement de l'enfant »).

E. La danse à l'école en toute sécurité

La pratique de la danse dite « de création » engage des **ressources affectives et sociales** importantes. Chorégraphes, les élèves inventent, sélectionnent, écrivent le mouvement, etc., à **la première personne**. Danseurs, ils s'exposent au **regard des autres**. Afin de garantir la sécurité affective des élèves, s'assurer d'un climat de confiance est alors déterminant pour l'enseignant. Ce **climat de confiance** ne tient pas aux seules décisions et actions en EPS, bien entendu. Le **climat de classe** se « déplace » dans les espaces-temps EPS, mais s'y rejoue également, du fait des expériences motrices, affectives, relationnelles, cognitives spécifiques que la confrontation aux AP offre.

Chaque élève doit pouvoir participer, éprouver, dire, choisir, échanger, etc., être lui ou elle dans un **cadre sécurisant**. L'enseignant en a la **responsabilité** didactique, pédagogique, en agissant sur les « paramètres de la sécurité » : par le **choix** des situations d'apprentissage (le recours aux contraintes, les modalités de représentation à faible effectif), dans les **postures** qu'il adopte (bienveillance, écoute), dans les **outils d'accompagnement** de l'évocation du vécu qu'il introduit. Pour ce dernier point, et dans le cadre de l'étape de représentation, le *Critical Response Process* développé par Liz Lerman peut être inspirant. Il propose de ritualiser (sécuriser) la prise de parole des spectateurs, danseurs et chorégraphes, après une représentation[5].

L'accent mis ici sur la sécurité affective n'occulte pas les autres dimensions de la sécurité telles que **préparer** – corporellement – les élèves à la diversité de mouvements qu'ils sont susceptibles de réaliser, inventer (mise en corps, travail sur le schéma corporel...) ou encore vérifier que l'**espace de pratique** est sécure et accueillant (propreté, température, revêtement...).

F. Caractéristiques générales de démarches d'enseignement en danse

Ci-après nous proposons, pour chacun des cycles d'enseignement, les **caractéristiques générales de démarches d'enseignement** en danse (les sujets corrigés reprennent certaines de ces propositions). Selon les principes énoncés précédemment :

- au cours de ces modules, les élèves vivent les trois rôles sociaux propres à la danse. Ils s'ouvrent également au monde et à la culture artistiques ;
- les modules reposent sur les étapes d'une démarche de création ;
- l'enseignant recourt aux composantes du mouvement pour envisager la mise en danse des élèves et leur progression.

La **progressivité des apprentissages** s'apprécie à l'aune :

- des objectifs visés (par conséquent, des niveaux d'habiletés attendus),
- du type d'inducteur(s) au(x)quel(s) l'enseignant recourt,
- du type et du nombre de composantes du mouvement abordées et mises en interaction,
- de la durée réservée à chacune des étapes de la démarche au cours du module,
- de la place et du rôle tenus par l'enseignant et par les élèves,
- du niveau de manipulation des outils du chorégraphe.

5. Pour une présentation détaillée, voir : *lizlerman.com/critical-response-process*.

	Cycle 1	Cycle 2	Cycle 3
Compétences visées	Construire et conserver, individuellement, une séquence d'actions et de déplacements, en relation avec d'autres partenaires, avec support musical.	Par groupes de 3, composer, à partir d'un thème au choix tiré du quotidien, une chorégraphie de 8 à 10 mouvements combinés et liés. Selon l'intention, la gestuelle, les directions (des déplacements), les durées et les rythmes varieront.	Composer et présenter, par groupes de 4, une chorégraphie suscitant des émotions diversifiées chez les spectateurs, à partir d'un thème choisi parmi quatre (le voyage, la ville, le jeu, les saisons).
Situation de référence	Sur des supports musicaux aux caractéristiques variées (structuration, univers évoqués), demander aux élèves de se mouvoir. Les inciter à mettre en relation musicalités du support et du mouvement (vite, lent, joyeux, triste, rond, pointu, comme de l'eau...).	Par groupes de 3, les élèves composent, à partir d'une histoire de vie tirée de leur quotidien (une journée d'école, le petit-déjeuner, les discussions entre amis), une chorégraphie de 5 à 10 mouvements.	En deux temps : - en classe, confrontation à des extraits d'œuvres chorégraphiques... Être spectateur pour danser et composer ; - en salle de pratique, tirer au sort deux émotions. Traduire chacune d'elles par un état de corps, puis écrire une phrase gestuelle permettant de passer de l'un à l'autre.
Objets d'enseignement	- Découvrir son corps et ses possibilités, concevoir un schéma corporel de plus en plus précis. - Exprimer des sentiments et des émotions par le geste (symbolique) (trouver des gestes adaptés aux ambiances sonores). - S'exprimer et explorer l'espace en suivant une contrainte liée au temps (rythme). - Être danseur, chorégraphe et spectateur. - S'ouvrir au monde et à la culture artistiques.	- Transformer le réel en jouant sur les composantes du mouvement et les composantes chorégraphiques. - Rechercher la variété et les contrastes. - Entrer en relation de manières variées avec d'autres. - Utiliser l'espace en respectant la présence des autres. - Coopérer et s'organiser en groupe. - Assumer les trois rôles liés à l'activité. - S'ouvrir au monde et à la culture artistiques.	- Transformer le réel en jouant sur les composantes du mouvement et les composantes chorégraphiques. - Enrichir une phrase chorégraphique pour susciter une émotion. - Donner du sens et de la lisibilité. - Créer des points d'appuis et de contacts avec le corps des autres. - Être attentif aux gestes des autres pour les reproduire. - Élaborer une chorégraphie en articulant les rôles de danseur, chorégraphe et spectateur. - À partir de l'observation d'une production dansée, analyser, exprimer son point de vue. - S'ouvrir au monde et à la culture artistiques.

APPLICATION 3

Quels sont les comportements d'élèves susceptibles d'être observés en CE2 lors de l'évaluation diagnostique exposée dans le tableau ci-dessus ?

→ Corrigé p. 228

ENTRAINEMENTS

SUJET 1

Dans le cadre d'un module visant la construction et la conservation d'une séquence d'actions et de déplacements, en relation avec d'autres partenaires, avec support musical, l'enseignant propose à sa classe de grande section la situation suivante. Les élèves sont en binôme : l'un est une feuille d'arbre, l'autre le vent. La feuille entre en mouvement à partir des actions du vent (avec support musical). Après quelques minutes de recherche, les rôles sont inversés.

Après avoir déterminé les comportements d'élèves susceptibles d'être observés, vous exposerez et justifierez les situations qui pourraient suivre.

→ Corrigé p. 229

SUJET 2

Les programmes de 2020 indiquent, comme attendu de fin de cycle 3, de « savoir filmer une prestation pour la revoir et la faire évoluer ». Vous exposerez les principales étapes d'un module contribuant - notamment - à l'atteinte de cette compétence en CM2.

→ Corrigé p. 231

CORRIGÉS

APPLICATIONS

APPLICATION 1

Danser avec ces costumes et accessoires implique, pour les élèves, de s'adapter à de nouvelles contraintes offrant, elles-mêmes, de nouveaux possibles. Ainsi se redéfinissent et s'explorent :

- nature et amplitude des mouvements, nature et trajectoires des déplacements (ressources motrices) ;
- perception du corps et de ses contours, du schéma corporel (modification et enrichissement), imaginaire (ressources cognitives) ;
- image de soi, effets sur le public (comique, exagération...) (ressources affectives et relationnelles).

APPLICATION 2

L'un des angles possibles de réponse est de montrer comment des disciplines peuvent dialoguer pour contribuer au socle commun de connaissances, de compétences et de culture et se rapprocher autour de notions, méthodologies, objectifs complémentaires et/ou communs.

C'est le cas, autour du domaine 5 du socle, en travaillant les compétences :

- exprimer des intentions et des émotions par son corps dans un projet artistique individuel ou collectif (EPS) ;
- mettre en œuvre un projet artistique, explorer et imaginer (enseignements artistiques) ;
- liées à la sensibilité (soi et les autres) (EMC) ;
- se situer dans l'espace et dans le temps (questionner le monde) ;
- représenter (mathématiques).

Ou encore autour du domaine 4 du socle, en travaillant les compétences :

- découvrir les principes d'une bonne hygiène de vie, à des fins de santé et de bien-être (EPS), au travers de la connaissance de soi, de ses émotions et de leur gestion en danse ;
- expérimenter, produire, créer (enseignements artistiques) ;
- liées à la sensibilité (soi et les autres) (EMC) ;
- pratiquer des démarches scientifiques (questionner le monde) ;
- chercher et raisonner (mathématiques).

APPLICATION 3

Parmi les comportements susceptibles d'être observés, nous en retenons trois :

- Un élève refuse de participer à la présentation. Au cours des recherches, ses propositions ont été discutées par ses partenaires et toutes n'ont pas été retenues. L'objet d'enseignement en jeu est la coopération et l'organisation en groupe.
- Les élèves d'un même groupe présentent chacun, simultanément, une phrase différente, de façon isolée. L'objet d'enseignement en jeu est l'entrée en relation de manières variées avec d'autres.

- Un groupe mime des élèves en classe. L'objet d'enseignement en jeu est la transformation du réel en jouant sur les composantes du mouvement et les composantes chorégraphiques.

ENTRAINEMENTS

SUJET 1

▪ **Comment aborder le sujet ?**

Ce qui est **attendu** :

- **identifier et justifier les comportements**, en s'appuyant sur les caractéristiques principales des élèves de ce niveau de classe, les problèmes fondamentaux de l'APSA auxquels la situation confronte, les ressources à mobiliser, les objectifs visés par l'enseignant. Ne vous restreignez pas aux comportements significatifs de difficultés, des comportements attendus peuvent être observés. Il est également important de penser aux deux rôles induits par la situation (vent/feuille).
- **exposer et justifier des situations** permettant aux élèves de progresser, dans le sens des apprentissages visés. Pour ce faire, respectez les règles - didactiques - de présentation d'une SA. Vous pouvez soit faire évoluer la situation initiale, soit en proposer une nouvelle. Allez jusqu'au bout de votre réflexion en expliquant précisément en quoi la situation que vous exposez permet aux élèves d'apprendre, mettez en lumière les leviers et processus de transformation.

Ce que vous devez **définir** :

- les **objectifs** visés par l'enseignant, les **contenus d'enseignement** conséquents ;
- les **comportements attendus** ;
- les contours précis de la **situation** (consignes, règles, critères de réussite et de réalisation...).

▪ **Réponse au sujet**

Conformément aux préconisations des programmes[6], en proposant cette situation, l'enseignant souhaite **que les élèves apprennent à** :

- interagir, réagir aux actions du partenaire, décider pour, travailler en binôme ;
- communiquer en danse le vent qui souffle sur la feuille et la feuille « soufflée ».

Aussi la situation confronte-t-elle les élèves à la phase d'**exploration** (voire de diversification) de la démarche de création. Ils y manipulent trois **paramètres du mouvement** : le corps, la relation aux autres, et l'énergie.

Les **élèves de GS** sont plutôt vifs, dans l'exubérance motrice. Leur maîtrise corporelle est progressive. Ils construisent un répertoire moteur, passant d'habiletés motrices fondamentales aux formes simples à des formes enrichies (vers plus de fluidité, de coordination, d'équilibre, de perception du corps), diversifiées puis enchaînées (de manière juxtaposée puis combinée). Ils ont un fort pouvoir d'ima-

6. Particulièrement en référence aux compétences : « Découvrir et affirmer ses propres possibilités d'improvisation, d'invention et de création en utilisant son corps », « Développer l'écoute de soi et des autres » et « Saisir les différentes dimensions de l'activité, les enjeux visés, le sens du progrès, par l'aller et retour entre les rôles d'acteurs et spectateurs ».

gination et de fabulation. Leur attention est surexclusive et ils se projettent à court terme. Ils ont besoin :

- de temps pour entrer dans l'action, s'en retirer, y revenir ;
- de répéter pour expérimenter, s'imprégner, réajuster et organiser leur activité ;
- d'espace ;
- de sécurité affective.

Le **premier comportement** retenu est celui d'un élève[7] « feuille » qui, malgré les propositions (gestuelles et verbales) de l'élève « vent », reste statique. L'**enjeu de transformation** est d'amener à la mise en mouvement, fonction du binôme. Il demande de développer des **ressources** motrices, cognitives, affectives. Aussi proposons-nous :

- en groupe classe, de **recenser**, **verbalement**, les interactions possibles (mobilisation des ressources cognitives). Des traces visuelles (telles que des photographies) peuvent être produites. Un **retour à la situation initiale**, à la pratique, offre la possibilité de tester les interactions repérées et d'en créer de nouvelles.
- de donner la possibilité à l'élève « vent » de **toucher pour mettre en action** (ressources motrices et relationnelles). Le contact d'un point précis du corps de l'élève feuille guide le mouvement de ce dernier et rend l'intention de l'élève vent plus lisible.
- de donner à l'élève le rôle de **spectateur actif** (ressources cognitives). Le changement de rôle et les échanges sur les observations viennent enrichir les savoirs du danseur[8].

Second comportement : un élève « vent » interagit avec l'élève « feuille » en soufflant sur son corps, ou effleure des parties variées de celui-ci. Cependant, les élèves restent statiques. Pour une **prise de conscience de l'espace environnant et des déplacements possibles**, la situation suivante fait danser (de façon libre et improvisée, en musique) les élèves (tous feuilles) d'un cerceau à un autre (espacés d'une dizaine de mètres), devant des spectateurs. Le paramètre du mouvement « **espace** » est ici introduit. Les **spectateurs**, quant à eux, apprennent à observer les gestes et le mouvement, ressentir des émotions, exercer leur imagination. Cette situation peut déboucher sur la construction d'une phrase dansée (un début et une fin).

▪ **Questions possibles du jury**

- En vous appuyant sur votre connaissance du développement de l'enfant, pourriez-vous discuter le choix des inducteurs retenus pour cette situation ?
- À quel moment du module la situation pourrait-elle être proposée ?
- Quels devraient être l'attitude et le rôle de l'enseignant ?
- Quelles activités langagières programmer à partir de cette activité ?

7. Nous utilisons la seule forme masculine, mais elle désigne les deux sexes.
8. L'Association nationale de recherche et d'action théâtrale a développé le dispositif « L'École du spectateur ». La charte, consultable en ligne, est riche pour l'enseignement de la danse - *www.anrat.net/pages/ecole-du-spectateur*

SUJET 2

▪ Comment aborder le sujet ?

Pour envisager ce sujet, **considérez** que :

- le **cycle 3** court jusqu'à la fin de la classe de 6e. Aussi, pensez à la **progressivité des apprentissages** concernant cette compétence (découverte de l'outil, manipulation, sens donné à un tel dispositif, modalités d'analyse et d'expression, construction des outils de lecture des images, liens entre les disciplines) ;
- cette compétence touche aux différents **rôles sociaux** propres à la danse et à son enseignement. L'outil vidéo est susceptible d'aider le chorégraphe à décider, choisir, apprécier ; le danseur à évaluer sa prestation (physique, interprétation…) ; le spectateur à voir, revoir, décaler et multiplier le regard. Tous, à progresser ;
- cette **visée éducative** s'articule à celle, centrale, de production et représentation d'une séquence à visée artistique.

Aussi vous faudra-t-il **définir** :

- le **contexte** dans lequel s'inscrit le sujet en vous appuyant sur vos connaissances en didactique de l'EPS. Quelles sont les principales caractéristiques du module (durée, compétences visées, enjeux de transformation, conditions d'évaluation des élèves…) ? ;
- les **principes d'utilisation** de l'outil vidéo (qui, quand, quoi, comment, pourquoi ?). Ici, la compétence reprise dans les programmes détermine la finalité des images : « revoir » et « faire évoluer » une prestation. Cela implique certaines caractéristiques (qualités) au film : positionnement de celui qui filme par rapport à la scène, cadrage, suivi, captation sonore, durée… ;
- les liens avec les **autres disciplines** (autour des images et des dispositifs que la vidéo peut impliquer, tels que les discussions et prises de décision au sein d'un groupe).

▪ Réponse au sujet

Les **programmes** de 2020 pour le cycle 3 préconisent le recours à l'outil vidéo et aux films dans **plusieurs disciplines** (autres que l'EPS) :

- dans les **enseignements artistiques**. Par l'« utilisation de l'appareil photographique ou de la caméra », les élèves découvrent « des modalités de présentation afin de permettre la réception d'une production plastique ou d'une œuvre ». Ils se confrontent ainsi au questionnement de « la prise en compte du spectateur, de l'effet recherché ».
- en **français**, dans des situations de « formulations de réactions à des propos oraux, à une lecture, à une œuvre d'art, à un film, à un spectacle, etc. », ou encore pour « comprendre pourquoi le récit[9] capte l'attention du lecteur et la retient », pour « s'interroger sur les raisons de l'intérêt que l'on prend à [sa] lecture ».

9. Les programmes précisent la multiplicité des formes que peut prendre ce récit, parmi lesquelles l'extrait de film ou le film.

- en **langues vivantes**. Les outils numériques, parmi lesquels la vidéo, sont des supports d'écoute, de lecture et/ou de compréhension.

Ces éléments, confrontés aux connaissances didactiques de l'activité, permettent de dégager plusieurs **enjeux du travail avec/de la vidéo**, dans le cadre d'un « module contribuant - notamment - à l'atteinte » de la compétence « savoir filmer une prestation pour la revoir et la faire évoluer » :

- la construction de clés de filmage, de lecture et d'interprétation d'images, à partir de productions (professionnelles et d'élèves) ;
- l'expérimentation de techniques de filmage, au fil des séances ;
- l'interrogation et l'analyse des images produites en EPS (par les élèves, par l'enseignant), au service des enjeux de transformation pour le danseur, le chorégraphe et le spectateur.

Aussi proposons-nous d'inscrire notre réflexion dans un **module** d'une douzaine de séances. Précisons que ces séances **dialogueront** avec d'autres menées en classe, ancrées dans des modules dans d'autres disciplines. **À l'issue du projet**, il est attendu que les élèves présentent, par groupes de quatre, une chorégraphie composée collectivement suscitant des émotions diversifiées chez les spectateurs, sur un thème choisi parmi quatre (le voyage, la ville, le jeu, les saisons). Au cours de ce module, les élèves **apprendront à** :

- mesurer et utiliser le pouvoir d'expression et de communication du corps ;
- mobiliser leurs répertoires gestuels, les règles de composition et l'outil vidéo, au service d'un projet et d'une intention collectifs ;
- observer et analyser de façon critériée pour échanger, communiquer, progresser ;
- (se) respecter, accepter de donner à voir, se voir, voir les autres. En CM2, les élèves prennent plaisir à agir avec les autres. L'autonomie individuelle et celle du groupe constituent une ressource. Être intégré à un collectif est important pour l'élève. L'acceptation du regard de l'autre est alors un enjeu de taille. La conception d'une progression en danse doit aussi prendre en compte les représentations (sexuées) que les élèves peuvent avoir de la danse, pouvant induire des réticences et résistances.

Le découpage du module exposé suit les étapes caractéristiques de la démarche de création. Au fil du module, le **recours à la vidéo** permet alors :

- d'**apprécier** les choix chorégraphiques et leurs effets (par exemple, que suscitent, chez le spectateur, différentes écritures : la répétition, l'unisson, la transposition) ;
- l'**accompagnement de** l'exploration et de la diversification du répertoire gestuel des élèves, vers plus d'originalité et de symbolisation. Voir ses explorations gestuelles, les confronter à d'autres étendent le champ des possibles ;
- les **échanges** : le spectateur formule son ressenti, ses interprétations, questions et suggestions qui sont mises en relation avec les intentions, ressentis, réponses de l'interprète et du chorégraphe. Ces échanges peuvent alors conduire à des ajustements, des transformations des productions de chacun. Être spectateur est aussi un temps d'évaluation et d'enrichissement de son propre travail ;

- de laisser une **trace** de la matière recueillie, aidant ainsi, dans la phase de composition collective, aux choix, aux liens, à la mémorisation.

Notre module se structure en **cinq phases**. Chacune est composée de plusieurs séances pouvant se dérouler en classe ou en salle de pratique.

Phase 1 : Se confronter à des extraits d'œuvres chorégraphiques pour entrer dans la démarche de création.

Cette phase se déroule sur plusieurs séances et implique la mise en lien de plusieurs disciplines. Le visionnage d'extraits filmés donne lieu à des discussions et débats en groupe-classe : Qu'avez-vous vu ? Quels sont les choix des chorégraphes (mouvement, univers, composition, scénographie...) ? Quelle prestation des danseurs ? Comment filme-t-on la danse (visions fovéale et périphérique) ? Où commence le mouvement, où se termine-t-il ? Qu'est-ce qui entre dans le champ de la caméra et du champ de vision ? Où se placer pour voir cette danse, la danse ? Quels effets, ressentis, perceptions ? Les réponses à ces questions sont ensuite mises en lien avec les objectifs du module.

Phase 2 : Développer motricités fonctionnelle et expressive, y recourir pour exprimer et communiquer.

Au cours de trois à quatre séances, les situations d'exploration-improvisation ont pour objet et origine les émotions (nature, effets et manifestations corporelles, transmission). Elles débouchent sur de premières écritures individuelles. L'enseignant filme les trouvailles. Les productions sont visionnées collectivement avant un retour à la pratique (qu'avez-vous vu, que n'avez-vous pas vu, quels ressentis de spectateurs, quelles ressemblances, similitudes dans les réponses...).

Les premières séances du module (phases 1 et 2) permettent d'apprécier les **acquis des élèves et, leurs besoins**.

Phase 3 : Diversifier et enrichir le mouvement en sous-groupe, se mettre en projet.

La troisième phase s'étend sur trois à quatre séances. Les élèves, à présent par groupes de quatre, déterminent leur projet d'expression et de communication (choix de la thématique, des émotions à susciter). Ils fédèrent leurs écritures individuelles (productions de la phase 2) pour constituer un répertoire gestuel commun. Les situations conduisent ensuite à enrichir et développer ces répertoires, au service des projets. L'enseignant filme. Ces productions sont visionnées, leurs effets sont analysés avant un retour à la pratique et une synthèse, au sein des sous-groupes, du répertoire augmenté.

Phase 4 : Écrire le mouvement, Outiller son projet.

Durant les trois à quatre séances suivantes, les sous-groupes composent. Ils sont appariés (les paires seront conservées jusqu'à la fin du module). La production et ses évolutions sont filmées par le groupe partenaire. Les images sont analysées au sein de chaque sous-groupe, puis avec le groupe partenaire. Les critères utilisés (construits depuis la première phase du projet) sont : la symbolique et l'expressivité du langage gestuel, la lisibilité du projet (thématique, émotions), le ressenti du spectateur. Conjointement, en EMC, il est possible de travailler la méthode de la « clarification des valeurs » ; une méthode pour « choisir, apprécier, agir » grâce à laquelle les élèves développent des « aptitudes à la réflexion critique et à la décision » (voir les ressources complémentaires aux programmes sur eduscol.education.fr).

Phase 5 : (S')Exprimer et communiquer par différents langages.

Les créations sont présentées à la classe au cours des deux dernières séances. Un élève du groupe partenaire filme, selon les modalités - simples - déterminées par le groupe. En classe, les images sont visionnées et donnent lieu à la mise en discussion des intentions du groupe, de la réception par le public et du rendu filmique. Au cours de cette phase se tient l'évaluation sommative.

De par ses caractéristiques, ce module contribue à développer des connaissances et compétences dans plusieurs **domaines du socle**, en particulier :

- les langages pour penser et communiquer (« Comprendre, s'exprimer en utilisant les langages des arts et du corps, la langue française à l'oral[10] »), par la production d'une séquence artistique, par les verbalisations, discussions et débats autour des productions, par l'apprentissage et/ou l'enrichissement d'un vocabulaire précis (du sensible, de l'art chorégraphique) ;
- les méthodes et outils pour apprendre (« Coopération et réalisation de projets » ; « Médias, démarches de recherche et traitement de l'information »), par le travail collectif et les usages des images vidéo (« objets de savoirs » et « outils ») ;
- la formation de la personne et du citoyen (« Expression de la sensibilité et des opinions, respect des autres ») par la mise en démarche collective de création, faisant appel au « sensible-comme-connaissance ». « Le sensible est ainsi à la fois les sens de la sensorialité, le(s) sens qui en découle(nt), la connaissance qui y est associée, dans l'expérience même et à partir d'elle » (Jean-Paul Filiod (dir.), « Le sensible-comme-connaissance. Évaluer les pratiques au seuil de l'expérience », rapport de recherche, EAL & ESPE-Université Lyon 1, 2014).

▪ Questions possibles du jury

- Quel type de matériel (vidéo) pourriez-vous utiliser ?
- Quel usage l'enseignant peut-il faire de la vidéo ?
- Dans quelle mesure l'enseignant devrait-il prendre en compte l'usage de la vidéo dans l'instauration d'un cadre sécurisant d'enseignement-apprentissage en danse ?
- Dans le cadre de quels dispositifs pourriez-vous accueillir un artiste chorégraphique dans votre classe ?

10. Le contenu des parenthèses fait directement référence au texte du socle.

5 Enseigner les activités de combat en EPS à l'école primaire[1]

AUTOÉVALUATION

1 Les activités de combat peuvent être enseignées en EPS :

- ☐ **a.** sur les trois cycles de l'école primaire.
- ☐ **b.** uniquement au cycle 1.
- ☐ **c.** uniquement au cycle 2.
- ☐ **d.** uniquement au cycle 3.

2 En école élémentaire, les jeux de lutte et activités de combat renvoient au champ d'apprentissage :

- ☐ **a.** 1 : Produire une performance optimale, mesurable à une échéance donnée.
- ☐ **b.** 2 : Adapter ses déplacements à des environnements variés.
- ☐ **c.** 3 : S'exprimer devant les autres par une prestation artistique et/ou acrobatique.
- ☐ **d.** 4 : Conduire et maîtriser un affrontement collectif ou interindividuel.

3 Les activités de combat sont :

- ☐ **a.** des activités d'opposition interindividuelle.
- ☐ **b.** des activités de coopération interindividuelle.
- ☐ **c.** des activités d'opposition collective.
- ☐ **d.** des activités de coopération collective.

4 Pour diminuer les appréhensions liées à l'affrontement chez ses élèves, on peut :

- ☐ **a.** proposer une opposition sous forme de jeu en 1 contre 1 impliquant un contact dans l'espace proche.
- ☐ **b.** proposer une opposition sous forme de jeu collectif induisant un contact bref.
- ☐ **c.** proposer une opposition sous forme de compétition.
- ☐ **d.** proposer une opposition en 1 contre 1 induisant un contact prolongé.

CORRIGÉS

1 **a.** → pp. 243-246 ; **2** **d.** → p. 245 ; **3** **a.** → p. 236 ; **4** **b.** → p. 249.

CONSEILS

- Pour que les situations proposées en activités de combat soient adaptées, il faut tenir compte du développement de l'enfant et tisser des liens avec l'enseignement d'autres activités physiques d'opposition, tels les jeux collectifs.

1. Auteur du chapitre : Haimo Groenen.

COURS

Ce chapitre traite de l'enseignement des activités de combat en EPS à l'école primaire. Ces activités renvoient à une multitude de pratiques sociales et d'APSA. Leur dénomination n'est pas uniformisée dans les programmes qui prévoient l'enseignement de jeux de lutte au C2, et l'enseignement de jeux de combat de préhension au C3. L'expression « activités de combat » a été retenue ici afin d'englober cette pluralité d'activités.

1 Connaissances didactiques sur l'APSA

A. Définition et logique interne

Les activités de combat renvoient à des **activités corporelles d'opposition interindividuelles**, réalisées en **1 contre 1**. Il en existe plusieurs types. Les activités de combat de **préhension** impliquent une saisie (luttes, judo, sumo...), tandis que les activités de combat de percussion (boxe anglaise, boxe française...) consistent à porter des coups tout en restant à distance de l'adversaire (il existe aussi des disciplines mixtes qui combinent ces deux modalités d'affrontement). Des activités de combat sont médiées par une arme (escrime, taekwondo...) dont l'enseignement n'est pas prévu dans les programmes de l'école primaire.

Les programmes prévoient des activités physiques de combat de préhension (APCP) sous forme de **jeux** (de lutte, de combat de préhension). Les APCP sont réalisées sur une **surface** donnée (aux formes et dimensions variées : carré en judo, circulaire en luttes) et dans un **temps** délimité (croissant au fil de l'âge des pratiquants). Elles ont la particularité de faire du **corps** à la fois la **cible** et le **moyen de l'affrontement**, dans le respect d'un **règlement** visant à garantir la **sécurité** des protagonistes par l'intermédiaire d'un (voire plusieurs) **arbitre(s)**. Les actions portant atteinte à l'intégrité physique sont interdites, débouchant à l'école sur des « **règles d'or** » à respecter. Il s'agit, dans un corps à corps, d'**imposer** à l'adversaire un **état physique particulier** (par exemple projeter au sol, immobiliser au sol, expulser d'une surface...) signe de domination de l'adversaire. L'opposition réciproque (je peux à la fois attaquer et défendre) conduit à plusieurs **incertitudes** relatives aux actions de l'adversaire : **évènementielle** (quelles seront ses actions ?), **spatiale** (où va-t-il réaliser ses actions ?), **temporelle** (quand va-t-il agir ?). Les activités de combat de préhension se distinguent par le but poursuivi (par exemple en lutte libre : amener les épaules de l'adversaire au sol ; en judo : projeter l'adversaire sur le dos ou l'immobiliser au sol ; en sumo : sortir l'adversaire de l'aire de combat...) et le règlement, voire la tenue (par exemple le kimono pour le judo).

APPLICATION 1

Citez deux activités de préhension dont l'enseignement est prévu dans les programmes.

→ Corrigé p. 260

B. Objets d'enseignements

L'enseignement des APCP repose, au-delà de leur diversité, potentiellement sur plusieurs objets d'enseignement, présent plus ou moins explicitement dans les programmes.

a. Les saisies et le contact corporel

Inhérentes au contact et aux activités de préhension, elles sont nécessaires aux actions offensives (projection, retournement, immobilisation…) et de défense (pousser, tirer, esquiver, bloquer…), ou encore aux techniques sécuritaires (contrôler une projection). Les saisies sont **réglementées** notamment pour des raisons sécuritaires (interdiction de saisir les extrémités : doigts, orteils, tête, cou, chevilles et les organes génitaux…).

b. Les placements et déplacements

Ils sont nécessaires aux actions offensives (se placer sur le côté de l'adversaire par exemple pour le retourner ; se placer sur l'adversaire pour l'immobiliser…).

c. Les retournements

Ils consistent à faire passer l'adversaire d'une position défensive (à quatre pattes, sur le ventre, sur le côté) à une position allongée sur le dos. Il existe plusieurs familles de retournement : par suppression d'un ou plusieurs appuis (exemple : le défenseur étant à quatre pattes et l'attaquant sur le côté, supprimer l'appui d'un coude, d'un genou, d'un coude et d'un genou…), par levier (exemple : le défenseur étant à quatre pattes et l'attaquant sur le côté, bloquer un coude et un genou au sol, et pousser avec son buste sur celui de l'adversaire pour le faire basculer).

Exemple de retournement par suppression d'un appui (coude)

Exemple de retournement par levier

d. Les immobilisations (→ voir sujet 2 d'entraînement, p. 259)

Elles consistent à maintenir l'adversaire au sol, en orientant le dos vers le sol (donc une ou deux épaules en contact), sans que le défenseur ne contrôle l'une des jambes de l'attaquant (en l'encerclant par exemple). Il existe deux grandes familles d'immobilisations : par contrôle costal sur le flanc du défenseur (on est alors assis à côté de lui en contrôlant l'une de ses épaules, les jambes écartées), par contrôle en étant face au sol (ventre orienté vers le sol, à cheval sur le défenseur par exemple), avec quatre appuis au sol (deux genoux, deux coudes).

Exemple d'immobilisation
par contrôle en restant face au sol

Exemple d'immobilisation
par contrôle costal

e. Les chutes et les projections

Elles consistent à passer d'une position debout (ou un genou au sol), à une position allongée sur le dos, sans se faire mal, à la suite d'une projection. Elles reposent sur un principe biomécanique d'absorption du choc provoqué par l'impact au sol en le répartissant sur l'ensemble du corps (et non sur le seul point de contact au sol), grâce à une action de frappe du sol avec un ou deux bras, paume orientée vers le sol, juste au moment de l'impact.

Il faut protéger la nuque (rentrer le menton) lors de la chute. Celui qui chute ne doit pas se retenir à celui qui projette, qui doit relever le bras de celui qui chute pour le retenir. Une chute doit être distinguée d'un retournement (au sol, il n'y a pas à proprement parler de chute).

Une projection consiste à faire passer l'adversaire d'une position debout à une position au sol, dos orienté vers le tapis. Leur apprentissage est réservé à la fin du cycle 3, notamment pour des raisons sécuritaires, c'est pourquoi nous ne les développons pas ici.

f. L'arbitrage

Il renvoie aux prises d'informations et de décisions relatives aux points marqués, aux actions interdites et sanctionnées, et à la gestion du temps du combat. L'arbitre doit avoir une bonne vision sur les deux combattants, et éventuellement se déplacer et se replacer.

g. Les choix tactiques offensifs et défensifs

L'attaquant dispose de plusieurs **systèmes d'attaque** :

- attaque directe ;
- feinte : je simule une attaque pour faire réagir l'adversaire et utiliser sa réaction pour réaliser une seconde attaque prévue à l'avance ;

Ex. : En étant placé sur le côté d'un adversaire à 4 pattes, je feinte une tirade vers moi pour ensuite le retourner en le poussant tout en supprimant ses appuis.

– enchaînement : suite à une première attaque sincère (non une feinte), j'utilise la réaction défensive de l'adversaire pour réaliser une seconde attaque non prévue à l'avance.

Ex. : En étant debout face à face dans un cercle, j'essaie de faire sortir l'adversaire de celui-ci en le poussant, il résiste en me poussant également, je le tire vers moi en faisant un quart de tour pour le faire avancer et le sortir du cercle.

L'attaque implique donc de prendre des informations sur l'adversaire et soi-même, pour prendre les meilleures décisions dans le contexte du combat.

Le défenseur dispose de plusieurs **systèmes de défense** :

– esquive : déplacement de tout ou partie du corps pour se soustraire à l'attaque sans opposer de force, par exemple je lève le bras alors que l'attaquant essaie de supprimer cet appui ;

– blocage : s'opposer force contre force, par exemple l'adversaire me pousse, je pousse.

Les choix tactiques offensifs reposent sur l'idée d'opportunité. Une **opportunité** désigne une **occasion favorable à l'application d'une technique**. Elle dépend généralement simultanément de plusieurs paramètres en interaction.

Pour réaliser un retournement, il faut tenir compte de la position du défenseur (allongé à plat, à quatre pattes sur les coudes ou sur les mains) et de ses appuis (écartés, serrés, avancés ou parallèles...) afin d'identifier les espaces libres et les saisies possibles, de la position de l'attaquant par rapport au défenseur (de face, sur le côté, à cheval...), des systèmes de forces qui relie les combattants, de l'état d'équilibre du défenseur... Ces choix tactiques offensifs et défensifs reposent sur des alternatives (attaquer vers l'avant ou l'arrière ; défendre en esquivant ou en bloquant...).

APPLICATION 2

Citez deux objets d'enseignement qui permettent la marque dans les activités physiques de combat de préhension.

→ Corrigé p. 260

C. Problèmes fondamentaux

Les problèmes fondamentaux posés par les APCP, et qui traversent les objets d'enseignement précités, débouchent sur plusieurs contradictions à gérer par les combattants :

– la réversibilité des rôles : la même action, la saisie, contient à la fois l'attaque et la défense ;

– la prise de risque inhérente à l'attaque et à la défense : la victoire implique des actions offensives mais elles font prendre le risque de perdre en s'exposant à un contre adverse ;

– l'exécution technique dans un rapport de force physique évolutif : l'affrontement implique la mobilisation de techniques (saisies, déplacements, placements, retournements, immobilisations...) à maîtriser alors que mon adversaire peut se défendre (esquiver, bloquer, etc.), me déséquilibrer dans un corps à corps (induit par les saisies) source d'une opposition physique directe qui évolue selon les déplacements des adversaires ;

- la gestion de ses émotions et des contraintes sécuritaires : la volonté de vaincre (pouvant déboucher sur une agressivité contrôlée) doit s'accompagner d'une maîtrise émotionnelle (en cas de victoire mais aussi de défaite) et du respect de l'intégrité de l'adversaire (ne pas le blesser par mes actions) et de soi-même (ne pas se blesser de par mes actions).

Ces problèmes fondamentaux et leur gestion par les pratiquants orientent les ressources sollicitées chez ces derniers en lien avec les différents objets d'enseignement.

D. Ressources sollicitées

a. Ressources motrices

Les APCP impliquent des **coordinations motrices** et des **dissociations segmentaires** complexes :

- entre les trains supérieur et inférieur (par exemple, pour retourner un adversaire à quatre pattes, en étant à genoux sur le côté, je peux tirer sur mes mains qui saisissent un coude et un genou adversaires et pousser sur mes jambes),
- entre les segments droit et gauche (par exemple au sol, en situation de face-à-face à genoux, si l'adversaire me pousse, je l'amène au sol par une rotation des bras comme si je tournais un volant vers la droite tout en me décalant sur le côté), lors de poussées, tractions et rotations pouvant être combinées.

Le fait d'arriver au sol (allongé sur le côté, le ventre, le dos, à quatre pattes) implique des techniques sécuritaires (enrouler le dos, rentrer la nuque, frapper le sol avec la paume de main si besoin, etc.). L'attaquant doit maîtriser l'amenée au sol du défenseur (contrôler la chute en relevant son bras, ne pas tomber sur lui) pour garantir sa sécurité. Les APCP sollicitent notamment des qualités motrices d'**adresse** (motricité fine, lors des saisies par exemple qui doivent être précises, une suppression d'un appui précis de l'adversaire...) et d'**équilibration** (pour le défenseur : rester équilibré, les attaques étant susceptibles de le déséquilibrer lors d'un retournement, d'un déplacement ou d'un placement).

b. Ressources énergétiques

Le combat consiste à enchaîner des efforts d'intensité et de durée variables (il peut y avoir des phases de coupures conduisant à une suite d'efforts entrecoupés de courtes récupérations) et induit une forte dépense énergétique, variable selon la durée et l'intensité du combat, mais aussi selon le niveau de pratique (d'autant plus importante que le niveau de pratique est faible). La durée d'un combat augmente au fil de l'âge. À l'école primaire, les filières généralement les plus sollicitées sont l'aérobie et l'anaérobie alactique. La durée du combat est alors réduite pour limiter la sollicitation de la filière anaérobie lactique.

c. Ressources perceptives

Les informations **proprioceptives** sont essentielles tant pour la gestion de son équilibre que pour la réalisation et le contrôle de ses actions offensives et défensives, de ses placements et déplacements, car le sujet ne voit pas forcément les parties du corps mobilisées.

Les informations **vestibulaires** sont essentielles en ce qu'elles renseignent sur l'état d'équilibre du sujet. L'une des particularités de l'équilibre du combattant tient au fait qu'il peut disposer de plus de deux appuis, contrairement à la situation classique du terrien. En effet, lorsque les combattants se sont saisis en étant debout, ils disposent de deux appuis au sol, mais aussi de deux appuis au niveau des mains, ceux-ci étant néanmoins fluctuants. Au sol, ils peuvent être en appui sur les orteils, les genoux, en plus des saisies sur l'adversaires (6 appuis en tout).

Les informations **tactiles** sont centrales lors du corps à corps, des saisies sur l'adversaire, des contacts établis avec celui-ci (ex. : au sol, le contact avec le tapis).

Les informations **visuelles** sont également importantes : la vision centrale permet de prendre des indices précis sur l'adversaire (exemple : il avance, son pied droit est reculé, il se met en boule au sol), l'aire de combat (ex : je suis au centre, ou au contraire en limite extérieure). L'**audition** est importante pour tenir compte des indications de l'arbitre, et de toute information de l'adversaire (signalant qu'il a mal par exemple).

d. Ressources cognitives

Les ressources cognitives sont sollicitées en lien avec la **compréhension** d'éléments, tels les règles, le but, les **stratégies** et les **décisions**. Elles interviennent pour la définition des stratégies offensives et défensives avant, pendant voire après l'affrontement (par exemple définir une stratégie offensive autour de l'utilisation d'une technique, d'un système d'attaque ; définir une stratégie défensive autour de l'utilisation d'un système de défense).

Ces ressources interviennent aussi durant la prise de décision au cours de l'affrontement : il s'agit de gérer des alternatives dans des contraintes de temps fortes, car le contexte du combat évolue rapidement en lien avec les déplacements, placements et actions des adversaires (Dois-je attaquer ou défendre ? Vaut-il mieux attaquer vers l'avant ou l'arrière ? Est-il préférable d'esquiver ou bloquer l'attaque adverse ? Dois-je supprimer l'appui droit ou l'appui gauche de mon adversaire ?).

Une opportunité présente un caractère fugace, c'est-à-dire qu'elle ne dure généralement pas longtemps (par exemple : mon adversaire me pousse en avançant sur moi, je peux donc utiliser ses actions pour le déséquilibrer vers l'avant et l'amener au sol, mais ses actions évoluent au fil du temps).

Ces ressources interviennent aussi dans la compréhension des règles de sécurité et de certains principes d'efficacité techniques ou tactiques, enfin durant l'arbitrage (comprendre les règles, le contexte du combat, décider de se déplacer pour avoir la meilleure vision sur le combat, prendre une décision adaptée au contexte du combat).

e. Ressources affectives et sociales

Le combat peut engendrer des émotions positives et/ou négatives liées aux risques perçus (peur du contact, de se faire mal, de faire mal...), à l'issue du combat (frustration suite à une défaite/joie suite à une victoire), à la possibilité de transgresser des tabous sociaux (se saisir y compris dans l'espace intime, pousser, tirer, projeter, immobiliser quelqu'un...). Les ressources sociales sont développées en lien avec des activités d'opposition, de coopération et divers rôles (combattant, arbitre, chronométreur, observateur, coach...).

E. Formes de pratiques sociales

Il existe une multitude d'activités de combat, dont beaucoup sont réglementées en tant que sports (lutte libre, judo, karaté...). Elles sont également pratiquées en tant que loisir, en club, en dehors de toute compétition (modalité concernant la majorité des pratiquants).

Les enfants peuvent également pratiquer des formes d'opposition en dehors de tout contexte sportif et institutionnel, en jouant à se « bagarrer » dans la cour de récréation, à la maison, etc. Des pratiques médiatisées telles le catch, le MMA, les médias prisés par la jeunesse (bandes dessinées, dessins animés, jeux vidéo...) peuvent les inciter à vouloir s'adonner à des pratiques potentiellement dangereuses. L'école doit donc développer chez les élèves un regard critique sur ces pratiques et leurs dangers.

F. Enjeux de formation

Les problèmes fondamentaux posés par les APCP et les ressources qu'elles sollicitent et développent en font des leviers pour participer à l'éducation :

- corporelle (développer les capacités motrices),
- psychologique (maîtrise de soi, concentration, etc.),
- cognitive (connaissance du corps, définir des stratégies...),
- sociale (responsabilisation, autonomisation des élèves éducation à la citoyenneté, respect d'autres, etc.),
- à la santé (goût de l'effort, connaissance des risques, connaissance de soi...),
- à la sécurité (gestes dangereux) des élèves,
- à la construction du socle commun en lien avec les programmes.

L'un des enjeux prioritaires est d'accepter un affrontement interindividuel, d'y prendre du plaisir et savoir s'y adapter efficacement, en toute sécurité, en assumant différents rôles sociaux (combattant, attaquant, défenseur, arbitre, chronométreur, coach...).

2 Connaissances institutionnelles

A. Orientations institutionnelles relatives au cycle 1

a. Les programmes

Les jeux de lutte (l'expression n'est toutefois pas utilisée) peuvent être enseignés pour atteindre l'objectif 4 (« Collaborer, coopérer, s'opposer ») des programmes qui fixent l'attendu de fin de cycle suivant : « Coopérer, exercer des rôles complémentaires, s'opposer, élaborer des stratégies pour viser un but ou un effet commun ».

Les **activités d'opposition interindividuelle** sont à envisager selon une **progression**. Elles font suite à des jeux de coopération et des jeux d'opposition collectifs, qui précèdent une opposition en 1 contre 1 au corps à corps. Des **situations ludiques** permettent aux plus grands (grande section) d'entrer en contact avec le corps de l'autre, d'apprendre à le respecter et d'explorer des actions en relation avec des intentions de coopération ou d'opposition spécifiques (saisir, soulever, pousser, tirer, immobiliser…).

Les apprentissages ne sont pas forcément spécifiques aux jeux de lutte (par exemple : intégrer des règles communes). Les élèves peuvent s'approprier **divers rôles** : arbitre, observateur, responsable de la marque ou de la durée du jeu. À l'école maternelle plus encore qu'ailleurs, l'enseignement d'une AP n'est pas à envisager de façon isolée mais à travers ses relations avec les autres activités pratiquées. Les programmes posent des bases pour l'enseignement des jeux de lutte et de préhension : l'opposition corporelle, les règles à respecter, des actions motrices spécifiques, des rôles sociaux.

b. Les ressources Éduscol

La ressource maternelle relative à l'objectif 4 propose des orientations plus précises, notamment pour les activités d'opposition individuelle.

Objectifs pour le cycle 1		
- Prendre du plaisir au jeu, s'engager dans l'action. - Agir avec les autres, coopérer, exercer des rôles différents, pour viser un but ou un effet commun. - Élaborer des stratégies individuelles ou collectives pour s'opposer au projet d'un joueur ou d'un groupe en tenant un rôle antagoniste afin de faire un meilleur score que lui. - Construire des formes d'actions sur le corps de l'autre pour s'opposer à son intention, en prenant soin de son intégrité et de sa sécurité.		
Attendus en fonction des âges		
TPS/PS	**MS**	**GS**
Accepter les premières règles communes pour atteindre un effet commun, en vivant des actions en parallèle, sans réelle coordination avec ses partenaires.	Reconnaître son appartenance à un groupe, identifier les différents rôles pour instaurer les premières collaborations afin d'atteindre un but donné.	Coopérer, exercer des rôles différents complémentaires, s'opposer, élaborer des stratégies pour viser un but ou un effet commun.

Plusieurs éléments sont à **construire** selon une **progressivité** sur les trois années du cycle (nous ne développons ici que ce qui concerne spécifiquement l'opposition individuelle, même si ces éléments sont à envisager en complémentarité avec les autres éléments à construire) :

- la notion d'**action collective**, de **rôles ;**
- la notion de **règles** ;
- la notion d'**espace** ;
- la notion de **gain**.

Une progression est également proposée spécifiquement pour l'opposition individuelle.

Construire la notion d'opposition individuelle		
TPS/PS	**MS**	**GS**
Réalisation d'actions individuelles simples, juxtaposées, sans opposition (pour transporter, déplacer des objets). Découverte de la notion d'équipe et de but commun en coopération.	Participation à des jeux en s'opposant à 1 contre 1, à distance, par la médiation d'un objet ou dans des situations collectives. Découverte de la notion de partenaire et d'adversaire.	Opposition collective ou directe 1 contre 1 pour atteindre un but. Utilisation d'actions variées adaptées à une intention (tirer, pousser, porter, retourner, immobiliser en contact rapproché...).

La troisième étape de l'enseignement peut concerner l'opposition en 1 contre 1, selon une progression et les contenus suivants :

Choisir des modalités d'actions de collaboration pour expérimenter une première opposition recherchant le contact de l'autre
- Coopérer pour déplacer des objets de tailles différentes entraînant des modalités d'actions plurielles (tirer, pousser, soulever, porter...). - Vivre des situations de collaboration au travers de jeux ne présentant pas de réelle opposition (s'associer pour déplacer des camarades en réinvestissant certaines actions comme tirer, pousser, soulever, porter...). - Construire une opposition à distance par la médiation d'objets à conquérir, à voler, à posséder (foulard, épingles à linge, ballons...). - Commencer à exploiter des actions en relation avec des intentions de coopération ou d'opposition plus spécifiques (se déplacer, se placer pour saisir, agir sur le corps de l'autre pour déséquilibrer en le tirant, en poussant, assurer une saisie pour porter, soulever, trouver des solutions efficaces pour immobiliser, résister.
Construire un projet d'action individuel pour s'opposer à l'autre (fin de grande section)
- Établir des rapports constructifs à l'autre en respectant la différence de chacun (pour les activités de combat de préhension, que l'on ne proposera qu'en fin de grande section, il est nécessaire de comprendre que « l'on se bat avec quelqu'un et non contre quelqu'un »). - Vivre des situations ludiques permettant d'entrer au contact de l'autre. - Assurer simultanément et contradictoirement l'attaque et sa propre défense. - Entrer dans l'espace proche de l'adversaire et élaborer des stratégies adaptées à la motricité de celui-ci pour s'imposer tout en respectant son intégrité. - Enchaîner différentes actions comme attraper, tirer, pousser mais aussi, résister, se protéger tout en apprenant à anticiper les déséquilibres, les chutes et en construisant de nouveaux repères kinesthésiques. - Accepter et s'approprier différents rôles sociaux : arbitre, observateur, responsable de la marque ou de la durée du jeu.

Les ressources Éduscol proposent ainsi une démarche ancrée dans certains fondements des activités de combat.

APPLICATION 3

Quelle progression est prévue par les programmes pour faire pratiquer une activité corporelle d'opposition interindividuelle à l'école maternelle ?

→ Corrigé p. 260

B. Orientations institutionnelles relatives au cycle 2 et au cycle 3

a. Les programmes

Les programmes prévoient, dans le cadre du CA4 la **conduite et la maîtrise d'un affrontement collectif ou interindividuel**, l'enseignement de **jeux de lutte** (cycle 2) et de **jeux de combats de préhension** (cycle 3). Les attendus de fin de cycle et les compétences travaillées présentés dans les programmes restent toutefois larges et ne sont généralement pas spécifiques aux activités de combat (certains sont communs aux C2 et C3).

	Cycle 2	Cycle 3
Attendus de fin de cycle	Dans des situations aménagées et très variées : - s'engager dans un affrontement individuel ou collectif en respectant les règles du jeu ; - contrôler son engagement moteur et affectif pour réussir des actions simples ; - connaître le but du jeu.	En situation aménagée : - s'organiser tactiquement pour gagner le duel ou le match en identifiant les situations favorables de marque ; - maintenir un engagement moteur efficace sur tout le temps de jeu prévu ; - respecter les partenaires, adversaires et l'arbitre ; - assurer différents rôles sociaux inhérents à l'activité et à l'organisation de la classe ; - accepter le résultat de la rencontre et être capable de le commenter.
Compétences travaillées (exemples)	- Accepter l'opposition - Comprendre le but du jeu - S'adapter aux actions d'un adversaire - Coordonner des actions motrices simples - Respecter les règles essentielles de jeu et de sécurité	- Rechercher le gain d'affrontement par des choix tactiques simples - Adapter son jeu et ses actions aux adversaires - Coordonner des actions motrices simples - S'informer pour agir

Ces orientations laissent apparaître plusieurs axes prioritaires, en continuité avec les programmes de l'école maternelle, mais qui restent à préciser dans leurs contenus sur chacun des cycles : l'**acception de l'opposition** et la **compréhension du but** du jeu, la **coordination d'actions motrices**, l'**adaptation à l'adversaire**, le **respect des règles** du jeu et **de sécurité**. Des liens potentiels apparaissent avec le socle commun et les compétences générales. Nous reprenons les contenus des programmes en illustrant les rubriques : « Compétences travaillées » (pour ce qui concerne les compétences générales et la contribution au socle commun), sans être exhaustif.

	Cycle 2	Cycle 3
CG1	- Prendre conscience des différentes ressources à mobiliser pour agir avec son corps (par exemple comprendre le rôle des bras et des jambes dans une action de retournement, le rôle des mains pour saisir l'adversaire ; contrôler l'intensité d'une tirade ou d'une poussée pour rendre l'action efficace)	- Adapter sa motricité à des situations variées (opposition corporelle en 1 contre 1 au sol, debout...) - Acquérir des techniques spécifiques pour améliorer son efficacité (retournements, immobilisations, projections, saisies...) - Mobiliser différentes ressources pour agir de façon efficiente (ressources affectives pour maîtriser ses émotions et son engagement dans l'affrontement, ressources motrices en lien avec l'intensité de ses actions...)
CG2	- Apprendre par essai et erreur en utilisant les effets de son action (par exemple, tel retournement est efficace lorsque l'adversaire adopte telle position)	- Apprendre par l'action, l'observation, l'analyse de son activité et celle des autres (répéter plusieurs fois un retournement pour apprécier son efficacité au regard du contexte ; observer les actions des autres pour identifier des actions techniques ou tactiques efficaces...) - Utiliser des outils numériques pour observer, évaluer et modifier ses actions (par exemple visionner une vidéo d'une séquence d'apprentissage ou d'un combat)
CG3	- Assumer des rôles spécifiques (joueur, arbitre, observateur, chronométreur) - Respecter et faire respecter règles (de sécurité : règles d'or) et règlements (règles du jeu, actes interdits, système de points)	- Assumer des rôles spécifiques (joueur, arbitre, observateur, chronométreur) - Comprendre, respecter et faire respecter règles (de sécurité : règles d'or) et règlements (règles du jeu, actes interdits, système de points) - Assurer sa sécurité et celle d'autrui dans des situations variées (en tant que joueur : ne pas enfreindre les règles d'or ; en tant qu'arbitre les faire respecter, cesser le jeu en cas d'infraction, expliquer au joueur, sanctionner le cas échéant)
CG4	Découvrir les principes d'une bonne hygiène de vie (se laver quotidiennement, ne pas salir les tapis...)	- Connaître et appliquer des principes d'une bonne hygiène de vie (hygiène, échauffement, récupération après l'effort...)
CG5	Découvrir la variété des activités et des spectacles sportifs (connaître différents jeux de lutte et activités de combat...)	- Comprendre et respecter l'environnement des pratiques physiques et sportives (respecter les tapis, ne pas les salir...)

b. Les ressources Éduscol

La fiche ressource Éduscol « Les attendus de fin de cycle » du C3 pour le CA4 précise les attendus de fin de cycle fixés par les programmes, illustrent les difficultés des élèves, les connaissances et compétences à développer et les liens possibles avec les CG et le socle commun. Par exemple, pour le 1er AFC « S'organiser tactiquement pour gagner le duel ou le match en identifiant les situations favorables de marque », les connaissances et compétences à acquérir sont : se doter d'un premier répertoire d'habiletés motrices et de techniques adaptées (mobilité, apprentissage de techniques de saisies, de mouvements...). Pour le 3e AFC « Respecter les partenaires, adversaires et l'arbitre » : il s'agit de respecter les règles et règlements ; respecter les décisions de l'arbitre ; respecter les niveaux de prestation de ses partenaires et accepter les erreurs ; appliquer et faire appliquer les règles qui cadrent la nature de l'opposition ; relever des données relatives aux résultats des actions avec exactitude.

APPLICATION 4

Quelles sont les principales orientations fixées par les programmes de C2 et C3 valables pour les APCP ?

→ Corrigé p. 260

3 Repères et outils didactiques

A. Développement de l'enfant et activités de combat

Le développement de l'enfant doit être pris en compte dans ses différentes dimensions car les activités de combat posent de nombreuses contraintes au regard des possibilités des enfants selon leur âge. Ceci impacte à la fois les objectifs, les contenus, mais aussi les modalités d'enseignement. Le développement affectif doit faire l'objet d'une attention prioritaire, car des peurs trop importantes liées à l'affrontement en 1 contre 1, l'affrontement au corps à corps, la peur d'avoir mal, de se blesser, de blesser autrui, etc., peuvent conduire à un « blocage affectif » préjudiciable à long terme pour les apprentissages. L'enfant a besoin d'être sécurisé, d'autant plus en maternelle, mais également par la suite (jeux de contact progressif où il s'agit de toucher, puis d'attraper, d'empêcher d'avancer...). Dans la même optique, et pour assurer des émotions positives, les situations proposées prendront la forme de jeux, ne valorisant pas seulement la victoire. Il conviendra de favoriser le plaisir dans l'action et du mouvement, le développement de l'estime de soi et du sentiment de compétence en centrant l'élève sur ses réussites et progrès. Une progression d'apprentissage portant sur la nature et la difficulté des situations d'affrontement est essentielle, à l'image la ressource Éduscol maternelle relative à l'objectif 4. Sur le plan social, lors de la constitution de groupes et de binômes, il conviendra de tenir compte des relations affinitaires entre les élèves (souvent élèves de même sexe), étant entendu qu'il est plus facile d'accepter un affrontement avec des pairs appréciés (et potentiellement moins risqué qu'en cas de conflits entre élèves). La prise en compte du développement affectif et social devra favoriser la sécurité affective des enfants, d'autant plus décisive en maternelle, mais encore importante ensuite.

Sur le plan cognitif, il faut tenir compte de la construction très progressive en maternelle de la règle, et du sens de l'opposition en un contre un. La prise de conscience du risque, du danger, pour soi et pour autrui, implique que l'élève puisse se décentrer de son point de vue strictement personnel, l'élève en maternelle restant très centré sur lui-même. Les possibilités en termes de traitement des informations et de prises de décisions rapides dans l'action impliquent des rôles fixes (attaquant ou défenseur), et permettent, en cycle 3, d'aller vers la réversibilité des rôles.

Sur le plan moteur, la complexité des jeux de combat en termes de coordination, de dissociation, d'équilibration, d'adaptation à un environnement évolutif à partir d'informations variées doit être prise en compte à travers des activités adaptées aux enfants. En maternelle, le manque de maîtrise du tonus musculaire, la motricité souvent unilatérale et le contrôle limité du mouvement impliquent des actions motrices simples support à l'opposition (jeu à toucher par exemple), ou peuvent justifier dans un premier temps des actions de coopération dans un corps à corps (déplacer un partenaire). Les progrès entre 6-8 ans (coordinations, adresse, contrôle moteur, intégration de l'information visuelle durant l'action...) permettent des apprentissages plus complexes en opposition (renversement, immobilisation...).

Sur le plan énergétique, les situations seront d'autant plus courtes que les enfants seront jeunes, les efforts intenses et le contact rapproché/prolongé.

B. Repères généraux sur la démarche d'enseignement

a. Un enseignement contextualisé pour un élève acteur de ses apprentissages

Depuis une trentaine d'années, les approches didactiques développées tant en milieu fédéral[2] que scolaire[3] privilégient une approche contextualisée de l'enseignement des activités de combat, reposant notamment sur la notion d'**opportunité**, loin d'approches technicistes développées antérieurement. Ces démarches novatrices font de **la technique** (au sens large du terme, c'est-à-dire englobant non seulement les projections et immobilisations, mais aussi les saisies, déplacements et placements) **une solution** à un problème précis posé par l'adversaire dans un contexte d'opposition donné, au service d'un projet tactique.

Il ne s'agit pas d'apprendre des techniques pour elles-mêmes, mais parce qu'elles permettent de résoudre un problème offensif ou défensif. Chaque technique peut ainsi être comparée à une « clé » permettant d'ouvrir une serrure. Chaque contexte d'opposition peut être comparé à un problème posé à l'élève (par exemple mon adversaire avance sur moi et me pousse ; mon adversaire défend au sol à quatre pattes...), qui doit trouver une « clé » pour ouvrir la serrure « proposée » par l'adversaire. Si l'adversaire est à quatre pattes, la clé à utiliser (le retourner en supprimant un ou deux de ses appuis) sera différente que s'il est allongé sur le dos (le faire rouler en utilisant un levier, c'est-à-dire un point fixe, comme l'épaule ou le bassin par exemple). Les élèves doivent comprendre le lien existant entre une technique et un contexte rendant son utilisation possible et efficace (par exemple, une technique de retournement constitue un choix pertinent au

2. Voir la *Méthode française d'enseignement du judo jiu-jitsu*, FFJDA, Paris, 1990.

3. Voir par exemple Michel Brousse, « Judo », in P. Seners (Coord.), *Enseigner les APS, activités physiques scolaires, du collège au lycée*, Vigot, Paris, 1997 ; J. Augé, F. Lavie, P. Meyley, *Judo. Une pédagogie du savoir combattre*, Éd. Revue EPS, Paris, 2002.

regard de la position relative de l'attaquant et du défenseur, de la position des appuis et du corps de ce dernier, des forces éventuelles qui relient les deux combattants, etc.).

Dire que les élèves vont apprendre des techniques (la fiche ressource du C3 pour le CA1 parle de gestes, d'habiletés), ne signifie pas que l'on va leur enseigner dans leurs moindres détails des mouvements, mais qu'ils vont développer des habiletés motrices répondant à des principes d'efficacité généraux, principes à adapter selon et par les élèves (caractéristiques physiques par exemple) et les contextes d'opposition. De plus, il faut bannir l'idée selon laquelle le geste efficace est identique pour tous. L'étude du haut niveau montre, en particulier dans certaines APCP, qu'une même technique fait l'objet d'une grande variabilité interindividuelle.

b. Principes orientant l'enseignement

- Assurer la **sécurité** des élèves pour éviter tout **accident** et **appréhension** inadaptée aux caractéristiques des élèves (voir plus loin).
- Privilégier des **situations ludiques**, sous forme de **jeu** : à l'école primaire, il n'est pas pertinent d'enseigner des techniques en dehors de situations d'affrontement (à l'exception de techniques sécuritaires), ni de proposer d'emblée et systématiquement des situations compétitives consacrant un vainqueur/un perdant. Ces jeux très variés peuvent être inspirés de jeux existants. Le jeu implique un affrontement, mais en dehors de tout enjeu qui dramatiserait l'issue du jeu. Avant d'être un **adversaire**, l'autre est avant tout un **partenaire** dans le jeu (je ne peux pas jouer tout seul...).
- Entrer **progressivement** dans une **activité d'opposition de préhension interindividuelle** (→ voir sujet 1 d'entraînement, p. 259). Le 1 contre 1 au corps à corps est une étape dans l'enseignement et l'apprentissage, non pas un début. Il est important que les élèves aient pu vivre des situations de coopération où ils sont en contact corporel (un élève allongé sur le dos, se laisser tirer en dehors d'une surface donnée), des situations d'opposition collective introduisant un contact corporel plus ou moins important et prolongé (jeu où je dois toucher l'adversaire), des situations d'opposition interindividuelles sans contact direct (jeu où je capture des objets cibles accrochés sur l'adversaire).
- **Faire découvrir** les **solutions techniques** et **tactiques** efficaces **par les élèves** : il ne s'agit donc pas pour l'enseignant de démontrer des techniques (retournements, immobilisations...) pour que les élèves les reproduisent ensuite, mais qu'ils puissent **découvrir**, **expérimenter**, **améliorer** des ébauches de solutions, **individuellement** (situation de recherche en action, réflexion après l'action) et **collectivement** (observation d'élèves, mises en commun, expérimentations, etc.)
- Privilégier les **apprentissages offensifs** et non pas défensifs. Dans un corps à corps, il est souvent plus facile de défendre (en bloquant systématiquement les actions adverses) que d'attaquer. Les apprentissages et progrès, et le plaisir que peut procurer l'affrontement, proviennent essentiellement des réussites et points marqués suite à une action offensive, de par l'essence des jeux de combat. Il faut donc bien paramétrer le **rapport de force**, pour qu'il puisse être **à l'avantage de l'attaquant**.

- Privilégier les **groupes mixtes filles/garçons** pour participer à la lutte contre les stéréotypes sexués et à la coéducation des sexes, si des groupes affinitaires avec des élèves de même sexe ne sont pas indispensables pour que les élèves s'engagent dans l'activité. Sur le plan des ressources motrices, les caractéristiques développementales des élèves ne justifient pas *a priori* de séparer filles et garçons.

C. Activités de combat et sécurité

L'enseignant doit assurer des conditions de sécurité optimales du point de vue des risques objectifs et subjectifs au moyen de divers dispositifs et choix didactiques et pédagogiques, pouvant renvoyer à de la sécurité active, passive, affective, corporelle, sanitaire, etc., pour éviter tout accident et appréhension non fondée. La sécurité affective est une priorité, car elle conditionne l'engagement des élèves dans l'activité et les situations proposées.

La décision de proposer des activités de combat implique de disposer d'un local et d'un matériel adaptés, notamment des tapis (exemple de sécurité passive selon le cadre utilisé). Ces tapis doivent être à la fois suffisamment épais (pour amortir les chocs) et denses (pour ne pas trop s'enfoncer lorsqu'on y prend appui debout ou à quatre pattes). Cet équipement scolaire normé (pouvant être utilisé pour plusieurs activités : gymnastique, cirque, jeux de combat...) a une épaisseur d'environ 5 cm. Les tapis peuvent généralement se fixer entre eux latéralement au moyen de scratch, facilitant l'installation d'espaces de jeu sécurisés de dimensions variables. Ils doivent rester solidaires, un espace non protégé étant source d'accidents (se coincer un orteil entre deux tapis, se réceptionner à même le sol sur le coude...).

Outre une surface de jeu adaptée (dépendant du type et de la modalité de jeu : debout, allongé, à quatre pattes, etc., du nombre de joueurs), il faut prévoir une surface de sécurité entre deux aires de jeu. Les élèves peuvent sortir accidentellement de la surface (collisions possibles entre élèves occupant des aires mitoyennes).

La tenue, suffisamment résistante (survêtement par exemple), doit permettre des saisies, des tirages, poussées, etc., sans abîmer les vêtements s'ils sont saisis. Selon les jeux, les élèves peuvent aussi se saisir à même le corps (les avant-bras par exemple).

Un arbitre et/ou juge est garant du respect des règles du jeu, des règles de sécurité (peut arrêter le jeu, explique/sanctionne) et des points marqués. La complexité de ces rôles justifie de bien les répartir entre élèves (1 élève par rôle : gérer les points/gérer la sécurité).

Une attention particulière sera portée au but donné (adapté au niveau de compréhension et de pratique des élèves), aux formes de groupement (bannir les écarts morphologiques importants, tenir compte des affinités entre élèves au moins dans un premier temps), au matériel (vêtements et tapis adaptés), à la durée des jeux (adaptée aux possibilités des élèves).

Les règles de sécurité sont à maîtriser par l'enseignant et les élèves. Les règles d'or : ne pas faire mal, ne pas se faire mal, ne pas se laisser faire mal, doivent prendre un sens précis et concret. Il est interdit de porter des coups (avec main, tête, pied, coude, etc.), de saisir la tête, le cou (à partir d'un certain niveau de pratique je peux l'encercler si je saisis le vêtement pour ne pas serrer au niveau de la colonne vertébrale), les doigts, orteils, parties intimes. Tout objet dur doit être enlevé (lunette, bijou, montre, etc.). Il faut arrêter le jeu si un joueur sort de l'aire de jeu ou enfreint une règle d'or.

Les élèves jouent un rôle essentiel dans la gestion de la sécurité. Ils seront sensibilisés à la nécessaire propreté corporelle (au niveau des mains qui saisissent notamment, et plus largement, tout comme leurs chaussettes s'ils ne pratiquent pas pieds nus), garante de la sécurité sanitaire. Il est donc essentiel qu'ils intègrent des contenus sécuritaires (connaissances, compétences, attitudes) liés notamment aux règles et à leur respect, à des techniques sécuritaires, à des précautions relatives à l'hygiène, à l'installation du matériel, à des rôles sociaux. Ces apprentissages participent ainsi à leur éducation à la sécurité (et par là à leur éducation à la santé), et à l'acquisition de compétences générales (en particulier les CG3 et CG4).

APPLICATION 5

Citez deux paramètres de sécurité passive en APCP.

→ Corrigé p. 260

APPLICATION 6

Comment définissez-vous une opportunité, et en quoi est-elle importante dans la démarche d'enseignement et les apprentissages ?

→ Corrigé p. 260

D. Variables didactiques

Pour construire non seulement des situations repères et d'apprentissage mais aussi des progressions d'enseignement, l'enseignant dispose de plusieurs outils et variables didactiques, qui permettent de **faire varier** la **difficulté** (**affective** et **énergétique**) et la **complexité** (**informationnelle**, **décisionnelle**, **motrice**) des activités proposées.

a. Nature de l'affrontement

- Affrontement **interindividuel** (1 contre 1) ou **collectif** (moins difficile au plan affectif, moins complexe au plan perceptif/décisionnel).
- Affrontement **direct** (contact corporel) ou **indirect**, **médié** par un objet (à défendre, à capturer) (moins difficile au plan affectif).
- Le contact peut être **proximal** (dans tout l'espace proche) ou **distal** (on se saisit uniquement au niveau des bras) (moins difficile au plan affectif).
- Le contact peut être **permanent** (les joueurs se saisissent continuellement) ou **ponctuel** (jeu à touche par exemple) (moins difficile au plan affectif).
- On différencie l'affrontement au **sol** (à quatre pattes, ou pas plus d'un genou levé), de l'affrontement **debout** (pas de genou au sol). Au sol, les déplacements sont plus limités (peut diminuer les dissociations entre les membres inférieurs et supérieurs), mais le combat à genoux peut poser plus de problèmes d'équilibration (appuis plantaires perturbés, position du corps inhabituelle...).

b. Rapport de force et attribution de rôles

- Le rapport de force peut être équilibré (les deux joueurs ont les mêmes pouvoirs), ou pas (rôles ou pouvoirs différents).
- Si les joueurs sont à la fois attaquant et défenseur (réversibilité des rôles), cela complexifie au plan perceptif décisionnel (je dois à la fois m'informer sur l'adversaire pour attaquer, et pour défendre suite à ses attaques). Si le joueur est attaquant ou défenseur, cela diminue la complexité perceptive et décisionnelle (je ne dois prendre des informations et des décisions qu'en lien avec un seul rôle), mais cela facilite le travail du défenseur, et peut donc rendre la tâche plus complexe pour l'attaquant (il faut donc bien paramétrer le rapport de force).
- On peut limiter les **pouvoirs** de l'attaquant (le type d'action autorisée, par exemple le type de saisie) et du défenseur (le type d'action autorisée, par exemple interdiction de se mettre à plat ventre).

c. But du jeu

Très variable, le but dépend de la nature de l'affrontement, du rapport de force et de l'attribution éventuelle des rôles, des règles du jeu (ce qui autorisé, interdit), des conditions du jeu (individuel, collectif…), et des moyens de la marque. On distingue les jeux où il faut :

- toucher l'adversaire et/ou ne pas se faire toucher,
- capturer et/ou défendre un objet situé sur soi/l'adversaire,
- retourner l'adversaire sur le dos,
- l'immobiliser sur le dos pendant un temps donné,
- l'amener au sol,
- le maintenir ou le sortir dans/d'une surface,
- défendre un camp…

Le but influe notamment sur la complexité des jeux selon les habiletés motrices impliquées (retourner, immobiliser…), les contraintes perceptives et décisionnelles et sur la difficulté affective.

d. Espace de jeu

- **Forme** : on utilise généralement des espaces circulaires (plus simple pour faire le tour), carrés, rectangulaires (on peut plus facilement se retrouver « coincé » dans un angle)…
- **Taille** : influe sur la quantité de déplacements possibles (complexité motrice, voire dépense énergétique), sur la difficulté de la situation (si je dois pousser l'adversaire en dehors de l'aire de jeu, si je dois trouver une solution avant que l'adversaire ne soit sorti de l'aire…).

e. Durée du jeu

Elle influe sur la difficulté énergétique, en lien avec l'intensité et le type d'effort (augmente avec la durée), voire affective (un affrontement bref est plus facile à accepter qu'un affrontement long).

f. Formes de groupement

- Groupements **affinitaires** (plus simple au plan affectif).
- Groupements par **niveaux** de compétence (pertinent s'il existe une grande hétérogénéité dans la classe afin de permettre la réussite et les progrès de tous les élèves).

La sécurité implique d'éviter de gros écarts **morphologiques** (peu nombreux à l'école primaire, mais possibles) selon la nature des situations et de l'opposition proposée. L'enseignant doit donc retenir simultanément plusieurs critères pour constituer les groupes.

g. Matériel

Outre l'utilisation de tapis, indispensables et qui ne font pas partie des variables didactiques, l'enseignant peut utiliser du matériel pour orienter les activités proposées. Le matériel (tapis de couleur différente pour distinguer aires de combat/de sécurité, cerceaux, cordes...) permet de délimiter des espaces (à atteindre, défendre, dont on ne peut pas sortir...). Du matériel cible à attraper/défendre peut être apposé sur le corps des joueurs (foulard, épingle à linge accrochée, ballon en mousse...), permettant ainsi une opposition médiée, indirecte.

APPLICATION 7

En quoi un affrontement direct ou indirect influe-t-il sur les ressources sollicitées chez les élèves ?

→ Corrigé p. 260

APPLICATION 8

En quoi le fait de répartir des rôles d'attaquant et de défenseur peut-il être pertinent pour favoriser les apprentissages ?

→ Corrigé p. 260

E. Illustration de choix didactiques possibles

Les exemples suivants n'ont pas de vocation prescriptive mais visent à illustrer la façon dont on peut utiliser les repères et outils didactiques présentés plus haut.

a. Cycle 1, grande section

- **Compétence visée dans l'activité :** lors d'un jeu collectif impliquant des déplacements au sol (quatre pattes), accepter une opposition en 1 contre 1 médiée par un objet, pouvant occasionner ponctuellement un contact corporel distal ou dans l'espace proche. Les élèves ont déjà pratiqué d'autres jeux collectifs plus simples, à touche par exemple.

- **Situation repère proposée :** les gardes forestiers contre les voleurs.
  - But pour les gardes forestiers : récupérer le foulard dans la forêt.
  - But pour les voleurs : ne pas se faire prendre le foulard.
  - **Aménagement matériel est humain :** deux équipes de quatre joueurs sont réparties sur un terrain carré de cinq mètres de côté (pastilles de couleur posées au sol). Les équipes sont composées selon les affinités voire également mixtes si possible,

constituées par l'enseignant pour être homogènes (morphologie et niveau). Les voleurs partent de leur zone, un foulard de couleur accroché au niveau de la taille (symbolisant une fleur qu'il est interdit de cueillir). Les gardes forestiers sont dans la forêt, juste devant la zone cible. Au signal de l'enseignant, les gardes peuvent se déplacer en direction des voleurs, qui doivent entrer dans la forêt. Le jeu est fini quand les voleurs ont atteint la cible ou que les gardes ont récupéré leur foulard.

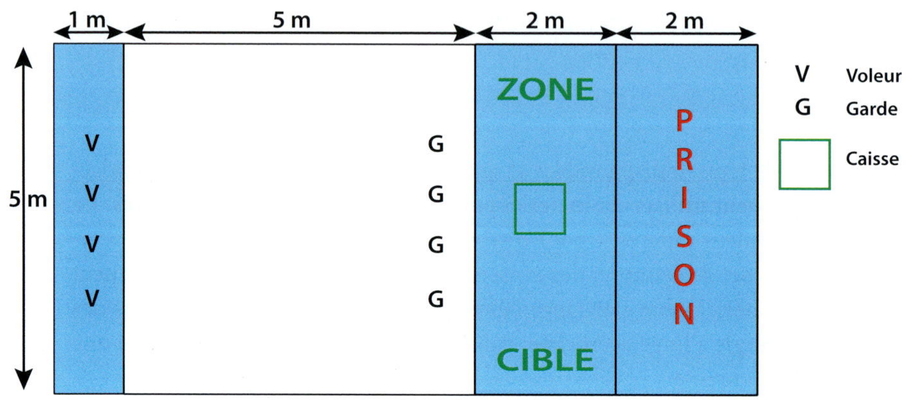

- **Règles :** on se déplace au sol (à quatre pattes ou au moins 1 genou au sol). On peut saisir les adversaires, les pousser et tirer, les ceinturer à la taille. Il est interdit d'amener au sol, d'être à plusieurs gardes sur un même voleur (1/1), de sortir des limites du jeu (1 appui dehors = sortie). Règles d'or (interdit de faire mal, de se faire mal, de se laisser faire mal – *cf.* détails plus haut). Quand un garde récupère un foulard son équipe marque 1 point, le voleur rejoint la zone prison. Quand un voleur pose son foulard dans la caisse dans la zone cible, son équipe marque un point. Un arbitre (l'enseignant) fait respecter les règles de jeu et de sécurité. Les points sont comptabilisés après chaque jeu. Chaque équipe passe trois fois dans les deux rôles.

Justification des choix et variables didactiques manipulées :

- **Nature de l'affrontement** : afin de limiter les appréhensions liées à l'affrontement et au contact, et comme nous sommes en C1, l'affrontement en 1 contre 1 survient dans le cadre d'un jeu collectif, avec un contact indirect médié par un objet, dont la défense/conquête peut conduire à un contact corporel bref et distal. Le déplacement au sol limite la vitesse de déplacement des élèves, et ainsi des chocs importants.
- **Rapport d'opposition** : l'attribution de rôles distincts permet aux élèves de se centrer sur une seule action (éviter les gardes et de se faire prendre le foulard/récupérer le foulard) et de simplifier les prises d'information et de décision. Le rapport équilibré 4 contre 4 et l'espace relativement petit facilitent l'action des gardes, qui peuvent donc se retrouver au contact des voleurs, l'objectif étant bien d'induire un affrontement 1/1 et un contact, même bref, mais aussi de valoriser les actions du garde incarnant un rôle social positif.
- **But** : il vise à mobiliser l'imaginaire des enfants et à mettre au second plan le contact corporel. Ce but présente un caractère ludique, grâce à un objet à défendre/

conquérir. Les habiletés motrices sollicitées (saisir le foulard, se déplacer au sol) sont adaptées aux capacités des élèves. Le système de points concerne l'équipe et permet d'éviter de dramatiser les échecs personnels éventuels (attaquants comme défenseurs).

- **Espace de jeu** : la présence de 4 zones successives associées à des couleurs permet aux élèves de bien se représenter l'espace et de s'y repérer facilement.
- **Durée du jeu** : limitée grâce aux règles, évitant ainsi des efforts trop prolongés.
- **Formes de groupement** : la modalité retenue facilite la réussite des élèves.
- **Matériel** : le foulard est un objet connu des élèves, facile à manipuler, sa couleur facilite les prises d'information.
- La répétition du jeu assure une quantité de pratique favorisant la réussite de tous.

Objets d'enseignement abordés durant l'UA et objectifs d'apprentissages correspondants :

La situation proposée vise principalement le progrès des attaquants (gardes), même si elle implique aussi des apprentissages chez les défenseurs (voleurs), notamment en termes d'acception de l'affrontement et du contact, et de stratégies de conquête/défense de l'objet.

- **Saisie et contact** : accepter l'affrontement en 1/1 dans le cadre d'un jeu collectif (je ne sais pas à l'avance qui je vais rencontrer en 1/1), et le contact par l'intermédiaire d'une saisie.
- **Placements et déplacements** : bouger pour se positionner selon l'adversaire qui se déplace, une cible à atteindre (voleurs) et une cible à atteindre sur le corps du voleur (garde).
- **Stratégies** : faire des choix simples concernant la cible à attaquer, le chemin suivre, la manière d'atteindre la cible (attraper avec la main droite ? ceinturer avant d'attraper ?).

b. Cycle 2, CE1

Parallèlement au développement d'une compétence dans l'AP, nous choisissons de développer la CG3 pour rendre les élèves autonomes sur le plan de la gestion de la sécurité.

Compétence visée dans l'activité : dans un jeu de lutte au sol en 1/1, avec statuts fixes attaquant et défenseur (à quatre pattes), retourner l'adversaire pour l'immobiliser pendant 2 secondes.

Compétence générale visée : CG3 (partager des règles, assumer des rôles et responsabilités), plus précisément assumer les rôles spécifiques d'arbitre et de juge.

Situation repère proposée :

- **But pour l'attaquant** : retourner le défenseur pour l'immobiliser sur le dos.
- **But pour le défenseur** : ne pas se faire retourner et immobiliser sur le dos.
- **Critères de réussite pour l'attaquant** : retourner le défenseur (dos orienté vers le sol) : 1 point, maintenir sur le dos 2 secondes : 2 points.

– **Aménagement et fonctionnement** : l'aire de jeu est un carré de 2 mètres de côté, entouré d'une zone de sécurité d'un mètre (commune à plusieurs aires de combat). Des tapis rouges et bleus délimitent les zones de combat et de sécurité.

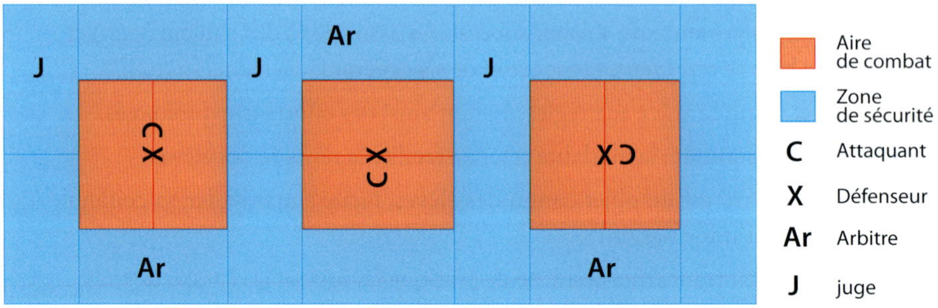

Le défenseur est à quatre pattes (sur les coudes) au milieu de l'aire de jeu. L'attaquant débute à genoux, à droite ou à gauche côté droit du défenseur, il installe les saisies de son choix avant le début du jeu. L'arbitre signale le début et la fin du jeu, qui dure 20 secondes, et compte les points en étant situé dans la zone de sécurité et en se déplaçant si besoin. Le juge veille au respect des règles de sécurité et aux sorties (1 appui dehors = sortie). Par groupes de quatre (constitués par l'enseignant, affinitaires et mixtes si possible, homogènes au plan morphologique et du niveau), les élèves alternent quatre rôles : attaquant, défenseur, arbitre, juge. Chacun passe trois fois dans chaque rôle, l'enseignant organise les rotations.

– **Règles** : règles d'or (interdit de faire mal, de se faire mal, de se laisser faire mal, *cf.* détails plus haut). Le défenseur n'a pas le droit de s'allonger volontairement sur le ventre, ni de se relever debout, ni de sortir de l'aire. S'il enfreint ces règles l'attaquant marque 1 point. Il y a immobilisation si le dos est orienté vers le sol (une ou deux épaules au sol). Si l'attaquant immobilise le défenseur avant la fin du jeu, celui-ci reprend.

I Justification des choix et variables didactiques manipulées :

– **Nature de l'affrontement** : afin d'instaurer une progression avec les apprentissages du C1, l'affrontement devient interindividuel, direct, avec contact permanent mais limité au sol.

– **Rapport d'opposition et rôles** : l'attribution de rôles (attaquant et défenseur) facilite les prises d'informations et de décisions pour l'attaquant (que l'on veut faire progresser). Les pouvoirs limités du défenseur (à quatre pattes sur les coudes) offrent à l'attaquant une occasion favorable pour réaliser des retournements par la suppression d'appuis bas (coude opposé, ou coude et genoux opposés), car il peut facilement saisir le coude et le genou opposés (coude et genou droit s'il est placé sur le côté gauche du défenseur). La taille réduite de l'aire de jeu limite les possibilités de défense et facilite ainsi les actions offensives.

– **But** : suite aux premières expériences d'affrontement jouées au C1, on introduit un but spécifique aux APCP, l'immobilisation, impliquant généralement un retournement. La situation est néanmoins facilitante, car le défenseur est déjà à quatre pattes (opportunité pour un retournement). La durée de l'immobilisation reste courte, compte tenu du niveau technique des élèves (première approche des immobilisations).

- **Espace de jeu** : elle est réduite pour limiter les pouvoirs du défenseur.
- **Durée du jeu** : limitée pour ne pas solliciter la filière anaérobie lactique et ne pas épuiser les élèves. De plus, cela permet d'augmenter le nombre de fois où chaque élève passe dans chaque rôle. L'organisation permet à chacun d'être attaquant face aux trois autres joueurs.
- **Formes de groupement** : elles assurent la sécurité (groupes morphologiques), la réussite (groupes de niveau), et participe à la lutte contre les stéréotypes de sexe (groupes mixtes).

Objets d'enseignement abordés durant l'UA et objectifs d'apprentissages correspondants :

- **Saisies et contact** : rechercher/accepter le contact au corps à corps, y compris dans l'espace proche ; adopter des saisies différenciées (main droite/main gauche) selon l'intention tactique (par exemple saisir un coude pour supprimer l'appui en le ramenant vers moi).
- **Placements et déplacements** : se placer selon l'intention offensive (distance et position/adversaire, par exemple se rapprocher au maximum pour pouvoir saisir plus facilement le coude opposé, placer son buste sur le buste de l'adversaire pour peser sur lui), se déplacer (par exemple à genou) pour venir se placer (par exemple sur le côté) en tenant compte des limites du jeu.
- **Retournements** : coordonner des actions motrices et des dissociations segmentaires simples (pousser sur les jambes, orteils « accrochés » dans le tapis/tirer vers soi avec mes bras), pour retourner l'adversaire par suppression de deux appuis bas (coude et genou).
- **Immobilisation** : adopter une position et une saisie permettant de contrôler l'adversaire sur le dos (par exemple saisir avec la main gauche l'épaule gauche en passant derrière la nuque, avec la main droite le pantalon en passant la main entre les jambes), s'allonger sur l'adversaire en appuyant son buste contre le buste de l'adversaire en écartant ses pieds (→ voir sujet 2 d'entraînement, p. 263).
- **Choix tactiques offensifs** : décider d'une technique adaptée aux actions du défenseur, à la position du défenseur et à ma position relative à celui-ci.
- **Arbitrage et juge** : reconnaître une action de marque, interdite, se déplacer pour bien voir, se concentrer et décider rapidement, accepter les décisions prises par les juges et l'arbitre.

c. Cycle 3, CM2

Au C3, il est possible de viser un niveau de compétence plus élevée (amener l'adversaire sur le dos pour l'immobiliser 5 secondes) dans un jeu de combat de préhension et une situation d'affrontement plus complexe (réversibilité des rôles d'attaquant et de défenseur), avec un niveau d'opposition plus important. Afin d'optimiser les apprentissages moteurs et tactiques, nous faisons le choix de développer la CG2 (méthodes et outils pour apprendre), impliquant de développer d'autres rôles sociaux (observateurs).

Compétence visée dans l'activité : dans un jeu d'opposition en 1 contre 1 au sol avec réversibilité des rôles, amener l'adversaire sur le dos pour l'immobiliser 5 secondes.

Compétence générale visée : apprendre par l'action, l'observation, l'analyse de son activité et celles des autres.

Situation de référence proposée :

- **But** : immobiliser l'adversaire, ne pas se faire immobiliser.
- **Aménagement matériel et humain** : sur une aire de combat de 3 mètres sur 3, avec zone de sécurité d'un mètre, le jeu débute à genoux face à face et dure 1 minute. On conserve les mêmes principes organisationnels que ceux présentés pour le CE1, à l'exception des rôles sociaux. Un arbitre compte les points et veille à la sécurité (les élèves sont à présent capables de gérer plusieurs éléments), un observateur se centre sur l'efficacité des actions offensives.
- **Règles** : les règles de sécurité et celles concernant les sorties instaurées en CE1 sont reprises. Les joueurs ont le droit de se saisir, de pousser, tirer, de se retourner, de s'immobiliser mais pas de sortir volontairement de l'aire de jeu. Une immobilisation rapporte 5 points si elle est maintenue 5 secondes, 1 point si elle est maintenue moins de 5 secondes.

Justification des principaux choix et variables didactiques manipulées :

La progression établie avec les propositions antérieures relatives au C2 concerne principalement la nature de l'affrontement (au sol dans son ensemble et non plus limitée du fait d'un défenseur à quatre pattes – Les joueurs peuvent donc se trouver à genoux face à face, allongés, l'un à quatre pattes, l'un à plat ventre, sur le côté, le dos...), le rapport d'opposition (réversibilité des rôles), le but (immobiliser 5 secondes). La situation est donc plus complexe sur les plans perceptif et décisionnel (incertitudes plus fortes liées aux rôles simultanés d'attaquant et de défenseur), et moteur (il faut être plus efficace dans ses placements et saisies pour amener au sol ou retourner, maintenir l'immobilisation 5 secondes, résister aux attaques adverses), et plus difficile au plan affectif (gestion des risques liés à la réversibilité des rôles) et au plan énergétique (durée du jeu d'une minute).

Objets d'enseignement abordés durant l'UA et objectifs d'apprentissages correspondants :

Ils sont en continuité avec ceux abordés en C2 mais les techniques offensives de saisies, de placement, de retournement et d'immobilisation seront plus variées et complexes, et les choix tactiques permettront de faire face à la dialectique attaque/défense et à une variété de contextes d'opposition. Le rôle d'observateur permettra aux élèves d'observer la nature et l'efficacité des actions d'autrui (saisies, retournements, immobilisations) selon des critères d'observation simples et peu nombreux (par exemple points de contact avec l'adversaire lors d'un retournement et d'une immobilisation, continuité des actions offensives entre le retournement et l'immobilisation). L'analyse de sa propre activité sera menée en mettant en relation les données recueillies par un observateur, et celles ressenties personnellement dans l'action.

ENTRAINEMENTS

SUJET 1

Quelle(s) situation(s) proposeriez-vous à des élèves de CP qui éprouvent, en début d'unité d'apprentissage, des difficultés à s'engager dans un affrontement corporel interindividuel ?

→ Corrigé p. 261

SUJET 2

Quelle(s) situation(s) proposeriez-vous à des élèves de CM1 qui rencontrent, en début d'unité d'apprentissage, des difficultés pour maintenir leur adversaire immobilisé sur le dos ?

→ Corrigé p. 263

CORRIGÉS

APPLICATIONS

APPLICATION 1

Les programmes de C2 et C3 prévoient les jeux de lutte et les jeux de combat de préhension.

APPLICATION 2

Les immobilisations et les projections constituent deux objets d'enseignement qui permettent la marque dans les activités physiques de combat de préhension.

APPLICATION 3

Les programmes prévoient la pratique de jeux d'opposition interindividuelle de préhension en grande section, après que les élèves aient vécu des activités de coopération, des activités d'opposition collective.

APPLICATION 4

Ces orientations, valables pour l'ensemble des activités d'opposition enseignées dans le cadre du CA4, restent larges et sont à préciser en lien avec la particularité des APCP : l'acception de l'opposition et la compréhension du but du jeu, la coordination d'actions motrices, l'adaptation à l'adversaire, le respect des règles du jeu et de sécurité.

APPLICATION 5

Les tapis (nature, nombre, disposition) et la tenue vestimentaire constituent deux paramètres de sécurité passive en APCP.

APPLICATION 6

Une opportunité est une occasion favorable à l'application d'une technique. Elle dépend d'un voire de plusieurs paramètres liés à l'adversaire et au contexte du combat. L'opportunité occupe une place centrale dans la démarche d'enseignement et les apprentissages, car elle permet une approche contextualisée de l'enseignement (à l'opposé d'une démarche techniciste), et de donner du sens pour les élèves aux apprentissages techniques et tactiques.

APPLICATION 7

Le type d'affrontement (direct/indirect) influe notamment sur les ressources affectives (c'est plus facile au plan affectif si l'affrontement est indirect).

APPLICATION 8

Répartir des rôles d'attaquant et de défenseur diminue la complexité perceptive décisionnelle pour l'attaquant, qui peut se concentrer sur l'attaque.

ENTRAINEMENTS

SUJET 1

▪ Comment aborder le sujet ?

Au regard des orientations des programmes et de la question, nous faisons l'hypothèse que ces élèves de CP ont vécu en maternelle des situations d'oppositions collectives impliquant un contact corporel plus ou moins proche mais ponctuel, et généralement médié par un objet (à conquérir/protéger) ou un espace (à atteindre/défendre) (affrontement indirect). Les éventuelles situations d'oppositions interindividuelles n'étaient pas finalisées par une action sur le corps adverse, ou n'impliquaient pas la réversibilité des rôles (attaquant/défenseur).

Voici la SR que l'on pourrait proposer en CP en début d'UA, après une phase de familiarisation : les sumos au sol. Les élèves sont placés dans un cercle de 2 mètres de diamètre et doivent sortir leur adversaire du cercle sans en sortir eux-mêmes (un appui dehors = sortie). Le jeu se déroule au sol, à genoux (interdiction de lever plus d'un genou du sol), et dure 20 secondes.

L'engagement dans un affrontement interindividuel (AFC des programmes de C2 pour le CA4) en 1 contre 1 implique de connaître le but du jeu (AFC du cycle 2 pour le CA4), de rechercher le gain du jeu, d'accepter l'opposition, de s'adapter aux actions adverses, de s'informer et de coordonner des actions motrices simples (compétences travaillées selon les programmes).

Nous pouvons envisager des comportements d'élèves qui ne recherchent pas le gain du jeu, n'acceptent pas l'opposition, ne parviennent pas à s'adapter à l'adversaire et à développer des actions motrices efficaces, en les interprétant en lien avec les ressources :

- Des élèves se laissent pousser en dehors de la surface sans résister : problème cognitif (le but de la situation n'est pas compris) ou affectif (peur de l'affrontement corporel en 1/1).
- Des élèves adoptent un comportement hyper défensif, en s'opposant systématiquement aux actions adverses (poussent s'ils sont poussés, tirent s'ils sont tirés). Ce comportement peut être lié à un problème affectif : peur du contact dans l'espace proche ou de l'affrontement en 1/1. Il peut témoigner d'un problème cognitif : l'élève a une mauvaise représentation des actions efficaces (il pense qu'il faut s'opposer à la force de l'adversaire, alors qu'il faut l'utiliser). Il peut témoigner d'un problème moteur : l'élève ne parvient pas à orienter ses actions motrices dans le sens de ses intentions, dans un contexte d'opposition au corps à corps (difficultés à s'équilibrer, à coordonner ses actions, à dissocier ses membres).
- Des élèves poussés par leur adversaire s'engagent dans l'affrontement en tentant des actions de tirades et de rotation avec les bras, mais leurs appuis au sol restent orientés en direction de leur adversaire (ils n'adaptent pas leur placement et déplacement à leur intention offensive) et leurs saisies sont indifférenciées (généralement au niveau des avant-bras ou des bras). Ceci peut être lié à un problème cognitif et/ou moteur, lié à des techniques inefficaces.

▪ **Réponse au sujet**

Face à ces hypothèses, nous pouvons identifier plusieurs objectifs :
- supprimer les appréhensions liées à l'affrontement corporel en 1/1 et donner confiance aux élèves en leurs possibilités ;
- donner les pouvoirs moteurs d'agir sur l'adversaire pour atteindre un but lié au corps adverse (corps cible).

Pour atteindre ces objectifs, nous proposons un affrontement en 1/1 médié par des objets situés sur le corps de chaque joueur (épingles à linge, foulard), sous forme de jeu, avec réversibilité des rôles attaquant/défenseur. Ceci permet une progression avec la nature de l'affrontement et le rapport d'opposition vécus en maternelle, et constitue une activité ludique (liée à la présence d'objets à conquérir/défendre) susceptible de dissiper les appréhensions liées à l'affrontement interindividuel. L'activité incite les élèves à modifier leurs saisies, placements et déplacements qui pourront être mis au service de nouvelles actions offensives efficaces. La réversibilité des rôles, complexe à cet âge, est néanmoins possible en situation aménagée et correspond aux orientations fixées par les programmes du C2.

L'objectif de l'enseignant est que les élèves acceptent l'affrontement en 1 contre 1 en cherchant à conquérir les objets cibles situés sur le corps adverse, prennent des informations sur l'adversaire (placement, déplacement, actions offensives et défensives) et soi-même (état d'équilibre) pour décider d'une stratégie efficace sur la base d'alternatives simples (attaquer ou défendre, avancer ou reculer, viser la cible sur le bras droit ou gauche...). Parallèlement, l'enseignant vise la CG3, en lien avec les rôles d'arbitre et de juge.

◗ **Situation d'apprentissage :**

But : capturer les cibles adverses et défendre mes propres cibles.

Critère de réussite : capturer au moins une cible.

Aménagement matériel et humain et règles de fonctionnement : le jeu se déroule sur un carré de 3 mètres de côté constitué de tapis rouges, entouré d'une zone de sécurité d'un mètre séparant les différentes aires de jeu (tapis bleus). Le dispositif est identique à celui proposé plus haut, sauf les dimensions et les rôles sociaux. Les élèves sont vêtus d'un pantalon et d'un haut à longues manches résistants sur lesquels sont fixées des épingles à linge : une sur chaque avant bras, une sur chaque épaule (partie antérieure), et un foulard dans le pantalon au milieu en bas du dos. Les élèves sont par quatre (groupes constitués par l'enseignant, mixtes, homogènes au plan morphologique, de niveau). Les élèves passent par trois rôles : joueur, arbitre, juge. L'arbitre comptabilise les points. Le juge veille à la sécurité (règles d'or, sorties, un appui dehors = sortie). Quand un élève capture un objet, le jeu s'arrête pour qu'il le dépose en dehors de l'aire. En cas de saisie simultanée (l'arbitre n'a pas eu le temps d'arrêter le jeu), les deux joueurs marquent les points correspondants. Une épingle rapporte 1 point, le foulard 5 points. Le jeu dure 45 secondes. L'enseignant gère la durée des jeux (signal sonore collectif), et les rotations de rôles (système de poule). Chaque élève rencontre les autres et joue donc trois fois. Ceci permet de rencontrer plusieurs adversaires et augmente la quantité de pratique.

Des variables didactiques permettent de s'adapter aux difficultés et réussites des élèves :
- pour simplifier la marque au plan moteur, on peut proposer dans un premier temps un jeu à touche (des foulards sont accrochés à la place des épingles) ;
- on peut réduire la taille de l'aire de jeu pour simplifier au plan perceptif (moins de déplacements possibles, donc moins d'incertitudes liées à des cibles moins mouvantes) et moteur (moins de déplacements nécessaires pour s'adapter à l'adversaire) ;
- on peut instaurer des rôles d'attaquant/défenseur dans un premier temps, pour simplifier la situation au plan perceptif décisionnel ;
- on peut faire des groupes affinitaires (les élèves choisissent leurs partenaires, après que l'enseignant ait constitué si besoin des groupes morphologiques) pour que les élèves s'engagent plus facilement dans l'affrontement.

▪ Questions possibles du jury
- Quels sont les risques objectifs inhérents aux jeux de lutte ?
- En quoi les situations proposées permettent-elles de participer à l'éducation à la sécurité des élèves ?
- Quel type de situation peut mettre en place l'enseignant lors de la phase d'échauffement, avant les situations d'apprentissage proposées ?
- Comment l'enseignant prend-il en compte les risques subjectifs et objectifs dans la situation proposée ?
- Quels paramètres de la situation traduisent une prise en compte du développement de l'enfant ?

SUJET 2

▪ Comment aborder le sujet ?

En partant de l'hypothèse que les élèves ont eu un vécu antérieur (a minima au C2) où ils ont expérimenté une opposition en 1/1 au corps à corps, finalisée par une immobilisation de courte durée (2 secondes), nous faisons l'hypothèse que l'immobilisation prend un sens concret pour l'élève en lien avec le but des jeux de combat de préhension.

La compétence visée ici en CM1 concerne les techniques d'immobilisation, conformément aux activités prévues par les programmes. La difficulté soulevée dans la question pourrait être observée dans la SR suivante : un combat au sol (les élèves n'ont pas le droit de se relever) en 1/1, sur une surface réduite (carré de 3 mètres de côté), durant 45 secondes, le but étant d'amener l'adversaire sur le dos pour l'y maintenir 4 secondes (au moins une épaule touchant le sol avec le dos orienté vers le tapis). Nous faisons plusieurs hypothèses concernant les difficultés des élèves selon le contexte d'opposition. Lorsqu'ils sont à genoux face à face, ils déséquilibrent leur adversaire en le tirant, poussant, tournant… pour l'amener sur le dos, mais ne parviennent pas à l'y maintenir. Quand un combattant est à quatre pattes, l'attaquant parvient à le retourner pour l'amener sur le dos pour l'immobiliser, sans maintenir l'immobilisation. Plusieurs comportements peuvent être associés à ces difficultés :
- L'attaquant s'assoit à califourchon sur l'adversaire, buste droit, en tendant ses deux bras pour appuyer sur les épaules de l'adversaire (il n'utilise pas efficacement son poids du corps).

- L'attaquant se place à genoux, sur le côté droit du défenseur allongé sur le dos, et tente de l'empêcher de se retourner à plat ventre en tirant uniquement sur un bras et/ou sur une jambe.
- L'attaquant s'allonge sur le corps de l'adversaire mais en étant éloigné de son centre de gravité (situé au niveau du bassin) : sur les jambes par exemple. Le contact insuffisant avec le corps adverse ne permet pas de le contrôler.

Ces comportements peuvent être interprétés en lien avec divers problèmes et ressources :
- cognitif (l'élève ne connaît pas les principaux principes d'efficacité des immobilisations ni les actions qui permettent de les mettre en œuvre) ;
- moteur (l'élève n'arrive pas à adopter une saisie efficace, à utiliser son poids du corps pour peser sur l'adversaire, à supprimer les appuis de l'adversaire qui veut se relever, à pousser sur ses pieds car les orteils ne sont pas « accrochés » dans le tapis...) ;
- perceptif décisionnel : il ne voit et ne réagit pas assez vite aux actions du défenseur (qui peut se relever, tourner sur le côté, repousser l'attaquant...).

Nous pouvons faire l'hypothèse que les élèves ont déjà appris à assumer les rôles d'arbitre et de juge, et qu'ils ont commencé à développer des méthodes pour apprendre (par essai erreur en utilisant les effets de son action), conformément aux orientations des programmes.

▪ **Réponse au sujet**

L'objectif de l'enseignant sera de rendre les élèves capables d'utiliser de manière efficace leurs appuis et leur poids du corps pour peser sur leur adversaire, et d'utiliser deux formes d'immobilisation (manière de se placer vis-à-vis de l'adversaire) adaptées. Nous proposons une SA évolutive : coincer le lézard.

◗ Situation d'apprentissage :

But pour le chasseur : empêcher le lézard de toucher le tapis bleu (1 point).

But pour le lézard : toucher le tapis bleu (1 point).

Critères de réussite pour le chasseur : réussir deux fois sur trois essais.

Aménagement matériel et humain et règles de fonctionnement : le jeu se déroule sur un carré de 3 mètres de côté constitué de tapis rouges, entouré d'une zone de sécurité d'un mètre séparant les différentes aires de jeu (tapis bleus) et dure 20 secondes. Le dispositif est identique à celui proposé plus haut, sauf les dimensions. Un élève allongé sur le dos (le lézard) au milieu du carré rouge, doit toucher avec la main le tapis bleu. Le chasseur est à côté de lui (position et saisies libres). Les élèves sont par quatre (groupes constitués par l'enseignant, mixtes, homogènes au plan morphologique, de niveau). Les élèves passent par les quatre rôles : chasseur, lézard, arbitre, observateur. Si un élève réussit avant les 20 secondes la situation reprend au début. Chacun passe trois fois dans le rôle du lézard et rencontre les autres élèves du groupe.

Règles de sécurité et de jeu : règles d'or (ne pas faire mal, ne pas se faire mal, ne pas se laisser faire mal, pas de coups, ne pas ceinturer la tête...). La tenue est adaptée. Interdiction de sortir complètement de la surface de jeu, interdiction de lever plus d'un genou du sol.

L'enseignant instaure une situation de résolution de problèmes en introduisant une contrainte : le chasseur doit poser son buste sur le lézard, à un endroit situé entre la tête et le bassin (une démonstration est utile), les saisies restant libres. Cette contrainte ne permet plus aux élèves d'utiliser leurs réponses spontanées inefficaces : contact insuffisant avec le haut du corps, actions non pertinentes sur le corps adverse, appuis inefficaces au sol...

Afin d'optimiser les apprentissages techniques et tactiques, et de contribuer au socle commun, l'enseignant fait le choix de se centrer sur la CG2 (méthodes et outils pour apprendre). L'enseignant gagne à faire observer et verbaliser les élèves pour dégager des stratégies efficaces : comment le lézard se déplace-t-il ? Que fait-il avec ses bras ? Comment le chasseur se place-t-il par rapport au lézard ? Où place-t-il son buste ? Comment pose-t-il ses pieds ? Que fait-il avec ses bras ? Les élèves alternent pratique, observation de camarades, réflexion personnelle et mise en commun collective. Le but est de dégager des règles d'action simples :
- pour immobiliser l'adversaire, je dois utiliser le poids de mon corps, peser sur lui, au niveau de son buste, avec mon propre buste ;
- pour pousser sur mes jambes, j'accroche mes orteils dans le tapis ;
- pour immobiliser l'adversaire, je le serre fort contre moi avec mes bras en essayant d'être le plus près possible de lui.

Des variables didactiques permettent de s'adapter aux difficultés et réussites des élèves :
- la position du lézard : allongé sur le ventre, il est plus facile pour lui de pousser sur ses mains pour se déplacer, et l'adversaire sera amené à supprimer les appuis du lézard ;
- points marqués : on sort une main (1 point) ; deux mains (2 points) ; le bassin (3 points), etc. ;
- la durée de la situation (maximum 30 secondes) ;
- la distance à parcourir : on l'augmente si l'élève n'a pas le temps d'immobiliser le lézard (4 mètres de la cible par exemple) ;
- l'orientation du lézard (tête, pieds, etc.) par rapport au but : modifie la difficulté de la tâche.

Suite à cette situation, il est important de réinvestir les savoirs acquis dans une situation d'affrontement finalisée par l'immobilisation sans crainte relative à la position de son buste.

▪ **Questions possibles du jury**
- En quoi les situations proposées permettent-elles de participer à l'acquisition de principes d'une bonne hygiène de vie ?
- Comment pouvez-vous justifier la durée de jeu proposée au regard du développement de l'enfant ?
- Quels objectifs pourriez-vous envisager pour une unité d'apprentissage en CM2, faisant suite à celle mise en place ici en CM1 ?
- Quels dispositifs participent à la sécurité des élèves ?

6 Enseigner les jeux et sports collectifs en EPS[1]

AUTOÉVALUATION

❶ Les apprentissages à poursuivre en jeux collectifs sont-ils identiques quel que soit le type de jeu ?

☐ **a.** Oui, il s'agit de faire en sorte que les élèves coopèrent.
☐ **b.** Non, car suivant la famille de jeux collectifs, les décisions à prendre peuvent être très différentes.
☐ **c.** Non, car les techniques de manipulation du ballon peuvent être très différentes.
☐ **d.** Oui, il s'agit de faire en sorte que les élèves s'opposent.

❷ Y a-t-il nécessairement des passes entre partenaires dans un jeu collectif ?

☐ **a.** Oui, c'est l'essence même du jeu collectif, car c'est l'expression de la coopération.
☐ **b.** Non, car un élève peut décider de marquer seul un « but ».
☐ **c.** Non, la passe est une solution, encore faut-il que les élèves aient les possibilités biomécaniques de la réaliser.
☐ **d.** Oui, car sinon on ne peut pas faire progresser la balle.

❸ Peut-on faire varier le nombre de joueurs à partir d'une situation de jeu collectif donnée ?

☐ **a.** Non, cela perturbe les repères des élèves et l'organisation de la classe.
☐ **b.** Non, cela deviendrait trop facile dans certains cas.
☐ **c.** Oui, car cela permet de faire varier la quantité d'informations visuelles à traiter pour chaque joueur.
☐ **d.** Oui cela permet de faire jouer tous les élèves d'une classe.

❹ Dans l'enseignement d'un jeu sportif collectif inspiré du hand-ball, l'enseignant peut-il utiliser d'autres cibles que les buts réglementaires ?

☐ **a.** Non, sinon ça n'est plus du hand-ball.
☐ **b.** Oui, pour faciliter l'accès à la cible, on peut utiliser des plots, des poteaux, des cerceaux, un joueur but...
☐ **c.** Ça dépend si des buts de hand-ball sont disponibles ou pas.
☐ **d.** Non, sinon le jeu est trop éloigné du hand-ball.

---

1. Auteurs du chapitre : Philippe Kapusta, Haimo Groenen.

CORRIGÉS

❶ **b.** → p. 269 ; ❷ **c.** → p. 269 ; ❸ **c.** → pp. 270, 275, 280 ; ❹ **b.** → p. 270.

CONSEILS

- Veillez à prendre en compte les spécificités des différents jeux et sports collectifs dans vos réflexions didactiques et pédagogiques, en utilisant si besoin un ou plusieurs systèmes de classification

COURS

1 Connaissances didactiques sur l'APSA

A. Logique interne

Un jeu, ou sport collectif, oppose deux groupes de pratiquants ayant les mêmes chances de gagner la partie. Le but est donc concrétisé par un score, qui évolue en fonction de l'atteinte d'une cible par un objet. Les règles du jeu concernent systématiquement les droits et devoirs de manipulation de l'objet et de contact avec les adversaires, les conditions d'accès à la cible et les espaces autorisés pour évoluer. Pour résumer, il s'agit pour le pratiquant de s'engager dans une **activité de coopération** avec ses **partenaires** et **d'opposition** contre des **adversaires**, dans le cadre d'un système de **règles du jeu**. Ces APSA renvoient donc à l'objectif 4 des programmes de maternelle (**collaborer, coopérer, s'opposer**) et au champ d'apprentissage 4 de l'élémentaire : **conduire et maîtriser un affrontement collectif** ou interindividuel.

Nous distinguons d'emblée quatre familles de jeux collectifs, qui se distinguent essentiellement par les possibilités que le joueur a avec l'objet ou le ballon :

- **jeux collectifs d'évitement** : si le joueur peut se déplacer avec l'objet sans contrainte autre que l'action des adversaires (par exemple l'épervier, le rugby) ;
- **jeux de démarquage** : si le joueur ne peut pas se déplacer librement avec l'objet, des règles limitent ses possibilités d'action (ne pas bouger, faire trois pas, dribbler...) (par exemple la balle au capitaine, le hand-ball) ;
- **jeux de renvoi** : si le but et de renvoyer l'objet chez les adversaires, les équipes étant séparées (par exemple les balles brûlantes, le volley-ball) ;
- **jeux de cibles humaines (traditionnels)** : si le but est de toucher l'adversaire avec le ballon (par exemple la balle au prisonnier).

B. Problèmes fondamentaux

Les contradictions auxquelles est confronté le pratiquant dans cette logique d'opposition et de coopération sont étroitement liées aux prises d'informations visuelles (partenaires, adversaires, cible, objet, espaces) à traiter pour prendre des décisions : le contexte est contradictoire dans le sens où ces informations visuelles sont nombreuses, non prévisibles, et le temps disponible pour décider est contraint par des adversaires qui réagissent et par les actions de ses propres partenaires.

Ce problème de traitement des informations suppose également de prendre en compte :

- les règles du jeu, qui deviennent alors plus difficiles à respecter ;
- la manipulation de l'objet qui devient également plus difficile sous la pression du temps ;

– les rôles à assumer (attaquant, défenseur) et leur enchaînement.

Ces problèmes fondamentaux sont ainsi toujours présents dans les objets d'enseignement que nous définirons en fonction des rôles : attaquant (porteur d'objet ou partenaire), défenseur.

C. Ressources sollicitées

a. Les ressources cognitives

L'élève est amené à comprendre le système des règles du jeu et les rôles qui lui sont dévolus ; pour rendre les informations moins imprévisibles au sein d'une équipe, les joueurs sont amenés à élaborer des stratégies collectives.

Ex. : **Problèmes de mobilisation des ressources cognitives** pouvant expliquer des comportements typiques d'élèves :

- Les élèves peuvent ne pas avoir intégré le but du jeu, et certaines règles du jeu.
- Ils peuvent penser qu'ils n'ont à assumer qu'un rôle : celui d'attaquant par exemple, et ne pas assumer des tâches de défenseur.

b. Les ressources affectives

L'élève est amené à gérer les émotions provoquées essentiellement par l'opposition et le score, ou liées au contact avec les autres.

Ex. : **Problèmes de mobilisation des ressources affectives** pouvant expliquer des comportements typiques d'élèves :

- Certains élèves peuvent exprimer une déception exacerbée liée à la défaite.
- Une non-acceptation des décisions arbitrales et des événements du jeu.
- Une peur du contact avec l'autre marquée par des hésitations.

c. Les ressources perceptives

L'élève doit traiter simultanément un nombre important d'informations visuelles non (ou peu) prévisibles. Ce traitement informationnel doit l'amener à en sélectionner une ou plusieurs pour prendre une décision rapide afin de surprendre les adversaires.

Ex. : **Problèmes de mobilisation des ressources perceptives** pouvant expliquer des comportements typiques d'élèves :

- L'élève n'arrive pas prendre de décision car il est face à trop d'informations simultanées.
- L'élève privilégie au contraire l'information visuelle immédiatement disponible (souvent celle qui est devant lui, proche).
- L'élève privilégie une information directement liée à la cible car elle représente le score, par exemple il fonce vers la cible ballon en main ou se place près de la cible et attend une passe.

d. Les ressources biomécaniques

Les déplacements dans l'espace et les manipulations de l'objet (souvent un ballon) amènent le pratiquant à maîtriser des coordinations et des dissociations spécifiques : courir et lancer, changer de direction pour éviter, dribbler en avançant…

Ex. : **Problèmes de mobilisation des ressources mécaniques** pouvant expliquer des comportements typiques d'élèves :

- L'élève ne parvient pas à attraper un ballon en étant lui-même en mouvement.
- Le dribble n'est maîtrisé que sur place ; en mouvement, le ballon n'est plus contrôlé.
- L'élève doit s'arrêter avant de passer ou tirer.

e. Les ressources énergétiques

La plupart des actions sont de courte durée et demandent un investissement énergétique intense : la filière énergétique principalement sollicitée est la filière anaérobie alactique. Cependant, l'effort à fournir, appréhendé dans son ensemble (succession d'efforts variables en durée et en intensité entrecoupés de courtes récupérations) peut devenir long (filière aérobie). Il faut donc veiller aux possibilités de récupération après chaque action intense, et au temps de jeu total.

Ex. : **Problème de mobilisation des ressources énergétiques** pouvant expliquer des comportements typiques d'élèves :

- Si l'effort n'est pas suffisamment intense lors d'un tir, la trajectoire va être parabolique.
- Si les efforts intenses se multiplient de façon très rapprochée, l'élève s'épuise.

APPLICATION 1

Quels types de problèmes sont posés à tout pratiquant ?

→ Corrigé p. 283

APPLICATION 2

Quel type de ressources perceptives est mobilisé en priorité ?

→ Corrigé p. 283

APPLICATION 3

Quelles sont les familles de jeux collectifs ?

→ Corrigé p. 283

2 Connaissances institutionnelles

A. Au cycle 1

Au sein du **domaine « Agir, s'exprimer, comprendre à travers l'activité physique »** des programmes du cycle 1, les jeux collectifs permettent de viser l'objectif « **Collaborer, coopérer, s'opposer** ». Voici l'attendu de fin de cycle 1 : coopérer, exercer des rôles différents complémentaires, s'opposer, élaborer des stratégies pour viser un but ou un effet commun. Il s'agit finalement de s'engager dans un jeu collectif, respecter les règles et assumer deux rôles contraires (attaquant et défenseur) en identifiant le but commun. Comprendre le score, et participer aux rôles sociaux liés à celui-ci. Cet attendu restant assez générique, nous vous invitons également à consulter les ressources Éduscol maternelle, en particulier celles relatives à l'objectif 4 et aux jeux collectifs. (→ pour une illustration d'un jeu collectif en grande section de maternelle, voir sujet d'entraînement, p. 282)

B. Compétences générales travaillées en cycles 2 et 3 en lien avec le socle commun

Le tableau suivant propose des mises en œuvre possibles, non exhaustives.

Domaines du socle commun	Compétences générales en EPS	Mises en œuvre possibles en jeux collectifs
Les langages pour penser et communiquer	Développer sa motricité et apprendre à s'exprimer en utilisant son corps	Démontrer à plusieurs reprises et dans différentes conditions l'acquisition d'une technique apprise. Par exemple : la course dans un espace libre, le lancer dans l'espace libre, le démarquage…
Les outils pour apprendre	S'approprier par la pratique physique et sportive les méthodes et outils	- Apprendre en expérimentant les longueurs de passes. - Apprendre en observant les attaquants. - Apprendre en analysant une vidéo : les placements collectifs.
La formation de la personne et du citoyen	Partager des règles, assumer des rôles et des responsabilités	Apprendre systématiquement en équipe, par concertation, en exploitant un « temps mort » dédié à cela.
Les systèmes naturels et les systèmes techniques	Apprendre à entretenir sa santé par une activité physique régulière	Ajuster sa pratique à ses possibilités pour assurer l'enchaînement des rôles (attaquant/défenseur).
Les représentations du monde et l'activité humaine	S'approprier une culture physique sportive et artistique	Accéder à un patrimoine culturel autre que celui dont on dispose : utiliser le champ sémantique lié à l'activité.

C. Au cycle 2

Le tableau suivant présente pour le cycle 2 les attendus de fin de cycle, les compétences qui peuvent être travaillées pendant le cycle, ainsi que des éléments de progressivité figurant dans les programmes. Nous avons sélectionné ce qui peut concerner les jeux collectifs.

Attendus de fin de cycle	
Dans des situations aménagées et très variées : - s'engager dans un affrontement individuel ou collectif en respectant les règles du jeu ; - contrôler son engagement moteur et affectif pour réussir des actions simples ; - connaître le but du jeu ; - reconnaître ses partenaires et ses adversaires.	
Compétences travaillées pendant le cycle	**Exemples de situations, d'activités et de ressources pour l'élève**
- Rechercher le gain du jeu, de la rencontre. - Comprendre le but du jeu et orienter ses actions vers la cible. - Accepter l'opposition et la coopération. - S'adapter aux actions d'un adversaire. - Coordonner des actions motrices simples. - S'informer, prendre des repères pour agir seul ou avec les autres. - Respecter les règles essentielles de jeu et de sécurité.	Jeux traditionnels simples (gagne-terrain, béret, balle au capitaine, etc.), jeux collectifs avec ou sans ballon (à effectifs réduits), jeux pré-sportifs.
Repères de progressivité Tout au long du cycle, la pratique d'activités collectives doit amener l'élève à se reconnaître comme attaquant ou défenseur, développer des stratégies, identifier et remplir des rôles et des statuts différents dans les jeux vécus et respecter les règles.	

Pour simplifier, nous précisons une compétence attendue de fin de cycle 2 en cohérence avec les programmes :

- S'engager dans un jeu collectif en assumant successivement deux rôles contraires, fixes pour la durée du jeu.
- Mettre en œuvre une stratégie collective simple (occupation de l'espace par exemple).
- Respecter les règles et assumer les rôles sociaux liés à l'organisation (→ voir sujet CRPE session 2022, p. 284).

D. Au cycle 3

Le tableau suivant présente pour le cycle 3 les attendus de fin de cycle, les compétences qui peuvent être travaillées pendant le cycle, ainsi que des éléments de progressivité figurant dans les programmes. Nous avons sélectionné ce qui peut concerner les jeux collectifs.

<table>
<tr><th colspan="2">Attendus de fin de cycle</th></tr>
<tr><td colspan="2">En situation aménagée ou à effectif réduit :
– s'organiser tactiquement pour gagner le match en identifiant les situations favorables de marque ;
– maintenir un engagement moteur efficace sur tout le temps de jeu prévu ;
– respecter les partenaires, les adversaires et l'arbitre ;
– assurer différents rôles sociaux (joueur, arbitre, observateur) inhérents à l'activité et à l'organisation de la classe ;
– accepter le résultat de la rencontre et être capable de le commenter.</td></tr>
<tr><th>Compétences travaillées pendant le cycle</th><th>Exemples de situations, d'activités et de ressources pour l'élève</th></tr>
<tr><td>– Rechercher le gain de l'affrontement par des choix tactiques simples.
– Adapter son jeu et ses actions aux adversaires et à ses partenaires.
– Coordonner des actions motrices simples.
– Se reconnaître attaquant/défenseur.
– Coopérer pour attaquer et défendre.
– Accepter de tenir des rôles simples d'arbitre et d'observateur.
– S'informer pour agir</td><td>Jeux traditionnels plus complexes (thèque, béret, balle au capitaine, poules-vipères-renards, etc.), jeux collectifs avec ou sans ballon et jeux pré-sportifs collectifs (type handball, basket-ball, football, rugby, volley-ball...), jeux de combats (de préhension), jeux de raquettes (badminton, tennis).</td></tr>
<tr><td colspan="2">Repères de progressivité
Tout au long du cycle, la pratique d'activités collectives doit amener l'élève à se reconnaître comme attaquant ou défenseur, développer des stratégies, identifier et remplir des rôles et des statuts différents dans les jeux vécus et respecter les règles. Au cours du cycle, l'élève affronte seul un adversaire afin d'obtenir le gain du jeu, de développer des stratégies comme attaquant ou comme défenseur et de comprendre qu'il faut attaquer tout en se défendant (réversibilité des situations vécues).</td></tr>
</table>

Pour simplifier, nous précisons une compétence attendue de fin de cycle 3 en cohérence avec les informations ci-dessus :

– s'engager dans un jeu ou sport collectif en assumant trois rôles réversibles immédiatement : attaquant porteur du ballon, attaquant partenaire du porteur et défenseur ;

– mettre en œuvre une stratégie collective simple pour s'approcher de la cible ;

– respecter les règles et assumer les rôles sociaux liés à l'organisation.

APPLICATION 4

Quels sont les premiers apprentissages en maternelle ?

→ Corrigé p. 283

APPLICATION 5

Décrivez une compétence à atteindre en fin de cycle 3.

→ Corrigé p. 283

APPLICATION 6

Comment se complexifient les rôles à tenir dans un jeu du C1 au C3 ?

→ Corrigé p. 283

3 Repères et outils didactiques

A. Développement de l'enfant, jeux et sports collectifs

Pour construire un traitement des jeux collectifs progressif et adapté au développement de l'enfant, nous nous attachons essentiellement aux ressources cognitives (liées à la compréhension et assimilations des rôles) et perceptives (liées aux possibilités de traitement d'informations visuelles simultanées voire successives pour prendre une décision).

Ainsi, les jeux à un seul rôle, adaptés aux 2-3 ans, permettent de comprendre un but commun. Le rôle contraire, accessible aux 4-5 ans, permet d'apprendre à traiter des informations visuelles « contraires » et non prévisibles, à condition que la charge de ces informations soit maîtrisée par l'enseignant. Le rôle de partenaire de l'attaquant permet ensuite d'envisager des coopérations (entre attaquant), avant de solliciter des renversements successifs de rôles qui constituent la complexité la plus importante (en termes de compréhension comme de traitement des informations visuelles).

(→ pour une illustration en grande section de maternelle, voir sujet d'entraînement, p. 282)

Nous ne traiterons dans ce chapitre que des jeux et sports collectifs d'évitement.

B. Repères didactiques sur l'ensemble de la scolarité

Nous proposons un cursus scolaire reposant sur les principes didactiques suivants, inspirés des stades du développement de l'enfant, notamment au plan cognitif et perceptif :

- identifier la cible à atteindre et partager un but commun (un seul rôle, statut) constitue les premiers apprentissages, en début de maternelle ;
- le rôle contraire (défenseur), fixe, peut être envisagé ensuite, dans des conditions perceptives facilitantes pour les attaquants (peu de défenseurs) ;
- le rôle du partenaire de l'attaquant porteur peut ensuite être construit (situation avec statuts fixes) ;
- la réversibilité des rôles est, enfin, abordée, à égalité numérique, avec un nombre de joueurs le plus réduit possible.

Les principaux facteurs de ce traitement scolaire sont donc :

- les rôles (de 1 à 3, fixes puis réversibles) ;
- le nombre de joueurs, représentant le nombre d'informations à traiter.

C. Repères didactiques pour la maternelle (début)

<table>
<tr><td>Compétences visées sur l'unité d'apprentissage</td><td colspan="2">- S'engager dans un jeu collectif, respecter les règles et assumer un rôle (attaquant) en identifiant le but commun.
- Comprendre le score.</td></tr>
<tr><td>Situation repère de fin de séquence : l'épreuve preuve</td><td colspan="2">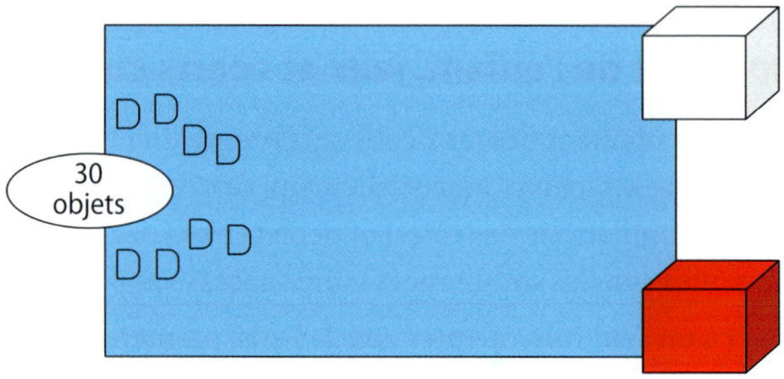

- 8 déménageurs attaquants ; deux cibles de couleur différente.
- 30 objets au départ pour les déménageurs, deux couleurs.
- On ne prend qu'un objet à la fois chacun.
- Le but est de déposer son objet dans la cible de la bonne couleur.</td></tr>
<tr><td>Variables manipulées pour construire cette situation</td><td colspan="2">- Statuts et rôles : un seul, attaquant porteur.
- Espaces : identifiés par les cibles.
- Cible : accès facile, tri de couleurs pour prise d'information sélective.</td></tr>
<tr><td rowspan="3">Un objet d'enseignement (OE) possible</td><td colspan="2">Attaquant porteur d'objet</td></tr>
<tr><td>Objectifs possibles</td><td>1. Prendre l'information pertinente aux abords de la cible (si les élèves se trompent de couleur).
2. Identifier et éviter les obstacles en chemin (si les élèves ont tendance à « se rentrer dedans »).</td></tr>
<tr><td>Variables à manipuler pour construire des SA ciblées sur les objectifs</td><td>- Espace : ajout de deux zones de vérification de la même couleur que chaque cible (objectif 1).
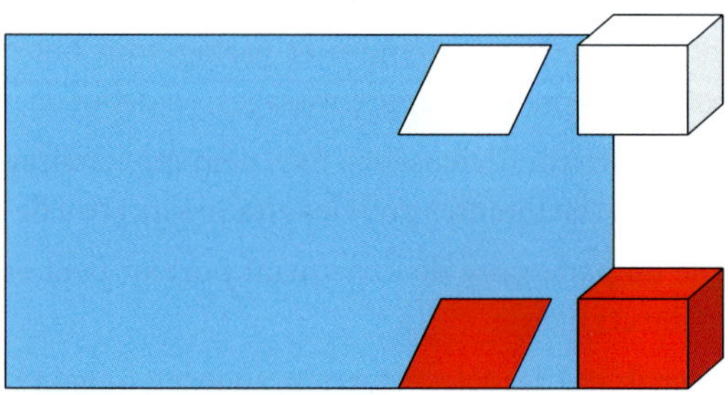
- Espace : ajout d'obstacles (rivières aux crocodiles (objectif 2).
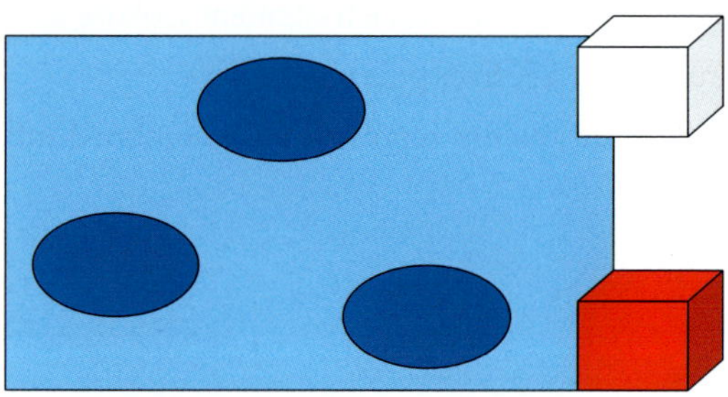</td></tr>
</table>

D. Repères didactiques pour le cycle 2

Compétences visées sur l'unité d'apprentissage	- S'engager dans un jeu collectif, respecter les règles et assumer deux rôles contraires (attaquant et défenseur) en identifiant le but commun. - Comprendre le score, et participer aux rôles sociaux liés à celui-ci. Pour cibler la compétence sur un rôle (celui d'attaquant par exemple) : en tant que déménageur, prendre en compte les adversaires et les partenaires pour exploiter régulièrement les espaces libres.
Situation repère de fin de séquence : l'épreuve preuve	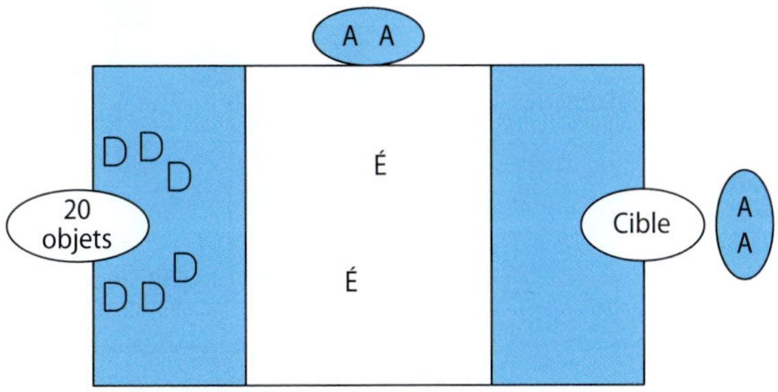 - 6 déménageurs attaquants contre deux éperviers défenseurs dans une zone d'action. - 20 objets au départ pour les déménageurs. - On ne prend qu'un objet à la fois chacun. - Le but est de déposer son objet dans la cible sans se faire toucher par les éperviers. - Si on est touché, on donne son objet à l'épervier, qui le dépose dans la cible.
Variables manipulées pour construire cette situation	- Statuts et rôles : fixés le temps du jeu. - Rapport de force : en faveur des attaquants (trois fois plus). - Espaces : identifiés pour chaque rôle. - Cible : accès facile une fois les défenseurs passés. - Objets : un objet chacun, nécessitant peu de coopérations directes.

<table>
<tr>
<td rowspan="3">Deux objets d'enseignement (OE) possibles</td>
<td colspan="2">- Défenseur
- Attaquant
➔ Seul l'OE « Attaquant porteur d'objet » est traité ici :</td>
</tr>
<tr>
<td>Objectifs possibles</td>
<td>1. Accepter de se mettre en danger en s'engageant dans l'espace des défenseurs (si les élèves hésitent très longtemps à s'engager).
2. Identifier l'espace libre (si les élèves ont tendance à foncer sur les défenseurs).</td>
</tr>
<tr>
<td>Variables à manipuler pour construire des SA ciblées sur les objectifs</td>
<td>- Espace : ajout de trois zones refuge (objectif 1).

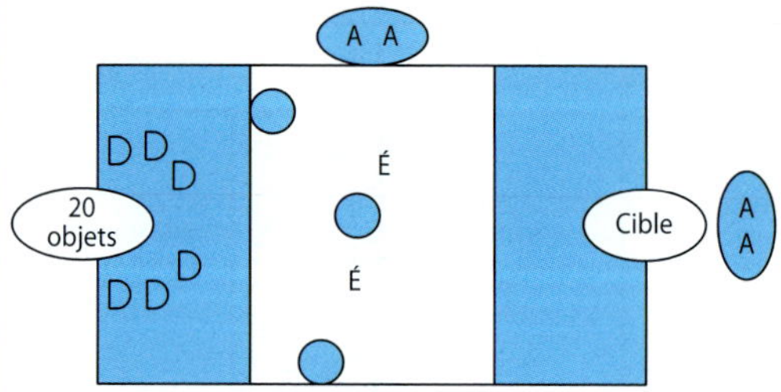

- Espace : trois portes d'entrée pour deux défenseurs (objectif 2).

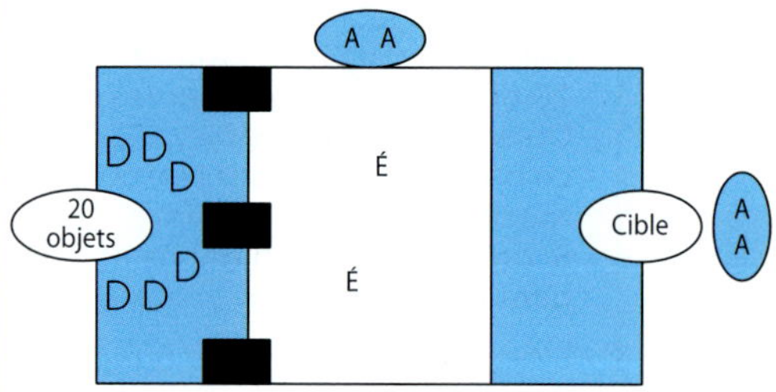

</td>
</tr>
</table>

(→ voir sujet concours session 2022, p. 284)

E. Repères didactiques pour le cycle 3

Compétences visées sur l'unité d'apprentissage	- S'engager dans un jeu ou sport collectif en assumant trois rôles réversibles immédiatement : attaquant porteur du ballon, attaquant partenaire du porteur, et défenseur. - Mettre en œuvre une stratégie collective simple pour s'approcher de la cible. - Respecter les règles et assumer les rôles sociaux liés à l'organisation. On peut cibler la compétence sur le rôle de l'attaquant porteur : porter le ballon tant que c'est possible en avançant, et le libérer « à temps » pour un partenaire placé à proximité.
Situation repère de fin de séquence : l'épreuve preuve	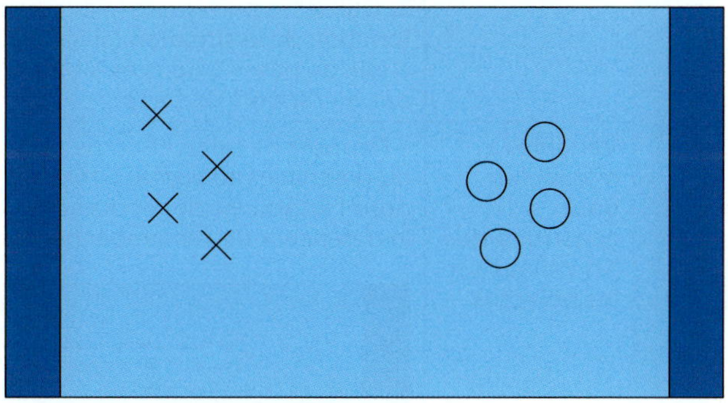 - Deux équipes de 4 joueurs, 1 ballon. - On peut porter le ballon, mais quand on a un genou au sol, on doit le libérer. - On ne peut pas lâcher le ballon vers l'avant (« en-avant »). - Le défenseur peut arrêter un porteur en le ceinturant à la taille et en dessous. - Le but du jeu est d'aplatir le ballon dans la zone cible adverse (en-but) : un point. - On peut jouer 8 minutes par exemple.
Variables manipulées pour construire cette situation	- Statuts et rôles : statuts réversibles, trois rôles possibles. - Rapport de force : égalité numérique. - Objets : un seul ballon, nécessitant des coopérations

<table>
<tr>
<td rowspan="3">Trois objets d'enseignement (OE) possibles</td>
<td colspan="2">- Défenseur
- Attaquant porteur
- Attaquant non porteur
➔ Seul l'OE « Attaquant porteur d'objet » est traité ici :</td>
</tr>
<tr>
<td>Objectifs possibles</td>
<td>1. Accepter le contact, se sentir en sécurité pour faire avancer le ballon (si les élèves reculent avec le ballon ou ne veulent pas le porter, le lâchent de suite).
2. Utiliser un partenaire après avoir fixé un défenseur au contact (si les élèves ne lâchent pas le ballon à temps, ne se tournent pas sur le côté).
3. Utiliser le partenaire le mieux placé en fonction de la situation (si les élèves font des choix de passe trop prévisibles et ne s'adaptent pas au rapport de force).</td>
</tr>
<tr>
<td>Variables à manipuler pour construire des SA ciblées sur les objectifs</td>
<td>- Rapport de force et corps : 1 contre 1, départ du défenseur au contact, tête sur le côté : il s'agit pour l'attaquant de repousser le défenseur, pour le défenseur de l'en empêcher (objectif 1).
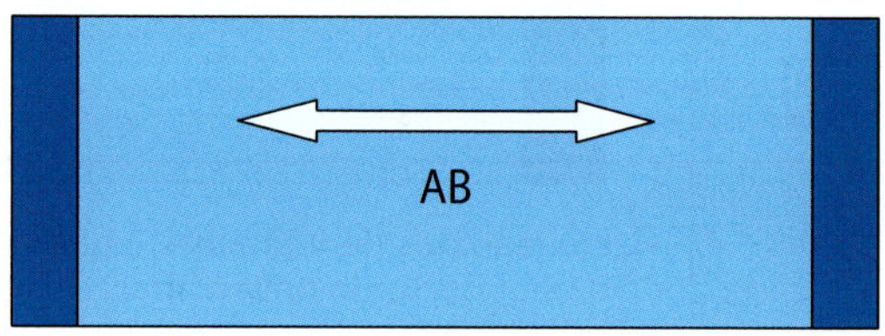

- Espace et rapport de force : 2 contre 1 dans un espace étroit provoquant le contact et un partenaire arrivant (facilitant le choix) (objectif 3).

- Espace et rapport de force : 3 contre 1 puis 1 sur un terrain étroit (objectif 3).
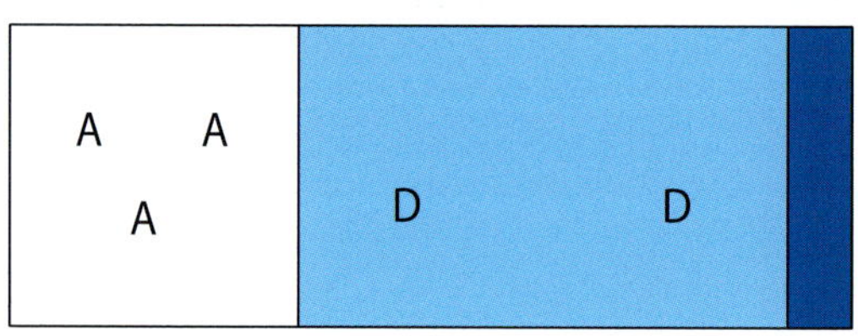
</td>
</tr>
</table>

F. Sécurité en jeux et sports collectifs

La sécurité des jeux et sports collectifs peut s'envisager selon des aspects matériels suivants :

- un sol adapté aux changements de direction, voire aux chutes pour le rugby ;
- des espaces de jeu dégagés d'obstacles, en particulier sur les limites ;
- des ballons adaptés à la préhension et non dangereux pour les doigts et la tête ;
- des temps de jeu et de récupération contrôlés, parce que l'épuisement peut engendrer de la perte de lucidité (dans le traitement des informations visuelles comme dans le respect des règles du jeu). Néanmoins, il est très difficile de fixer des limites valables pour tous les jeux collectifs et à tous les âges : tous les jeux ne demandent pas le même investissement énergétique, tous les élèves ne s'y investissent pas de manière uniforme, et la capacité à produire des efforts courts et répétés est variable dans la scolarité. En début de séquence, dans les premières séances, il s'agira de calibrer une durée de jeu adaptée aux élèves et au jeu, suffisante mais pas excessive (entre 5 et 10 minutes).

L'enseignant doit également prendre en compte l'assimilation et le contrôle des règles du jeu d'une part. En effet, outre les dangers physiques que peut représenter le non-respect des règles du jeu, en particulier celles liées au contact avec les autres, il peut surtout provoquer un sentiment d'injustice chez les élèves. C'est essentiellement pour cette raison qu'une phase de familiarisation nous semble utile en début de séquence, pendant laquelle on s'assure que le degré d'assimilation des règles est suffisant pour fonctionner.

D'autre part, la gestion des résultats (des affrontements) par l'enseignant doit prendre en compte les émotions suscitées par l'opposition entre deux groupes et le résultat qui en découle. Même s'il est utile de relever les scores pour conserver le sens et l'intérêt de l'activité, il est préférable de mettre l'accent sur les progrès réalisés sur ces scores, dans des conditions identiques, voire d'attribuer des « bonus » en fonction des apprentissages recherchés (ainsi, on pourrait perdre ou gagner « avec la manière »).

Enfin, il est utile d'évoquer des apprentissages de techniques corporelles qui, parfois, sont incontournables pour la sécurité des élèves : arrêter un porteur de balle au rugby en ceinturant et en plaçant sa tête sur le côté permet d'être efficace mais surtout de ne pas se faire mal et de ne pas faire mal. C'est le cas aussi par exemple de la frappe à dix doigts au volley-ball, accompagnant le ballon vers le haut (« je vois mes mains à la fin »), qui permet de ne pas se faire mal.

APPLICATION 7

Pourquoi le rapport de force est-il une variable essentielle en jeux collectifs ?

→ Corrigé p. 283

APPLICATION 8

Les coopérations sont-elles un incontournable des jeux collectifs en maternelle ?

→ Corrigé p. 283

APPLICATION 9

Comment faciliter le choix des informations pertinentes en jeux collectifs ?

→ Corrigé p. 284

ENTRAINEMENTS

SUJET D'ANNALES SESSION CRPE 2022 GROUPEMENT 1

- Cycle d'enseignement : Cycle 1
- Niveau de classe : GS
- Objectif d'acquisition : collaborer, coopérer, s'opposer
- Constat : Lors d'un jeu collectif de renvoi, les élèves ont des difficultés à lancer la balle dans le camp adverse.
- Question : Proposer une ou plusieurs situations d'apprentissage au sein d'une séance qui permette(nt) aux élèves de résoudre cette difficulté. Vous justifierez vos choix didactiques et pédagogiques.

→ Corrigé p. 284

CORRIGÉS

APPLICATIONS

APPLICATION 1

Les problèmes posés à tout pratiquant sont essentiellement des problèmes perceptifs : il s'agit de sélectionner l'information visuelle la plus pertinente parmi un nombre important d'informations incertaines. D'autres problèmes de manipulation spécifique de l'objet et d'assimilation de règles se greffent à cette incertitude.

APPLICATION 2

Le type de ressource perceptive mobilisé en priorité est essentiellement la perception visuelle.

APPLICATION 3

Les familles de jeux collectifs qu'il est possible de citer sont les jeux d'évitement, de démarquage, de renvoi et de cibles humaines (jeux traditionnels).

APPLICATION 4

Les premiers apprentissages en maternelle sont l'identification de la cible pour identifier un but commun au groupe.

APPLICATION 5

Exemples de compétences à atteindre en fin de cycle 3 : s'engager dans un jeu collectif en assumant deux à trois rôles réversibles, à égalité numérique, et utiliser une stratégie simple pour accéder à la cible.

APPLICATION 6

Un rôle d'attaquant porteur, puis un rôle contraire, puis un second rôle d'attaquant, partenaire du porteur. Pour ce faire, on passe d'une supériorité numérique importante pour les attaquants, les rôles étant fixes, à une égalité numérique, rôles réversibles.

APPLICATION 7

Pour faciliter le traitement des informations pour les attaquants en particulier, si ce rapport de force est très favorable aux attaquants. Quand on fait évoluer le rapport de force, on joue sur la quantité d'informations à traiter.

APPLICATION 8

Les coopérations ne sont pas un incontournable des jeux collectifs en maternelle. C'est l'appartenance à un groupe qui partage le même but qui est première. Les coopérations directes ne peuvent être sollicitées qu'ensuite. Il peut y avoir des coopérations indirectes en maternelle, par exemple lorsque l'élève est amené à prendre en compte ce que fait son partenaire pour lui-même décider de sa propre action, par exemple dans le jeu des déménageurs éperviers.

APPLICATION 9

Il est possible de faciliter le choix des informations pertinentes en jeux collectifs en renforçant les indices visuels fixes dans l'espace : des plots, des zones, des tapis...

ENTRAINEMENTS

SUJET D'ANNALES SESSION CRPE 2022 GROUPEMENT 1

- **Introduction**

Le traitement du sujet implique d'analyser ses termes clés, de faire des hypothèses pour préciser le constat formulé en lien avec une situation et les difficultés d'apprentissage des élèves. Nous utiliserons ici le cadre des ressources. Nous proposerons ensuite des SA s'insérant dans une séance d'EPS en réponse au constat posé.

- **Analyse du sujet**

Les jeux de renvoi : dans cette famille de jeux collectifs, deux équipes s'opposent en occupant chacune un espace distinct et séparé. S'il y a un ballon, comme ici, il s'agit d'atteindre avec celui-ci la cible constituée par le terrain adverse.
En continuité avec les prescriptions et préconisations institutionnelles, nous faisons l'hypothèse que les apprentissages réalisés antérieurement en TPS, PS et MS ont permis notamment de construire les notions de rôle (attaquant/défenseur), de but, de règle et d'espace de jeu. D'autres apprentissages ont permis aux élèves de se familiariser avec le lancer d'objets légers (lancers précis, notamment à une main sans élan) lors d'activités individuelles. En GS, le jeu des balles brûlantes peut faire office de situation de référence.

Situation de référence : jeu en 4 contre 4 (équipes mixtes) sur un terrain de 8 m de large et 16 m de long, délimité par des lignes rouges, avec limite médiane matérialisée par des bancs en bois de couleur de 40 cm de hauteur ; 8 ballons de couleur vive, légers, mous, en mousse et de taille moyenne (possibilité de saisir et de lancer à une main). Au départ du jeu, qui dure 1 minute, l'enseignant lance aléatoirement 4 ballons dans chacun des camps. Le but est d'avoir moins de ballons dans son camp que l'équipe adverse à la fin du jeu (coup de sifflet). On peut se déplacer librement avec le ballon, mais on ne peut renvoyer qu'un ballon à la fois.

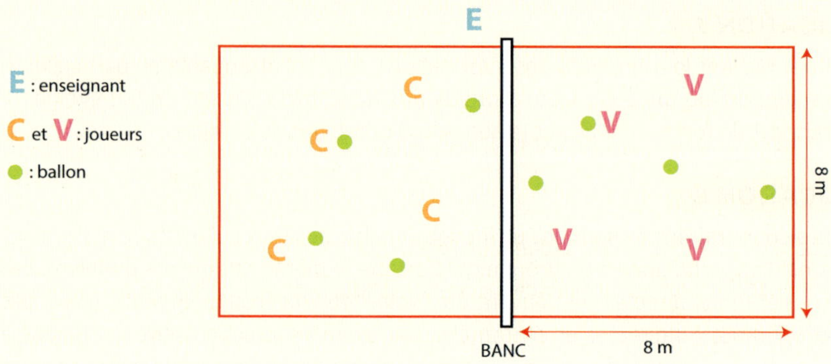

Le constat : nous supposons qu'il est formulé en évaluation diagnostique, après une séance de familiarisation. Nous prévoyons deux types de comportement révélant des difficultés d'apprentissage distinctes, précisant le constat du sujet, et pouvant être observés fréquemment en classe.
Comportement 1 : l'élève lance à bras cassé (modalité efficace pour un lancer précis voire loin), mais la balle atterrit dans son propre terrain ; la trajectoire est trop descendante.

Certains élèves lancent à l'amble, d'autres de profil.

Hypothèse sur les difficultés d'apprentissage n° 1 : l'élève rencontre principalement un problème lié à la mobilisation de ses ressources motrices, en termes d'orientation du geste (il lâche la balle trop tard), en lien avec les informations proprioceptives mobilisées durant l'action ; voire un problème cognitif : il n'a pas compris qu'il devait lâcher le ballon suffisamment tôt lors du lancer pour lancer loin.

Comportement 2 : l'élève lance la balle de façon précipitée depuis le fond de son camp, la balle retombe dans son propre camp.

Hypothèse sur les difficultés d'apprentissage n° 2 : l'élève n'a pas pris d'informations visuelles sur la distance qui le sépare du camp adverse, ou l'a mal appréciée, traduisant une mauvaise utilisation de ses ressources informationnelles ; ou peut-être surestime-t-il ses capacités (il ne peut pas lancer à plus de 8 m), traduisant des ressources cognitives mobilisées insuffisantes.

▪ Situations d'apprentissage
Nous proposons deux SA en réponse aux comportements et aux difficultés d'apprentissage 1 et 2. La séance envisagée, en début de séquence, dure 45 minutes.

SA n° 1 en réponse au comportement 1 : lancer au-dessus de l'élastique

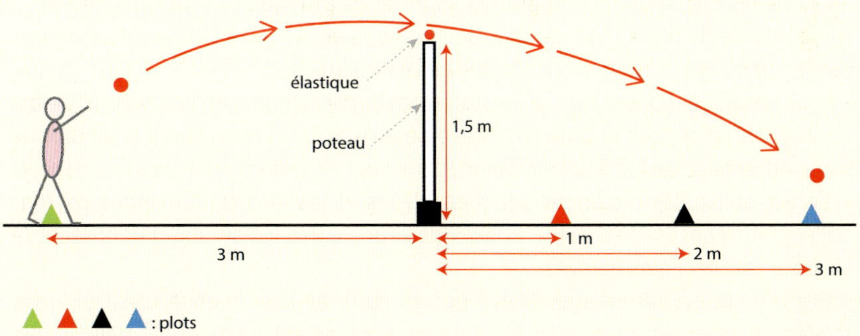

Objectif d'apprentissage : être capable de produire des trajectoires ascendantes pour lancer loin à bras cassé, en lâchant la balle quand la main est située plus haut que la tête.

But : lancer la balle dans le camp adverse.

Critère de réussite : la balle doit passer au-dessus de l'élastique (1 point par lancer réussi).

Aménagement matériel et humain : terrain et ballons identiques à la SR. Un élastique est tendu à 1,5 m de hauteur du sol, tenu entre des poteaux placés au niveau des bancs. Des plots de couleurs matérialisent la zone de lancer et la longueur du lancer dans le camp adverse (plots à 1, 2 et 3 m du banc). Chaque élève réalise 5 lancers consécutifs. Les élèves sont en binôme, le partenaire situé à côté du poteau valide ou non le critère de réussite.

Plusieurs élèves passent en même temps (répartis tous les 2 mètres sur la largeur du terrain). Chaque élève effectue deux séries de lancers entrecoupées d'une pause (changement de rôles).

Intervention de l'enseignant : si besoin, dans le but d'aider l'élève à contrôler son geste en utilisant un repère proprioceptif et visuel, lui demander de « faire la statue » en bloquant son bras lorsqu'il lâche la balle ; sa main devra se situer plus haut que sa tête.

Évolution de la SA : l'élève compare les longueurs de deux lancers selon la hauteur de la trajectoire : au-dessus et sous le filet. Les élèves testent la seconde modalité cinq fois (même organisation que plus haut). L'enseignant regroupe ensuite les élèves pour qu'ils échangent sur la meilleure stratégie.

Justifications :

- Les caractéristiques développementales des élèves impliquent des repères concrets qui les aident lors des SA. Le repère visuel et matériel renforce ainsi une pédagogie d'adaptation au milieu pertinente : il incite à la production de trajectoires ascendantes.
- En GS, les élèves ont besoin d'expérimenter différentes modalités de lancer et de comprendre par l'action. La verbalisation et la mise en commun aident à la compréhension des principes d'efficacité et participe aux apprentissages langagiers essentiels à cet âge.
- Les élèves ont besoin d'une grande quantité de pratique (2 séries de lancers).
- Le système de points assure un aspect ludique et permet à l'élève de se centrer sur ses réussites et progrès (favorables à l'estime de soi).
- Nous travaillons l'orientation du geste de lancer, car la modalité du lancer (à l'amble ou de profil) n'est pas prioritaire : l'élève peut dans la SR renvoyer la balle dans le camp adverse selon les deux modalités, car il peut s'en rapprocher avant de lancer.
- L'objet utilisé, les distances entre les élèves et les efforts demandés (potentiellement intenses mais brefs, phases de repos entre les séries) garantissent la sécurité corporelle des élèves.
- Grâce à cet apprentissage, l'élève pourra au fil de la séquence construire des stratégies efficaces au service du collectif, notamment envoyer les ballons loin dans le camp des adversaires pour que ceux-ci aient besoin d'un temps plus long pour les renvoyer. Par ailleurs, à cet âge, et d'autant plus en début de séquence, les élèves n'ont pas la capacité à construire des stratégies collectives. L'opposition collective se traduit essentiellement par la superposition d'actions individuelles non coordonnées, ici les renvois de ballon dans le camp adverse.

SA 2 en réponse au comportement 2 : lancer en étant proche du camp adverse

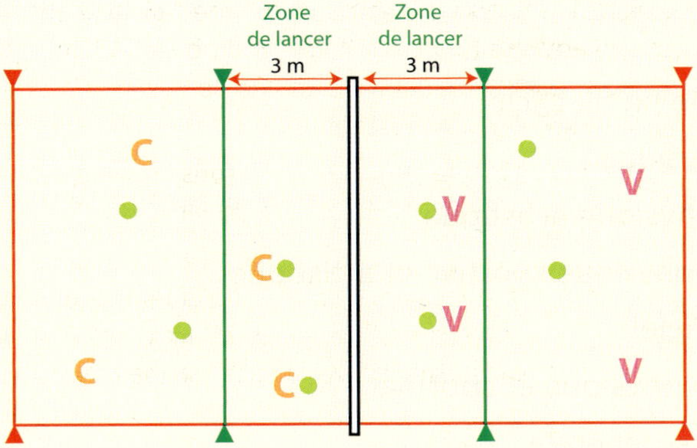

Compte tenu des similitudes avec la SR et la SA1, sur le plan de l'aménagement et de l'organisation, cette SA2 est présentée uniquement dans ses grands principes, et non de façon exhaustive.

L'enseignant matérialise dans chaque camp, grâce à une ligne et des plots verts, une zone de lancer de 3 mètres de profondeur, à partir du banc et parallèle à celui-ci.

À partir de ce dispositif, cette SA évolutive renvoie à deux objectifs d'apprentissage articulés.

– 1er temps de la SA

Objectif : comprendre qu'on ne peut pas renvoyer la balle dans le camp adverse en étant situé au fond de son terrain.

But : lancer la balle dans le camp adverse.

Aménagement et organisation : lancer la balle cinq fois depuis la ligne rouge (plots) située au fond du terrain, puis cinq fois depuis la ligne verte (plots) ; dans une mise en commun orale avec la classe, comparer ensuite les lancers selon les distances et trouver la meilleure stratégie.

– 2e temps de la SA

Objectif : dans le jeu, être capable d'apprécier sa position dans son camp pour décider s'il faut se rapprocher de la limite médiane avant de lancer le ballon.

But : renvoyer plus de balles que l'équipe adverse.

Aménagement : idem que pour la SR mais avec une nouvelle règle de jeu qui impose une zone de lancer pour renvoyer la balle dans le camp adverse.

Justifications : les principes retenus prolongent ceux structurant la SA1 (repères visuels concrets, pédagogie d'adaptation au milieu, expérimentation et compréhension par l'action, recours à la verbalisation et à la mise en commun, quantité de pratique suffisante et dimension ludique). Il est possible de réinvestir les apprentissages de la SA1 dans la SA2, renforçant ainsi la cohérence de la séance.

Liste des abréviations utilisées

AFC : attendu de fin de cycle

AP : activité physique

APA : activité physique artistique

APSA : activité physique sportive et artistique

BO : bulletin officiel

EPS : éducation physique et sportive

CG : compétence générale

OE : objet d'enseignement

O1 à O4 : objectif 1 à 4 des programmes de l'école maternelle pour le domaine d'apprentissage Agir, s'exprimer, comprendre à travers l'activité physique

C1 : cycle 1

C2 : cycle 2

C3 : cycle 3

SA : situation d'apprentissage

SR : situation repère

UA : unité d'apprentissage

VD : variable didactique

PEFC 10-31-1895

IMPRIM'VERT votre imprimeur agit pour l'environnement

Achevé d'imprimer en août 2022 par l'imprimerie Chirat en France
Dépôt légal : août 2022 - N° 202207.0179
N° éditeur : MAGSI20210452